SCHULDRECHT BT 4

Unerlaubte Handlungen
und
Allgemeines Schadensrecht

2021

Claudia Haack
Rechtsanwältin und Repetitorin

ALPMANN UND SCHMIDT Juristische Lehrgänge Verlagsges. mbH & Co. KG
48143 Münster, Alter Fischmarkt 8, 48001 Postfach 1169, Telefon (0251) 98109-0
AS-Online: www.alpmann-schmidt.de

Zitiervorschlag: Haack, Schuldrecht BT 4, Rn.

Haack, Claudia

Schuldrecht BT 4
Unerlaubte Handlungen und
Allgemeines Schadensrecht

22., überarbeitete Auflage 2021

ISBN: 978-3-86752-767-5

Verlag Alpmann und Schmidt Juristische Lehrgänge
Verlagsgesellschaft mbH & Co. KG, Münster

Unterstützen Sie uns bei der Weiterentwicklung unserer Produkte.
Wir freuen uns über Anregungen, Wünsche, Lob oder Kritik an:
feedback@alpmann-schmidt.de.

INHALTSVERZEICHNIS

1. Teil: Unerlaubte Handlungen ... 1

1. Abschnitt: Der Grundtatbestand, § 823 Abs. 1 ... 2

A. Rechtsgut- oder Rechtsverletzung ... 3
I. Verletzung des Lebens ... 3
II. Körper-, Gesundheitsverletzung ... 3
1. Ärztlicher Heileingriff ... 3
2. Vorgeburtliche Schäden ... 4
Fall 1: Schädigung im Mutterleib ... 4
3. Psychische Beeinträchtigung ... 6
III. Verletzung der Freiheit ... 7
IV. Verletzung des Eigentums ... 7
1. Rechtliche Beeinträchtigung des Eigentumsrechts ... 7
2. Sachentziehung ... 7
3. Substanzverletzung ... 8
Fall 2: Stromunterbrechung ... 8
4. Gebrauchsbeeinträchtigung ... 10
5. „Weiterfressender Mangel" ... 12
Fall 3: Klemmender Gaszug ... 12
Fall 4: Geplatzter Ferrari-Traum ... 16
6. Verbindung/Verarbeitung von mangelfreien Sachen mit mangelhaften Teilen (sogenannte Produktionsschäden) ... 19
Fall 5: Mangelhafte Transistoren ... 20
Fall 6: Bodenschlacke ... 22
7. Immissionen ... 23
V. Verletzung eines „sonstigen Rechts" i.S.d. § 823 Abs. 1 ... 24
1. „Sonstige Rechte" i.S.d. § 823 Abs. 1 ... 24
2. Besitz als „sonstiges Recht" i.S.d. § 823 Abs. 1 ... 27
a) Reichweite des deliktischen Besitzschutzes ... 27
b) Rechtsfolgen des deliktischen Besitzschutzes ... 28
Fall 7: Stillgelegte Raststätte ... 29
3. Vermögen, Forderungsrechte ... 32
4. Das allgemeine Persönlichkeitsrecht als „sonstiges Recht" ... 32
a) Herleitung ... 32
b) Anspruchsvoraussetzungen ... 33
aa) Anwendbarkeit des § 823 Abs. 1 ... 33
bb) Eingriff in den Schutzbereich ... 33
(1) Natürliche Personen ... 33
(2) Typische Fallgruppen ... 34
cc) Rechtswidrigkeit ... 36
dd) Verschulden ... 37
Fall 8: Unerwünschte Fotos ... 37
c) Rechtsfolgen ... 39
aa) Ersatz materieller Schäden gemäß §§ 249 ff. ... 39

bb) Widerruf von Äußerungen gemäß § 249 Abs. 1 39
cc) Ersatz immaterieller Schäden 40
Fall 9: Vererblichkeit des Geldentschädigungsanspruchs? 41
d) Quasinegatorischer Beseitigungs- und Unterlassungsanspruch analog § 1004 Abs. 1 43
Fall 10: „Brisanter Bericht" 43
e) Postmortaler Schutz 46
aa) Postmortaler Schutz ideeller Interessen 46
bb) Postmortaler Schutz der vermögenswerten Bestandteile des Persönlichkeitsrechts 47
f) Das Recht am eigenen Bild 47
5. Das Recht am eingerichteten und ausgeübten Gewerbebetrieb als „sonstiges Recht" i.S.d. § 823 Abs. 1 49
a) Herleitung 49
b) Anspruchsvoraussetzungen 50
aa) Anwendbarkeit des § 823 Abs. 1 50
bb) Eingriff in den Schutzbereich 51
(1) Schutzbereich des eingerichteten und ausgeübten Gewerbebetriebs 51
(2) Eingriff 51
(3) Die wichtigsten Fallgruppen 52
cc) Rechtswidrigkeit 53
Fall 11: „Presserechtliche Warnschreiben" 53
B. Durch ein Handeln, das dem Anspruchsgegner zuzurechnen ist 56
I. Handlung 56
1. Positives Tun 57
2. Unterlassen 57
a) Rechtspflicht zum Handeln 57
b) Bestehen der Rechtspflicht gegenüber dem Verletzen 58
c) Verletzung der Rechtspflicht zum Handeln 59
d) Fallgruppen von Verkehrssicherungspflichten 59
Fall 12: Explosive Flaschen 61
II. Haftungsbegründende Kausalität 62
1. Kausalität i.S.d. Äquivalenztheorie 63
2. Begrenzung der Zurechnung durch die Adäquanztheorie 63
3. Schutzzweck der Norm 64
a) Mittelbar schädigende (fahrlässige) Handlungen 65
aa) Zurechnung wegen spezieller Verhaltenspflichten oder allgemeiner Verkehrssicherungspflichten 65
Fall 13: Sturz auf eisglatter Fahrbahn 65
bb) „Herausfordern"; „Verfolgerfälle"; „Nothilfefälle" 67
Fall 14: Der verfolgende Polizist 68
b) Psychische Beeinträchtigungen aufgrund eines Schockerlebnisses („Schockschäden") 70
Fall 15: Schockschaden (1) 71
Fall 16: Schockschaden (2) 73

C. Rechtswidrigkeit ... 75
I. Rechtswidrigkeit als Voraussetzung der Verschuldenshaftung ... 75
II. Feststellung der Rechtswidrigkeit; Erfolgs- und Handlungsunrecht ... 75
III. Anerkannte Rechtfertigungsgründe ... 78
IV. Verkehrsrichtiges Verhalten ... 79
V. Einwilligung bei ärztlichen Heileingriffen ... 80
VI. Handeln auf eigene Gefahr ... 80
VII. Sportverletzung ... 81
Fall 17: Fehlende Sicherung ... 82
D. Verschulden, Billigkeitshaftung ... 84
I. Verschuldensfähigkeit (Deliktsfähigkeit), §§ 827, 828 ... 85
1. Verschuldensunfähige Personen ... 85
2. Beschränkt verschuldensfähige Personen ... 85
a) Beschränkte Verschuldensfähigkeit gemäß § 828 Abs. 3 ... 85
b) Deliktsfähigkeit für das Verkehrsgeschehen, § 828 Abs. 2 ... 85
Fall 18: Riskante Schieberei ... 87
3. Verschuldensfähige Personen ... 89
II. Grad des Verschuldens ... 89
III. Billigkeitshaftung, § 829 ... 91
1. Voraussetzungen ... 91
a) Tatbestandsmäßige, rechtswidrige unerlaubte Handlung des Anspruchsgegners ... 91
b) Ausschluss der Haftung wegen fehlender Deliktsfähigkeit des Schädigers ... 91
c) Kein Ersatz von aufsichtspflichtigem Dritten ... 91
d) Billigkeit erfordert einen Schadensausgleich ... 92
2. Rechtsfolge ... 92
2. Abschnitt: Sonstige Anspruchsgrundlagen ... 92
A. § 823 Abs. 2 i.V.m. Schutzgesetz ... 92
I. Verletzung eines Schutzgesetzes i.S.v. § 823 Abs. 2 ... 93
1. Schutzgesetz i.S.d. § 823 Abs. 2 ... 93
2. Verletzung des Schutzgesetzes ... 94
II. Rechtswidrigkeit ... 95
III. Verschulden ... 95
Fall 19: Fahrlässiger Falscheid ... 97
B. § 824 Kreditgefährdung ... 99
I. Normzweck ... 99
II. Voraussetzungen ... 99
1. Tatbestand ... 99
2. Rechtswidrigkeit ... 100
3. Verschulden ... 100
C. § 825 Bestimmung zu sexuellen Handlungen ... 100

D. § 826 Vorsätzliche sittenwidrige Schädigung 101
I. Voraussetzungen 101
1. Schaden 101
2. Sittenwidrigkeit 101
3. Vorsatz 102
II. Fallgruppen 102
1. Arglistige Täuschung und rechtswidrige Drohung i.S.d. § 123 102
2. Missbrauch einer formalen Rechtsstellung, insbesondere die missbräuchliche Ausübung von Rechten 104
3. Sittenwidrige Verleitung zum Vertragsbruch 105
4. Falsche Auskünfte und Gutachten 105
E. § 831 Haftung für den Verrichtungsgehilfen 106
I. Voraussetzungen 106
1. Geschäftsherr, Verrichtungsgehilfe 106
2. Tatbestandsmäßige und rechtswidrige unerlaubte Handlung des Verrichtungsgehilfen 107
3. In Ausübung der Verrichtung 108
4. Verschulden 108
Fall 20: Kinder auf der Baustelle 109
II. Mehrere in Betracht kommende Geschäftsherrn 110
III. Nichterweislichkeit verkehrsrichtigen Verhaltens des Gehilfen 111
IV. Der Unterschied zwischen § 278 und § 831 111
V. Organisationsverschulden; dezentralisierter Entlastungsbeweis 112
1. Organisationsverschulden 112
2. Dezentralisierter Entlastungsbeweis 112
Fall 21: Aufsichts- und Organisationspflicht im Großbetrieb 113
VI. § 31; Verhältnis zu § 831 116
Fall 22: Repräsentanten- und Organisationshaftung 116
F. § 832 Haftung des Aufsichtspflichtigen 118
I. Normzweck 118
II. Voraussetzungen 118
1. Aufsichtspflichtiger, -befohlener 118
2. Tatbestandsmäßige und rechtswidrige unerlaubte Handlung des Aufsichtsbefohlenen 119
3. Verschulden 119
Fall 23: Abgebrannte Scheune 119
G. § 833 Haftung des Tierhalters 121
I. Gefährdungshaftung für Luxustiere 121
1. Voraussetzungen 121
2. Haftungsausschluss 123
a) Vertraglicher Haftungsausschluss 123
b) Haftungsausschluss gemäß § 242 123
Fall 24: Das buckelnde Pferd 123
II. Nutztiere; vermutete Verschuldenshaftung 126

H. § 834 Haftung des Tieraufsehers ... 127

I. §§ 836–838 Gebäudehaftung ... 127

J. § 839 a Haftung des gerichtlichen Sachverständigen ... 129
- I. Voraussetzungen des § 839 a Abs. 1 ... 129
  - 1. Gerichtlicher Sachverständiger ... 129
  - 2. Unrichtigkeit des Gutachtens ... 130
  - 3. Vorsatz oder grobe Fahrlässigkeit des Sachverständigen ... 130
  - 4. Ergehen einer gerichtlichen Entscheidung, die auf dem unrichtigen Gutachten beruht ... 130
- II. Rechtsfolge ... 130

K. §§ 7, 18 StVG Haftung für Kfz-Unfall ... 131
- I. Voraussetzungen der Halterhaftung gemäß § 7 Abs. 1 StVG ... 132
  - 1. Rechts(gut)verletzung ... 132
  - 2. Bei dem Betrieb des Kfz ... 132
    - a) Kraftfahrzeug oder Anhänger ... 132
    - b) „bei Betrieb" ... 132
  - 3. Anspruchsgegner = Halter ... 134
  - 4. Kein Ausschluss wegen höherer Gewalt ... 135
  - 5. Kein Ausschluss gemäß §§ 7 Abs. 3, 8, 8 a StVG ... 135
- II. Voraussetzungen der Fahrerhaftung gemäß § 18 Abs. 1 StVG ... 136
  - Fall 25: Vereiste Kurve ... 137

3. Abschnitt: Haftung mehrerer Personen ... 140

A. § 830 Mittäter, Anstifter, Gehilfen, Beteiligte ... 140
- I. Voraussetzungen der Haftung nach § 830 Abs. 1 S. 1, Abs. 2 ... 141
  - 1. Mitwirkung an einer unerlaubten Handlung als Mittäter, Anstifter oder Gehilfe ... 141
  - 2. Rechtswidrigkeit ... 141
  - 3. Schuld ... 141
- II. Voraussetzungen des § 830 Abs. 1 S. 2 ... 141
  - 1. Kein Fall von § 830 Abs. 1 S. 1, Abs. 2 ... 141
  - 2. Bei jedem Beteiligten ist anspruchsbegründendes Verhalten gegeben, wenn man vom Nachweis der Ursächlichkeit absieht ... 142
  - 3. Rechts(gut)verletzung durch einen der Beteiligten verursacht ... 143
  - 4. Verursacher nicht feststellbar ... 143
  - Fall 26: Schlägerei ... 144
  - Fall 27: Silvesterfeuerwerk ... 144

B. § 840 Gesamtschuldnerschaft ... 146

4. Abschnitt: Die Haftung für fehlerhafte Produkte ... 147

A. Die Produzentenhaftung nach § 823 Abs. 1 ... 147
- I. Personeller Anwendungsbereich ... 149
- II. Herstellerspezifische Verkehrssicherungspflichten ... 150
  - 1. Konstruktionsfehler ... 150
  - 2. Fabrikationsfehler ... 151

3. Instruktionsfehler ... 151
4. Produktbeobachtungsfehler ... 153
III. Verteilung der Beweislast bei Fabrikations- oder Konstruktionsfehlern ... 154
Fall 28: Fehlerhafte Lacke ... 154
IV. Befundsicherungspflicht ... 156
V. Selbstständigkeit der Ansprüche gegen mehrere Verantwortliche ... 157

B. Die Haftung nach dem Produkthaftungsgesetz ... 157
I. Entstehungsgeschichte ... 157
II. Anwendbarkeit in zeitlicher Hinsicht, § 16 i.V.m. § 19 ProdHaftG ... 158
III. Die Voraussetzungen der Haftung nach § 1 ProdHaftG ... 158
1. Die Rechts(gut)verletzung i.S.d. § 1 Abs. 1 ProdHaftG ... 158
2. Produkt i.S.d. § 2 ProdHaftG ... 159
3. Produktfehler i.S.d. § 3 ProdHaftG ... 159
4. „Hersteller" i.S.d. § 4 ProdHaftG ... 160
5. Kein Ausschluss gemäß § 1 Abs. 2, 3 ProdHaftG ... 161
IV. Die Beweislastverteilung gemäß § 1 Abs. 4 ProdHaftG ... 162
V. Die Rechtsfolgen der Haftung nach § 1 Abs. 1 ProdHaftG ... 162

C. Nebeneinander von Produkt- und Produzentenhaftung ... 162

2. Teil: Allgemeines Schadensrecht ... 163

1. Abschnitt: Schaden und Interesse; Umfang der Schadensersatzpflicht ... 163

A. Schadensbegriff ... 164

B. Schadensarten ... 164
I. Vermögens- und Nichtvermögensschäden ... 164
II. Erfüllungs- und Vertrauensschaden (Positives und negatives Interesse) ... 165
1. Erfüllungsschaden (Positives Interesse) ... 165
2. Der Vertrauensschaden (Negatives Interesse) ... 166

C. Normativer Schaden und Vorteilsausgleichung ... 167
I. Normativer Schaden ... 167
II. Vorteilsausgleichung ... 169
III. Fehlgeschlagene Aufwendungen (Frustrationsschaden) ... 171

2. Abschnitt: Verursachung und Zurechnung des Schadens (haftungsausfüllende Kausalität) ... 172

A. Prüfung der haftungsausfüllenden Kausalität ... 172

B. Einzelprobleme der Schadenszurechnung ... 173
I. Zurechnung psychischer Folgeschäden ... 173
1. Begriff ... 173
2. Besonderheiten ... 174
a) Kausalität der Verletzungshandlung für psychische Folgeschäden ... 174
b) Zurechenbarkeit trotz Anlageschaden ... 174
II. Hypothetische oder überholende Kausalität ... 176

III. Rechtmäßiges Alternativverhalten 177
Fall 29: Falscher Operateur 178

3. Abschnitt: Schadensausgleich nach §§ 249–253 180

A. Grundsätze des Schadensersatzrechts 180
I. Grundsatz der Totalreparation 180
II. Grundsatz der Wirtschaftlichkeit 180
III. Bereicherungsverbot 180

B. Arten des Schadensausgleichs 181
I. Naturalrestitution, §§ 249, 250 182
1. Herstellung des früheren Zustands, § 249 Abs. 1 182
2. Geld für Herstellung, § 249 Abs. 2 182
a) § 249 Abs. 2 bei Sachbeschädigung 182
aa) Reparaturaufwand oder Wiederbeschaffungsaufwand? Wirtschaftlichkeitspostulat 182
(1) Schadensregulierung auf Neuwertbasis 183
(2) Grenze für die Abrechnung auf Reparaturkostenbasis 185
(a) Reparaturaufwand zwischen Wiederbeschaffungswert und 130% 186
Fall 30: Reparatur oder Ersatzbeschaffung? Wirtschaftlichkeitspostulat 186
(b) Reparaturaufwand über 130% des Wiederbeschaffungswerts, sogenannter wirtschaftlicher Totalschaden 188
Fall 31: Zu hohe Reparaturkosten 188
(c) Reparaturaufwand zwischen Wiederbeschaffungsaufwand und Wiederbeschaffungswert 189
Fall 32: Teure Reparatur 189
(d) Zusammenfassung der Ersatzfähigkeit des Reparaturaufwands 190
bb) Dispositionsfreiheit des Geschädigten – fiktive Reparaturkosten 191
(1) Grundsatz 191
Fall 33: Maßgeblicher Zeitpunkt? 192
(2) Ausnahmen 194
cc) Voraussetzung des § 249 Abs. 2: Möglichkeit der Herstellung 196
Fall 34: Fiktive Reparaturkosten bei Inzahlunggabe 196
dd) Ersatzfähigkeit von Sachverständigenkosten 198
b) § 249 Abs. 2 bei Personenschäden 198
3. Geld für Herstellung nach Fristsetzung, § 250 199
II. Die Abgrenzung der Naturalrestitution von der Schadenskompensation 199
1. Unmöglichkeit der Herstellung, § 251 Abs. 1 Alt. 1 199
2. Herstellung zur Entschädigung nicht genügend, § 251 Abs. 1 Alt. 2 200
3. Unverhältnismäßige Aufwendungen, § 251 Abs. 2 200
Fall 35: Ersatztaxi 201
III. Schadenskompensation, § 251 203
1. Entgangene Nutzungen einer Sache 204

a) Nutzungsausfall als ersatzfähiger Vermögensschaden 204
aa) Die Rspr. bejaht einen ersatzfähigen Vermögensschaden bei 204
bb) Nach der Rspr. kein Schadensersatz wegen Nutzungsausfalls bei 206
b) Einschränkung der Ersatzfähigkeit des Nutzungsausfalls 206
2. Verlust der Arbeitskraft 206
Fall 36: Schriftsteller im Krankenhaus 206
3. Vertaner Urlaub 207
4. Unterhaltsaufwand für ein Kind 208
Fall 37: Fehlerhafte Sterilisation 208
Fall 38: Unterbliebener Schwangerschaftsabbruch 211
5. Pflegeleistungen von Eltern 213
6. Warenhausdiebstahl 213
Fall 39: Vorbeugekosten; allgemeine Verwaltungskosten; Fangprämie 213
IV. Ersatz immaterieller Schäden 215
1. Grundsatz des § 253 Abs. 1 215
2. Schmerzensgeld 215
a) Voraussetzungen (nach § 253 Abs. 2) 215
b) Die Bemessungsfaktoren 216
c) Schmerzensgeld bei Schwerstschädigungen 218
d) Schmerzensgeldanspruch nach dem Tod des Verletzten 218
e) Prozessuale Fragen 219

4. Abschnitt: Sondervorschriften für den deliktischenErsatzanspruch 220
A. § 842 Umfang der Ersatzpflicht bei Verletzung einer Person 220
B. § 843 Geldrente oder Kapitalabfindung 220
C. § 844 Ersatzansprüche Dritter bei Tötung 221
D. § 845 Ersatzansprüche wegen entgangener Dienste 222
E. § 848 Zufallshaftung des Deliktsschuldners 223
Fall 40: Der bestohlene Dieb 223
F. § 851 Schadensersatzleistung an den Sachbesitzer 224
G. Verjährung deliktischer Ansprüche 224
H. § 852 Deliktischer Bereicherungsanspruch 226

5. Abschnitt: Haftungsbeschränkungen; Mitverursachung und Mitverschulden 226
A. Gesetzliche Haftungsbeschränkungen 226
I. Modifizierung des Verschuldensmaßstabs 226
II. Höchstsummen 227
B. Rechtsgeschäftliche Haftungsbeschränkungen 227
Fall 41: Teures Blumengießen 228

C. Mitwirkendes Verschulden gemäß § 254 230
I. Voraussetzungen und Rechtsfolgen des § 254 Abs. 1 230
Fall 42: Helmpflicht? 231
II. § 254 Abs. 2 S. 1 233
III. Bedeutung des § 254 Abs. 2 S. 2 mit seiner Verweisung auf § 278 234
Fall 43: Mitverschulden des Angestellten 234
Fall 44: Mitverschulden der Eltern 236
D. Besondere Vorschriften des StVG, §§ 9, 17 StVG 238
I. Sonderregel des § 9 StVG 238
II. § 17 StVG regelt die Ausgleichspflicht mehrerer Haftpflichtiger 239
Stichwortverzeichnis 241

LITERATURVERZEICHNIS

Verweise in den Fußnoten auf „RÜ“ und „RÜ2“ beziehen sich auf die Ausbildungszeitschriften von Alpmann Schmidt. Dort werden Urteile so dargestellt, wie sie in den Examensklausuren geprüft werden: in der RechtsprechungsÜbersicht als Gutachten und in der Rechtsprechungs-Übersicht 2 als Urteil/Behördenbescheid/Anwaltsschriftsatz etc.

RÜ-Leser wussten mehr: Immer wieder orientieren sich Examensklausuren an Gerichtsentscheidungen, die zuvor in der RÜ klausurmäßig aufbereitet wurden. Die aktuellsten RÜ-Treffer aus ganz Deutschland finden Sie auf unserer Homepage.

Abonnenten haben Zugriff auf unser digitales RÜ-Archiv.

Bamberger/Roth/Hau/ Poseck	Beck‘scher Online Kommentar 56. Edition; Stand 01.11.2020 (zitiert: BeckOK/Bearbeiter)
Bauer/Göpfert/Krieger	Allgemeines Gleichbehandlungsgesetz 5. Auflage 2018
Baumbach/Hopt	Handelsgesetzbuch 39. Auflage 2020 (zitiert: Baumbach/Hopt/Bearbeiter)
BGB-RGRK	Das Bürgerliche Gesetzbuch, Kommentar, herausgegeben von Mitgliedern des Bundesgerichtshofs Band II 1 (§§ 241–413) 12. Auflage 1976 Band II 5 (§§ 812–831) 12. Auflage 1989 Band II 6 (§§ 832–853) 12. Auflage 1989 (zit.: RGRK/Bearbeiter)
Brand	Schadensersatzrecht 2. Auflage 2015
Brox/Walker	Allgemeiner Teil des Bürgerlichen Gesetzbuchs 44. Auflage 2020 (zit.: Brox/Walker AT)
Brox/Walker	Allgemeines Schuldrecht 44. Auflage 2020 (zit.: Brox/Walker SchuldR AT)
Brox/Walker	Besonderes Schuldrecht 44. Auflage 2020 (zit.: Brox/Walker SchuldR BT)

Burmann/Heß/Hühner-mann/Jahnke/Janker	Straßenverkehrsrecht 26. Auflage 2020 (zit.: Burmann/Bearbeiter)
Deutsch/Ahrens	Deliktsrecht 6. Auflage 2014
Emmerich	BGB Schuldrecht, Besonderer Teil 15. Auflage 2018
Erman	Handkommentar zum Bürgerlichen Gesetzbuch 16. Auflage 2020 (zit.: Erman/Bearbeiter)
Esser/Schmidt/Weyers	Schuldrecht Band I, Allgemeiner Teil, Teilband 2 8. Auflage 2000 (zit.: Esser/Schmidt/Weyers I/2)
Esser/Dörner	Schuldrecht Band II, Besonderer Teil, Teilband 2 5. Auflage 2002 (zit.: Esser/Dörner II/2)
Fikentscher/Heinemann	Schuldrecht 11. Auflage 2017
Fuchs/Pauker/Baumgärtner	Delikts- und Schadensersatzrecht 9. Auflage 2017
Geigel	Der Haftpflichtprozess 28. Auflage 2020 (zit.: Bearbeiter in Geigel)
Greger/Zwickel	Haftungsrecht des Straßenverkehrs 6. Auflage 2020
Grigoleit/Riem	Schuldrecht IV Delikts- und Schadensrecht 2. Aufl. 2017
Hentschel/König/Dauer	Kommentar zum Straßenverkehrsrecht 46. Auflage 2021 (zit.: Hentschel/Beabeiter)
Hk-BGB	BGB Handkommentar 10. Auflage 2019 (zit.: Hk-BGB/Bearbeiter)
Jauernig	Bürgerliches Gesetzbuch 18. Auflage 2021 (zit.: Jauernig/Bearbeiter)

Klement	Schuldrecht, Allgemeiner Teil III, Schadensrecht 1996
Katzenmeier/Voigt	Produkthaftungsgesetz 7. Auflage 2020
Larenz	Lehrbuch des Schuldrechts, Erster Band, Allgemeiner Teil 14. Auflage 1987
Larenz/Canaris	Lehrbuch des Schuldrechts Zweiter Band, Besonderer Teil, 2. Halbband 13. Auflage 1994
Looschelders	Schuldrecht, Besonderer Teil 15. Auflage 2020
Medicus/Petersen	Bürgerliches Recht 27. Auflage 2019 (zit.: Medicus/Petersen BR)
Medicus/Lorenz	Schuldrecht II, Besonderer Teil 18. Auflage 2018 (zit.: Medicus/Lorenz SchuldR II)
Münchener Kommentar	zum Bürgerlichen Gesetzbuch Band 1: Allgemeiner Teil (§§ 1–240; AGG) 8. Auflage 2018 Band 2: Schuldrecht Allgemeiner Teil I (§§ 241–310) 8. Auflage 2019 Band 3: Schuldrecht Allgemeiner Teil II (§§ 311–432) 8. Auflage 2019 Band 4: Schuldrecht Besonderer Teil I (§§ 433–534; CISG) 8. Auflage 2019 Band 7: §§ 705–853, ProdHaftG 8. Auflage 2020 (zit.: MünchKomm/Bearbeiter)
Münchener Kommentar	zur Zivilprozessordnung Band 1: §§ 1 354 6. Auflage 2020 (zit.: MünchKommZPO/Bearbeiter)
Palandt	Bürgerliches Gesetzbuch 80. Auflage 2021 (zit.: Palandt/Bearbeiter)
Peifer	Schuldrecht, Gesetzliche Schuldverhältnisse 6 Auflage 2020

Schmidt | Handelsrecht
Unternehmensrecht 1
6. Auflage 2014

Soergel | Bürgerliches Gesetzbuch

Band 3/2: Schuldrecht I/2
§§ 243–304
13. Auflage 2014

Band 12: Schuldrecht 10
§§ 823–853; ProdHG; UmweltHG
13. Auflage 2005
(zit.: Soergel/Bearbeiter)

Staudinger | J. v. Staudingers Kommentar zum
Bürgerlichen Gesetzbuch

Zweites Buch Recht der Schuldverhältnisse
(§§ 249–254), 2017
(§§ 823 E-I, 824, 825), 2009
(§§ 826–829), 2018
(§§ 830–838), 2017
(§§ 839, 839 a), 2012

Drittes Buch Sachenrecht
(§§ 903–924), 2020
(zit.: Staudinger/Bearbeiter)

Wagner | Deliktsrecht
14. Auflage 2021

Wandt | Gesetzliche Schuldverhältnisse
10. Auflage 2020

Wussow | Unfallhaftpflichtrecht
17. Auflage 2021

1. Teil: Unerlaubte Handlungen

Im Deliktsrecht geht es um die Frage, ob jemand für einen **Schaden**, den ein anderer erleidet, unabhängig vom Bestehen einer vertraglichen Beziehung **ersatzpflichtig** gemacht werden kann. Die Voraussetzungen der Haftung wegen unerlaubter Handlung sind in den §§ 823 ff.[1] geregelt. 1

Anmerkung: *Vom lateinischen „delictum" (= das Vergehen, die Übertretung) abgeleitet, spricht man auch von „Delikt" oder „deliktischen Ansprüchen".*[2]

Das Gesetz geht vom **Verschuldensprinzip** aus: Die Verantwortlichkeit trifft grundsätzlich denjenigen, der den Schaden rechtswidrig und schuldhaft verursacht hat. Dieses Verschulden muss dem Schädiger grundsätzlich **nachgewiesen** werden. In bestimmten Fällen wird jedoch das Verschulden widerlegbar **vermutet**, sodass der Schädiger haftet, wenn er sich nicht exkulpiert.

In anderen Bereichen ist eine **Gefährdungshaftung** normiert: Die Haftung hängt in diesen Fällen ausschließlich davon ab, ob sich im konkreten Schadensereignis **eine bestimmte, vom Verantwortlichen beherrschte Gefahr realisiert hat**. Solche Gefährdungshaftungstatbestände sind im Gesetz immer dann angeordnet, wenn dem Einzelnen ein Verhalten erlaubt wird, das eine potentielle, typische Gefährdung für andere in sich trägt (z.B. das Betreiben einer Anlage). Verwirklicht sich diese Gefahr, so muss der Verantwortliche den daraus entstandenen Schaden ersetzen, und zwar unabhängig davon, ob ihn bzgl. des konkreten Schadensereignisses ein Verschulden trifft oder nicht.

Daraus ergibt sich im Deliktsrecht folgende **Einteilung der Haftungsgründe:** 2

Haftungsgründe

Verschulden

nachgewiesen

§ 823 I	benannte Rechtsgüter und Rechte, sonstige Rechte
§ 823 II	i.V.m. Schutzgesetz
§ 824	Kreditgefährdung
§ 825	Bestimmung zu sexuellen Handlungen
§ 830 I 1	Mittäter
§ 830 II	Anstifter, Gehilfe
§ 826	vors. sittenwidrige Schädigung
§ 839	Amtspflichtverletzung
§ 839 a	Haftung des gerichtlichen Sachverständigen

vermutet, Exkulpation

§ 831	Verrichtungsgehilfe
§ 832	Aufsichtspflicht
§ 833 S. 2	Haustier
§ 834	Tieraufseher
§§ 836–838	Gebäudeeinsturz
§ 18 StVG	Fahrzeugführer
§ 19 a StVG	Führer eines Anhängers oder Gespanns

Gefährdung

§ 833 S. 1	Luxustier
§ 7 StVG	Kfz-Halter
§ 19 StVG	Halter eines Anhängers oder Gespanns
§ 1 HaftpflG	Bahn, Energieanlagen
§§ 33 ff. LuftVG	Luftfahrzeuge
§§ 25 ff. AtomG	Kernanlagen
§ 22 WasserHG	Gewässer
§§ 1 ff. ProdHaftG	Produkthaftung
§ 84 AMG	Arzneimittel
§§ 32 ff. GenTG	gentechnische Anlagen etc.
§§ 1 ff. UmweltHG	Umwelteinwirkungen

§ 830 I 2	Beteiligung an einem Tatbestand der Haftung für nachgewiesenes Verschulden, für vermutetes Verschulden und der Gefährdungshaftung ohne feststellbare Kausalität

1 §§ ohne Gesetzesangabe sind solche des BGB.

2 Wandt § 14 Rn. 1.

1. Abschnitt: Der Grundtatbestand, § 823 Abs. 1[3]

Aufbauschema für § 823 Abs. 1

I. Voraussetzungen („haftungsbegründender Tatbestand")

1. Tatbestand

a) Rechtsgut- oder Rechtsverletzung

aa) benannte Rechtsgüter und Rechte

- Leben
- Körper/Gesundheit
- Freiheit

} Rechtsgüter

- Eigentum → Recht

nicht bloß Vermögen, anders u.a. bei § 826

bb) Sonstige Rechte (= absolute Rechte, gegen jedermann gerichtet)

- Besitz (nicht uneingeschränkt)
- beschränkt dingliche Rechte
- dingliche Anwartschaftsrechte
- absolute Immaterialgüterrechte
- Mitgliedschaftsrechte (an GmbH, AG)
- Familienrechte, soweit als „Herrschaftsrecht" ausgestaltet
- Recht am Arbeitsplatz (str.)
- Allgemeines Persönlichkeitsrecht
- eingerichteter und ausgeübter Gewerbebetrieb

nicht Forderungsrecht, da nur relatives Recht (h.M.)

b) durch ein Handeln, das dem Anspruchsgegner zuzurechnen ist

- Äquivalenz
- Adäquanz
- Schutzzweck der Norm

2. Rechtswidrigkeit

3. Verschulden

a) Verschuldensfähigkeit, §§ 827, 828

b) Grad des Verschuldens

- Vorsatz
- Fahrlässigkeit

II. Rechtsfolgen („haftungsausfüllender Tatbestand")

Ersatz des durch die Rechtsgut- bzw. Rechtsverletzung verursachten Schadens gemäß §§ 249 ff.

3 Röthel Jura 2013, 95 ff.

A. Rechtsgut- oder Rechtsverletzung[4]

I. Verletzung des Lebens

Eine Verletzung des Lebens liegt vor, wenn der Tod eines Menschen eingetreten ist. 3
Maßgeblich ist dafür nach h.M. der Hirntod.[5] Ersatzberechtigt sind in diesen Fällen nur bestimmte mittelbar Geschädigte, vgl. §§ 844, 845.

II. Körper-, Gesundheitsverletzung

Körperverletzung bedeutet einen äußeren Eingriff in die körperliche Unversehrtheit. 4
Gesundheitsverletzung ist die medizinisch erhebliche – also aus ärztlicher Sicht behandlungsbedürftige – Störung der körperlichen, geistigen oder seelischen Lebensvorgänge. Unerheblich ist, ob Schmerzzustände auftreten oder bereits eine tiefgreifende Veränderung der Befindlichkeit eingetreten ist. So stellt z.B. die Übertragung des Human-Immundefizienz-Virus (HIV) oder die Ansteckung mit dem Corona-Virus bereits dann eine Gesundheitsverletzung dar, wenn es noch nicht zum Ausbruch der Krankheit gekommen ist.[6]

Anmerkung: *Eine genaue Abgrenzung zwischen Körper- und Gesundheitsverletzung erübrigt sich, da keine unterschiedlichen Rechtsfolgen daraus hergeleitet werden.*[7]

Bei **dauerhafter Abtrennung von Körperteilen**, z.B. bei einer Organspende, verwan- 5
delt sich das Recht des Betroffenen an seinem Körper in Sacheigentum am abgetrennten Körperteil. Werden dem Körper jedoch Bestandteile entnommen, um mit ihm nach dem Willen des Rechtsträgers später wieder vereinigt zu werden – erfolgt die **Trennung also nur vorübergehend** –, so bilden die Bestandteile auch während ihrer Trennung vom Körper mit diesem weiterhin eine **funktionelle Einheit**.[8]

Dies wird z.B. bedeutsam für zu Eigentransplantationen bestimmte Haut- oder Knochenbestandteile, für die Eigenblutspende, für die zur Befruchtung entnommene Eizelle und auch für Sperma, das der Spender hat einfrieren lassen, um sich für eine vorhersehbare Unfruchtbarkeit die Möglichkeit zu erhalten, eigene Nachkommen zu haben.[9] Werden diese Bestandteile nach ihrer Trennung vom Körper vernichtet, so liegt darin eine Körperverletzung i.S.v. § 823 Abs. 1.

1. Ärztlicher Heileingriff

Eine tatbestandsmäßige Körperverletzung ist auch der **ärztliche Eingriff**, selbst wenn 6
er zu Heilzwecken, lege artis und mit Erfolg durchgeführt wird. Lediglich die Rechtswidrigkeit entfällt, wenn der Eingriff von einer wirksamen Einwilligung gedeckt ist.[10]

Eine Körperverletzung kann auch durch **pflichtwidriges Unterlassen** (z.B. einer ord- 7
nungsgemäßen Untersuchung oder Beratung) begangen werden.

---

4 Croon-Gestefeld Jura 2016, 1007 ff. sowie Jura 2016, 1374 ff.

5 Hk-BGB/Staudinger § 823 Rn. 4.

6 BGHZ 114, 284; vgl. Brand/Becker NJW 2020, 2665 zur deliktischen Haftung bei Ansteckung mit SARS-CoV-2.

7 Brox/Walker SchuldR BT § 45 Rn. 3; Jauernig/Teichmann § 823 Rn. 3.

8 Fuchs/Pauker/Baumgärtner Kap. 2 A II. 1. 1.1.; Palandt/Sprau § 823 Rn. 5; a.A.: Körperbestandteile werden mit der Trennung vom Körper immer zur Sache, vgl. MünchKomm/Stresemann § 90 Rn. 27.

9 Sperma-Entscheidung BGHZ 124, 52.

10 BGHZ 106, 391, 394; zur Einwilligung später bei den Rechtfertigungsgründen, Rn. 212.

8 Besonderheiten gelten für die **Beweislast und Beweisführung im Arzthaftungsprozess:** Im Regelfall muss der Patient den Behandlungsfehler, dessen Ursächlichkeit für den geltend gemachten Gesundheitsschaden und das Verschulden des Arztes darlegen und beweisen. Um den Beweisschwierigkeiten des Patienten Rechnung zu tragen, hat sich jedoch in der Rspr. für den Arzthaftungsprozess ein differenziertes System von Beweislastverteilung und Beweiserleichterung herausgebildet.[11]

Beweiserleichterungen – bis zur Umkehr der Beweislast – sind insbesondere geboten:

- bei einer Lücke in der ärztlichen Dokumentation für die Frage, ob ein Behandlungsfehler vorliegt,[12] und
- bei Vorliegen eines groben ärztlichen Behandlungsfehlers[13] sowie bei einem Verstoß gegen die ärztliche Befunderhebungs- und Befundsicherungspflicht[14] für den Ursachenzusammenhang zwischen Fehler und Primärschaden, wenn dem Patienten nach tatrichterlichem Ermessen im Einzelfall die Beweislast für einen Arztfehler billigerweise nicht zugemutet werden kann.

Anmerkung: *Die deliktische Arzthaftung steht in echter Anspruchskonkurrenz zu der – seit 2013 im BGB geregelten – vertraglichen Behandlerhaftung gemäß §§ 630a–630h. Der Gesetzgeber strebte einen (weitgehenden) Gleichlauf von deliktischer Arzthaftung und Vertragshaftung an. Daher kodifizieren die §§ 630 a ff. im Wesentlichen die bisherige deliktsrechtliche Rechtsprechung. In der Praxis hat die deliktsrechtliche Arzthaftung nur noch eine eigenständige Bedeutung, wenn eine vertragliche Haftung fehlt, insbesondere für die persönliche Haftung angestellter Krankenhausärzte im Außenverhältnis gegenüber dem Patienten.*[15]

2. Vorgeburtliche Schäden

9 Eine Körperverletzung kann gegeben sein, wenn ein Kind **krank geboren** wird.

Fall 1: Schädigung im Mutterleib

Frau F, die im sechsten Monat schwanger ist, wird von A fahrlässig mit dem Fahrrad angefahren. F erleidet keine Verletzungen. Als sie drei Monate später ihr Kind zur Welt bringt, leidet dieses an spastischen Lähmungen, weil es mit einem Hirnschaden geboren ist. Der Hirnschaden ist auf den Unfall zurückzuführen. Hat das Kind K einen Schadensersatzanspruch aus § 823 Abs. 1 gegen A?

K könnte gegen A ein **Schadensersatzanspruch gemäß § 823 Abs. 1** zustehen.

I. Dazu müssen die **Voraussetzungen** des haftungsbegründenden Tatbestands gegeben sein.

1. Erforderlich ist zunächst eine **Rechts(gut)verletzung** aufseiten des K.

10 a) Eine **Körper- und Gesundheitsverletzung** könnte bereits in der **Schädigung der Leibesfrucht** zu sehen sein.

K hat infolge des Unfalls einen Hirnschaden erlitten, der sowohl eine Beeinträchtigung der körperlichen Unversehrtheit als auch eine Abweichung von dem normalen körperlichen Zustand darstellt, sodass insofern eine Körper- und Gesundheitsverletzung gegeben sein könnte.

Problematisch ist, dass K die Hirnverletzung zugefügt worden ist, als er noch nicht geboren war. § 823 Abs. 1 verlangt jedoch die Verletzung „eines ande-

11 Vgl. zu aktuellen Entwicklungen im Arzthaftungsrecht Spickhoff NJW 2020, 1720.
12 BGHZ 72, 132, 139; 129, 6, 10.
13 BGHZ 85, 212, 215 ff.; BGH NJW 2018, 3382.
14 BGHZ 99, 391, 396; 132, 47; 138, 1; BGH NJW 2020, 1071; NJW 2020, 2467.
15 Wandt § 16 Rn. 7; vgl. zum Arzthaftungsrecht Deuring JuS 2020, 489, 637.

ren", und das kann nur ein rechtsfähiger Mensch i.S.d. § 1 sein.[16] **Gemäß § 1 beginnt die Rechtsfähigkeit mit der Vollendung der Geburt.** Infolgedessen stellt die Schädigung der Leibesfrucht keine tatbestandliche Körper- und Gesundheitsverletzung dar.

b) Eine **Körper- und Gesundheitsverletzung** könnte jedoch **mit der Vollendung der Geburt des K** gegeben sein. 11

Die Leibesfrucht ist dazu bestimmt, als Mensch ins Leben zu treten; sie und das später geborene Kind sind identische Wesen.[17] Verletzungen der Leibesfrucht werden daher **mit Vollendung der Geburt** zu einer tatbestandlichen Körper- und Gesundheitsverletzung.

Die Schädigung der Leibesfrucht hat zu einem Hirnschaden des geborenen Kindes K geführt, sodass eine Körper- und Gesundheitsverletzung aufseiten des K gegeben ist.

2. Diese muss **durch ein Verhalten des A** verursacht worden sein.

a) A hat die schwangere F mit dem Fahrrad angefahren.

b) Ohne das Anfahren wäre es nicht zu einer Schädigung der Leibesfrucht und somit auch nicht zur Hirnschädigung des K gekommen. Demnach ist das Verhalten des A **äquivalent kausal** für die Körper- und Gesundheitsverletzung des K.

c) Das Anfahren war aus Sicht eines optimalen Beobachters auch generell geeignet, die Verletzung des K herbeizuführen, sodass das Verhalten des A auch **adäquat kausal** für die Körper- und Gesundheitsverletzung des K war.

3. Die Tatbestandsmäßigkeit indiziert nach h.M. die **Rechtswidrigkeit.**[18] Ein Rechtfertigungsgrund – etwa der des verkehrsrichtigen Verhaltens – greift nicht ein.

4. A hat fahrlässig und damit **schuldhaft** gehandelt.

II. Als **Rechtsfolge** muss A dem K den durch die Rechtsgutverletzung entstandenen Schaden gemäß §§ 249 ff. ersetzen (haftungsausfüllender Tatbestand). D.h., er muss K sämtliche Schadenspositionen, die sich aus der Körper- und Gesundheitsverletzung ergeben (z.B. Heilbehandlungskosten, Mehraufwendungen zum Ausgleich der Körperbehinderung), ersetzen, § 249 Abs. 2 S. 1.

Folglich kann ein Kind, wenn es lebend geboren ist, Schadensersatz wegen eines solchen Gesundheitsschadens verlangen, der entweder auf eine gegen seine Mutter begangene Verletzungshandlung oder auf eine Verletzung der Leibesfrucht zurückzuführen ist.[19] Die Verletzung der Leibesfrucht kann auch durch einen Angriff auf die Psyche der Schwangeren vermittelt worden sein.[20]

---

16 BGHZ 58, 48, 50.

17 BGHZ, 58, 48, 51.

18 Einzelheiten zu diesem Meinungsstreit werden im Abschnitt über die Rechtswidrigkeit dargestellt, vgl. Rn. 186 ff.

19 BGHZ 8, 243; 58, 48.

20 BGHZ 93, 351.

12 **Beispiel:**[21] Frauenarzt F erkennt bei der schwangeren S fahrlässig eine Rötelnerkrankung nicht. Infolgedessen kommt Kind K mit schwersten Behinderungen zur Welt. Hätte F bei seiner Untersuchung die richtige Diagnose gestellt, wäre zu diesem Zeitpunkt noch ein Schwangerschaftsabbruch möglich gewesen. Hat das Kind K einen Schadensersatzanspruch aus § 823 Abs. 1 gegen Frauenarzt F?

Diese Fälle, in denen die Mutter aufgrund einer falschen ärztlichen Diagnose daran gehindert wird, die Geburt eines kranken Kindes durch einen Schwangerschaftsabbruch zu vermeiden, werden unter der Fallgruppe „krankes Leben" („wrongful life") erfasst.
Das Besondere an dieser Fallkonstellation ist, dass das Kind auch bei richtiger Diagnose des Arztes nicht gesund zur Welt gekommen wäre, sondern sich nur die Alternative eines Schwangerschaftsabbruchs gestellt hätte. Für K besteht daher nur die Alternative zwischen einem Leben mit der Behinderung im Fall der Geburt oder gar nicht geboren zu werden im Fall des Schwangerschaftsabbruchs. Angesichts des absolut schutzwürdigen und höchstrangigen Rechtsgutes Leben existiert natürlich keine deliktische Pflicht, die Geburt eines Kindes wegen einer zu erwartenden Behinderung zu verhindern, sodass ein Anspruch des K aus § 823 Abs. 1 bereits mangels Rechtsgutverletzung ausscheidet.[22]

13 **Beispiel:**[23] Der 1929 geborene Vater V des K litt an fortgeschrittener Demenz. Er war bewegungs- und kommunikationsunfähig. In den letzten beiden Jahren seines Lebens kamen Lungenentzündungen und eine Gallenblasenentzündung hinzu. Im Oktober 2011 verstarb er. V, der von B hausärztlich betreut wurde, hatte weder eine Patientenverfügung errichtet noch ließ sich sein Wille hinsichtlich des Einsatzes lebenserhaltender Maßnahmen anderweitig feststellen. K behauptet, die künstliche Ernährung habe spätestens seit Anfang 2010 nur noch zu einer sinnlosen Verlängerung des krankheitsbedingten Leidens des V geführt. B sei deshalb verpflichtet gewesen, das Therapieziel dahingehend zu ändern, dass das Sterben des V durch Beendigung der lebensverlängernden Maßnahmen zugelassen werde. Er verlangt aus ererbtem Recht seines Vaters ein angemessenes Schmerzensgeld von B.

Nach Ansicht des BGH fehlt es an einem immateriellen Schaden. Für die Bestimmung eines Schadens bedürfe es eines Vergleichs der bestehenden Gesamtlage mit der Lage, die ohne das schädigende Ereignis bestanden hätte. Ein etwaiger Nachteil, der sich bei diesem Vergleich ergebe, sei nur dann ein Schaden, wenn die Rechtsordnung ihn als solchen anerkenne. Hier stehe der durch die künstliche Ernährung ermöglichte Zustand des Weiterlebens mit krankheitsbedingten Leiden dem Zustand gegenüber, wie er bei Abbruch der künstlichen Ernährung eingetreten wäre, also dem Tod. Die Option eines Weiterlebens ohne oder mit weniger Leiden habe es nicht gegeben. Das menschliche Leben sei ein höchstrangiges Rechtsgut und absolut erhaltungswürdig. Das Urteil über seinen Wert stehe keinem Dritten zu. Deshalb verbiete es sich, das Leben – auch ein leidensbehaftetes Weiterleben – als Schaden anzusehen (Art. 1 Abs. 1, Art. 2 Abs. 2 S. 1 GG).

3. Psychische Beeinträchtigung

14 Auch der Eintritt psychischer Schäden kann zu einem Anspruch auf Schadensersatz gemäß § 823 Abs. 1 und/oder Schmerzensgeld gemäß § 823 Abs. 1 i.V.m. § 253 Abs. 2 führen.

Dazu muss die psychische Beeinträchtigung allerdings als **Gesundheitsverletzung** zu bewerten sein. Das ist der Fall, wenn es zu **medizinisch konstatierbaren Folgewirkungen** kommt, die das Maß an Erregung, Bestürzung und Betroffenheit überschreiten, mit dem normalerweise gerechnet werden muss. Die Beeinträchtigung muss einen „echten Krankheitswert" haben.[24] Dafür ausreichend sind z.B. Schlafstörungen, Schwindel, zeitweilige Kopfschmerzen oder Antriebslosigkeit mit Rückzugstendenzen.[25]

21 Nach BGHZ 86, 240.

22 BGHZ 86, 240, 251, 252.

23 BGH RÜ 2019, 409; kritisch Leitmeier NJW 2020, 2844.

24 BGHZ 56, 163, 165; 132, 341, 344; BGH RÜ 2007, 291; MünchKomm/Oetker § 249 Rn. 150; Wagner 5. Kap. Rn. 44; Emmerich § 21 Rn. 2a.

25 Heß/Burmann NJW-Spezial 2004, 15.

III. Verletzung der Freiheit

Der Begriff der **Freiheit** in § 823 Abs. 1 beschränkt sich auf die **körperliche Bewegungsfreiheit**. 15

Beispiele für Freiheitsverletzungen: Einschließen einer Person, Wegnahme der Kleider eines Badenden, fahrlässiges Bewirken der Verhaftung einer Person.[26]

IV. Verletzung des Eigentums

Eigentum ist das umfassende Herrschaftsrecht über eine Sache. Es gibt nach § 903 S. 1 das Recht, mit der Sache nach Belieben zu verfahren (Nutzungsrecht) und andere von jeder Einwirkung auszuschließen (Abwehrrecht). Entsprechend der Weite des Eigentumsbegriffs ist die in § 823 Abs. 1 sanktionierte Verletzung des Eigentums auf unterschiedliche Weise möglich: 16

1. Rechtliche Beeinträchtigung des Eigentumsrechts

Die **Veränderung der rechtlichen Zuordnung** ist eine Eigentumsverletzung. 17

Zum Beispiel begeht eine rechtswidrige Eigentumsverletzung,

- wer **als Nichtberechtigter eine Sache veräußert** und dadurch dem gutgläubigen Dritten nach §§ 932 ff. Eigentum verschafft,
- wer **an einer Eigentumsentziehung mitwirkt**, z.B. indem er unberechtigterweise den in seinem Besitz befindlichen Kraftfahrzeugbrief einem Dritten aushändigt und dadurch den gutgläubigen Erwerb des Kraftfahrzeugs von einem (anderen) Nichtberechtigten ermöglicht,
- wer eine **schuldnerfremde Sache pfänden und versteigern** lässt; trotz Wirksamkeit der Vollstreckungsmaßnahme haftet er bei Verschulden nach § 823 Abs. 1.[27]

Dagegen **haftet nicht** aus unerlaubter Handlung, 18

- wer **fahrlässig** einen **falschen Rechtsstandpunkt** einnimmt (z.B. Behauptung des Miteigentums an einer an der Grundstücksgrenze errichteten Mauer) und dadurch den (Allein-) Eigentümer veranlasst, seine Disposition (z.B. Abriss der Mauer) bis zu einer gerichtlichen Klärung der Streitfrage zurückzustellen;[28] das bloße Bestreiten des Eigentums eines Dritten und die damit verbundene Inanspruchnahme eines eigenen Rechts stellt schon **keine Eigentumsverletzung** dar, weil der Eigentümer nicht gehindert ist, trotz der Einwendungen des Widersprechenden mit seinem Eigentum nach Belieben zu verfahren,
- wer **gutgläubig** das Eigentum nach §§ 929, 932 ff. **vom Nichtberechtigten erwirbt**[29] und wer **in der Zwangsversteigerung eine schuldnerfremde Sache ersteht** (Eigentumserwerb kraft Hoheitsaktes, unabhängig von Gut- oder Bösgläubigkeit);[30] der redliche Erwerber und der Ersteigerer begehen zwar eine Eigentumsverletzung, diese wird jedoch von der Rechtsordnung gebilligt, sodass es an der **Rechtswidrigkeit fehlt**.

2. Sachentziehung

Der **dauernde oder** auch nur **vorübergehende Entzug der Sachherrschaft** ist eine Eigentumsverletzung. 19

---

26 BGH NJW 1964, 650.
27 BGHZ 55, 20, 26; 48, 207.
28 OLG Köln NJW 1996, 1290.
29 Palandt/Sprau § 823 Rn. 8.
30 RGZ 156, 395, 397; BGHZ 55, 20, 25.

Beispiele:
Dem Eigentümer wird die Sache durch Diebstahl, Unterschlagung oder eine andere rechtswidrige Wegnahme entzogen;[31] der Eigentümer wird durch Täuschung veranlasst, die Sache wegzugeben, z.B. aufgrund eines Betruges.[32]

***Beachte:** Die Anwendbarkeit der §§ 823 ff. ist eingeschränkt gegenüber dem unrechtmäßigen Besitzer durch die Vorschriften des Eigentümer-Besitzer-Verhältnisses. Die §§ 987 ff. schließen grundsätzlich die Anwendbarkeit der §§ 823 ff. im Rahmen eines E-B-V aus. Eine Ausnahme macht § 992 für den Fall, dass sich der Besitzer den Besitz durch verbotene Eigenmacht oder Straftat verschafft hat. Vgl. dazu im Einzelnen die Ausführungen zum E-B-V im Skript Sachenrecht 1.*

3. Substanzverletzung

20 Das Eigentum wird verletzt, wenn eine zunächst intakte **Sache körperlich zerstört oder beschädigt** wird.

21 Eine Eigentumsverletzung in Form der Substanzverletzung liegt auch bei den sogenannten **„Verderbsschäden"** vor – z.B. wenn eine Stromunterbrechung zur Beschädigung oder Zerstörung von Sachen führt, die auf dauernde Stromzufuhr angewiesen sind:

Fall 2: Stromunterbrechung

B war mit der Verbreiterung einer Straße beauftragt. Zu diesem Zweck musste er Straßenbäume fällen. Infolge Unachtsamkeit des B stürzte ein Baum auf eine elektrische Freileitung unmittelbar am Grundstück des K, auf dem dieser eine Geflügelzucht betreibt. Es kam zu einer Stromunterbrechung von sechs Stunden.

Durch den Stromausfall fiel u.a. der Strom für den Betrieb des mit Eiern beschickten Brutapparates aus. Hierdurch sind aus 3.600 Eiern statt der zu erwartenden 3.000 Küken nur einige verkrüppelte, unverkäufliche Tiere geschlüpft. K verlangt von B Schadensersatz.

22 K könnte gegen B ein Schadensersatzanspruch wegen der nicht wie erwartet **geschlüpften 3.000 Küken aus § 823 Abs. 1** zustehen.

I. Dazu müssen die **Voraussetzungen** des haftungsbegründenden Tatbestands vorliegen.

1. Die Bruteier waren für ihre weitere Entwicklung auf eine dauernde Stromzufuhr angewiesen und sind infolge des Stromausfalls zerstört bzw. beschädigt worden, sodass diesbzgl. eine **Eigentumsverletzung** vorliegt.[33]

2. Diese Rechtsverletzung muss **durch ein Handeln, das dem B zuzurechnen ist**, verursacht worden sein.

   a) B hat im Zuge der von ihm durchgeführten Straßenbauarbeiten einen Baum gefällt, der auf die elektrische Freileitung stürzte und die Stromzufuhr unterbrochen hat.

31 RGRK/Steffen § 823 Rn. 23 m.w.N.

32 Brox JZ 1965, 516, 518.

33 BGHZ 41, 123, 126.

b) Hätte B den Baum nicht gefällt, wäre die Stromzufuhr nicht unterbrochen worden und die Bruteier wären nicht beschädigt oder zerstört worden. Folglich war das Verhalten des B **äquivalent kausal** für die Eigentumsverletzung bzgl. der Bruteier.

Dass die Bruteier nicht unmittelbar durch ein Verhalten des B zerstört worden sind, spielt dabei keine Rolle. Für die Kausalität i.S.d. Äquivalenztheorie ist ausreichend, dass eine Ursachenkette in Gang gesetzt wird, die zur Eigentumsverletzung führt. Die Haftung tritt unabhängig davon ein, ob die gesetzte Ursache den Schaden unmittelbar oder erst nach ihrer Fortsetzung durch eine Ursachenkette hervorruft. Dies gilt auch, wenn es nur an einer besonderen Beschaffenheit der zunächst betroffenen Sache liegt, dass weitere Gegenstände in Mitleidenschaft gezogen werden. Bedarf eine Sache zur Erhaltung ihrer Substanz der ständigen Zufuhr von Wasser, Strom etc., so bewirkt auch derjenige ihre Zerstörung, der sie durch Abschneiden dieser Zufuhr vernichtet.[34] **23**

c) Es liegt nicht außerhalb aller Wahrscheinlichkeit, dass bei Unterbrechung der Stromzufuhr Erzeugnisse, die einer elektrisch konstant gehaltenen Temperatur (z.B. Wärme) bedürfen, um nicht zu verderben, in ihrer Substanz beschädigt oder vernichtet werden. Infolgedessen war das Verhalten des B auch **adäquat kausal** für die Eigentumsverletzung bzgl. der Bruteier.

d) Das sich aus § 823 Abs. 1 ergebende Verbot der Beschädigung von Stromleitungen hat nicht nur den Zweck, deren Eigentümern den Aufwand der Wiederherstellung zu ersparen, sondern es will auch Schutz vor den typischen Folgen bieten. Somit liegt die Zerstörung der Bruteier als Folge der Beschädigung der Stromleitung nicht außerhalb des **Schutzzwecks der Norm**.[35] Die in der Vernichtung der angebrüteten Eier liegende Eigentumsverletzung ist daher dem B zuzurechnen, sodass der Tatbestand des § 823 Abs. 1 erfüllt ist.

3. Die Tatbestandsmäßigkeit indiziert nach h.M. die **Rechtswidrigkeit** und ein Rechtfertigungsgrund liegt zugunsten des B nicht vor.

4. Der gefällte Baum ist aufgrund der Unachtsamkeit des B auf die elektrische Freileitung gestürzt. Die dadurch eingetretene Eigentumsverletzung war für B voraussehbar. Wer eine elektrische Freileitung durchtrennt, weiß auch, dass an das unterbrochene Netz wahrscheinlich zahlreiche Anlagen zur Konservierung von Sachen angeschlossen sind, die bei längerem Stromausfall verderben könnten. Dass sich B gerade die Schädigung keimender Küken in einem Brutapparat hätte vorstellen können, d.h., dass er auch den speziellen Schadensverlauf vorherzusehen vermochte, ist nicht erforderlich.[36] Daher handelte B fahrlässig i.S.v. § 276 Abs. 2 und somit **schuldhaft**.

II. Als **Rechtsfolge** (haftungsausfüllender Tatbestand) muss B dem K den durch die Eigentumsverletzung entstandenen Schaden gemäß §§ 249 ff. ersetzen.

34 BGHZ 41, 123, 124 f.
35 BGHZ 41, 123, 127 f.
36 BGHZ 41, 123, 128.

1. Also muss B dem K gemäß § 251 Abs. 1 den Verkehrswert der zerstörten Bruteier ersetzen.

2. K hat jedoch kein Notstromaggregat bereitgehalten, welches bei Stromausfall die Versorgung der Bruteier gewährleistet. Infolgedessen könnte der Anspruch wegen Mitverschuldens des K gemäß § 254 Abs. 1 zu kürzen sein.

   Den Geschädigten trifft ein Mitverschulden, wenn er diejenige Sorgfalt außer Acht lässt, die jedem ordentlichen und verständigen Menschen obliegt, um sich vor Schaden zu bewahren.[37] Auch ein verständiger Mensch ist nicht gehalten, ein Notstromaggregat anzuschaffen, um Dritte zu entlasten, die möglicherweise störend in die Stromversorgung eingreifen könnten,[38] sodass eine Kürzung des Anspruchs wegen Mitverschuldens ausscheidet.

4. Gebrauchsbeeinträchtigung

24 Auch die bloße Behinderung des Eigentümers in dem bestimmungsgemäßen Gebrauch der Sache kann eine Eigentumsverletzung sein. Allerdings muss sich

- die Verletzungshandlung objektiv auf die Benutzbarkeit der Sache und nicht nur auf die Dispositionsmöglichkeit des Eigentümers auswirken
- und es muss der bestimmungsgemäße Gebrauch der Sache nicht unerheblich beeinträchtigt sein. Allein die vorübergehende Einengung der wirtschaftlichen Nutzungsmöglichkeit reicht nicht aus.

Ob durch die Gebrauchsbeeinträchtigung eine Eigentumsverletzung oder eine ersatzlos hinzunehmende Nutzungsbeeinträchtigung vorliegt, muss durch eine Interessenabwägung im Einzelfall ermittelt werden. Maßgebliche Kriterien für diese Abwägung sind u.a. die **Dauer** der Beeinträchtigung und die **Auswirkungen** der Beeinträchtigung auf die Funktionsfähigkeit der Sache.[39] Ferner spielt der **Anlass** der Nutzungsbeeinträchtigung eine wesentliche Rolle.[40]

Beachte: *In der Sache geht es um die Abgrenzung zwischen einer von § 823 Abs. 1 erfassten Eigentumsverletzung und einer reinen Vermögensbeeinträchtigung, die nicht über § 823 Abs. 1 ersetzt wird.*

Wird allerdings dem Eigentümer der **Gebrauch der Sache durch unmittelbare Einwirkung auf die Sache vollständig unmöglich gemacht**, steht dies einer Sachentziehung gleich, sodass i.d.R. eine Eigentumsverletzung vorliegt, ohne dass es zusätzlich auf ein zeitliches Moment ankommt.[41]

37 Palandt/Grüneberg § 254 Rn. 8.
38 BGHZ 41, 123, 128.
39 Wandt § 16 Rn. 33.
40 MünchKomm/Oetker § 823 Rn. 243.
41 BGH RÜ 2016, 623, 624; Wandt § 16 Rn. 33.

Zum Beispiel hat die Rspr. nach diesen Abgrenzungskriterien eine Eigentumsverletzung 25

bejaht	verneint
■ hinsichtlich eines Kfz bei einer amtspflichtwidrigen **Vorenthaltung der Kfz-Papiere**, da diese die Nichtbenutzbarkeit des Kfz selbst bewirkt oder wenn die Benutzbarkeit eines in der Garage abgestellten Kfz etwa durch widerrechtlich ausgeführte **Bauarbeiten vor der Garagenausfahrt** für eine gewisse Zeit objektiv unmöglich gemacht wird (BGHZ 63, 203, 206).	■ wenn die Nichtbenutzbarkeit des Kfz lediglich in persönlichen Gründen liegt, so z.B., wenn der Kfz-Halter seinen Kraftwagen nur deshalb nicht selbst führen darf, weil ihm der **Führerschein** zeitweilig entzogen oder dieser vorübergehend sichergestellt ist (BGHZ 63, 203, 207).
■ Im **Fleet-Fall** hat der BGH eine Eigentumsverletzung an einem Schiff darin gesehen, dass es infolge der Sperrung eines Fleets für etwa acht Monate seine Bewegungsmöglichkeit über seinen Liegeplatz zwischen dem Endteil des Fleets und der Sperre hinaus verlor, und damit als Transportmittel praktisch ausgeschaltet war (BGHZ 55, 153, 159; bestätigt durch BGH RÜ 2016, 623)	■ Dagegen hat der BGH ebenfalls im **Fleet-Fall** eine Eigentumsverletzung bzgl. eines außerhalb der Sperre liegenden Schiffs verneint, das wegen der Sperre nicht zu einer hinter der Sperre liegenden und dadurch vom Wasser her nicht mehr zugänglichen Verladestelle gelangen konnte. Dieses Schiff wurde durch die Sperrung des Fleets nicht in seiner Eigenschaft als Transportmittel betroffen; es lag nur eine Einengung der wirtschaftlichen Nutzungsmöglichkeit vor (BGHZ 55, 153, 159).
■ Die zweitägige **Blockade von Baumaschinen** durch Demonstranten stellt eine Eigentums- (und Besitz-)verletzung dar, weil dadurch der Eigentümer (ebenso wie der rechtmäßige Besitzer) längerfristig am bestimmungsgemäßen Einsatz der Maschinen gehindert wird (BGH NJW 1998, 377, 380).	■ Im **Kanallagerhaus-Fall** konnte das Lagerhaus infolge der Sperrung des Elbe-Seitenkanals von Schiffen nicht mehr angefahren werden, es war aber über Land (Straße, Gleisanschluss) erreichbar. Hier liegt nur die vorübergehende Einengung der wirtschaftlichen Nutzung vor. Die Anlage selbst ist benutzbar geblieben, daher keine Eigentumsverletzung (BGHZ 86, 152).
■ Das unerlaubte **Betreten eines Grundstücks**, um dieses o. ein dort stehendes Gebäude zu **fotografieren**, stellt eine Eigentumsverletzung in Form einer Nutzungsbeeinträchtigung wegen Beeinträchtigung der zustehenden Fruchtziehung der Sache dar (BGH RÜ 2011, 217).	■ Demgegenüber ist nach BGH keine Eigentumsverletzung gegeben, wenn das Grundstück oder Gebäude fotografiert wird, ohne dass das Grundstück dazu betreten werden muss (BGH RÜ 2013, 425, 426).

5. „Weiterfressender Mangel"

26 Der Vertragspartner haftet bei Lieferung einer mangelhaften Kaufsache oder eines mangelhaften Werks nach den Gewährleistungsregeln (§§ 434 ff., 634 ff.). Durch diese vertraglichen Ansprüche werden nach der Rspr. deliktische Ansprüche aus §§ 823 ff. nicht berührt. Es besteht eine **echte Anspruchskonkurrenz** mit der Folge, dass **Ansprüche aus Vertragsrecht und Deliktsrecht nebeneinander** geltend gemacht werden können und dass jeder Anspruch nach seinen Voraussetzungen, seinem Inhalt und seiner Durchsetzung selbstständig zu beurteilen ist.[42] Dies ist für den Betroffenen insbesondere wegen der unterschiedlichen Verjährungsfristen vertraglicher und deliktischer Ansprüche bedeutsam.

Die Anspruchskonkurrenz hat auch zur Folge, dass die Verletzung der Rügeobliegenheit nach § 377 Abs. 1 HGB nicht den Verlust deliktischer Ansprüche wegen der durch die Schlechtlieferung verursachten Verletzung eines der in § 823 Abs. 1 genannten Rechtsgüter des Käufers zur Folge hat.[43]

Fraglich ist jedoch, unter welchen Voraussetzungen überhaupt eine Eigentumsverletzung angenommen werden kann, wenn der eingetretene Schaden auf einem von Anfang an vorhandenen Mangel beruht.

Fall 3: Klemmender Gaszug

K erwarb im Autohaus V einen von der Automobilfirma P hergestellten Pkw. Infolge einer fehlerhaften Konstruktion funktionierte der Gaszug nicht einwandfrei: Nach Betätigung des Gashebels bewegte sich dieser nicht immer in die Ausgangsstellung zurück. Es kam zu einem Unfall. Dieser Unfall ist darauf zurückzuführen, dass der Wagen infolge der defekten Gaszuganlage weiter beschleunigte, obwohl der Fuß vom Gaspedal genommen wurde. Nunmehr verlangt K von P Ersatz der Reparaturkosten seines Pkw. (Fall nach BGHZ 86, 256)

A. Ein **vertraglicher Schadensersatzanspruch** des K gegen P scheidet mangels vertraglicher Beziehung zwischen K und P aus.

B. K könnte gegen P ein Schadensersatzanspruch bzgl. der Reparaturkosten aus **§ 823 Abs. 1** zustehen.

I. Dazu müssen die **Voraussetzungen** des haftungsbegründenden Tatbestands vorliegen.

1. Die durch den Unfall bewirkte Beschädigung des Autos könnte eine **Eigentumsverletzung** durch P darstellen, weil P das Auto mit dem defekten Gaszug hergestellt hat und es deswegen zu dem Unfall kam, durch den das Auto beschädigt wurde.

27 Andererseits ist das Auto von K als einheitliche Sache gekauft worden und war von vornherein wegen des nicht funktionierenden Gaszugs mangelhaft, so-

---

42 BGHZ 67, 359, 362 f.; 86, 256, 260; 101, 337, 344; 138, 230; 146, 144, 147.

43 BGHZ 101, 337, 343; vgl. ferner Baumbach/Hopt, HGB, § 377 Rn. 50; a.A. K. Schmidt, Handelsrecht, § 29 Rn. 117: Verletzung der Rügeobliegenheit erfasst sowohl vertragliche als auch deliktische Ansprüche.

dass K niemals Eigentümer eines einwandfreien Fahrzeugs war. Ob ein sogenannter **„weiterfressender Mangel"** zu einer **Eigentumsverletzung i.S.d. § 823 Abs. 1** führen kann, **ist streitig:**

a) **Rechtsprechung** 28

Allein in der Lieferung einer mangelhaften Sache oder der Erstellung eines fehlerhaften Werks liegt keine Eigentumsverletzung; denn der Käufer oder Werkbesteller erwirbt von vornherein nur Eigentum an einer mangelhaften Sache.

Anders ist es, wenn sich die Mangelhaftigkeit der gekauften Sache oder des hergestellten Werks zunächst nur auf einen Teilbereich beschränkt, dann aber nach dem Erwerb der Sache der Mangel sich auf weitere Teile oder auf die Gesamtsache ausdehnt, wenn also ein **„weiterfressender Mangel"** vorliegt. Hier kommt es nach heutiger Rspr. darauf an,

- ob sich der Schaden mit dem Unwert deckt, welchen die Sache wegen ihrer Mangelhaftigkeit von Anfang an hatte. In diesem Fall besteht sogenannte **Stoffgleichheit** des Schadens mit dem der Sache von Anfang an anhaftenden Mangelunwert. Dieser Schaden wird ausschließlich nach Vertragsrecht abgewickelt, denn es ist allein Aufgabe des Vertragsrechts, das sogenannte **Nutzungs- und Äquivalenzinteresse** zu schützen.
- Anders ist es, wenn es sich um einen weitergreifenden Mangel handelt, der an der Sache einen Schaden verursacht, welcher mit dem wegen des Mangels schon ursprünglich vorhandenen Unwert **nicht stoffgleich** ist. Denn es ist Aufgabe des Deliktsrechts, den Eigentümer davor zu schützen, dass seine Sache beschädigt oder zerstört wird. Dieses **Integritätsinteresse** muss der Verkäufer oder Hersteller einer Sache nicht nur bzgl. der durch die Mangelhaftigkeit gefährdeten anderen Sachen des Erwerbers beachten, sondern auch zum Schutz der hergestellten mangelhaften Sache selbst.

Die Abgrenzung zwischen Nutzungs- und Äquivalenzinteresse einerseits (auszugleichen durch das Vertragsrecht) und Integritätsinteresse andererseits (auszugleichen – auch – durch § 823 Abs. 1) erfolgt somit durch das Merkmal der **Stoffgleichheit.**

Stoffgleichheit ist anzunehmen, wenn die Sache wegen des Mangels von vornherein völlig wertlos ist oder wenn das mit dem Fehler behaftete Einzelteil mit der Gesamtsache eine nur schwer trennbare Einheit bildet oder wenn der Mangel nicht in wirtschaftlich vertretbarer Weise behoben werden kann.[44]

44 Palandt/Sprau § 823 Rn. 178 m.w.N.

Die Mängel des Gaszugs machten das Fahrzeug, das betriebsfähig blieb, nicht von Anfang an wertlos. Ferner hätten die vom Gaszug ausgehenden Unfallgefahren vermieden werden können, wenn der Defekt rechtzeitig erkannt und behoben worden wäre, und dies wäre auch ohne besonderen wirtschaftlichen Aufwand und ohne Beschädigung anderer Teile des Fahrzeugs möglich gewesen. Folglich liegt keine Stoffgleichheit zwischen dem geltend gemachten Schaden und dem ursprünglichen Mangel vor, sodass eine Eigentumsverletzung gegeben ist.

b) **Literatur**

29 Die Literatur ist uneinheitlich. Zum Teil wird die Differenzierung der Rspr. nach dem Kriterium der Stoffgleichheit befürwortet.[45] Ein großer Teil des Schrifttums lehnt die Möglichkeit eines Anspruchs aus § 823 Abs. 1 wegen eines „weiterfressenden Mangels" jedoch ab.

30 ■ Dabei wird teils bereits die Anwendbarkeit des Deliktsrechts für unzulässig gehalten: Die Regeln der Sachmängelgewährleistung seien ausreichend; eine Anerkennung der Anspruchskonkurrenz verschiebe die gesetzlich gezogenen Grenzen zwischen Leistungs- und Schädigungsrisiko, zudem würden die Verjährungsfristen der Mängelansprüche unterlaufen; nach der gesetzlichen Wertung falle die Gebrauchstauglichkeit allein in die Sachmängelgewährleistung.[46]

31 ■ Zum Teil werden die Abgrenzungskriterien der Rspr. als unbrauchbar und zu unsicher angegriffen.[47]

32 ■ Da die Verjährung der Gewährleistungsrechte in § 438 zugunsten des Käufers verlängert wurde, halten einige Autoren den Schutz des Käufers über das Deliktsrecht bei weiterfressenden Mängeln für überflüssig. Zudem kollidiere ein solcher Anspruch auf Schadensersatz mit dem – vorrangigen – Nacherfüllungsanspruch aus § 439 und unterlaufe das Recht des Verkäufers zur zweiten Andienung.[48]

c) **Stellungnahme**

Die Auffassung der Rspr. ermöglicht – im Gegensatz zu der pauschalen Lösung der Literaturansichten – eine auf den jeweiligen Einzelfall bezogene Abgrenzung zwischen Äquivalenz- und Integritätsinteresse und gewährt dem Käufer nur dann deliktische Ansprüche, wenn auch der Schutzbereich des Deliktsrechts berührt ist. Die Verlängerung der Verjährungsfrist für Gewährleistungsansprüche ändert an der Abgrenzungsproblematik als sol-

45 Kullmann BB 1985, 409, 413; Rauscher JuS 1987, 14, 16; Steffen VersR 1988, 977; Schmidt in Geigel Kap. 1 Rn. 13; Palandt/Sprau § 823 Rn. 181; RGRK/Steffen Vor § 823 Rn. 39; Staudinger/Hager § 823 Rn. B 115 ff.

46 BeckOK/Förster § 823 Rn. 140; Erman/Wilhelmi § 823 Rn. 124; Grigoleit/Riem Rn. 922; MünchKomm/Wagner § 823 Rn. 286.

47 Z.B. Diederichsen VersR 1984, 797, 798: „Zauberformel", „schlechter Trick"; Harrer Jura 1984, 80 ff.; Stoll JZ 1983, 501; Nickel VersR 1984, 318; zweifelnd auch Medicus/Petersen BR Rn. 650 b a.E.

48 Jauernig/Berger § 437 Rn. 36; MünchKomm/Westermann § 437 Rn. 64; Brüggemeier WM 2002, 1384 ff.; Klose MDR 2003, 1215, 1218; Tettinger JZ 2006, 641.

cher nichts, sondern führt lediglich dazu, dass es in der Praxis weniger Fälle geben wird, in denen das Problem relevant wird. Da die Verjährungsfristen für deliktische Ansprüche und für vertragliche Gewährleistungsansprüche nach wie vor nicht identisch sind, ist der deliktische Schutz des Käufers bei weiterfressenden Mängeln nicht überflüssig geworden, sondern weiterhin geboten.[49] Soweit dadurch nicht im Einzelfall das Nacherfüllungsrecht des Verkäufers umgangen wird, ist daher bei einem weiterfressenden Mangel eine Eigentumsverletzung gegeben.[50]

Somit liegt eine Verletzung des Eigentums aufseiten des K vor.

2. Das von P hergestellte Auto wies einen Konstruktionsfehler auf und dieser Fehler ist für die Eigentumsverletzung **äquivalent und adäquat kausal** geworden. Daher hat P das Eigentum des K verletzt, sodass der Tatbestand des § 823 Abs. 1 verwirklicht ist.

3. Die **Rechtswidrigkeit** ist nach h.M. durch die Verwirklichung des Tatbestands indiziert und Rechtfertigungsgründe sind nicht ersichtlich.

4. Ist nachgewiesen, dass das Produkt im Zeitpunkt der Eigentumsverletzung mangelhaft war und die Rechtsverletzung durch das Produkt bei dessen bestimmungsgemäßer Verwendung verursacht wurde, wird das **Verschulden** des Produzenten vermutet (dazu i.E. bei der Produzentenhaftung, Rn. 400 ff.).

Folglich liegen die Voraussetzungen des § 823 Abs. 1 vor.

II. Als **Rechtsfolge** („haftungsausfüllender Tatbestand") muss P dem K den durch die Eigentumsverletzung entstandenen Schaden – die Reparaturkosten – ersetzen, § 249 Abs. 2 S. 1.

C. Eine Haftung nach **§ 1 Abs. 1 S. 1 ProdHaftG** scheidet aus, da gemäß § 1 Abs. 1 S. 2 ProdHaftG nur Sachschäden erfasst werden, die infolge der Beschädigung oder Zerstörung einer „anderen Sache" erwachsen.

Die Grundsätze des sogenannten „weiterfressenden Mangels" sind nach h.M. im Rahmen des ProdHaftG nicht anwendbar (vgl. dazu i.E. bei der Produkthaftung, Rn. 400 ff.).

Wenn neben dem deliktischen Anspruch noch weitere, insbesondere vertragliche Gewährleistungsansprüche gegen den Schädiger bestehen, so stellt sich die Frage, ob es bei dem Grundsatz bleibt, dass jeder Anspruch seinen eigenen (Verjährungs-)Regeln folgt, oder ob im Hinblick auf die kürzeren Verjährungsregeln des Gewährleistungsrechts eine Ausnahme gemacht werden muss. **33**

49 Hk-BGB/Staudinger Vor §§ 823–853 Rn. 13; MünchKomm/Ernst § 280 Rn. 82; Reischl JuS 2003, 1076, 1082 Schulze/Ebers JuS 2004, 462, 465.

50 Hk-BGB/Staudinger Vor §§ 823–853 Rn. 13; Schulze/Ebers JuS 2004, 462, 465.

Fall 4: Geplatzter Ferrari-Traum

Ferrarihändler F verkaufte im Juni 2016 einen gebrauchten Ferrari (Höchstgeschwindigkeit 295 km/h) an einen Kunden. An dem Pkw hatte er zuvor auf Wunsch des Kunden vier neue Reifen montiert, die er von einer Reifenhandelsfirma bezogen hatte. Dabei übersah F, dass diese Reifen ein Profil aufwiesen, das seit über zwei Jahren nicht mehr hergestellt wurde. Einige Zeit später kaufte F den Wagen, der zwischenzeitlich 2.000 km gefahren worden war, zurück und veräußerte ihn am 08.01.2019 für 100.000 € an K.

Am 05.02.2021 platzte bei einer Fahrt auf der Autobahn der linke Hinterreifen und es kam zu einem Unfall, bei dem der Ferrari einen Totalschaden erlitt. Bei dem von K eingeholten Sachverständigengutachten stellte sich anhand der DOT-Nr., aus welcher das Herstellungsjahr und die Herstellungswoche eines Reifens ersichtlich sind, heraus, dass der Reifen bereits 5 1/2 Jahre alt und für den normalen Betrieb des Ferraris aufgrund seines Alters nicht mehr geeignet war.

K verlangt von F Schadensersatz für den zerstörten Ferrari. F beruft sich demgegenüber auf die Einrede der Verjährung. (Fall nach BGH RÜ 2004, 169 – Sachverhalt vereinfacht)

34 A. Ein Schadensersatzanspruch des K gegen F könnte sich aus **§ 437 Nr. 3 i.V.m. §§ 280 Abs. 1, 3, 283** ergeben.

I. Zwischen F und K ist ein **wirksamer Kaufvertrag** über einen gebrauchten Ferrari zustande gekommen.

II. Der Pkw entsprach zum Zeitpunkt der Übergabe aufgrund der nicht ordnungsgemäßen Bereifung nicht der normalen Beschaffenheit und wies damit einen **Sachmangel i.S.v. § 434 Abs. 1 S. 2 Nr. 2** auf.

III. Gemäß **§ 280 Abs. 1 S. 2** wird **vermutet**, dass F diese Pflichtverletzung **zu vertreten** hat, es sei denn, er kann die Verschuldensvermutung widerlegen, indem er sich exkulpiert.

F hätte jedoch vor der Weiterveräußerung des Pkw an K eine routinemäßige Sichtkontrolle des Wagens inklusive der Bereifung vornehmen müssen. Dabei hätte ihm als Ferrarihändler auffallen müssen, dass das Profil der Reifen zu einem Reifentyp gehört, der seit längerer Zeit nicht mehr hergestellt wird. Dies hätte er zum Anlass nehmen müssen, das konkrete Alter der Reifen anhand der DOT-Nr. zu ermitteln. Es scheidet somit eine Exkulpation seitens F aus und er hat die Pflichtverletzung zu vertreten.

IV. Als **Rechtsfolge** kann K von F **Schadensersatz statt der Leistung**, also Ersatz seines Erfüllungsinteresses, verlangen.

Der Schadensersatzanspruch aus § 437 Nr. 3 i.V.m. §§ 280 Abs. 1, 3, 283 ist somit entstanden.

V. Der Anspruch ist jedoch nicht durchsetzbar, wenn F sich wirksam auf die **Einrede der Verjährung gemäß § 214** berufen hat.

Die Verjährungsfrist beträgt gemäß § 438 Abs. 1 Nr. 3 zwei Jahre und beginnt gemäß § 438 Abs. 2 mit der Ablieferung der Sache. Der Ferrari wurde K am 08.01.2019 übergeben und der Unfall geschah am 05.02.2021, also nach Ablauf der Verjährungsfrist. Somit hat sich F wirksam auf die Verjährungseinrede berufen.

Der vertragliche Schadensersatzanspruch des K gegen den F aus § 437 Nr. 3 i.V.m. §§ 280 Abs. 1, 3, 283 ist demnach zwar entstanden, aber nicht durchsetzbar.

B. K könnte ein Schadensersatzanspruch gemäß **§ 823 Abs. 1** zustehen. 35

I. Dazu müssen die **Voraussetzungen** des haftungsbegründenden Tatbestands gegeben sein.

1. Die durch den Unfall verursachte Zerstörung des Ferraris könnte eine **Eigentumsverletzung** aufseiten des K darstellen. Dies ist jedoch insofern zweifelhaft, als K den Pkw in bereits mangelhaftem Zustand erworben hat, also niemals Eigentümer eines mangelfreien Kfz war. Nach st.Rspr. des BGH ist in einer solchen Fallkonstellation eine Eigentumsverletzung gegeben, wenn der ursprüngliche Mangel und der später eingetretene Schaden nicht stoffgleich sind (vgl. oben Fall 3, Rn. 28).

   Der Hinterreifen wäre ohne große finanzielle oder technische Schwierigkeiten auszutauschen gewesen und der Ferrari war durch die falsche Bereifung auch nicht von Anfang an wirtschaftlich wertlos. Folglich ist keine Stoffgleichheit gegeben, sodass eine Eigentumsverletzung bzgl. des Pkw vorliegt.

2. Hätte F die Reifen untersucht, so wäre ihm der Fehler aufgefallen und er hätte die Reifen ausgetauscht und es wäre nicht zu dem Unfall und der Eigentumsverletzung gekommen. Folglich ist diese Eigentumsverletzung **durch ein Verhalten des F** verursacht worden.

Damit ist der Tatbestand des § 823 Abs. 1 verwirklicht.

3. Die **Rechtswidrigkeit** wird nach h.M. durch die Tatbestandsverwirklichung indiziert und Rechtfertigungsgründe greifen nicht ein.

4. F hat durch die unterlassene Untersuchung des Pkw die im Verkehr erforderliche Sorgfalt nicht beachtet und daher fahrlässig i.S.v. § 276 Abs. 2 und somit **schuldhaft** gehandelt.

II. Als **Rechtsfolge** („haftungsausfüllender Tatbestand") kann K von F den durch die Zerstörung des Pkw entstandenen Schaden, also den Wiederbeschaffungswert abzüglich des Wertes der von vornherein mangelhaften Reifen, ersetzt verlangen.

III. Der Anspruch ist jedoch nicht durchsetzbar, wenn sich F wirksam auf die **Einrede der Verjährung gemäß § 214** berufen hat.

1. Die Verjährung deliktischer Ansprüche richtet sich grundsätzlich nach §§ 195, 199. Danach beträgt die Verjährungsfrist gemäß § 195 drei Jahre und sie beginnt gemäß § 199 Abs. 1 mit dem Schluss des Jahres, in dem der Anspruch entstanden ist und der Gläubiger von den den Anspruch begründenden Um-

ständen und der Person des Schuldners Kenntnis erlangt hat oder ohne grobe Fahrlässigkeit hätte erlangen müssen.

Der Anspruch aus § 823 Abs. 1 ist vorliegend erst am 05.02.2021 im Unfallzeitpunkt entstanden, also demnach gemäß §§ 195, 199 nicht verjährt.

2. Ob die allgemeine Verjährungsregelung gemäß §§ 195, 199 auch bei den „Weiterfresserschäden" gilt oder ob in diesen Fallkonstellationen die kürzere Verjährungsfrist des § 438 Abs. 1 anzuwenden ist, wird nicht einheitlich beurteilt.

36 a) **Nach überwiegender Ansicht** unterliegen die Deliktsansprüche nicht der abgekürzten kaufrechtlichen, sondern der allgemeinen Verjährung nach den §§ 195, 199.[51] Zur Begründung wird der Wortlaut des § 438 Abs. 1 angeführt, der die deliktischen Ansprüche nicht nennt; zudem würde der besondere Schutz, den der Käufer in den Fällen des weiterfressenden Mangels über das Deliktsrecht erhält, zunichte gemacht, wenn die kürzere kaufrechtliche Verjährung Anwendung finden würde.

37 b) **Nach a.A.** ist auf den deliktischen Anspruch bei den „Weiterfresserschäden" die kürzere Verjährungsfrist des § 438 Abs. 1 anzuwenden. Im Unterschied zum früheren Recht, bei dem die kurze Verjährungsfrist des § 477 a.F. nur für die verschuldensunabhängigen Rechtsbehelfe der Wandlung, Minderung und Nachlieferung galt, erfasse die Neuregelung in § 438 Abs. 1 sowohl verschuldensunabhängige als auch verschuldensabhängige Gewährleistungsrechte des Käufers.[52]

c) **Stellungnahme:** Da zwischen deliktischen und vertraglichen Ansprüchen eine echte Anspruchskonkurrenz besteht, folgt jeder Anspruch grundsätzlich der ihm eigenen gesetzlichen Regelung. Dies muss auch in den Fällen des weiterfressenden Mangels für die Verjährungsregelungen gelten, um dem Käufer nicht den besonderen Schutz des Deliktsrechts zu entziehen.

Demnach steht K gegen F ein durchsetzbarer Schadensersatzanspruch aus § 823 Abs. 1 zu.

---

51 Hk-BGB/Saenger § 437 Rn. 29; Looschelders SchuldR BT Rn. 185; MünchKomm/Grothe § 195 Rn. 55; MünchKomm/Westermann § 438 Rn. 5; Palandt/Weidenkaff § 437 Rn. 56, § 438 Rn. 3; Masch/Herwig ZGS 2005, 24; Medicus/Petersen BR Rn. 640; Wandt § 16 Rn. 20.

52 Jauernig/Berger § 437 Rn. 36; Mansel NJW 2002, 89, 95.

§ 823 Abs. 1 (–)	§ 823 Abs. 1 (+)
Stoffgleichheit	**keine Stoffgleichheit**
zwischen Produktfehler und Endschaden, wenn sich der ursprüngliche Mangelunwert mit dem eingetretenen Schaden deckt	zwischen Produktfehler und Endschaden, wenn sich der ursprüngliche Mangelunwert nicht mit dem eingetretenen Schaden deckt
Äquivalenzinteresse verletzt	**Integritätsinteresse** verletzt
■ Sache im Ganzen von vornherein nicht oder nur sehr eingeschränkt verwendbar	■ Mangel zunächst nur auf Teil des Produkts beschränkt
■ oder Mangel nicht behebbar	■ und Mangel behebbar
▪ technisch nicht behebbar	▪ technisch behebbar
▪ oder wirtschaftlich nicht vertretbar	▪ und wirtschaftlich vertretbar
Ortbeton BGHZ 39, 366 Hebebühne BGH BB 1983, 464 Bodenschlacke BGH 146, 144	Kompressor BGH NJW 1985, 2420 Gaszug BGHZ 86, 256 Nockenwelle BGH NJW 1992, 1678 Ferrari BGH NJW 2004, 1032

6. Verbindung/Verarbeitung von mangelfreien Sachen mit mangelhaften Teilen (sogenannte Produktionsschäden)

Eine Eigentumsverletzung ist schließlich auch dann schwierig zu beurteilen, wenn der 38
Eigentümer mangelfreier Sachen von einem anderen mangelhafte Gegenstände erwirbt und sodann die mangelfreien Sachen mit den mangelhaften Teilen verbindet oder verarbeitet, sodass auch die ursprünglich unversehrten Gegenstände bzw. die hergestellte Gesamtsache beeinträchtigt sind (sogenannte Produktionsschäden).

Diese Produktionsschäden weisen eine gewisse Ähnlichkeit zu den Fällen des weiterfressenden Mangels auf, sind aber durch einen **deutlichen Unterschied** gekennzeichnet: Bei den Produktionsschäden greift der Mangel der zugelieferten Sachen auf andere Gegenstände über, die der Eigentümer bislang unversehrt in seinem Vermögen hatte, während sich die Beeinträchtigung beim weiterfressenden Mangel auf die Sache beschränkt, die von Anfang an mit dem Mangel behaftet war.[53]

53 Fuchs/Pauker/Baumgärtner Kap. 2 A II. 1.3.2.

Fall 5: Mangelhafte Transistoren

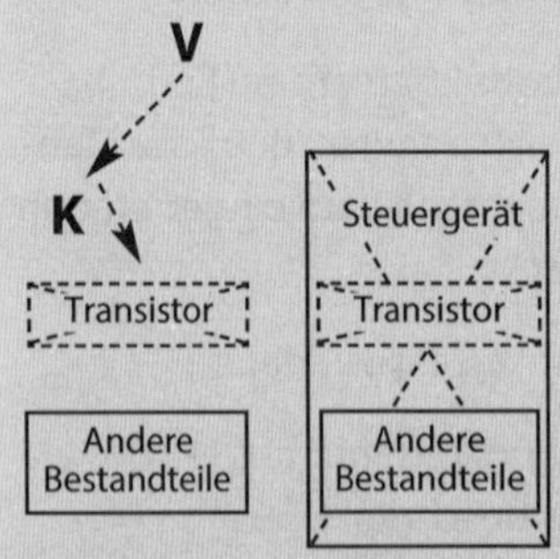

K, ein Autozulieferbetrieb, fertigt für die B-AG Zentralverriegelungen für Personenkraftwagen. In die Steuergeräte dieser Verriegelungen baute K von V hergestellte und bezogene Transistoren ein, nachdem sie diese mit anderen Bestandteilen auf Leiterplatinen aufgelötet und die Platinen sodann mit einem Schutzlack überzogen hatte. Die von V gelieferten Transistoren waren fehlerhaft. Deshalb waren die von K hergestellten Steuergeräte unbrauchbar. Ein Austausch der fehlerhaften Transistoren war mit wirtschaftlich vertretbarem Aufwand nicht durchführbar.

K macht gegen V einen deliktischen Schadensersatzanspruch geltend und verlangt u.a. Ersatz in Höhe der Materialkosten der zunächst fehlerfreien und dann durch den Zusammenbau mit den Transistoren funktionsuntüchtig gewordenen anderen Bestandteile der Steuergeräte. (Fall nach BGH RÜ 1998, 277)

K könnte gegen V ein Schadensersatzanspruch aus **§ 823 Abs. 1** zustehen.

Dazu muss aufseiten des K zunächst eine **Rechts(gut)verletzung** gegeben sein. In Betracht kommt eine **Eigentumsverletzung**.

39 I. Es könnte eine **Eigentumsverletzung bzgl. der von K hergestellten Steuergeräte** (Gesamtsache) vorliegen.

K hat durch die Verwendung der schadhaften Transistoren unbrauchbare Steuergeräte hergestellt. Der durch den Einbau der mangelhaften Transistoren eingetretene Unwert der Steuergeräte haftete diesen jedoch bereits seit ihrer Herstellung an. Bzgl. der Steuergeräte ist daher der eingetretene Schaden mit der im Mangel verkörperten Entwertung dieser Geräte „stoffgleich".[54] Folglich hat sich der Produktfehler bzgl. der Transistoren lediglich auf das **Äquivalenzinteresse** des K an gebrauchstauglichen Steuergeräten ausgewirkt, er hat aber nicht das Integritätsinteresse des K am Bestand unbeschädigten Eigentums beeinträchtigt. Somit ist keine Eigentumsverletzung bzgl. der von K hergestellten Steuergeräte gegeben.

40 II. Es könnte eine Eigentumsverletzung bzgl. der zusammen mit den Transistoren in die Steuergeräte **eingebauten weiteren Bestandteile** (Zutaten) vorliegen.

41 1. **Nach Auffassung des BGH** liegt eine Eigentumsverletzung des K an den zusammen mit den Transistoren in die Steuergeräte eingebauten **weiteren Bestandteilen** vor, obwohl diese Zutaten nicht in ihrer Sachsubstanz verletzt worden sind.

Eine Eigentumsverletzung setzt nach st.Rspr. des BGH nicht zwingend den Eingriff in die Sachsubstanz voraus, sondern sie kann auch durch eine nicht unerhebliche Beeinträchtigung der bestimmungsgemäßen Verwendung der Sache erfolgen. Die Eigentumsverletzung ist im vorliegenden Fall nach Ansicht des BGH bereits **durch die Verbindung der fehlerfreien mit den fehlerhaften Bestandteilen**

54 **„Transistor"**-Entscheidung des BGH BGHZ 138, 230, 234.

entstanden, da die zuvor unversehrt im Eigentum des K stehenden Einzelteile durch das unauflösliche Zusammenfügen mit den fehlerhaften Transistoren nicht nur in ihrer Verwendbarkeit, sondern auch erheblich in ihrem Wert beeinträchtigt worden sind: Die Einzelteile können nicht mit wirtschaftlich vertretbarem Aufwand aus den funktionsuntüchtigen Steuergeräten wieder ausgebaut werden und folglich von K nicht mehr in anderer Weise genutzt werden; die vorher intakten, in die Steuergeräte eingebauten Teile sind mit dem Zusammenbau wertlos geworden. Daher ist insoweit das Integritätsinteresse des K verletzt.[55]

Im **„Kondensator"**-Fall des BGH[56] wurden die fehlerhaften Teile beim Ausbau beschädigt. Der BGH hat dort die Eigentumsverletzung an die Substanzbeeinträchtigung bei der Reparatur der Regler angeknüpft.[57]

2. Im **Schrifttum** werden die Entscheidungen des BGH zum Teil abgelehnt.[58] **42**

a) Nach einer Ansicht[59] liegt im „Transistor"-Fall ein Fehlschluss des BGH darin, die wirtschaftliche Entwertung der Bestandteile mit einer tatbestandlichen Gebrauchsbeeinträchtigung gleichzusetzen. Dass das Produkt Steuergerät (und seine sonstigen Bestandteile) wegen der fehlerhaften Transistoren funktionsunfähig und damit wertlos werden könne, sei das typische Unternehmerrisiko, gegen das sich der Unternehmer evtl. vertraglich absichern kann. Es liege lediglich eine Vermögensbeeinträchtigung vor, die nicht von § 823 Abs. 1 erfasst werde.

b) Nach a.A. ist im „Transistor"-Fall zwar das Integritätsinteresse des Käufers an den von ihm im Produktionsprozess verbrauchten „guten" Zutaten verletzt. Es sei aber fraglich, ob diese Verletzung dem Hersteller des defekten Vorproduktes zugerechnet werden könne. Dies sei – wie im „Transistor"-Fall – dann zu verneinen, „wenn diese Vorprodukte nur funktionsunfähig sind und auch nicht bestimmungsgemäß zur Abwehr von Gefahren für die betroffenen Rechtsgüter dienen."[60]

3. Ein **Teil der Lit.** stimmt der Rspr. ausdrücklich zu, da die bereits im Eigentum des Geschädigten stehenden weiteren „Zutaten" der letztlich mangelhaften Gesamtsache den Schutz des § 823 Abs. 1 genießen und das Eigentum an den unversehrten Sachen durch deren Verbindung mit mangelhaften Sachen verletzt werden könne.[61] Das Problem sei nicht die Eigentumsverletzung im haftungsbegründenden Tatbestand, sondern die Abgrenzung zu reinen Vermögensschäden auf der Ebene der Haftungsausfüllung: Folglich sei nur der Wert der aufgeopferten Zutaten zu ersetzen und nicht der Wert der Vermögensaufwendungen, die der Herstellung der mangelhaften Gesamtsache dienten.[62]

---

55 **„Transistor"**-Entscheidung des BGHZ 138, 230, 234 ff.

56 BGHZ 117, 183.

57 BGHZ 117, 183, 189.

58 Vgl. zum **„Kondensator"**-Fall Brüggemeier/Herbst JZ 1992, 801, 803; krit. auch Hinsch VersR 1992, 1053, 1056 ff.; Franzen JZ 1999, 702 ff.; Schneider ZGS 2008, 177, 179.

59 Brüggemeier JZ 1999, 99, 100.

60 Franzen JZ 1999, 702, 710 f.; Erwiderung Foerste JZ 1999, 1046; Schlusswort Franzen JZ 1999, 1047.

61 MünchKomm/Wagner § 823 Rn. 290.

62 MünchKomm/Wagner § 823 Rn. 291.

4. Nimmt man mit der Rspr. und einem Teil der Lit. hinsichtlich der bei dem Zusammenbau der Steuergeräte verwendeten „guten" Zutaten eine Eigentumsverletzung durch V an, so ist diese auch rechtswidrig.

   Das Verschulden des V wird im Rahmen der Produzentenhaftung vermutet. V ist somit nach § 249 Abs. 2 S. 1 verpflichtet, K die Materialkosten der zunächst einwandfreien Teile zu ersetzen.

Fall 6: Bodenschlacke

B betreibt ein Stahlwerk. Die bei ihr als Abfallprodukt anfallende Elektroofenschlacke füllte sie gemäß einer Vereinbarung mit der Stadt S auf ein der S gehörendes Grundstück in einer Höhe von 1,3 m auf und planierte die Fläche. Später veräußerte S einen Teil des Geländes an K, die das erworbene Grundstück bebaute. In dem fertiggestellten Gebäude zeigten sich später Risse im Mauerwerk. Dies beruhte darauf, dass die Schlacke nicht „raumbeständig" war, sondern sich durch Hydration ausgedehnt hatte. K verlangt von B Schadensersatz. (Fall nach BGH RÜ 2001, 203)

K könnte gegen B ein Anspruch auf Schadensersatz aus **§ 823 Abs. 1 wegen Eigentumsverletzung** zustehen.

43 I. Es könnte durch die Auffüllung des Bodens mit Elektroofenschlacke eine **Eigentumsverletzung bzgl. des Grundstücks** gegeben sein.

Das Grundstück war jedoch im Zeitpunkt des Eigentumserwerbs durch K bereits mit der schadensträchtigen Schlacke aufgefüllt und daher für eine Bebauung ungeeignet, sodass K **niemals Eigentümer des Grundstücks in mangelfreiem Zustand** war. Folglich fehlt die für eine Eigentumsbeeinträchtigung erforderliche Verletzung des Integritätsinteresses,[63] sodass keine Eigentumsverletzung bzgl. des Grundstücks vorliegt.

44 II. Es könnte eine **Eigentumsverletzung bzgl. des errichteten Gebäudes** vorliegen.

Dazu ist erforderlich, dass keine Stoffgleichheit zwischen den Gebäudeschäden und den bereits von vornherein vorhandenen Grundstücksschäden gegeben ist. Dies setzt bei einem Zusammentreffen von fehlerfreien und fehlerhaften Sachen voraus, dass vor dem Schadenseintritt jedenfalls ein Teil der Gesamtsache unversehrt im Eigentum des Geschädigten gestanden hat.

Das Gebäude hat aber niemals unversehrt im Eigentum des K gestanden, sondern es ist durch die Bebauung eine Sachgesamtheit geschaffen worden, die von Anfang an mit dem später zutage getretenen Mangel behaftet war.[64] Das Gebäude ist erst durch den sukzessiven Einbau der Baumaterialien entstanden und bereits durch deren Verbindung mit dem Grundstück von dessen Mangel erfasst worden.[65] Daher ist auch eine Eigentumsverletzung bzgl. des Gebäudes abzulehnen.

---

63 BGHZ 146, 144, 148.

64 BGHZ 146, 144, 150.

65 BGHZ 146, 144, 152; dazu Emmerich in JuS 2001, 710; Schaub VersR 2001, 940; Lorenz JZ 2001, 878.

Beachte: *Eine Eigentumsverletzung des K bzgl. der Baustoffe hat der BGH im Originalfall nicht abschließend erörtert, da zum einen zweifelhaft war, ob K oder der Bauunternehmer Eigentümer der Baumaterialien war, und zum anderen das Klagebegehren des K nicht auf Schadensersatz wegen der Baumateralien gerichtet war. Falls K der Eigentümer der Baustoffe gewesen wäre, müsste man diesbzgl. entsprechend der Transistorentscheidung des BGH eine Eigentumsverletzung annehmen.*[66]

---

7. Immissionen

Eine Eigentumsverletzung liegt unstreitig vor bei einer Immission i.S.d. § 906, d.h. bei einer unwägbaren Einwirkung, die sich entweder auf das Grundstück oder die dort befindlichen Sachen schädigend auswirkt oder sich auf dem Grundstück aufhaltende Personen derart belästigt, dass ihr gesundheitliches Wohlbefinden gestört wird, und die der Eigentümer nicht gemäß § 906 dulden muss.[67] **45**

Nach Auffassung des BGH gehören Geräuscheinwirkungen durch häusliches Musizieren einschließlich des dazugehörigen Übens zu den sozialadäquaten und üblichen Formen der Freizeitbeschäftigung und sind daher jedenfalls in gewissen Grenzen zumutbar und in diesem Rahmen als unwesentliche Beeinträchtigung des benachbarten Grundstücks i.S.v. § 906 Abs. 1 anzusehen; insoweit habe ein Berufsmusiker, der sein Instrument (hier: Trompete) im häuslichen Bereich spiele, nicht mehr, aber auch nicht weniger Rechte als ein Hobbymusiker und umgekehrt. Beim häuslichen Musizieren seien die üblichen Ruhestunden in der Mittags- und Nachtzeit einzuhalten. Wann und wie lange musiziert werden dürfe, lasse sich nicht allgemein beantworten, sondern richte sich nach den Umständen des Einzelfalls, insbesondere dem Ausmaß der Geräuscheinwirkung, der Art des Musizierens und den örtlichen Gegebenheiten; eine Beschränkung auf zwei bis drei Stunden an Werktagen und ein bis zwei Stunden an Sonn- und Feiertagen, jeweils unter Einhaltung üblicher Ruhezeiten, könne als grober Richtwert dienen.[68]

Streitig ist, ob auch eine **ideelle Immission**, wie z.B. der hässliche Anblick eines Nachbargrundstücks, eine Eigentumsverletzung darstellt. **46**

- Die Rspr. und ein Teil des Schrifttums lehnen eine Eigentumsverletzung ab, da nicht auf das Nachbargrundstück selbst eingewirkt werde.[69]

  Die Ablehnung einer Eigentumsverletzung bei nur ideellen Immissionen wird damit begründet, dass § 906 positiv regele, inwieweit der Grundstückseigentümer die Zuführung „unwägbarer Stoffe“ oder „ähnliche von einem anderen Grundstück ausgehende“ Einwirkungen abwehren könne oder nicht. Eine Ausdehnung dieser Begriffe auf lediglich ideelle Immissionen würde zu einer uferlosen und damit unvertretbaren Ausweitung führen.

- Dagegen wird von einem Teil der Lit. bei schwerwiegenden ideellen Immissionen eine Eigentumsverletzung bejaht, da auch dadurch in die Gebrauchsfähigkeit der Sache eingegriffen werde.[70]

---

66 Looschelders, Schuldrecht BT, Rn. 1214; MünchKomm/Wagner § 823 Rn. 204.

67 BGHZ 51, 396; vgl. BGH RÜ 2015, 502 zum Rauchen eines Mieters auf dem Balkon.

68 BGH RÜ 2019, 92, 94, 95.

69 BGHZ 95, 307: Bordell in Nachbarschaft; BGHZ 51, 396: Lagerplatz für Baumaterialien in Wohngegend; BGHZ 54, 56: Abstellen von Schrottwagen gegenüber Hotelgrundstück; BGH NJW 1975, 170: Grenzwand aus Blechen im reinen Wohngebiet; BGH RÜ 2003, 439: Wintergarten an Burganlage.

70 Grunsky JZ 1970, 785 m. Anm. zu BGHZ 54, 56; Erman/Ebbing § 1004 Rn. 22; Erman/Wilhelmi § 823 Rn. 33; Jauernig/Teichmann § 823 Rn. 9.

V. Verletzung eines „sonstigen Rechts" i.S.d. § 823 Abs. 1[71]

47 Wie der Begriff „sonstiges Recht" i.S.d. § 823 Abs. 1 zu verstehen ist, ergibt sich aus der Aufzählung der in § 823 Abs. 1 benannten Rechtspositionen: Dort ist nur ein Recht genannt – das Eigentum –; bei Leben, Körper, Gesundheit und Freiheit handelt es sich nicht um erwerbbare Rechte, sondern um Rechtsgüter. Das „sonstige Recht" muss daher mit dem einzigen genannten Recht vergleichbar, also **eigentumsähnlich** sein.[72]

Der Eigentümer kann gemäß § 903 S. 1 mit seiner Sache nach Belieben verfahren und andere von jeder Einwirkung ausschließen. Das Eigentum ist also gekennzeichnet durch eine (positive) *Nutzungsfunktion* und eine (negative) *Abwehrfunktion*. Als sonstige Rechte kommen daher nur solche Rechtspositionen in Betracht, die ebenfalls in gewissem Umfang Nutzungs- und Abwehrrechte aufweisen. Charakteristisch für die „sonstigen Rechte" ist demnach, dass sie sich – wie das Eigentum – gegen jedermann richten und von jedermann verletzt werden können (= „absolute" Rechte im Gegensatz zu den „relativen" Rechten, die sich nur gegen bestimmte Personen richten).

1. „Sonstige Rechte" i.S.d. § 823 Abs. 1

48 ■ **Beschränkt dingliche Rechte**, z.B. Pfandrecht, Grundpfandrechte, Erbbaurecht, Dienstbarkeiten.[73] Nach st.Rspr. des BGH setzt ein Schadensersatzanspruch wegen Verletzung beschränkt dinglicher Rechte einen „grundstücksbezogenen" Eingriff voraus, der sich dahin auswirkt, dass die Verwirklichung des jeweiligen Rechts am Grundstück als solches durch rechtliche oder tatsächliche Maßnahmen beeinträchtigt wird.[74]

Beispiel: H ist Hypothekengläubiger am Hausgrundstück des E. A verursacht fahrlässig einen Brand, wodurch das nicht versicherte Gebäude abbrennt. Das Grundstück wird zwangsversteigert und erbringt einen derart geringen Erlös, dass H mit seiner Hypothek ausfällt.

Das Hypothekenrecht des H ist als dingliches Recht ein absolutes Recht und damit ein „sonstiges Recht" i.S.d. § 823 Abs. 1. A hat dieses Recht verletzt; denn da das Hypothekenrecht ein Recht auf Befriedigung aus dem Grundstück ist, hängt seine Durchsetzbarkeit vom Wert des Grundstücks ab. A handelte rechtswidrig und schuldhaft. Er muss nach § 823 Abs. 1 dem H den durch den Ausfall der Hypothek entstandenen Schaden ersetzen.

Weitere Anspruchsgrundlage ist § 823 Abs. 2 i.V.m. §§ 1134, 1135, da die §§ 1134, 1135 Schutzgesetze zugunsten des Hypothekengläubigers sind und A diese Schutzgesetze schuldhaft verletzt hat.

49 ■ **Dingliche Anwartschaftsrechte**

Das durch Vorbehaltseigentum begründete Anwartschaftsrecht des Vorbehaltskäufers ist als sonstiges Recht i.S.v. § 823 Abs. 1 anerkannt.[75] Dies ist die deliktsrechtliche Konsequenz daraus, dass das Anwartschaftsrecht ein dem Eigentum „wesensgleiches Minus" ist, das selbstständig übertragen, verpfändet und gepfändet werden kann.[76]

---

71 Vgl. zu sonstigen Rechten Brockmann/Künnen JuS 2020, 910.

72 Medicus/Petersen BR Rn. 607; Palandt/Sprau § 823 Rn. 11.

73 Vgl. BGH NJW 1991, 695, 696.

74 BGH RÜ 2012, 285, 286.

75 BGHZ 55, 20, 25 f.

76 MünchKomm/Wagner § 823 Rn. 276.

Streit besteht nur darüber, ob der Anwartschaftsberechtigte vor Beendigung der Schwebezeit den Schadensersatz allein geltend machen kann[77] oder – so die überwiegende Ansicht, um das Sicherungsinteresse des Vorbehaltsverkäufers ausreichend zu berücksichtigen – nur zusammen mit dem Vorbehaltsverkäufer als gemeinschaftliche Gläubiger gemäß §§ 1281, 432 analog,[78] und wie sich dieser Anspruch berechnet.[79]

- **Absolute Immaterialgüterrechte**, z.B. Rechte aus Patent, Urheberrecht (= Eigentum i.S.d. Art. 14 GG[80]) sowie **gewerbliche Schutzrechte** wie Markenrechte 50

Diese Rechte sind in erster Linie durch Spezialvorschriften geregelt (vgl. z.B. § 97 UrhG). Ergänzend können die §§ 823 Abs. 1 („sonstiges Recht") und 826 eingreifen; sie dürfen aber nicht dazu angewendet werden, einen nach den einschlägigen Sondervorschriften bewusst ausgeschlossenen Schutz zu begründen.[81] So sind z.B. für die Frage, ob und inwieweit andere eine schöpferische Leistung nutzen dürfen, allein die Sondervorschriften des Urheberrechts maßgebend.[82]

Durch die Registrierung eines Domainnamens erwirbt der Inhaber kein absolutes Recht an dem Domainnamen und damit kein sonstiges Recht i.S.v. § 823 Abs. 1.[83]

- **Mitgliedschaftsrechte**, wie Geschäftsanteile an einer GmbH oder Aktien, Mitgliedschaftsrechte an einem eingetragenen Verein[84] 51

Der deliktische Schutz der Mitgliedschaft greift auch im Verhältnis der Gesellschafter untereinander und zu Organen der Gesellschaft ein. Es muss aber der Zuweisungsgehalt des Mitgliedschaftsrechts als solcher betroffen sein, z.B. durch Schmälerung der aus der Mitgliedschaft folgenden Entscheidungsbefugnisse. Allein der Umstand, dass der Wert der Gesellschaft selbst sinkt, reicht nicht.

- das **Totenfürsorgerecht** 52

Die Verletzung des Totenfürsorgerechts kann Ansprüche auf Schadensersatz sowie auf Beseitigung und Unterlassung von Beeinträchtigungen analog § 1004 begründen.[85]

- **Familienrechte**, soweit sie als **„Herrschaftsrechte"** ausgeprägt sind, wie z.B. das Recht der elterlichen Sorge 53

Beispiel:[86] Die Eheleute M und F leben getrennt. Das Sorgerecht für das gemeinsame Kind K steht kraft gerichtlicher Entscheidung der F zu. M verweigert die Herausgabe des K und verschweigt dessen Aufenthaltsort. F schaltet daraufhin ein Detektivbüro ein, um den Aufenthaltsort des K zu ermitteln. Später verlangt F von M Ersatz der Detektivkosten.

Der BGH hat der F einen Anspruch aus § 823 Abs. 1 zuerkannt. Der M habe durch sein Verhalten ein sonstiges Recht – das Sorgerecht der F – rechtswidrig und schuldhaft verletzt. Dass es sich bei dem Sorgerecht um ein absolutes Recht handele, komme im Gesetz selbst darin zum Ausdruck, dass gemäß § 1632 die Personensorge das Recht umfasse, die Herausgabe des Kindes *von jedem* zu verlangen, der es den Eltern oder einem Elternteil widerrechtlich vorenthalte (Abs. 1), und den Umgang des Kindes auch mit Wirkung *für und gegen Dritte* zu bestimmen (Abs. 2).

Geschützt ist auch der **„räumlich gegenständliche Bereich"** der Ehe, insbesondere die Ehe- und Familienwohnung. 54

77 Müller/Laube JuS 1993, 529, 534 ff.

78 Jauernig/Teichmann § 823 Rn. 17; Medicus/Petersen BR Rn. 609; MünchKomm/Wagner § 823 Rn. 277; Wandt § 16 Rn. 39; eine ausführliche Darstellung des Meinungsstreits findet sich im Übungsfall von Eleftheriadou JuS 2009, 434 ff.

79 Vgl. dazu BGHZ 114, 161, 165 m.w.N.; ferner Müller/Laube JuS 1993, 529 ff.

80 Vgl. BVerfG JZ 1971, 773; BGHZ 82, 13, 16.

81 Staudinger/Hager § 823 Rn. B 137.

82 BGHZ 26, 52, 59.

83 BGH NJW 2012, 2034, 2036.

84 RGZ 100, 274, 278; 158, 248, 255; MünchKomm/Wagner § 823 Rn. 171 ff.

85 BGH NZFam 2019, 464.

86 BGH NJW 1990, 2060.

Gegen das Eindringen eines „Ehestörers" in den räumlich gegenständlichen Bereich der Ehe gewährt die ganz h.M. einen Unterlassungs- und Beseitigungsanspruch.[87]

Dagegen hat der BGH Schadensersatzansprüche aus Eheverletzungen gegen den untreuen Ehepartner oder gegen den in die Ehe eindringenden Dritten abgelehnt.

So hat der BGH wiederholt entschieden, dass ein Ehemann von seiner (geschiedenen) Ehefrau nicht aufgrund eines von dieser begangenen Ehebruchs, aus dem ein Kind hervorgegangen ist, aus § 823 Abs. 1 Ersatz des Vermögensschadens verlangen kann, der ihm durch Unterhaltszahlungen an das scheineheliche Kind entstanden ist.[88] Dem Scheinvater kann nur unter den sehr engen Voraussetzungen des § 826 ein Schadensersatzanspruch zustehen.[89]

55 ■ Ob das **„Recht am Arbeitsplatz"** ein sonstiges Recht i.S.d. § 823 Abs. 1 darstellt, ist umstritten.[90] Die Befürworter stützen sich dabei u.a. auf die Regelung des § 613 a, der beim Betriebsübergang den neuen Inhaber in alle Rechte und Pflichten aus den bestehenden Arbeitsverhältnissen eintreten lässt.[91] Die überwiegende Ansicht lehnt es jedoch ab, das Recht am Arbeitsplatz als sonstiges Recht einzuordnen, da die Rechte des Arbeitnehmers nicht absolut gegenüber Dritten wirken, sondern es sich lediglich um verschiedene schuldrechtliche Beziehungen zum Arbeitgeber handelt (tarifvertragliche, vertragliche und gesetzliche Rechte auf Beschäftigung, Gehalt, Kündigungsschutz, etc.).[92]

Das BAG[93] hat dies bislang offen gelassen, aber ausdrücklich festgestellt, dass im Falle einer Anerkennung als sonstiges Recht die Rechtswidrigkeit nicht durch die tatbestandsmäßige Verletzung indiziert sei, sondern wie beim allgemeinen Persönlichkeitsrecht und dem Recht am eingerichteten und ausgeübten Gewerbebetrieb durch eine umfassende Interessenabwägung im Einzelfall positiv festgestellt werden müsse.

■ Ebenfalls bislang ungeklärt und umstritten ist, ob das **„Recht am eigenen Datenbestand"** als sonstiges Recht anerkannt werden soll.

Die Befürworter stellen darauf ab, dass die beiden Voraussetzungen für die Anerkennung als sonstiges Recht, die Zuordnungs- und die Ausschlussfunktion, erfüllt sind, da der Einzelne ein Recht daran habe, die eigenen Daten zu nutzen und er Dritte von der unbefugten Nutzung oder Beeinträchtigung seiner Daten ausschließen könne.[94] Gegen die Anerkennung eines Rechts an den eigenen Daten wird geltend gemacht, die Zuordnung einzelner Daten zu einem bestimmten Rechtssubjekt werfe erhebliche Probleme auf.[95] Diesem Einwand könnte man jedoch dadurch Rechnung tragen, dass auch der Schutzumfang des Rechts am eigenen Datenbestand als Rahmenrecht ausgestaltet wird, also die Rechtswidrigkeit durch eine umfassende Interessenabwägung positiv festgestellt werden muss.[96]

87 Vgl. BGHZ 6, 360; im Einzelnen dazu AS-Skript Familienrecht (2020), Rn. 13 ff.
88 BGHZ 23, 215; 26, 217; 57, 229.
89 BGH NJW 1990, 706.
90 Vgl. dazu BeckOK/Förster § 823 Rn. 173 m.w.N.
91 Schleusener NZA 1999, 1078, 1091.
92 BeckOK/Förster § 823 Rn. 173; Erman/Wilhelmi § 823 Rn. 60; Palandt/Sprau § 823 Rn. 20.
93 BAG NJW 1999, 164.
94 MünchKomm/Wagner § 823 Rn. 295; Adam NJW 2020, 2063.
95 OLG Naumburg VersR 2015, 1525.
96 MünchKomm/Wagner § 823 Rn. 297.

2. Besitz als „sonstiges Recht" i.S.d. § 823 Abs. 1

a) Reichweite des deliktischen Besitzschutzes

- Der **Besitz** bezeichnet allein die tatsächliche Sacherrschaft, vgl. § 854 Abs. 1, und ist daher an sich kein Recht. Jedoch genießt der Besitz nach h.M. als **„sonstiges Recht"** i.S.d. § 823 Abs. 1 jedenfalls insoweit Deliktsschutz, als er gleich einem ausschließlichen Recht gegenüber jedermann geschützt ist und dem Besitzer eine „eigentumsähnliche" Stellung gibt. 56

- Der **unmittelbare berechtigte Besitz** ist als geschütztes Recht anerkannt, da er mit Nutzungs- und Abwehrrechten (vgl. §§ 859 ff.) verbunden ist und daher dem rechtmäßigen Besitzer eine eigentumsähnliche Rechtsposition verschafft. Soll der berechtigte Besitz gerade dazu dienen, eine bestimmte Nutzung der Sache zu ermöglichen, so stellt es eine Rechtsverletzung i.S.d. § 823 Abs. 1 dar, wenn der Besitzer an eben dieser Nutzung durch einen Eingriff gehindert wird.[97] 57

  Nach einem Teil des Schrifttums ist der Besitz als solcher zwar kein „sonstiges Recht" i.S.v. § 823 Abs. 1. Der berechtigte Besitz sei aber einem sonstigen Recht gleichzustellen.[98]

- Umstritten ist, ob der **rechtswidrige Besitz** ein sonstiges Recht i.S.v. § 823 Abs. 1 ist: 58

  - Nach h.M. ist der rechtswidrige Besitz kein sonstiges Recht i.S.d. § 823 Abs. 1, da er dem Besitzer keine eigentumsähnliche Stellung verschafft: Der rechtswidrige Besitzer hat nur Abwehrrechte gemäß §§ 859 ff., aber kein Nutzungsrecht.[99]

  - Ein Teil des Schrifttums dehnt den deliktsrechtlichen Schutz des Besitzes auf den unrechtmäßigen entgeltlichen redlichen Besitzer vor Rechtshängigkeit aus, da dieser Besitzer sogar im Verhältnis zum Eigentümer die gezogenen Nutzungen gemäß §§ 987, 988, 990, 993 Abs. 1 behalten dürfe.[100]

  - Dem kann man entgegenhalten, dass sich auch aus den §§ 987 ff. kein Nutzungsrecht für den unrechtmäßigen Besitzer ableiten lässt. Die E-B-V-Regeln gewähren dem unrechtmäßigen entgeltlichen, redlichen, unverklagten Besitzer lediglich das Recht, die gezogenen Nutzungen zu behalten. D.h., der Gesetzgeber hält im Nachhinein betrachtet diesen unrechtmäßigen Besitzer im Hinblick auf das Behaltendürfen der gezogenen Nutzungen für schutzwürdig. Die §§ 987 ff. treffen aber keine Aussage darüber, ob er die Nutzungen überhaupt hätte ziehen dürfen.

  - Der BGH brauchte zu der Frage, ob auch der unberechtigte Besitzer durch § 823 Abs. 1 geschützt ist, noch nicht Stellung zu nehmen und hat diese Frage ausdrücklich offen gelassen.[101]

---

97 BGHZ 137, 89, 98 = NJW 1998, 377, 380; dazu Emmerich JuS 1998, 459 u. Medicus EWiR 1998, 595: Blockade von Baumaschinen.

98 So Medicus AcP 165, 115, 136 ff. u. 148; MünchKomm/Wagner § 823 Rn. 220; Fikentscher Rn. 1568; a.A. Larenz/Canaris § 76 II 4 f.

99 Brox/Walker SchuldR BT § 45 Rn. 13; Hk-BGB/Staudinger § 823 Rn. 35 m.w.N.

100 Looschelders Rn. 1217; Medicus/Petersen BR Rn. 607; Röthel/Sparmann Jura 2005, 456, 461.

101 Vgl. BGHZ 79, 232, 236 m.w.N.

59 ■ Der **mittelbare Besitzer** hat den Schutz nach § 823 Abs. 1 nicht gegenüber dem unmittelbaren Besitzer, denn diesem gegenüber ist er nicht nach §§ 861 ff. geschützt.[102]

Beispiel: Bauunternehmer B hatte von X einen Turmdrehkran gemietet, den er aufgrund eines Vertrags von T zur Baustelle bringen ließ. Wegen unvorsichtigen Fahrens des T stürzte der Kran um und wurde beschädigt. Infolgedessen verzögerte sich der Beginn der Bauarbeiten, wodurch dem B ein Schaden entstanden ist. Hat B gegen T einen Anspruch auf Ersatz dieses Schadens, wenn vertragliche Ansprüche durch Geschäftsbedingungen wirksam ausgeschlossen sind?

I. § 823 Abs. 1? B war mittelbarer, T unmittelbarer Besitzer des Krans. Der Besitz ist nur insoweit ein sonstiges Recht i.S.d. § 823 Abs. 1, als er nach besitzrechtlichen Vorschriften geschützt ist. Für das Verhältnis des mittelbaren zum unmittelbaren Besitzer bestimmt § 869, dass ein Besitzschutz nur stattfindet, wenn gegen den unmittelbaren Besitzer durch einen Dritten verbotene Eigenmacht geübt wird. Dagegen wird dem mittelbaren Besitzer kein Besitzschutz gegenüber Handlungen des unmittelbaren Besitzers gewährt. Es ist somit § 869 zu entnehmen, dass ein Anspruch des mittelbaren Besitzers gemäß § 823 Abs. 1 nicht gegeben ist.[103]

II. § 823 Abs. 2 i.V.m. § 858? § 858 ist nach h.M. Schutzgesetz i.S.d. § 823 Abs. 2.[104] Dies gilt aber nur im Verhältnis zu Drittstörern. Dagegen hat der mittelbare gegen den unmittelbaren Besitzer keinen Besitzschutz.[105]

60 ■ Der (berechtigte) **Mitbesitz** ist als „sonstiges Recht" i.S.v. § 823 Abs. 1 geschützt, und zwar nicht nur im Verhältnis des Mitbesitzers gegenüber Dritten, sondern auch im Verhältnis von Mitbesitzern untereinander.[106]

b) Rechtsfolgen des deliktischen Besitzschutzes

Im Hinblick auf den durch Besitzverletzung entstandenen Schaden muss differenziert werden:[107]

61 ■ **Grundsätzlich** ist der Schädiger bei einer Besitzverletzung dem Besitzer gegenüber nur zum Ersatz der entgangenen Nutzungen verpflichtet, sogenannter **Nutzungsschaden** (= Einbuße, die in der Beeinträchtigung der Möglichkeit liegt, die Sache zu gebrauchen, so z.B. bei der Aussperrung eines Mieters aus den Mieträumen).[108] Ersatz für die Beschädigung an der Sachsubstanz, sogenannter Substanzschaden, kann i.d.R. nicht der Besitzer, sondern nur der Eigentümer verlangen, da der Besitzer für eine ihm nicht zurechenbare Beschädigung der Sache im Verhältnis zum Eigentümer nicht verantwortlich ist.

■ Wenn der Besitzer im Verhältnis zum Eigentümer für eine ihm nicht zurechenbare Beschädigung der Sache durch einen Dritten verantwortlich ist, kann der Besitzer vom Schädiger **ausnahmsweise Ersatz des Substanzschadens** verlangen:

Haftungsschaden, der sich daraus ergibt, dass der Besitzer selbst infolge einer Besitzverletzung, die ein Dritter begangen hat, gegenüber dem Eigentümer aufgrund vertraglicher Abrede schadens-

102 BGHZ 32, 194, 205.

103 BGHZ 32, 194, 204; Medicus AcP 165, 115 ff., 148.

104 BGHZ 20, 169, 171; BGH RÜ 2009, 490; zweifelnd Medicus/Petersen BR Rn. 621: § 858 diene in erster Linie der Wahrung des Rechtsfriedens.

105 Erman/Elzer § 869 Rn. 4 m.w.N.

106 BGHZ 62, 243, 248; Medicus/Petersen BR Rn. 608.

107 BeckOK/Förster § 823 Rn. 158.

108 BGHZ 79, 232 ff.

ersatzpflichtig wird, so z.B., wenn ein Mieter oder Leasingnehmer für die Beschädigung oder Zerstörung der Sache dem Vermieter oder dem Leasinggeber nach vertraglicher Vereinbarung ersatzpflichtig wird.[109]

Erfüllungsschaden, so z.B. der Schaden eines Werkunternehmers, wenn das noch in seinem Besitz in Arbeit befindliche Werk durch einen Dritten beschädigt wird und er wegen der Gefahrtragungsregeln verpflichtet ist, das Werk erneut zu erstellen, um seine Vertragspflicht zu erfüllen.[110]

Fall 7: Stillgelegte Raststätte

K ist Betreiberin einer Autobahnrastanlage an der Bundesautobahn (BAB) 5. F ist der Fahrer eines Sattelzuges, der auf der BAB 5 mit dem nicht vollständig abgesenkten und infolgedessen bis in eine Höhe von 4,83 m ragenden Auslegearm eines von ihm transportierten Baggers gegen eine über die Autobahn führende Brücke stieß. Durch die Kollision wurde die Brücke so stark beschädigt, dass Einsturzgefahr bestand. Das betroffene Teilstück der BAB 5 wurde deshalb für mehrere Tage gesperrt. Im Rundfunk wurde empfohlen, den gesperrten Bereich großräumig zu umfahren.

Wenige Kilometer vom gesperrten Bereich entfernt, aber außerhalb des gesperrten Bereichs selbst, befindet sich die von der K an der BAB 5 betriebene Autobahnrastanlage. Sie wurde von der K für die Dauer der Autobahnsperrung geschlossen.

K hat vorgetragen, infolge der Unerreichbarkeit der Anlage für den Durchgangsverkehr während der Sperrung erhebliche Einnahmeausfälle erlitten zu haben. Steht K gegen F ein Anspruch aus § 823 Abs. 1 auf Ersatz entgangenen Gewinns i.H.v. 37.985 € zu? (nach BGH RÜ 2015, 149)

K könnte gegen F ein Anspruch auf Ersatz des entgangenen Gewinns i.H.v. 37.985 € aus § 823 Abs. 1 zustehen.

Dafür ist zunächst eine **Rechts(gut)verletzung** erforderlich.

I. Es könnte der **Besitz** der K an der Rastanlage als sonstiges Recht verletzt sein.

1. K ist als Pächterin der Rastanlage **unmittelbare berechtigte Besitzerin**, sodass ihr sowohl Nutzungs- als auch Abwehrrechte zustehen und ihr Besitz daher aufgrund der Vergleichbarkeit mit dem Eigentum (vgl. § 903 S. 1) nach allgemeiner Ansicht deliktsrechtlich geschützt ist.

2. Der Besitz der K muss auch **verletzt** sein.

Durch die unfallbedingte Sperrung der Autobahn könnte die Nutzungsmöglichkeit der Raststätte erheblich beeinträchtigt worden sein. Die Abgrenzung, ob eine erhebliche Beeinträchtigung der Gebrauchsmöglichkeit oder eine entschädigungslos hinzunehmende Nutzungsbeeinträchtigung vorliegt, ist parallel zu den Grundsätzen für die Eigentumsverletzung zu beurteilen.[111] 62

109 BGH NJW 1984, 2569; vgl. zum Haftungsschaden KG RÜ 2007, 191.

110 BGH NJW 1984, 2569: Beschädigung einer im Bau befindlichen Uferwand; OLG Frankfurt NJW-RR 1994, 23: Beschädigung einer Brückenwaage.

111 BGH NJW 2015, 1174, 1175; Wandt § 16 Rn. 41.

Die wenige Kilometer entfernte Sperrung der Autobahn blockierte die unmittelbare Zufahrt zur Rastanlage nicht, sodass die Anlage auch in diesem Zeitraum angefahren werden konnte. Folglich war der **bestimmungsgemäße Gebrauch der Anlage durch die Autobahnsperrung nicht unmittelbar beeinträchtigt**. Die Auswirkungen der Sperrung auf die Rastanlage beschränkten sich auf den Wegfall des Durchgangsverkehrs für die Zeit der Sperrung, das deshalb zu erwartende Ausbleiben von Kunden und die sich daraus ergebende vorübergehende Einengung der wirtschaftlichen Nutzung der Anlage. Dies berührt jedoch allein das Vermögen der K, nicht aber ihre Rechtsposition als berechtigte Besitzerin der Rastanlage.

Demnach ist K durch die unfallbedingte Sperrung der BAB 5 nicht in ihrem berechtigten Besitz an der Rastanlage verletzt worden.

II. Es könnte jedoch das **Recht der K am eingerichteten und ausgeübten Gewerbebetrieb** verletzt sein.

Dazu ist ein betriebsbezogener Eingriff in das Recht am eingerichteten und ausgeübten Gewerbebetrieb erforderlich (i.E. später unter Rn. 126 ff.).

Betriebsbezogen sind nur solche Eingriffe, die sich gegen den Betrieb als solchen richten. Störungen des Betriebsablaufs aufgrund eines Ereignisses, das in keiner Beziehung zum Betrieb steht, sind keine betriebsbezogenen Eingriffe, selbst wenn dadurch eine für das Funktionieren des Betriebs maßgebliche Person oder Sache betroffen ist.[112]

Die mehrtägige Sperrung der BAB 5 und die Empfehlung, den gesperrten Bereich großräumig zu umfahren, waren **allgemeine Folgen des durch den Sattelzug verursachten Unfalls und haben K rein zufällig betroffen**. Der Unfall hat in keiner unmittelbaren Beziehung zum Betrieb der K gestanden, sodass es sich nicht um einen betriebsbezogenen Eingriff handelt und K daher auch nicht in ihrem Recht am eingerichteten und ausgeübten Gewerbebetrieb verletzt ist.

Folglich steht K kein Anspruch gegen F auf Ersatz des entgangenen Gewinns i.H.v. 37.985 € aus § 823 Abs. 1 zu.[113]

Exkurs: Deliktsrechtliche Ansprüche gegen Falschparker[114]

63 Angesichts der Parkraumknappheit in vielen Innenstädten sehen sich die Betreiber von Verbrauchermärkten verstärkt der unberechtigten Nutzung ihrer Kundenparkplätze ausgesetzt. Um sich dagegen zu wehren, weisen die Betreiber der Verbrauchermärkte (Grundstücksbesitzer) auf deutlich sichtbaren Schildern darauf hin, dass das Parken ausschließlich für ihre Kunden sowie nur für die Dauer des Einkaufs in einer bestimmten

112 Palandt/Sprau § 823 Rn. 135.

113 Anspruch aus § 18 Abs. 1 StVG scheidet ebenfalls aus, da keine Sachbeschädigung gegeben ist; Ansprüche aus § 823 Abs. 2 i.V.m. § 29 Abs. 3 S. 1, § 22 Abs. 2 S. 1, § 18 Abs. 1 S. 2 StVO scheitern daran, dass diese Regelungen den Straßenverkehr vor Störungen schützen wollen, aber nicht den Vermögensinteressen der K dienen, vgl. BGH NJW 2015, 1174, 1175.

114 Vgl. dazu Lorenz NJW 2009, 1025 sowie Paal/Guggenberger NJW 2011, 1036 zum Einsatz von Parkkrallen.

Maximalzeit – i.d.R. ein oder zwei Stunden – gestattet ist. Ferner drohen sie das Abschleppen unberechtigt abgestellter Fahrzeuge an.

Wird ein Falschparker auf Veranlassung des Grundstücksbesitzers von einem Abschleppunternehmer entfernt, stellt sich die Frage, ob der Grundstücksbesitzer gegen den Falschparker deliktsrechtliche Ansprüche auf Ersatz der ihm entstandenen Abschleppkosten hat.

- Ein Schadensersatzanspruch ergibt sich dem Grunde nach zum einen **aus § 823 Abs. 1**, da der Falschparker durch sein Verhalten das Eigentum bzw. den berechtigten Besitz des Grundstücksbesitzers rechtswidrig und schuldhaft beeinträchtigt, zum anderen **aus § 823 Abs. 2 i.V.m. § 858.**[115]

- Als **Rechtsfolge** muss der Falschparker dem Grundstücksbesitzer gemäß §§ 249 ff. den aus der Rechtsverletzung resultierenden Schaden ersetzen. Dieser Schaden besteht in den vom Grundstücksbesitzer aufgrund seiner vertraglichen Vereinbarung mit dem Abschleppunternehmer zu tragenden Abschleppkosten.

  Dabei bemisst sich die Höhe der erstattungsfähigen Kosten nach den ortsüblichen Kosten für das Abschleppen und für die unmittelbar mit der Vorbereitung des Abschleppvorgangs verbundenen Dienstleistungen.[116] Demgegenüber gehören Kosten, die nicht der Beseitigung der Besitzstörung dienen, sondern nur in Zusammenhang mit deren Feststellung anfallen, wie z.B. Kosten einer Parkraumüberwachung durch regelmäßige Kontrollgänge, nicht zum adäquat verursachten Schaden und sind daher nicht erstattungsfähig.[117]

  Dieser Schadensersatzanspruch ist auch nicht wegen Mitverschuldens zu kürzen: Da dem Grundstücksbesitzer gemäß § 859 Abs. 3 das Recht zu sofortiger Selbsthilfe zusteht, verstößt es nicht gegen die Schadensminderungspflicht des § 254 Abs. 2 S. 1, dass er sofort einen Abschleppunternehmer beauftragt hat (Ausnahme: Aufenthaltsort des Falschparkers ist bekannt).[118] Das Selbsthilferecht des Grundstücksbesitzers ist auch nicht davon abhängig, ob anderweitig noch ausreichend Kundenparkplätze zur Verfügung stehen.[119]

In diesem Zusammenhang hat sich ein neues Geschäftsmodell von kombinierten Abschlepp- und Inkassounternehmen entwickelt: Die Betreiber der Verbrauchermärkte beauftragen mit der Feststellung von Falschparkern und deren Entfernung spezielle Dienstleistungsunternehmen, die nach der vertraglichen Vereinbarung gegen den Auftraggeber einen Entgeltanspruch haben, der nach Kfz-Art, Versetzungsgebühr, Grundgebühr etc. gestaffelt ist. Zudem wird vertraglich die Abtretung der Ansprüche des Grundstücksbesitzers gegen die Falschparker an Erfüllungs statt an das Dienstleistungsunternehmen vereinbart. **64**

Aus dieser Konstellation ergeben sich eine Reihe zivilrechtlicher Probleme, die neben dem Deliktsrecht das Sachenrecht, das Bereicherungsrecht sowie den Bereich der GoA berühren, und die daher sehr gut als Examensgegenstand geeignet ist.[120]

---

115 Vgl. zu den Ansprüchen gegen den Kfz-Halter, der den Wagen nicht selber falsch geparkt hat BGH RÜ 2016, 218 ff. sowie BGH RÜ 2016, 486 ff.

116 BGH NJW 2014, 3727; vgl. dazu auch Koch NJW 2014, 3696.

117 BGH RÜ 2012, 147, 150.

118 OLG Karlsruhe OLGZ 1978, 206; Lorenz NJW 2009, 1025.

119 BGH RÜ 2009, 490, 492.

120 Vgl. dazu BGH RÜ 2009, 490, 492; Lorenz NJW 2009, 1025 ff. sowie Schmidt JuS 2009, 762; Übungsfälle in JuS 2009, 711; Jura 2010, 852 sowie in Jura 2014, 1275.

3. Vermögen, Forderungsrechte

65 **a)** Das **Vermögen** als solches ist kein sonstiges Recht i.S.d. § 823 Abs. 1.

Das Vermögen ist deliktisch in § 826 und im Übrigen über §§ 823 Abs. 2, 824, 839, 839 a geschützt.

66 **b)** Auch **Forderungsrechte** sind keine sonstigen Rechte.

Beispiel: K hat bei dem Antiquitätenhändler V ein wertvolles Bild gekauft. Noch bevor V dem K das Bild übereignet, wird es von S bei einem Einbruch zerstört.

Der Anspruch des K auf Übergabe und Übereignung des Bildes gegen V ist wegen Unmöglichkeit erloschen, § 275 Abs. 1. Daraus erwächst dem K aber kein Anspruch gegen S aus § 823 Abs. 1.[121]

67 Umstritten ist, ob ein **Eingriff in die Forderungszuständigkeit** einen Anspruch aus § 823 Abs. 1 auslösen kann. Die h.M. verneint auch dies.

Beispiel: G hat seine Forderung gegen S an Z abgetreten, ohne dies S anzuzeigen. S leistet an G. Dieser nimmt den geschuldeten Betrag entgegen, ohne auf die inzwischen erfolgte Abtretung hinzuweisen.

Z ist mit der Abtretung Forderungsinhaber geworden (§ 398 S. 2). Es ist jedoch der S durch die Zahlung an den bisherigen Gläubiger G nach § 407 dem Z gegenüber frei geworden.

- Ein Teil des Schrifttums gibt Z einen Anspruch aus § 823 Abs. 1 gegen G, da dieser durch unberechtigte Inempfangnahme der Leistung in die Rechtszuständigkeit des Gläubigers eingegriffen habe.[122]
- Die h.M. hält diese Ausdehnung für unrichtig. Der Forderungsinhaber sei i.d.R. anderweitig ausreichend geschützt, z.B. durch § 816 Abs. 2.[123]

4. Das allgemeine Persönlichkeitsrecht als „sonstiges Recht"[124]

a) Herleitung

68 Das Persönlichkeitsrecht des Einzelnen ist im BGB nicht ausdrücklich als Schutzgut erwähnt. Lediglich bestimmte Beeinträchtigungen der Persönlichkeit werden durch Sondernormen erfasst, z.B. das Namensrecht, § 12,[125] und das Recht am eigenen Bild, §§ 22 ff. KunstUrhG. Das Grundgesetz erklärt jedoch in Art. 1 GG die Würde des Menschen für unantastbar und es garantiert in Art. 2 GG jedem das Recht auf freie Entfaltung seiner Persönlichkeit. Der BGH hat die Lückenhaftigkeit des zivilrechtlichen Rechtsschutzes erkannt und aus Art. 2 Abs. 1 i.V.m. Art. 1 Abs. 1 GG ein allgemeines Persönlichkeitsrecht abgeleitet und dieses als ein „sonstiges Recht" i.S.v. § 823 Abs. 1 qualifiziert.

Das allgemeine Persönlichkeitsrecht ist das Recht des Einzelnen auf Achtung seiner Menschenwürde und auf Entfaltung seiner individuellen Persönlichkeit.[126]

In der Lit. wird teilweise die dogmatische Einordnung des allgemeinen Persönlichkeitsrechts als „sonstiges Recht" kritisiert. Da es um den Schutz der Person selbst gehe, stehe das Persönlichkeitsrecht auf einer Stufe mit den Rechtsgütern Leben, Körper, Gesundheit und Freiheit, aber nicht mit dem Sacheigentum. Der Schutz des Persönlichkeitsrechts sollte daher mit einer Analogie zu den vier genannten Rechtsgütern begründet werden.[127]

---

121 BGHZ 12, 317; BGH NJW 1970, 137.

122 So Larenz/Canaris § 76 II 4 g; vgl. hierzu auch Becker AcP 196, 439, 488.

123 So z.B. Otte JZ 1969, 253 ff.; Medicus/Petersen BR Rn. 610; eingehend dazu Hammen AcP 199, 591 ff.

124 Ehmann Jura 2011, 437; Staake/von Bressendorf JuS 2015, 683 ff., 777 ff. sowie Neuner JuS 2015, 961 ff.

125 Vgl. dazu BGH RÜ 2008, 681: Namensklau im Internet.

126 BVerfGE 101, 361; BGHZ 13, 334, 338; 131, 332: Caroline I; 132, 13, 18 ff.; 139, 95; Kläver JR 2006, 229.

127 Brox/Walker SchuldR BT § 45 Rn. 22; Jauernig/Teichmann § 823 Rn. 66.

b) Anspruchsvoraussetzungen

69 Die Prüfung eines Anspruchs aus § 823 Abs. 1 wegen Verletzung des allgemeinen Persönlichkeitsrechts weist einige Besonderheiten auf: Zum einen kann der **Schutzbereich** nicht durch eine einzige allgemeingültige Definition festgelegt werden, sondern er wird durch typische **Fallgruppen** konkretisiert (dazu unter Rn. 72 ff.). Zum anderen handelt es sich bei dem allgemeinen Persönlichkeitsrecht um ein sogenanntes **Rahmenrecht**, d.h. um einen **offenen Tatbestand**, bei dem es keinen fest umrissenen „Unrechtstatbestand" gibt, dessen Verwirklichung die Rechtswidrigkeit indiziert; die Rechtswidrigkeit ist vielmehr anhand des zu beurteilenden **Einzelfalls** aufgrund einer **umfassenden Güter- und Interessenabwägung** positiv festzustellen (dazu unter Rn. 82 f.).

70 Im Einzelnen müssen für einen Anspruch auf Schadensersatz aus § 823 Abs. 1 wegen Verletzung des allgemeinen Persönlichkeitsrechts folgende Voraussetzungen erfüllt sein:

- Anwendbarkeit
- Eingriff in den Schutzbereich
- Rechtswidrigkeit
- Verschulden

aa) Anwendbarkeit des § 823 Abs. 1

71 Das in Art. 2 Abs. 1 i.V.m. Art. 1 Abs. 1 GG gewährleistete allgemeine Persönlichkeitsrecht steht zwar als „sonstiges Recht" grundsätzlich unter dem Schutz des § 823 Abs. 1. Es handelt sich jedoch nur um einen sogenannten **Auffangtatbestand:** Soweit ein spezielles Gesetz die Rechte wegen der Verletzung des allgemeinen Persönlichkeitsrechts abschließend regelt, scheidet § 823 Abs. 1 als weitere Anspruchsgrundlage aus und es kann allenfalls ein Anspruch auf Ersatz des Vermögensschadens nach § 823 Abs. 2 wegen Verletzung eines Schutzgesetzes in Betracht kommen.[128]

bb) Eingriff in den Schutzbereich

72 Da das allgemeine Persönlichkeitsrecht einen möglichst weitgehenden Rechtsschutz gewährleisten soll, kann man seinen Schutzbereich nicht durch eine einzige Definition festlegen, unter die in jedem Einzelfall subsumiert werden kann. Rspr. und Lit. konkretisieren den generalklauselartigen Tatbestand vielmehr anhand von bestimmten **Fallgruppen.**

(1) Natürliche Personen

73 **Bei natürlichen Personen** wird zunächst begrifflich zwischen der **Intim-, Privat- und Individualsphäre** differenziert, wobei die Schutzbedürftigkeit von Sphäre zu Sphäre geringer wird:[129]

---

128 BGHZ 80, 311, 319; 91, 233, 237, 238; Wandt § 16 Rn. 50 ff.

129 Höcker/Gronemeyer AL 2020, 311, 314.

74 ■ Die **Intimsphäre** umfasst die innere Gefühls- und Gedankenwelt mit ihren äußeren Erscheinungsformen, wie z.B. vertrauliche Briefe oder Tagebuchaufzeichnungen. Zudem werden sonstige Angelegenheiten erfasst, bei denen ihrer Natur nach ein Anspruch auf Geheimhaltung besteht, wie z.B. der Gesundheitszustand oder Einzelheiten über das Sexualleben.[130]

Sexualstraftaten gehören jedoch nicht der absolut geschützten Intimsphäre des Tatverdächtigen an, da sie einen gewalttätigen Übergriff in das Recht auf sexuelle Selbstbestimmung und zumeist auch in das Recht auf körperliche Unversehrtheit des Opfers beinhalten.[131]

75 ■ Die **Privatsphäre** betrifft vornehmlich den familiären und häuslichen Bereich, ist hierauf aber nicht beschränkt.[132] Die freie Entfaltung der Persönlichkeit wäre erheblich behindert, wenn der Einzelne nur im eigenen Haus der öffentlichen Neugier entgehen könnte. Ob ein Ort außerhalb des eigenen Hauses der Privatsphäre zuzurechnen ist, hängt maßgeblich davon ab, ob der Einzelne eine ortsgebundene Situation vorfindet oder selber schafft, in der er begründetermaßen und daher auch für Dritte erkennbar davon ausgehen darf, der Öffentlichkeit nicht ausgesetzt zu sein.[133]

Ein von einer natürlichen Person unterhaltenes elektronisches Postfach ist Teil der Privatsphäre.[134]

76 ■ Die **Individualsphäre** (auch **Sozialsphäre** genannt) erfasst das Selbstbestimmungsrecht und die Ausstrahlungen der Persönlichkeit des Einzelnen in seinem öffentlichen, wirtschaftlichen und beruflichen Wirken.[135]

(2) Typische Fallgruppen

77 ■ **Ehrenschutz**

Das Ansehen einer Person muss vor herabwürdigenden und verfälschenden Darstellungen in der Öffentlichkeit geschützt werden. Bei Eingriffen in den durch Art. 1 Abs. 1 GG geschützten Kern menschlicher Ehre liegt immer eine schwerwiegende Beeinträchtigung des Persönlichkeitsrechts vor, die auch z.B. durch die Freiheit künstlerischer Betätigung i.S.d. Art. 5 Abs. 3 S. 1 GG nicht mehr gedeckt ist.[136]

78 ■ **Schutz des eigenen Namens oder Firmenzeichens**

Z.B. vor unbefugter Ausnutzung durch andere zu Werbezwecken, selbst wenn damit eine Minderung des Rufs und Ansehens des Berechtigten nicht verbunden ist.[137]

79 ■ **Schutz der informationellen Selbstbestimmung**

Informationen – z.B. persönliche Daten – über eine Person dürfen nicht unerlaubt beschafft oder verbreitet werden.

---

130 Palandt/Sprau § 823 Rn. 87 m.w.N.
131 BGH RÜ 2013, 365, 366.
132 Hk-BGB/Staudinger § 823 Rn. 99.
133 BVerfG RÜ 2000, 251.
134 BGH RÜ 2016, 283.
135 Hk-BGB/Staudinger § 823 Rn. 99; Palandt/Sprau § 823 Rn. 87.
136 BVerfG NJW 1987, 2661: Karikatur des Bayerischen Ministerpräsidenten in der Zeitschrift „konkret".
137 BGHZ 30, 7, 12: Catarina Valente; BGH RÜ 2010, 358: Boris Becker und FAZ; BGH NJW 2013, 793: Gunter Sachs und Bild am Sonntag.

Nach BGH sind jedoch die Erhebung, Speicherung und Übermittlung personenbezogener Daten im Rahmen einer Lehrerbewertung im Internetforum eines Schülerportals zulässig.[138] Ferner hat die Rechtsprechung die Erhebung, Speicherung und Übermittlung personenbezogener Daten im Rahmen eines Arztsuche- und Arztbewertungsportals im Internet als zulässig erachtet.[139]

Nach Ansicht des BVerfG dürfen Medienunternehmen Berichterstattungen über zurückliegende Ereignisse online verfügbar halten. Allerdings könne sich mit der Zeit ein „Recht auf Vergessenwerden" zugunsten des Betroffenen ergeben, wenn die Beeinträchtigung seiner Rechte schwerer wiegt als die Beeinträchtigung der Informationsinteressen der Öffentlichkeit. Die Berichterstattung dürfe aber fortgesetzt werden, wenn durch zumutbare technische Maßnahmen sichergestellt sei, dass die Beiträge mit einer unspezifischen Suche nach dem Namen des Betroffenen nicht ohne Weiteres aufgefunden werden können.[140]

Schriftliche Äußerungen dürfen nur mit Zustimmung des Verfassers und nur in der von ihm gebilligten Weise veröffentlicht werden.[141] Ferner kann jeder Mensch selbst darüber bestimmen, ob seine Worte einzig seinem Gesprächspartner, einem bestimmten Kreis oder der Öffentlichkeit zugänglich sein sollen und erst recht, ob seine Stimme mittels eines Tonträgers festgehalten werden darf.[142]

Auch eine Videoüberwachung greift nach Ansicht des BGH in das allgemeine Persönlichkeitsrecht des Betroffenen in seiner Ausprägung als Recht der informationellen Selbstbestimmung ein. Daher muss bei der Installation von Anlagen der Videoüberwachung auf einem Privatgrundstück grundsätzlich sichergestellt sein, dass weder der angrenzende öffentliche Bereich noch benachbarte Privatgrundstücke von den Kameras erfasst werden (Ausnahme: ein das Persönlichkeitsrecht des Betroffenen überwiegendes Interesse des Anlagenbetreibers).[143]

Kontrovers diskutiert wird zur Zeit die Verwendung sogenannter Dashcams (= Minikameras auf dem Armaturenbrett) im Straßenverkehr. Nach einer Entscheidung des BGH[144] ist die permanente und anlasslose Aufzeichnung des Verkehrsgeschehens mit den datenschutzrechtlichen Bestimmungen nicht vereinbar; die Verwertung dieser Aufzeichnungen als Beweismittel im Prozess ist jedoch nach Ansicht des BGH dennoch zulässig: Zwar werde der Eingriff in das allgemeine Persönlichkeitsrecht durch die Nutzung dieser Aufzeichnungen als Beweismittel fortgesetzt, dieser sei aber wegen überwiegender schutzwürdiger Belange des Aufzeichnenden nicht rechtswidrig. Der Betroffene sei lediglich in seiner Sozialsphäre tangiert und er habe sich freiwillig in den öffentlichen Straßenraum begeben, in dem die Vorgänge sowieso für jedermann wahrnehmbar seien. Dem stehe nicht nur das Beweisinteresse des Aufzeichnenden gegenüber, sondern auch die Gewährleistung einer funktionierenden Zivilrechtspflege und das Recht auf Durchsetzung eigener Ansprüche.[145]

- **Gewährleistung der Vertraulichkeit und Integrität informationstechnischer Systeme** 80

Das BVerfG hat das „Grundrecht auf Gewährleistung der Vertraulichkeit und Integrität informationstechnischer Systeme" als Ausprägung des allgemeinen Persönlichkeitsrechts anerkannt.[146] Geschützt ist zum einen das Interesse des Nutzers, dass die

---

138 BGH RÜ 2009, 566: spickmich.de.

139 BGH RÜ 2014, 755; vgl. dazu auch BGH NJW 2016, 2106 ff. sowie BGH NJW 2018, 1884 ff.

140 BVerfG RÜ 2020, 109, 111 ff.: Recht auf Vergessen I; vgl. dazu auch BVerfG NJW 2020, 2873 ff. sowie BGH NJW 2019, 1881.

141 BGHZ 13, 338, 339: Leserbrief; 15, 249, 257: BGH RÜ 2020, 225: Veröffentlichung von Zitaten aus einem Anwaltsschreiben.

142 BGHZ 27, 284: heimliche Tonbandaufnahme; 73, 120: Abhöraffäre.

143 BGH NJW 2010, 1533; vgl. dazu Stöber NJW 2015, 3681 ff. sowie Uschkereit/Zdanowiecki NJW 2016, 444 ff. zum Rechtsrahmen für den Betrieb von Drohnen.

144 BGH RÜ2 2018, 223 ff. = JA 2018, 869 ff.

145 BGH RÜ2 2018, 223, 225 ff.; zustimmend MünchKommZPO/Prütting § 284 Rn. 76.

146 BVerfG NJW 2008, 822; vgl. zum Einfluss des neuen Grundrechts auf das Privatrecht Roßnagel/Schnabel NJW 2008, 3534.

von einem vom Schutzbereich erfassten IT-System erzeugten, verarbeiteten und gespeicherten Daten vertraulich bleiben, und zum anderen soll verhindert werden, dass auf das System so zugegriffen wird, dass dessen Leistungen, Funktionen und Speicherinhalte durch Dritte genutzt werden können; denn dann sei die entscheidende technische Hürde für eine Ausspähung, Überwachung oder Manipulation des Systems genommen.[147]

Der Schutz der Vertraulichkeit beinhaltet auch das Interesse des Kommunikationsteilnehmers daran, dass der Inhalt seiner privaten E-Mails nicht an die Öffentlichkeit gelangt.[148]

Diese Fallgruppen erfassen nicht alle denkbaren Konstellationen, da der Schutz des Persönlichkeitsrechts den gesamten Daseinsbereich umfasst, z.B. verletzt das Verschweigen des Vaters durch die Mutter eines nichtehelichen Kindes das allgemeine Persönlichkeitsrecht des Kindes auf Feststellung der blutsmäßigen Abstammung.[149]

81 **(3)** Nach der Rspr. können auch **Personen- und Kapitalgesellschaften** Träger des allgemeinen Persönlichkeitsrechts sein. Ihr Schutz ist allerdings auf die Fälle begrenzt, in denen sie in ihrem sozialen Geltungsanspruch als Arbeitgeber oder als Wirtschaftsunternehmen betroffen werden.[150]

cc) Rechtswidrigkeit

82 Aufgrund des weiten, nicht klar umrissenen Schutzbereichs handelt es sich bei dem allgemeinen Persönlichkeitsrecht um ein sogenanntes **Rahmenrecht**. Darunter versteht man einen **offenen Tatbestand**, bei dem die **Rechtswidrigkeit** anhand des zu beurteilenden Einzelfalls **aufgrund einer umfassenden Güter- und Interessenabwägung positiv festzustellen** ist. Eine rechtswidrige Verletzung des allgemeinen Persönlichkeitsrechts wird also nicht durch den Eingriff in den Schutzbereich indiziert, sondern muss durch eine Güterabwägung mit den schutzwürdigen Interessen des Anspruchsgegners bestimmt werden. Nur wenn die Abwägung zum Nachteil des Eingreifenden ausgeht, ist die Rechtswidrigkeit gegeben.

83 Bei der Abwägung sind die jeweils berührten Interessen und Gegeninteressen sowie die sonstigen Umstände des Einzelfalls zu berücksichtigen:

- **aufseiten des Verletzten:** die Schwere des Eingriffs (welche Sphäre ist betroffen) und ihre Folgen, der Anlass der Rechtsverletzung[151] und das eigene Verhalten des Verletzten vor der Beeinträchtigung;[152]

---

147 BVerfG NJW 2008, 822, 827.
148 BGH NJW 2015, 782.
149 BGHZ 82, 173, 179.
150 BGHZ 98, 94.
151 BGH RÜ 2005, 191: Bekanntgabe der Abtreibungspraxis eines Gynäkologen.
152 Palandt/Sprau § 823 Rn. 96–98 m.w.N.

- **aufseiten des Schädigers:** Mittel und Zweck des Eingriffs,[153] Art und Dauer der Beeinträchtigung, dem Schädiger zur Seite stehende Grundrechte,[154] konkrete Rechtfertigungsgründe.[155]

dd) Verschulden

Die rechtswidrige Verletzung des Persönlichkeitsrechts muss schuldhaft, also vorsätzlich oder fahrlässig, erfolgt sein. Dabei gelten für die Medienberichterstattung wegen der Breitenwirkung besonders hohe Anforderungen. Der Wahrheitsgehalt von Meldungen ist unter Beachtung der **„pressegemäßen Sorgfalt"** zu ermitteln.[156] 84

Eine „**Verdachtsberichterstattung**" ist nach Ansicht der Rechtsprechung zulässig, wenn die Darstellung keine Vorverurteilung des Betroffenen enthält und es sich um einen Vorgang von einem solchen Gewicht handelt, dass ein berechtigtes Interesse der Allgemeinheit auch an der Offenlegung der Identität des Betroffenen besteht. Zudem ist vor der Veröffentlichung regelmäßig eine Stellungnahme des Betroffenen einzuholen.[157] 85

Fall 8: Unerwünschte Fotos

K und B hatten eine – für die K außereheliche – intime Liebesbeziehung. B, der von Beruf Fotograf ist, erstellte während dieser Zeit zahlreiche Bildaufnahmen von der K, auf denen diese unbekleidet und teilweise bekleidet sowie vor, während und nach dem Geschlechtsverkehr mit dem B zu sehen ist. Teilweise hat die K intime Fotos von sich selbst erstellt und dem B in digitalisierter Form überlassen. Die Beziehung ist mittlerweile beendet, die Parteien sind zerstritten.

K nimmt B aus § 823 Abs. 1 auf Löschung der Fotos mit Intimbezug in Anspruch. Zu Recht? (BGH RÜ 2016, 212)

K könnte gegen B ein Anspruch auf Löschung von Fotos mit Intimbezug aus § 823 Abs. 1 **wegen Verletzung des allgemeinen Persönlichkeitsrechts** zustehen.

I. Die §§ 22 ff. KUG erfassen das reine Innehaben von Bildaufnahmen nicht, sodass mangels einschlägiger Sonderregeln für diesen Teilbereich des Persönlichkeitsrechts das allgemeine Persönlichkeitsrecht **anwendbar** ist. 86

II. Ferner muss ein **Eingriff in den Schutzbereich des allgemeinen Persönlichkeitsrechts** gegeben sein. 87

Das allgemeine Persönlichkeitsrecht gewährleistet gegenüber jedermann den Schutz der Menschenwürde und das Recht auf freie Entfaltung der Persönlichkeit. Bei natürlichen Personen umfasst der Schutzbereich des Persönlichkeitsrechts die Intim-, Privat- und Individualsphäre. Der Schutz der Privat- und Intimsphäre umfasst

153 Vgl. BGH RÜ 2005, 567.

154 Vgl. BVerfG NJW 2007, 3197: Fernsehfilm zum Contergan-Skandal; BGH NJW 2008, 2587: Esra – APR versus Kunstfreiheit; BGH NJW 2009, 751: Theaterstück „Ehrensache" – zum postmortalen Persönlichkeitsrecht versus Kunstfreiheit; BGH RÜ 2018, 426: Verbreitung ungenehmigter Filmaufnahmen aus Bio-Hühnerställen.

155 Jauernig/Teichmann § 823 Rn. 67 m.w.N.

156 BVerfG NJW 2007, 2686; Hk-BGB/Staudinger § 823 Rn. 107.

157 BGH NJW 2020, 45, 48 ff.

Angelegenheiten, die wegen ihres Informationsinhalts typischerweise als „privat" eingestuft werden, wie es gerade auch im Bereich der Sexualität der Fall ist.

Das Innehaben der Verfügungsgewalt über die Aufnahmen mit Intimbezug, die K in intimsten Situationen zeigen, stellt einen Eingriff in deren Intimsphäre und damit eine Verletzung ihres allgemeinen Persönlichkeitsrechts dar.

88 III. Ob eine **rechtswidrige** Verletzung des Persönlichkeitsrechts vorliegt, ist anhand des zu beurteilenden Einzelfalls aufgrund einer **umfassenden Güter- und Interessenabwägung** festzustellen.

Demnach muss das durch Art. 2 Abs. 1 i.V.m. Art. 1 Abs. 1 GG geschützte allgemeine Persönlichkeitsrecht der K mit dem Recht des B auf Eigentum aus Art. 14 Abs. 1 GG, auf Kunstfreiheit aus Art. 5 Abs. 3 GG und auf allgemeine Handlungsfreiheit gemäß Art. 2 Abs. 1 GG abgewogen werden.

89 Das **Grundgesetz gewährt dem Einzelnen im Kernbereich höchstpersönlicher, privater Lebensgestaltung einen unantastbaren Bereich zur Entfaltung der Persönlichkeit, der wegen seiner besonderen Nähe zur Menschenwürde absolut geschützt ist und keiner Einschränkung durch Abwägung nach Maßgabe des Verhältnismäßigkeitsgrundsatzes unterliegt.** Zu diesem Kernbereich gehören grundsätzlich auch die Ausdrucksformen der Sexualität.[158]

Die Funktionsherrschaft des B über die intimen Aufnahmen der K gegen deren Willen ist diesem Kernbereich des Persönlichkeitsrechts zuzuordnen. Wer Bildaufnahmen oder Fotografien, die einen anderen darstellen, besitzt, erlangt allein durch diesen Besitz eine gewisse Herrschafts- und Manipulationsmacht über den Abgebildeten, selbst wenn eine Verbreitung nicht beabsichtigt ist. Diese Macht ist umso größer, wenn die Aufnahmen in Zusammenhang mit gelebter Sexualität stehen.[159]

90 Da der unantastbare Kernbereich des Persönlichkeitsrechts der K betroffen ist, ist der Schutz ihres Persönlichkeitsrechts grundsätzlich einer Einschränkung durch eine Interessenabwägung entzogen. Möglicherweise ergibt sich eine andere Beurteilung daraus, dass die K dem B **freiwillig Einblick in ihre Intimsphäre gewährt** hat.

K hat B die Aufnahmen zum Teil selbst überlassen, im Übrigen gestattet. Diese **Einwilligung war aber auf die Dauer ihrer Beziehung zu B begrenzt**. Dies ergibt sich daraus, dass die Bilder im privaten Bereich und nur im Rahmen dieser Liebesbeziehung ohne vertragliche Vereinbarungen und unentgeltlich entstanden sind und nur zu persönlichen bzw. privaten Zwecken gefertigt wurden. Sie waren nicht zur Veröffentlichung und Verbreitung bestimmt.

Infolgedessen ist der Schutz des Persönlichkeitsrechts der K einer Einschränkung durch eine Interessenabwägung entzogen, sodass eine rechtswidrige Verletzung des allgemeinen Persönlichkeitsrechts der K durch B vorliegt.

---

158 BGH RÜ 2016, 212, 213 f.
159 BGH RÜ 2016, 212, 214.

IV. Das Behalten der Bilder mit Intimbezug verstößt nach Ende der Beziehung zwischen K und B und nach dem Herausgabeverlangen der K gegen die im Verkehr erforderliche Sorgfalt, ist daher fahrlässig i.S.v. § 276 Abs. 2 und folglich **schuldhaft**. 91

V. Als **Rechtsfolge** muss B der K Schadensersatz gemäß §§ 249 ff. leisten. D.h. er muss gemäß § 249 Abs. 1 den Zustand herstellen, der ohne das schädigende Ereignis bestünde – er muss also die Aufnahmen mit Intimbezug, die K zeigen, löschen. 92

Daher steht K gegen B ein Anspruch auf Löschung der Aufnahmen mit Intimbezug aus § 823 Abs. 1 zu.

c) Rechtsfolgen

Bei rechtswidriger und schuldhafter Verletzung des allgemeinen Persönlichkeitsrechts hat der Schädiger gemäß §§ 249 ff. Schadensersatz zu leisten.

aa) Ersatz materieller Schäden gemäß §§ 249 ff.

Der Geschädigte kann unabhängig von der Schwere des Eingriffs den entstandenen Vermögensschaden ersetzt verlangen. 93

Besteht die Beeinträchtigung des Persönlichkeitsrechts in der unerlaubten Verwertung des Bildes des Betroffenen, seiner Stimme oder seines Namens für kommerzielle Zwecke, wie z.B. Werbung, so kann der Verletzte nach seiner Wahl entweder Ersatz des konkreten Schadens oder eine angemessene Lizenzgebühr beanspruchen oder Herausgabe des vom Schädiger erzielten Gewinns verlangen (str.).[160] 94

Der BGH hat klargestellt, dass die unbefugte kommerzielle Verwendung eines Bildnisses einen Anspruch auf Zahlung einer angemessenen Lizenzgebühr begründet, **ohne dass es darauf ankommt, ob der Abgebildete bereit oder in der Lage gewesen wäre, gegen Entgelt Lizenzen für die Verbreitung und öffentliche Wiedergabe seines Bildnisses einzuräumen**. Der Zahlungsanspruch fingiere nicht die Zustimmung des Betroffenen, sondern stelle vielmehr einen Ausgleich für den rechtswidrigen Eingriff in eine dem Betroffenen ausschließlich zugewiesene Dispositionsbefugnis dar.[161] 95

bb) Widerruf von Äußerungen gemäß § 249 Abs. 1

- Der Geschädigte kann gemäß § 249 Abs. 1 vom Schädiger den **Widerruf nachweislich unwahrer Tatsachenbehauptungen** verlangen. 96
- Steht die Unwahrheit der Tatsachenbehauptung nicht positiv fest, ergibt die Beweisaufnahme aber auch keine ernsthaften Anhaltspunkte für deren Wahrheit, so kann ein **eingeschränkter Widerruf** begehrt werden; d.h., der Schädiger muss erklären, dass er die Behauptung nicht weiter aufrechterhält.[162] 97

160 BGH NJW 2013, 793, 797: Gunter Sachs und Bild am Sonntag; Glasmacher/Pache JuS 2015, 303; Höcker/Gronemeyer AL 2020, 311, 318; Palandt/Sprau § 823 Rn. 125 m.w.N.

161 BGH RÜ 2007, 24 m. Anm. Balthasar NJW 2007, 664.

162 Palandt/Sprau Einf. v. § 823 Rn. 32.

98 ■ Bei **Werturteilen** besteht im Hinblick auf Art. 5 Abs. 1 GG **kein Widerrufsanspruch**; u.U. kann jedoch die Veröffentlichung einer strafbewehrten Unterlassungserklärung verlangt werden.[163]

cc) Ersatz immaterieller Schäden

99 Der BGH hat bereits 1958 entschieden, dass bei schwerwiegenden Verletzungen des Persönlichkeitsrechts, die auf andere Weise nicht befriedigend auszugleichen sind, eine Geldentschädigung zu gewähren ist.[164] Die Zubilligung beruht auf dem Gedanken, dass ohne einen solchen Anspruch Verletzungen der Würde und Ehre des Menschen häufig ohne Sanktion blieben.

100 Der Anspruch wurde ursprünglich mit einer Analogie zu § 847 a.F. begründet. Diese Konzeption hat der BGH jedoch bereits im Jahre 1963 aufgegeben. Der Anspruch auf Geldentschädigung wegen Persönlichkeitsrechtsverletzung wird – seit 1973 vom BVerfG verfassungsrechtlich abgesegnet – unmittelbar aus dem Schutzauftrag der Grundrechte hergeleitet und findet seine **Anspruchsgrundlage in § 823 Abs. 1 i.V.m. Art. 2 Abs. 1, Art. 1 Abs. 1 GG.**[165]

101 Diese andere dogmatische Begründung hat Auswirkungen auf die Höhe der Geldentschädigung. War man früher bei der Bemessung an die Funktionen des Schmerzensgeldes (Ausgleich, Genugtuung) gebunden, so kann man nunmehr bei der Bestimmung der Entschädigungshöhe auch nach zum Teil anderen Aspekten vorgehen. Neben der **Genugtuungsfunktion**, die im Vordergrund steht, können **Präventionsgesichtspunkte** eine Rolle spielen.[166]

102 Ob eine so schwerwiegende Verletzung des Persönlichkeitsrechts vorliegt, dass die Zahlung einer Geldentschädigung erforderlich ist, kann nur aufgrund der gesamten Umstände des Einzelfalls beurteilt werden. Hierbei sind insbesondere die Bedeutung und Tragweite des Eingriffs, Anlass und Beweggrund des Handelnden sowie der Grad seines Verschuldens zu berücksichtigen.[167]

103 Bei der Höhe der Geldentschädigung ist nach Ansicht des BGH auch das Ausmaß der Verbreitung der Veröffentlichung einer beeinträchtigenden Äußerung als Bemessungsfaktor zu berücksichtigen. Erfolgt die Verletzung des allgemeinen Persönlichkeitsrechts durch eine Internetveröffentlichung, ist die Geldentschädigung aber nicht generell höher (wegen der unbegrenzten Zahl potentieller Leser) oder generell niedriger (wegen der Flüchtigkeit der Veröffentlichung in elektronischen Medien) zu bemessen als eine Entschädigung wegen eines Artikels in den Printmedien.[168]

---

163 BGHZ 99, 133 ff.

164 BGHZ 26, 349 ff.

165 BVerfG NJW 1973, 1221 ff.; BGH NJW 1963, 902, 903.

166 BVerfG NJW 2000, 2187, 2188.

167 BGH RÜ 2016, 490, 491; Hofman/Fries NJW 2017, 2369; Brost/Hassel NJW 2020, 2231 ff.

168 BGH RÜ 2014, 219, 224; vgl. Gounalakis NJW 2016, 737 ff. zur Geldentschädigung bei vorverurteilenden Äußerungen durch Medien oder Justiz.

Fall 9: Vererblichkeit des Geldentschädigungsanspruchs?

Der 1920 in der Ukraine geborene Erblasser kämpfte im zweiten Weltkrieg in der Roten Armee, ehe er in deutsche Kriegsgefangenschaft geriet. Gegen ihn war erstmals in den 1970er-Jahren in den Vereinigten Staaten von Amerika der Verdacht aufgekommen, er sei als Kollaborateur der Nationalsozialisten an der Massenermordung von Juden in Konzentrationslagern beteiligt gewesen. In Israel wurde ihm wegen des Vorwurfs, in den Jahren 1942 und 1943 im Vernichtungslager Treblinka tätig gewesen zu sein, der Prozess gemacht. Dieser endete mit einem Freispruch. Im Mai 2011 verurteilte ihn das Landgericht München II wegen von März bis September 1943 im Vernichtungslager Sobibor erfolgter 16facher Beihilfe zum Mord an 28.060 vornehmlich aus den Niederlanden stammenden Juden zu einer Freiheitsstrafe. Sowohl der Erblasser als auch die Staatsanwaltschaft legten Revision ein, über die nicht mehr entschieden wurde, weil der Erblasser am 17.03.2012 starb.

Die B berichtete in dem von ihr betriebenen Internetportal regelmäßig unter voller Namensnennung über das Strafverfahren, unter anderem am 14.05.2010 unter der Überschrift *„Vor Gericht spielt er den bettlägerigen, alten Mann. Er singt und lacht im Knast"*.

Mit der im November 2011, also noch zu seinen Lebzeiten zugestellten Klage nahm der Erblasser die B im Hinblick auf diesen und eine Reihe weiterer dort veröffentlichter Artikel wegen Verletzung seines allgemeinen Persönlichkeitsrechts auf Zahlung einer Geldentschädigung in Höhe eines Mindestbetrages von 5.100 € in Anspruch. Die K führt den Prozess als Alleinerbin des Erblassers fort.

Steht K gegen B ein Anspruch auf Zahlung einer Geldentschädigung zu? Dabei ist davon auszugehen, dass dem Erblasser ein Anspruch auf Geldentschädigung gegen die B wegen rechtswidriger und schuldhafter Verletzung seines allgemeinen Persönlichkeitsrechts zustand. (BGH RÜ 2017, 765)

K könnte gegen B ein Anspruch auf Zahlung einer Geldentschädigung aus § 823 Abs. 1 i.V.m. Art. 2 Abs. 1, 1 Abs. 1 GG i.V.m. § 1922 wegen Verletzung des allgemeinen Persönlichkeitsrechts des Erblassers zustehen.

I. B hat **durch die Berichterstattung** über den Erblasser dessen **allgemeines Persönlichkeitsrecht rechtswidrig und schuldhaft verletzt** und die Beeinträchtigung konnte nicht auf andere Weise befriedigend ausgeglichen werden, sodass dem Erblasser ein Anspruch auf Geldentschädigung aus § 823 Abs. 1 i.V.m. Art. 2 Abs. 1, 1 Abs. 1 GG gegen die B zustand.

II. Diesen Anspruch könnte K als Erbin des Erblassers mit dessen Tod erworben haben. Gemäß § 1922 Abs. 1 geht das Vermögen des Erblassers als Ganzes auf den Erben über. Vererblich sind regelmäßig alle dinglichen und persönlichen Vermögensrechte und Verbindlichkeiten, demgegenüber sind höchstpersönliche Rechte i.d.R. unvererblich.

Bei dem Anspruch auf Geldentschädigung wegen Persönlichkeitsrechtsverletzung 104
handelt es sich einerseits um einen Ersatzanspruch, der als solcher grundsätzlich ver-

erblich ist, andererseits resultiert der Anspruch aus einer Verletzung des Persönlichkeitsrechts, das als solches nicht vererblich ist. Infolgedessen war die **Vererblichkeit dieses Anspruchs lange Zeit umstritten.**

105 1. Der BGH hat vor einigen Jahren die bis dahin höchstrichterlich noch nicht geklärte Frage dahingehend entschieden, dass der Anspruch auf Geldentschädigung wegen Persönlichkeitsrechtsverletzung **unvererblich** ist. Dies gelte **jedenfalls dann, wenn der Erblasser vor Rechtshängigkeit des anhängig gemachten Anspruchs sterbe.**[169]

106 2. Der BGH hat nunmehr klargestellt, dass der Geldentschädigungsanspruch **auch dann unvererblich ist, wenn der Erblasser nach Rechtshängigkeit, aber vor Rechtskraft der Entscheidung stirbt:**

Die Rechtsordnung enthalte keinen allgemeinen Grundsatz, aus dem die Vererblichkeit rechtshängig gemachter Ansprüche ableitbar wäre. Materiell-rechtlich entfalte die Rechtshängigkeit zwar rechtserhaltende Wirkungen. Dem liege der Gedanke zugrunde, dass der Schuldner nach einer bestimmten Zeit Klarheit darüber erhalten soll, ob das Recht verfolgt wird oder nicht. Bei der Frage der Vererblichkeit eines Geldentschädigungsanspruchs wegen Verletzung des Persönlichkeitsrechts gehe es jedoch nicht darum, dass der Anspruch aus Gründen des Rechtsfriedens, der Rechtsklarheit oder zum Schutz des Verletzers zu Lebzeiten des Verletzten geltend gemacht werden müsse, um Rechtsnachteile zu verhindern. Vielmehr folge die Unvererblichkeit unabhängig von der Schutzwürdigkeit des Verletzers oder des Rechtsverkehrs aus der Funktion dieses Geldentschädigungsanspruchs.[170]

Bei der Zuerkennung einer Geldentschädigung im Falle einer schweren Persönlichkeitsrechtsverletzung stehe – anders als beim Schmerzensgeld – regelmäßig der **Genugtuungsgedanke im Vordergrund**. Deshalb ändere die Anhängigkeit einer auf Geldentschädigung gerichteten Klage nichts daran, dass die von der Geldentschädigung bezweckte Genugtuung mit dem Tod des Verletzten an Bedeutung verliere. Aus dem Gedanken der Genugtuung folge weiter, dass auch ein rechtshängiger Geldentschädigungsanspruch wegen Verletzung des allgemeinen Persönlichkeitsrechts nicht vererblich sei. **Denn ebenso wenig wie der Erblasser Genugtuung bereits mit der Einreichung der Klage erlange, erlange er sie mit deren Zustellung. Sie trete erst mit der rechtskräftigen Zuerkennung eines Anspruchs auf Geldentschädigung ein.** Denn mit der Rechtskraft und nicht mit der Zustellung der Klage, mit der allenfalls eine Aussicht auf Genugtuung entstehe, werde eine gesicherte Position erlangt.[171]

Da der Erblasser vor Eintritt der Rechtskraft verstorben ist, steht K gegen B kein Anspruch auf Zahlung einer Geldentschädigung zu.

---

169 BGH RÜ 2014, 419, 420.
170 BGH RÜ 2017, 765, 766.
171 BGH RÜ 2017, 765, 767.

d) Quasinegatorischer Beseitigungs- und Unterlassungsanspruch analog § 1004 Abs. 1

Der Schutz des Betroffenen durch die §§ 823 ff. ist unvollständig: Zum einen setzt ein Anspruch gemäß §§ 823 ff. eine schuldhafte Rechts(gut)verletzung voraus, sodass dem Geschädigten bei einer rechtswidrigen, aber schuldlosen Verletzung der deliktisch geschützten Rechtsgüter keine Ansprüche aus §§ 823 ff. zustehen. Zum anderen ist immer erforderlich, dass bereits ein Schaden durch die Verletzung entstanden ist. Ansprüche auf Unterlassung, die darauf gerichtet sind, eine drohende Verletzung abzuwehren, oder auf Beseitigung einer andauernden Störung, gewähren die §§ 823 ff. nicht. **107**

Diese Lücke im Rechtsschutzsystem schließt die h.M. durch eine **analoge Anwendung des § 1004 auf alle durch §§ 823 ff. geschützten Rechte und Rechtsgüter.**[172] Zur Begründung der Analogie wird angeführt, dass die deliktisch geschützten Rechte und Rechtsgüter in gleicher Weise schutzwürdig seien wie die Rechtspositionen, bei denen der Gesetzgeber (verschuldensunabhängige) Beseitigungs- und Unterlassungsansprüche geschaffen habe (vgl. §§ 12, 862, 1004). Zudem sei in diesen Regelungen ein allgemeiner Rechtsgedanke enthalten, der eine Analogie rechtfertige.[173]

Voraussetzung eines (quasinegatorischen) Beseitigungsanspruchs analog § 1004 Abs. 1 ist ein rechtswidriger Eingriff in eine deliktisch geschützte Rechtsposition. Der (verschuldensunabhängige) Anspruch ist gegen den Störer gerichtet und geht inhaltlich auf Beseitigung der fortwirkenden Beeinträchtigung, nicht auf Schadensersatz.[174] Beim Unterlassungsanspruch muss zusätzlich eine Wiederholungs- oder Erstbegehungsgefahr drohen.[175] **108**

Fall 10: „Brisanter Bericht“

K, der als Friseur von zahlreichen Prominenten bekannt geworden ist, betreibt mehrere Friseurgeschäfte. Im März 2016 veröffentlichten die B in der von ihr verlegten BILD-Zeitung und in dem von ihr betriebenen Internetportal www.bild.de unter der Überschrift *„Filialleiter von U. W. [voller Name des K] mit ‚Hells Angels' verhaftet“* einen Artikel, in dem im Wesentlichen darüber berichtet wird, dass Benjamin S., ein Mitarbeiter des K, zusammen mit einem Freund und zwei Mitgliedern der Gruppierung „Hells Angels“ wegen des Vorwurfs der versuchten schweren räuberischen Erpressung verhaftet worden sei. Wörtlich heißt es dazu unter anderem:

„Als Filialleiter bei Promi-Friseur U. W. [voller Name des K] (67) frisiert Benjamin S. (26) die Reichen und Schönen. Jetzt verhaftete das SEK den Kudamm-Geschäftsführer, einen Freund (29) und zwei ‚Hells Angels'-Rocker (25, 29)! Der Vorwurf: versuchte schwere räuberische Erpressung.

Was hat der Figaro bloß mit den Rockern zu tun? […]

172 Jauernig/Teichmann Vor § 823 Rn. 6 m.w.N.; Schreiber Jura 2013, 111.

173 Hk-BGB/Staudinger Vor §§ 823–853 Rn. 10.

174 BGH RÜ 2007, 347.

175 Medicus/Petersen BR Rn. 628.

Dem Filialleiter tut jetzt alles leid. Über seinen Chef sagt er: ‚Ich bin im Kreuzberger Kiez groß geworden. U. [Vorname des K] weiß, dass ich eine schwierige Vergangenheit habe. Er hat mir trotzdem eine Chance gegeben.'"

K ist der Auffassung, er müsse es nicht dulden, für B als Aufmacher für ein Ermittlungsverfahren gegen eine dritte Person herzuhalten. Er nimmt B darauf in Anspruch, es zu unterlassen, ihn namentlich im Zusammenhang mit einer Festnahme eines Herrn Benjamin S. zu erwähnen, insbesondere wenn dies wie geschehen passiere.

Steht K gegen B ein Anspruch auf Unterlassung seiner namentlichen Nennung in Zusammenhang mit der Festnahme seines Arbeitnehmers zu? (nach BGH RÜ 2015, 153)

109 K könnte gegen B ein quasinegatorischer Unterlassungsanspruch aus **§ 1004 Abs. 1 S. 2 analog** zustehen.

110 I. § 1004 Abs. 1 S. 2 wird nach h.M. auf alle deliktisch geschützten Rechte und Rechtsgüter analog angewandt, um Rechtsschutzlücken zu schließen (sogenannter quasinegatorischer Unterlassungsanspruch).

111 II. Der Unterlassungsanspruch aus § 1004 Abs. 1 S. 2 analog **setzt** einen rechtswidrigen Eingriff in eine gemäß §§ 823 ff. geschützte Rechtsposition **voraus**.[176] B könnte durch die Presseveröffentlichung über K und dessen verhafteten Arbeitnehmer das allgemeine Persönlichkeitsrecht des K rechtswidrig verletzt haben.

1. Mangels einschlägiger Sonderregeln für diesen Bereich des Persönlichkeitsrechts ist § 823 Abs. 1 **anwendbar**.

2. Ferner muss ein **Eingriff in den Schutzbereich des allgemeinen Persönlichkeitsrechts** vorliegen.

Das allgemeine Persönlichkeitsrecht gewährleistet gegenüber jedermann den Schutz der Menschenwürde und das Recht auf freie Entfaltung der Persönlichkeit. Bei natürlichen Personen umfasst der Schutzbereich des Persönlichkeitsrechts die Intim-, Privat- und Individualsphäre.

Die Presseveröffentlichung der B über den K und dessen verhafteten Arbeitnehmer könnte u.a. das berufliche Ansehen des K beeinträchtigt haben.

112 In dem Artikel wird dem Leser mitgeteilt, dass der K Benjamin S. beschäftigt. Dadurch ist der Schutzbereich des allgemeinen Persönlichkeitsrechts unter dem Gesichtspunkt des **Rechts auf informationelle Selbstbestimmung** – das Recht des Einzelnen grundsätzlich selbst darüber zu entscheiden, ob und wann sowie innerhalb welcher Grenzen seine persönlichen Daten in die Öffentlichkeit gebracht werden – betroffen. Dass der von B mitgeteilte Umstand der beruflichen Sphäre des K zuzuordnen ist, steht der Annahme eines Eingriffs in das Recht auf informationelle Selbstbestimmung nicht entgegen.[177]

176 Vgl. zum quasinegatorischen Unterlassungsanspruch BGH RÜ 2004, 182, bestätigt durch BVerfG NJW 2006, 2838.
177 BGH RÜ 2015, 153, 154.

Ferner ist die ebenfalls vom allgemeinen Persönlichkeitsrecht geschützte **Geschäftsehre** des K tangiert. Zwar wird K selbst kein Vorwurf gemacht. Er wird aber in einen Zusammenhang mit den „Hells Angels" gebracht. Die im Artikel enthaltene Aussage, in seinem Geschäft arbeite mit Benjamin S. eine Person, die einer gemeinsam mit zwei Mitgliedern der „Hells Angels" begangenen Straftat verdächtig ist, ist für das Ansehen und den geschäftlichen Erfolg des K abträglich, da sich Kunden aufgrund dieses Umstandes möglicherweise veranlasst sehen, auf einen Besuch im Geschäft des K zu verzichten, weil sie mit vermeintlichen Straftätern und den „Hells Angels" nichts zu tun haben wollen.[178] **113**

Infolgedessen ist durch die Berichterstattung der B ein Eingriff in das allgemeine Persönlichkeitsrecht des K gegeben.

3. Die **Rechtswidrigkeit** muss beim allgemeinen Persönlichkeitsrecht durch eine **umfassende Güter- und Interessenabwägung** positiv festgestellt werden. **114**

Abzuwägen sind das Interesse des K am Schutz seiner Persönlichkeit mit den durch Art. 5 Abs. 1 GG geschützten Äußerungsinteressen der B.

Bei Tatsachenbehauptungen hängt die Abwägung zwischen den widerstreitenden Interessen insbesondere vom Wahrheitsgehalt ab. Wahre Tatsachenbehauptungen müssen in der Regel hingenommen werden, auch wenn sie für den Betroffenen nachteilig sind, unwahre dagegen nicht. Die im Artikel der B aufgestellten Tatsachenbehauptungen sind wahr. Besondere Umstände, aufgrund derer die Abwägung trotzdem zulasten der Meinungs- und Medienfreiheit der B ausfallen könnte, sind nicht ersichtlich. Im Gegenteil spricht für ein Überwiegen der geschützten Interessen der B auch der Umstand, dass die Berichterstattung K nur in seiner beruflichen Sphäre betrifft. Schwerwiegende Auswirkungen auf das Persönlichkeitsrecht des K drohen nicht. Auch eine tatsächlich eingetretene wirtschaftliche Beeinträchtigung, die das Gewicht des Eingriffs verstärken könnte, macht K nicht geltend.[179]

Infolgedessen überwiegt bei der Abwägung das Berichterstattungsinteresse der B das allgemeine Persönlichkeitsrecht des K, sodass keine rechtswidrige Verletzung des allgemeinen Persönlichkeitsrechts des K durch B erfolgt ist.

K steht daher gegen B kein Anspruch auf Unterlassung seiner namentlichen Nennung in Zusammenhang mit der Festnahme seines Arbeitnehmers analog § 1004 Abs. 1 S. 2 zu.

Fortwirkende Störungen unwahrer Tatsachenbehauptungen können analog § 1004 Abs. 1 S. 1 (bei Verschulden auch aus § 823 Abs. 1) einen Anspruch auf Widerruf auslösen. **115**

Ob sich bei Persönlichkeitsrechtsverletzungen durch Medienerzeugnisse ein Rückrufanspruch aus § 1004 Abs. 1 analog ergeben kann, ist bislang noch nicht höchstrichterlich entschieden. Die Rspr. der Instanzgerichte zu dieser Frage ist – wie die Stellungnahmen im Schrifttum – nicht einheitlich.[180]

---

178 BGH RÜ 2015, 153, 154.

179 BGH RÜ 2015, 153, 155.

180 Vgl. dazu Paschke/Busch NJW 2004, 2620 m.w.N.

Vom Betreiber einer Internet-Suchmaschine mit Suchwortergänzungsfunktion kann Unterlassung der Ergänzung persönlichkeitsrechtsverletzender Begriffe bei Eingabe des Namens des Betroffenen erst verlangt werden, wenn der Betreiber Kenntnis von der rechtswidrigen Verletzung erlangt hat. Nach Hinweis durch den Betroffenen ist der Betreiber verpflichtet, zukünftig derartige Verletzungen zu verhindern.[181]

e) Postmortaler Schutz[182]

116 Obwohl es sich beim allgemeinen Persönlichkeitsrecht um ein höchstpersönliches Rechtsgut handelt, geht die Rspr. davon aus, dass die dadurch geschützten Persönlichkeitsgüter auch nach dem Tod des Betroffenen zu beachten sind, da ansonsten die Wertung des Grundgesetzes unterlaufen würde.[183]

Da der ursprüngliche Rechtsinhaber nicht mehr existiert, ist fraglich, wer sich um den Schutz der Persönlichkeitsgüter des Verstorbenen kümmern darf, welche Ansprüche sich aus der Verletzung dieser Güter ergeben können und wie lange der Schutz nach dem Tod des Betroffenen andauert. Die Beantwortung dieser Fragen hängt maßgeblich davon ab, ob es um den Schutz der ideellen oder kommerziellen Bestandteile des Persönlichkeitsrechts geht.[184]

aa) Postmortaler Schutz ideeller Interessen

117 Soweit das Persönlichkeitsrecht dem **Schutz ideeller Interessen** dient, ist es als höchstpersönliches Recht nicht übertragbar und nicht vererblich. Der Schutz dieser ideellen Interessen steht daher nach dem Tode des Rechtsinhabers nicht den Erben, sondern demjenigen zu, den der Verstorbene zu Lebzeiten als **Wahrnehmungsberechtigten** bestimmt hat, ansonsten den **nahen Angehörigen** (Analogie zu § 22 S. 3 KunstUrhG).

118 Diese können allerdings lediglich Abwehr- und Beseitigungsansprüche geltend machen, nicht jedoch Schadensersatz verlangen, weil ein Verstorbener keinen durch eine Geldzahlung auszugleichenden Schaden erleiden kann.[185] Ferner wird bei der Verletzung ideeller Bestandteile des postmortalen Persönlichkeitsrechts keine Geldentschädigung für immaterielle Nachteile gewährt, da die damit verfolgte Genugtuungsfunktion bei einem Toten nicht erreicht werden kann.[186]

119 Die zeitliche Dauer des postmortalen Schutzes ideeller Interessen hängt von den Umständen des Einzelfalls ab. Das Schutzbedürfnis schwindet in dem Maße, in dem die Erinnerung an den Verstorbenen verblasst. Bei einem ausübenden Künstler (z.B. Theaterschauspieler, -regisseur), der i.d.R. nur seinen Zeitgenossen in Erinnerung bleibt, ist die Zeitspanne kürzer zu bemessen als bei einem bildenden Künstler, der seiner Nachwelt ein bleibendes Werk hinterlässt.[187]

---

181 BGH RÜ 2013, 421: Google.

182 Vgl. dazu Petersen Jura 2008, 271 sowie Mitsch NJW 2010, 3479 zum postmortalen Persönlichkeitsrecht verstorbener Straftäter.

183 BGHZ 50, 133, 136 ff.: Mephisto; 107, 385, 391 ff.: Nolde.

184 Fuchs/Pauker/Baumgärtner Kap. 2 A. II. 1.5.8.

185 BGH NJW 1974, 1371.

186 BGH RÜ 2006, 187.

187 Fuchs/Pauker/Baumgärtner Kap. 2 A. II. 1.5.8.

***Beachte:** Da mit dem Tod einer Person die Möglichkeit der Persönlichkeitsentfaltung endet, schützt das postmortale Persönlichkeitsrecht die Person unter dem Aspekt der Menschenwürde gemäß Art. 1 GG, aber nicht mehr unter dem Aspekt der Handlungsfreiheit gemäß Art. 2 Abs. 1 GG. Dies hat prüfungstechnische Konsequenzen: Steht fest, dass eine Handlung das postmortale Persönlichkeitsrecht beeinträchtigt, ist zugleich ihre Rechtswidrigkeit geklärt. Der Schutz kann nicht im Zuge einer Interessen- und Güterabwägung relativiert werden.*[188] **120**

bb) Postmortaler Schutz der vermögenswerten Bestandteile des Persönlichkeitsrechts

Die **vermögenswerten Bestandteile** des Persönlichkeitsrechts sind vererblich, sodass die entsprechenden Befugnisse gemäß § 1922 Abs. 1 auf den oder die **Erben** übergehen. Dieser kann – entsprechend dem ausdrücklichen oder mutmaßlichen Willen des ursprünglichen Trägers des Persönlichkeitsrechts – neben Ansprüchen auf Unterlassung und Widerruf auch Schadensersatzansprüche geltend machen.[189] **121**

Fraglich ist jedoch, **wie lange** die vermögenswerten Bestandteile des postmortalen Persönlichkeitsrechts geschützt sind. **122**

- In der Lit. ist die Frage der Schutzdauer der vermögenswerten Bestandteile des postmortalen Persönlichkeitsrechts umstritten. Teilweise wird befürwortet, für diese so lange Schutz zu gewähren, wie auch dessen ideelle Bestandteile geschützt sind.[190] Soweit eine bestimmte Schutzdauer vorgeschlagen wird, gehen die Meinungen weit auseinander und die Zeiträume variieren von 10 bis 70 Jahre nach dem Tod.[191]
- Der BGH hat entschieden, dass die zeitliche Schutzdauer der vermögenswerten Bestandteile des postmortalen Persönlichkeitsrechts in entsprechender Anwendung der Schutzfrist für das postmortale Recht am eigenen Bild gemäß § 22 S. 3 KunstUrhG **auf zehn Jahre begrenzt ist**.[192] Das Persönlichkeitsbild einer zu Lebzeiten sehr bekannten Person sei nach ihrem Tod auch Teil der gemeinsamen Geschichte und daher müsse das Interesse der Angehörigen oder – bei den vermögenswerten Bestandteilen des postmortalen Persönlichkeitsrechts – das der Erben an einer wirtschaftlichen Verwertung des Persönlichkeitsbilds nach Ablauf von zehn Jahren zurücktreten. Der BGH hat jedoch betont, dass der postmortale Schutz des Persönlichkeitsrechts damit nicht insgesamt nach Ablauf von zehn Jahren ende, sondern unter den Voraussetzungen und dem Umfang des postmortalen Schutzes der ideellen Bestandteile des postmortalen Persönlichkeitsrechts fortbestehe.[193]

f) Das Recht am eigenen Bild

Das Recht am eigenen Bild ist eine besondere Ausprägung des allgemeinen Persönlichkeitsrechts, welches in den §§ 22 ff. KunstUrhG speziell geregelt ist:[194] **123**

- Gemäß § 22 KunstUrhG dürfen Bildnisse einer Person grundsätzlich nur mit deren Einwilligung verbreitet werden.

---

188 BGH NJW 2009, 751, 752.

189 BGHZ 143, 214, 219 ff.: Marlene Dietrich, bestätigt vom BVerfG NJW 2006, 3409; vgl. dazu Wagner VersR 2000, 1305, 1307; BGH RÜ 2002, 401.

190 Staudinger/Schmidt Jura 2001, 241, 246; Frommeyer JuS 2002, 13, 18.

191 10 Jahre: Schulze/Wessel, Die Vermarktung Verstorbener, 2001, S. 141 ff.; 30 Jahre: Wenzel/Burkhardt, Das Recht der Wort- und Bildberichterstattung, 5. Aufl., Kap. 5 Rn. 124; 35 Jahre: Jung, Die Vererblichkeit des Allgemeinen Persönlichkeitsrechts, 2005, S. 260 ff.; 70 Jahre: Schricker/Göpping, Urheberrecht, 3. Aufl., Anhang zu § 60 UrhG, § 22 KUG Rn. 63.

192 BGH NJW 2007, 684, 685, 686.

193 BGH NJW 2007, 684, 685, 686.

194 BVerfGE 101, 361; weiterentwickelt durch BVerfG NJW 2001, 1921; BGHZ 131, 332; vgl. Lauber-Rönsberg NJW 2016, 744 ff. zum Recht am eigenen Bild in sozialen Netzwerken.

- Bildnisse aus dem Bereich der Zeitgeschichte dürfen gemäß § 23 Abs. 1 Nr. 1 KunstUrhG ohne Einwilligung des Betroffenen verbreitet werden,
- es sei denn, dass dadurch ein berechtigtes Interesse des Abgebildeten verletzt wird (§ 23 Abs. 2 KunstUrhG).[195]

124 Dabei ging die Rspr. lange Zeit davon aus, dass Bilder von sogenannten *absoluten Personen der Zeitgeschichte* (= Personen, die unabhängig von einzelnen Ereignissen aufgrund ihres Status und ihrer Bedeutung allgemeine Aufmerksamkeit finden[196] – wie z.B. Prinzessin Caroline von Monaco) aufgrund des „berechtigten" Informationsinteresses der Öffentlichkeit stets Bildnisse aus dem Bereich der Zeitgeschichte sind. Folglich durften deren Bildnisse grundsätzlich gemäß § 23 Abs. 1 Nr. 1 KunstUrhG einwilligungsfrei veröffentlicht werden (Ausnahme: Vorliegen berechtigter Interessen i.S.v. § 23 Abs. 2 KunstUrhG).[197] Bei sogenannten *relativen Personen der Zeitgeschichte* (= Personen, die in Zusammenhang mit einem zeitgeschichtlichen Ereignis in den Blick der Öffentlichkeit geraten – wie z.B. Begleiter, die mit einer absoluten Person der Zeitgeschichte in der Öffentlichkeit auftreten)[198] durfte eine einwilligungsfreie Veröffentlichung nur in Zusammenhang mit diesem Ereignis erfolgen.[199]

Diese Rspr. der deutschen Gerichte hat der Europäische Gerichtshof für Menschenrechte in seiner Caroline-Entscheidung vom 24.06.2004[200] als eine Verletzung des Art. 8 EMRK (Recht auf Achtung des Privat- und Familienlebens) gewertet. Nach Auffassung des EGMR ist grundsätzlich zu unterscheiden zwischen einer Berichterstattung über Tatsachen, die einen Beitrag zu einer Diskussion in einer demokratischen Gesellschaft leisten, und einer Berichterstattung über Einzelheiten des Privatlebens einer Person. Fotos, die nur dazu bestimmt seien, die Neugier eines bestimmten Publikums über das Privatleben Prominenter zu befriedigen, und die nicht als Beitrag zu irgendeiner Diskussion von allgemeinem Interesse für die Gesellschaft angesehen werden könnten, verdienten nur eingeschränkt den Schutz der Pressefreiheit.

125 Der BGH hat als Reaktion auf die Entscheidung des EGMR seine Rspr. geändert und sich für ein **„abgestuftes Schutzkonzept"** entschieden, das den Persönlichkeitsschutz zulasten der Pressefreiheit deutlich erweitert:[201]

- **1. Stufe (§ 22 KunstUrhG):** Liegt für die Verbreitung des Bildnisses die Einwilligung des Berechtigten vor?
- **2. Stufe (§ 23 Abs. 1 Nr. 1 KunstUrhG):** Darf das Bild ausnahmsweise ohne Einwilligung des Berechtigten verbreitet werden, weil es sich um ein Bildnis aus dem Bereich der Zeitgeschichte handelt?

  Neu ist dabei, dass der BGH nunmehr bereits auf der 2. Stufe bei der Auslegung des Tatbestandsmerkmals „aus dem Bereich der Zeitgeschichte" die widerstreitenden Interessen der abgebildeten Person und der Presse berücksichtigt. Daraus folgt, dass Bildnisse von absoluten oder relativen Personen der Zeitgeschichte nicht mehr automatisch der Ausnahme des § 23 Abs. 1 Nr. 1 KunstUrhG unterfallen, sondern es muss eine zeitgeschichtliche Bedeutung des konkret veröffentlichten Fotos gegeben sein. Abwägungskriterien, ob ein Informationsinteresse besteht und daher die „Zeitgeschichte" betroffen ist, sind: der Informationswert, der Anlass der Berichterstattung, die Umstände der Entstehung der Aufnahme, die Situation, in der der Betroffene aufgenommen wird, die Rolle des Betroffenen in der Öffentlichkeit sowie die Intensität des Eingriffs in das allgemeine Persönlichkeitsrecht.

---

195 Vgl. BVerfGE 34, 269, 282; BGHZ 128, 1, 10.
196 BVerfG NJW 2000, 1021, 1025.
197 BVerfG NJW 2001, 1921, 1922 ff.
198 Vgl. BVerfG NJW 2001, 1921.
199 Teichmann NJW 2007, 1917.
200 EGMR NJW 2004, 2647 ff.
201 BGH RÜ 2007, 411: Caroline von Hannover; NJW 2013, 2890: Eisprinzessin Alexandra; BGH RÜ 2018, 280: Christian Wulff; BGH RÜ 2021, 16: Anke Engelke; vgl. insgesamt zum abgestuften Schutzkonzept Fuchs/Pauker/Baumgärtner, Kap. 2 A. II. 1.5.9.

- **3. Stufe (§ 23 Abs. 2 KunstUrhG):** Ist die Verbreitung des Bildnisses, obwohl es der Zeitgeschichte zuzuordnen ist, ohne Einwilligung des Berechtigten unzulässig, weil dadurch die berechtigten Interessen des Abgebildeten verletzt werden?

  Da die Abwägung der gegenläufigen Interessen zwischen dem Informationsrecht der Presse und dem Informationsbedürfnis der Allgemeinheit einerseits und dem Persönlichkeitsrecht des Abgebildeten andererseits bereits auf der 2. Stufe erfolgt ist, ist davon auszugehen, dass eine Bildveröffentlichung nur in besonderen Ausnahmefällen wegen entgegenstehender berechtigter Interessen des Abgebildeten gemäß § 23 Abs. 2 KunstUrhG unzulässig ist.[202] Nach der Rspr. könnte im Rahmen des § 23 Abs. 2 KunstUrhG von Bedeutung sein, ob und wieweit die Aufnahme unter Ausnutzung von Heimlichkeit oder von technischen Mitteln zustande gekommen ist.[203]

Der EGMR hat die geänderte Rspr. der deutschen Gerichte in der Folgezeit nicht beanstandet.[204]

5. Das Recht am eingerichteten und ausgeübten Gewerbebetrieb als „sonstiges Recht“ i.S.d. § 823 Abs. 1

a) Herleitung

Das Vermögen als solches ist nicht als geschütztes Recht in § 823 Abs. 1 genannt und es ist auch kein sonstiges Recht i.S.d. § 823 Abs. 1. Es wird deliktisch in § 826 und über §§ 823 Abs. 2 und 824 geschützt. Dieser Schutz ist aber sehr eng, da er an spezielle Voraussetzungen geknüpft ist: 126

- § 826 ist aufgrund seiner strengen subjektiven Voraussetzungen in seinem Anwendungsbereich sehr beschränkt; nach h.M. muss sich bei § 826 der Vorsatz auch auf die den Sittenverstoß begründenden Tatumstände und – anders als bei § 823 Abs. 1 und 2 – auf den Schaden beziehen.
- § 823 Abs. 2 setzt die Verletzung eines Schutzgesetzes voraus. Es besteht jedoch nicht für jeden denkbaren regelungsbedürftigen Sachverhalt ein Schutzgesetz.
- § 824 schützt nur die wirtschaftliche Wertschätzung von Personen und Unternehmen vor unmittelbaren Beeinträchtigungen, die durch Verbreitung unwahrer Behauptungen über sie herbeigeführt werden.

In der Praxis hat sich gezeigt, dass in bestimmten Fallsituationen ein Bedürfnis nach einem weitreichenderen Schutz des Vermögens besteht. Erstmalig wurde dies deutlich in Fällen, in denen ein Unternehmen durch bestimmte Verhaltensweisen eines Konkurrenten oder eines anderen in seiner gewerblichen Tätigkeit behindert wurde und ihm dadurch ein Vermögensschaden entstand.

Zunächst hat die Rspr. des Reichsgerichts in den Fällen der „unberechtigten Schutzrechtsverwarnung“ begonnen, **den Vermögensschutz** von Unternehmen durch die **Anerkennung des Rechts am Gewerbebetrieb als sonstiges Recht i.S.v. § 823 Abs. 1** zu verstärken.

202 Fuchs/Pauker/Baumgärtner, Kap. 2 A. II. 1.5.9.

203 BGH NJW 2007, 1977, 1981.

204 EGMR, Urt. v. 19.09.2013 – 8772/10 (von Hannover/Deutschland Nr. 3).

Vgl. die „Jutefaser"-Entscheidung des RG aus dem Jahre 1904:[205] Einem Unternehmen, welches u.a. Teppiche aus „Juteplüsch" herstellte, wurde von einem anderen Unternehmen die Nachbildung von (angeblich) geschützten Gebrauchsmustern untersagt. Nachträglich stellte sich heraus, dass dem Untersagenden das Gebrauchsmuster nicht zustand. Der – fahrlässig – zu Unrecht Untersagende muss den durch die zwischenzeitliche Produktionseinstellung entstandenen Schaden nach § 823 Abs. 1 ersetzen.

Der BGH hat den Unternehmensschutz durch § 823 Abs. 1 ausgedehnt und dadurch eine Art **Generalklausel** geschaffen. Die Lit. ist dem überwiegend gefolgt.[206]

Ein Teil des Schrifttums lehnt die Anerkennung eines Rechts am Gewerbebetrieb als sonstiges Recht i.S.d. § 823 Abs. 1 ab. Der notwendige Schutz sei über § 826 zu entwickeln.[207]

b) Anspruchsvoraussetzungen

127 Die Prüfung eines Anspruchs aus § 823 Abs. 1 wegen Verletzung des Rechts am eingerichteten und ausgeübten Gewerbebetrieb weist – wie die Prüfung des allgemeinen Persönlichkeitsrechts – einige Besonderheiten auf: Der nicht klar umrissene **Schutzbereich** des Gewerbebetriebs wird durch typische **Fallgruppen** konkretisiert. Zudem handelt es sich auch beim eingerichteten und ausgeübten Gewerbebetrieb um ein sogenanntes **Rahmenrecht**, sodass die Rechtswidrigkeit nicht indiziert wird, sondern anhand des zu beurteilenden **Einzelfalls** aufgrund einer **umfassenden Güter- und Interessenabwägung** positiv festzustellen ist.

128 Im Einzelnen müssen für einen Anspruch auf Schadensersatz aus § 823 Abs. 1 wegen Verletzung des Gewerbebetriebs folgende Voraussetzungen erfüllt sein:

- Anwendbarkeit
- Eingriff in den Schutzbereich
- Rechtswidrigkeit
- Verschulden

aa) Anwendbarkeit des § 823 Abs. 1

129 Bei dem Schutz des Rechts am Gewerbebetrieb handelt es sich – wie beim allgemeinen Persönlichkeitsrecht – um einen **Auffangtatbestand**, der im Hinblick auf seine Funktion nur subsidiären Charakter hat und deshalb nicht in Betracht kommt, wenn es etwa um den durch § 823 Abs. 1 gewährten Schutz des Eigentums oder um den durch § 824 gewährleistenden Schutz vor unmittelbaren Beeinträchtigungen geht, die durch Verbreitung unwahrer Behauptungen herbeigeführt werden.[208]

205 RGZ 58, 24.

206 Zur BGH-Rspr. vgl. die Nachweise bei den Fallgruppen (unten Rn. 132 ff.); ferner z.B. Brox/Walker SchuldR BT § 45 Rn. 15 ff.; Wagner 7. Kap. Rn.580 ff.; Schildt WM 1996, 2261 ff. m.w.N.

207 Canaris VersR 2005, 577, 582 ff.

208 BGH NJW 1999, 1028, 1029 m.w.N.; MünchKomm/Wagner § 823 Rn. 260; Sack VersR 2006, 1001.

bb) Eingriff in den Schutzbereich

(1) Schutzbereich des eingerichteten und ausgeübten Gewerbebetriebs

Es muss ein eingerichteter und ausgeübter Gewerbebetrieb vorliegen. Erforderlich ist eine erlaubte, selbstständige, auf Gewinnerzielung gerichtete und auf gewisse Dauer angelegte Tätigkeit.[209] 130

- Der eingerichtete und ausgeübte Gewerbebetrieb wird nicht nur in seinem eigentlichen Bestand (z.B. Grundstück, Geschäftsräume) **geschützt**, sondern **auch in seinen einzelnen Erscheinungsformen**, wozu der gesamte unternehmerische Tätigkeitskreis gehört (z.B. Geschäftsverbindung, Organisationsstruktur, Kundenkreis).[210]
- Während früher der Schutz nur den Gewerbebetrieben vorbehalten war, wird heute überwiegend auch die Betätigung im freien Beruf unter den Schutz des Rechts am Unternehmen gestellt.[211]

„Unter dem Begriff des Gewerbebetriebes im Sinne des § 823 Abs. 1 BGB ist alles das zu verstehen, was in seiner Gesamtheit den Gewerbebetrieb zur Entfaltung und Betätigung in der Wirtschaft befähigt. Durch den dem eingerichteten und ausgeübten Gewerbebetrieb von der Rspr. gewährten und nach und nach erweiterten Schutz soll das Unternehmen in seiner wirtschaftlichen Tätigkeit, in seinem Funktionieren vor widerrechtlichen Eingriffen bewahrt bleiben. Das Recht am Unternehmen ist dabei nicht auf Gewerbebetriebe im handelsrechtlichen Sinn beschränkt, sondern steht auch den Angehörigen freier Berufe zu."[212]

(2) Eingriff

Die Erweiterung des Schutzbereichs in eine Generalklausel ohne feste Abgrenzungen macht im Hinblick auf den Eingriff eine **Einschränkung** erforderlich, um eine uferlose Ausdehnung der Haftung zu vermeiden. 131

Daher erfasst der Schutz des Gewerbebetriebs nur „unmittelbare" oder **„betriebsbezogene" Verletzungen**, d.h., der Eingriff darf nicht nur vom Gewerbebetrieb ohne Weiteres ablösbare Rechte oder Rechtsgüter betreffen;[213] er muss sich spezifisch gegen den betrieblichen Organismus oder die unternehmerische Entscheidungsfreiheit richten und über eine bloße Belästigung oder sozial übliche Behinderungen hinausgehen.[214]

An der Betriebsbezogenheit fehlt es z.B., wenn nur einzelne, zum Betrieb gehörige Personen,[215] Fahrzeuge[216] oder Geräte[217] betroffen werden, auch wenn sie für den Betrieb wichtig sind. Dagegen ist Betriebsbezogenheit zu bejahen, wenn der Ausfall von Personen oder Betriebsmitteln den Betrieb zum Erliegen bringt oder ihn in seiner Substanz ernstlich beeinträchtigt.[218] So stellt nach der Rspr. des BGH be-

209 Hk-BGB/Staudinger § 823 Rn. 121.

210 BGHZ 3, 270, 279.

211 Vgl. MünchKomm/Wagner § 823 Rn. 255; Staudinger/Hager § 823 Rn. D 6; nach BGH NJW 1992, 41, 42 ist die geschützte Organisationsstruktur auch bei einer BGB-Gesellschaft gegeben.

212 BGH RÜ 2012, 489, 490.

213 BGHZ 29, 65, 74; 69, 128, 139; BGH NJW 2009, 355; NJW 2018, 2119; MünchKomm/Wagner § 823 Rn. 185 m.w.N.

214 BGH NJW 1985, 1620.

215 BGHZ 7, 30, 36.

216 BGHZ 29, 65, 74.

217 BGH VersR 1983, 346, 347.

218 Krit. zur „Betriebsbezogenheit" Schnug JA 1985, 440, 449.

reits die einmalige Zusendung einer E-Mail mit Werbung einen betriebsbezogenen Eingriff dar, weil zum einen mit dem Sichten und Aussortieren unerbetener E-Mails zusätzlicher Arbeitsaufwand verbunden sei und zum anderen zusätzliche Kosten für die Herstellung der Online-Verbindung durch den Provider anfallen könnten.[219]

Beispiel:[220] K ist Eiskunstläuferin und bildet mit ihrem Paarlaufpartner P ein seit Jahren erfolgreiches Eiskunstlaufpaar. Da P durch einen Verkehrsunfall verletzt wurde, konnten die beiden zeitweise nicht auftreten. Die Haftpflichtversicherung des Unfallverursachers S hat dem P Schadensersatz i.H.v. 150.000 € geleistet. Bei der Bemessung des Schadensumfangs wurde auch berücksichtigt, dass P zeitweise in seiner Sportausübung beeinträchtigt worden ist. Nunmehr verlangt auch K von der Haftpflichtversicherung Schadensersatz für den Ausfall von Wettkämpfen, Verlust von Sponsorengeldern etc.

Der Anspruch könnte sich aus § 823 Abs. 1 (Verletzung des Gewerbebetriebs) i.V.m. § 115 Abs. 1 S. 1 Nr. 1 VVG ergeben. Der BGH hat offen gelassen, ob ein Eiskunstlaufpaar überhaupt als eingerichteter und ausgeübter Gewerbebetrieb angesehen werden kann. Der Ersatzanspruch scheitere jedenfalls an der **fehlenden Betriebsbezogenheit des Eingriffs:** Dem Unfallereignis fehle jeder Bezug zu der sportlichen Betätigung der K und ihres Partners. Dass der K durch die Verletzung des P erhebliche Vermögenseinbußen entstanden seien, ändere an der Beurteilung nichts. Mittelbar Geschädigte, die nicht in ihren absoluten Rechten beeinträchtigt seien, müssten solche Verluste entschädigungslos hinnehmen. Dies sei die Folge der gesetzlichen Regelung, die keine generalklauselartige Haftung für erlittene Vermögensschäden kennt. Die Haftung für Eingriffe in den Gewerbebetrieb biete keine Handhabe, den Haftungsschutz dort auszudehnen, wo ihn das Gesetz gerade verwehre.

(3) Die wichtigsten Fallgruppen

132 ■ **Ungerechtfertigte Schutzrechtsverwarnung**

Der BGH geht in st.Rspr. davon aus, dass eine unberechtigte Schutzrechtsverwarnung, mit der ein ernsthaftes und endgültiges Unterlassungsverlangen verbunden ist, einen Eingriff in das Recht am eingerichteten und ausgeübten Gewerbebetrieb des Verwarnten darstellen kann, der bei Verschulden zum Schadensersatz nach § 823 Abs. 1 verpflichtet.[221] Grundlage für die Annahme dieses Schadensersatzanspruchs ist der Gedanke einer ausgewogenen Risikoverteilung zwischen dem Verwarnenden und dem Verwarnten. Die Schutzrechtsverwarnung hat für den Verwarnten i.d.R. einschneidende Folgen, da er sich insbesondere bei Patent- oder Gebrauchsmusterverwarnungen überlegen muss, ob er die Herstellung oder den Vertrieb trotz der Verwarnung fortsetzen soll. Die Beurteilung der Schutzrechtslage kostet ihn Zeit und ist im Regelfall schwierig zu ermitteln. Zudem ist der Verwarnende über den Bestand und die Tragweite des Schutzrechts, auf das er sich beruft, meist besser unterrichtet als der Verwarnte.[222]

Der BGH wendet diese Rspr. zur Schutzrechtsverwarnung auch auf Verwarnungen an, die auf Kennzeichnungsrechte (Marken, Unternehmenskennzeichen, Werktitel) gestützt sind.[223]

Geht die unberechtigte Schutzrechtsverwarnung auf eine fahrlässig unzutreffende Rechtsberatung des Schutzrechtsinhabers durch einen Rechtsanwalt zurück, kann der Rechtsanwalt neben dem Schutzrechtsinhaber unter dem Gesichtspunkt eines rechtswidrigen und schuldhaften Eingriffs in den eingerichteten und ausgeübten Gewerbebetrieb zum Schadensersatz verpflichtet sein.[224]

---

219 BGH RÜ 2009, 695.

220 Nach BGH RÜ 2003, 161.

221 BGH NJW 2000, 3716, 3717 m.w.N.

222 BGHZ 38, 200, 204 f.; BGH NJW-RR 1998, 331, 332.

223 Bestätigt durch BGH NJW 2005, 3141; vgl. auch BGH NJW 2006, 1432.

224 BGH NJW 2016, 2110.

- **Schädigende Werturteile, abträgliche wahre Tatsachen** 133

  Während § 824 einen Schutz gegen unrichtige Tatsachenbehauptungen gewährt, können schädigende Werturteile, die nicht den Tatbestand eines Spezialgesetzes, z.B. des § 1 UWG, erfüllen oder wahre Tatsachenbehauptungen, die einen ungünstigen Schluss über die Kreditwürdigkeit nahelegen, das Recht am eingerichteten und ausgeübten Gewerbebetrieb verletzen.

- **Boykottaufrufe und -maßnahmen** 134

  Eine Rechtfertigung durch Wahrnehmung berechtigter Interessen ist nur in Ausnahmefällen gegeben; es gilt der Grundsatz größtmöglicher Schonung fremder Rechte, auch wenn zur Verteidigung sozialer und ethischer Werte zum Boykott aufgerufen wird.[225]

- **Blockade und physische Behinderung**[226] 135

cc) Rechtswidrigkeit

136 Da für den Schutz des Gewerbebetriebs über § 823 Abs. 1 eine feste Umgrenzung fehlt, handelt es sich – wie beim allgemeinen Persönlichkeitsrecht – um einen sogenannten **offenen Tatbestand.** Es ist daher **mit Hilfe einer umfassenden Güter- und Interessenabwägung im Einzelfall einheitlich zu prüfen, ob eine rechtswidrige Verletzung vorliegt.** Dabei sind nicht nur zivilrechtlich, sondern auch verfassungsrechtlich geschützte Positionen, z.B. auch die Grundrechte aus Art. 5 GG, zu berücksichtigen.[227]

Fall 11: „Presserechtliche Warnschreiben"

Der Verlag der K gibt eine Zeitung heraus, in der unter der Rubrik „Herzblatt-Geschichten" Veröffentlichungen über Prominente aufgegriffen werden. M, ein bekannter Musiker, war wiederholt Gegenstand einer solchen Berichterstattung durch K. Die B betreibt eine presserechtlich tätige Rechtsanwaltskanzlei. Sie versendet – u.a. für M – an von ihr ausgewählte Verlage „presserechtliche Informationsschreiben", in denen ein rechtliches Vorgehen gegen eine etwaige Berichterstattung über gewisse Ereignisse oder Umstände in Aussicht gestellt wird.

Im Oktober 2018 forderte K die B auf, sie aus dem Verteiler für den Versand derartiger Schreiben zu nehmen. Außerdem forderte sie B auf, M darauf hinzuweisen, dass sie zukünftig keine „presserechtlichen Informationsschreiben" per Telefax, E-Mail oder Post von ihm wünsche.

B teilte der K im Rahmen der nachfolgenden Korrespondenz u.a. Folgendes mit:

„[…] Wir werden auch weiterhin presserechtliche Informationsschreiben an Sie senden. Es ist Ihnen anheimgestellt, uns bereits jetzt zu verklagen, ggf. Feststellungsklage zu erheben. Wir haben keinen Anlass, von unserer bisherigen Praxis Abstand zu nehmen, […]."

225 BGH NJW 1985, 1260; Deutsch JZ 1990, 733, 735.

226 BGHZ 59, 30, 34; BGH NJW 1972, 1571, 1573; vgl. zur Typisierung der Fallgruppen Fikentscher Rn. 1573.

227 BGHZ 45, 296, 306 ff.; BGH NJW 2020, 1587; Staudinger/Hager § 823 Rn. D 4 m.w.N.

Am 11. Mai 2019 übersandte B der K ein Telefax mit der Überschrift „Presserechtliches Informationsschreiben" und folgendem Inhalt:

„Im Auftrag von M und seiner Lebensgefährtin weise ich namens und in Vollmacht meiner Klienten aus Anlass der aktuellen BUNTE-Berichterstattung auf Folgendes hin:

Ich werde gegen die aktuelle Berichterstattung in der `BUNTEN` rechtliche Schritte einleiten und sowohl die Wort- als auch die Bildberichterstattung verbieten. Die Berichterstattung greift massiv in die Privatsphäre meiner Klienten ein und ist gegen ihren Willen erfolgt. Zudem enthält der Artikel mannigfaltige Unwahrheiten bereits auf der Titelseite der `BUNTEN`. Die Paparazziabschüsse unserer Klienten stellen besonders schwere Eingriffe dar. Wir bitten daher von einer Übernahme der Berichterstattung vollständig und/oder in Teilen unbedingt Abstand zu nehmen."

K verlangt von B und M, es zu unterlassen, ihr presserechtliche Informationsschreiben per Telefax zuzusenden, wenn dies geschieht wie mit dem Schreiben der B vom 11.05.2019. Zu Recht? (nach BGH RÜ 2019, 365)

K könnte gegen B ein Anspruch auf Unterlassung der Übermittlung eines „presserechtlichen Informationsschreibens" durch Telefax **analog § 1004 Abs. 1 S. 2** zustehen.

I. § 1004 Abs. 1 wird nach h.M. auf alle deliktisch geschützten Rechtspositionen analog angewandt, um Rechtsschutzlücken zu schließen – sogenannter **quasinegatorischer Beseitigungs- und Unterlassungsanspruch**.

II. Durch die Übermittlung des „presserechtlichen Informationsschreibens" vom 11.05.2019 könnte B **rechtswidrig in das Recht der K am eingerichteten und ausgeübten Gewerbebetrieb eingegriffen** haben.

1. Mangels einschlägiger Sonderregeln ist § 823 Abs. 1 wegen Eingriffs in den Gewerbebetrieb **anwendbar**.

2. Ferner ist ein **Eingriff in den Schutzbereich** erforderlich.

a) Der von K betriebene Zeitungsverlag ist auf eine erlaubte, selbstständige, auf Gewinnerzielung gerichtete und auf gewisse Dauer angelegte Tätigkeit gerichtet, die keinen freien Beruf darstellt, sodass es sich um einen eingerichteten und ausgeübten Gewerbebetrieb handelt.

b) Ferner muss die Übermittlung des „presserechtlichen Informationsschreibens" einen **betriebsbezogenen Eingriff** darstellen.

137 Betriebsbezogen sind nur solche Eingriffe, die sich gegen den Betrieb als solchen richten und nicht nur vom Betrieb ohne Weiteres ablösbare Rechte oder Rechtsgüter betreffen. Die Verletzungshandlung muss sich gerade gegen den Betrieb und seine Organisation oder gegen die unternehmerische Entscheidungsfreiheit richten und über eine bloße Belästigung oder eine sozial übliche Behinderung hinausgehen.

Allein die Sichtung und verlagsinterne Weiterleitung des von B zugesandten Schreibens hat bei der K zusätzlichen Arbeitsaufwand verursacht, sodass es sich nicht um eine bloße Belästigung handelte. Das von einer Rechtsanwaltskanzlei stammende Schriftstück musste darüber hinaus trotz der Überschrift „presserechtliches Informationsschreiben" auf seinen Inhalt geprüft werden. Folglich zielte die Übermittlung dieses Schreibens unmittelbar auf eine Beeinflussung der redaktionellen Tätigkeit der K als Presseunternehmen ab, sodass ein betriebsbezogener Eingriff gegeben ist.[228]

3. Der Eingriff muss **rechtswidrig** gewesen sein. Dies muss im Rahmen einer umfassenden Güter- und Interessenabwägung ermittelt werden.

Presserechtliche Informationsschreiben dienen dazu, dem von einer befürchteten Rechtsverletzung Betroffenen bereits im Vorfeld Gehör zu gewähren und dadurch persönlichkeitsrechtsverletzende Rechtsverstöße von vorneherein zu verhindern oder jedenfalls ihre Weiterverbreitung einzuschränken. Mit dem **Interesse des M am Schutz seines allgemeinen Persönlichkeitsrechts** korrespondiert das **von Art. 12 GG geschützte Interesse der B**, die Rechtsposition ihres Mandanten in der Weise wahrzunehmen, die sie für richtig hält. Ferner könnte die Übersendung presserechtlicher Informationsschreiben darüber hinaus in den **Schutzbereich des Art. 5 Abs. 1 S. 1 GG** fallen. **138**

Bei der Abwägung muss nach Ansicht des BGH berücksichtigt werden, dass die Übersendung derartiger presserechtlicher Informationsschreiben auch im Interesse des Presseunternehmens liegt, da diese Schreiben es ihm ermöglichen, künftige Rechtsverletzungen zu vermeiden. Zudem sei der Aufwand und die damit verbundenen Kosten, das Schreiben zu sichten und weiterzuleiten, gering. Daher müsse das Interesse eines Presseunternehmens, presserechtliche Informationsschreiben nicht zu erhalten, grundsätzlich hinter den schutzwürdigen Belangen der Absender des Schreibens zurücktreten.[229]

Das Schreiben der B enthält jedoch keinerlei Informationen, die K die Beurteilung erlauben, ob Persönlichkeitsrechte des M durch eine etwaige Berichterstattung verletzt würden. Dem Schreiben lässt sich überhaupt nicht entnehmen, aus welchem Grund die Vorberichterstattung der „BUNTEN" von M und B für rechtswidrig gehalten wird. Konkrete Rechtsverletzungen werden nicht aufgezeigt. Infolgedessen ist das von B übersandte Informationsschreiben nach Einschätzung des BGH von vorneherein ungeeignet, präventiven Rechtsschutz zu bewirken.[230]

Daher überwiegt das Recht der K am eingerichteten und ausgeübten Gewerbebetrieb das durch Art. 2 Abs. 1 i.V.m. Art. 1 Abs. 1 GG geschützte allgemeine Persönlichkeitsrecht des M sowie die Berufsausübungsfreiheit (Art. 12 Abs. 1 GG) und die Meinungsäußerungsfreiheit der B aus Art. 5 Abs. 1 GG, sodass ein rechtswidriger Eingriff in das Recht der K am eingerichteten und ausgeübten Gewerbebetrieb gegeben ist.

228 BGH RÜ 2019, 365, 366.
229 BGH RÜ 2019, 365, 367.
230 BGH RÜ 2019, 365, 367.

III. **M ist Störer**, da er die B beauftragte und bevollmächtigte, in seinem Namen das Informationsschreiben vom 11. Mai 2019 an K zu richten.

Fraglich ist, ob auch die B Störerin i.S.v. § 1004 Abs. 1 analog ist.

Regelmäßig macht sich ein Anwalt, der als unabhängiges Organ der Rechtspflege, die Interessen seines Mandanten zu vertreten und wahrzunehmen hat, Äußerungen, die er im Namen und in Vollmacht seines Mandanten abgibt, nicht als persönliche zu eigen, sodass nur der Mandant als Störer anzusehen ist. Allerdings hat sich B nicht auf die Vertretung des M beschränkt, sondern bereits im Vorfeld und unabhängig von einer Vertretung eines bestimmten Mandanten für sich selbst in Anspruch genommen, in der von K beanstandeten Art und Weise vorgehen zu dürfen. Sie hat sogar ausdrücklich angeregt, nicht einen konkreten Mandanten, sondern sie selbst zu verklagen. Damit hat sie für die presserechtlichen Informationsschreiben persönlich die Verantwortung übernommen, sodass sie nach Ansicht des BGH ebenfalls Störereigenschaft besitzt.[231]

IV. Die erforderliche **Wiederholungsgefahr** wird aufgrund der vorangegangenen Beeinträchtigung vermutet, sodass die Voraussetzungen des § 1004 Abs. 1 S. 2 analog vorliegen.

V. Als **Rechtsfolge** schulden M und B der K künftig Unterlassung der Übermittlung „presserechtlicher Informationsschreiben".

B. Durch ein Handeln, das dem Anspruchsgegner zuzurechnen ist

139 Die Haftung aus § 823 Abs. 1 setzt ferner voraus, dass die Rechts(gut)verletzung durch ein Verhalten des Anspruchsgegners verursacht worden und diesem zuzurechnen ist („wer ... verletzt"). Erforderlich ist also eine Handlung des Schädigers (dazu unter Rn. 140 ff.) sowie ein ursächlicher Zusammenhang zwischen dieser Handlung und dem eingetretenen Verletzungserfolg, sogenannte haftungsbegründende Kausalität (dazu unter Rn. 156 ff.).

I. Handlung

140 **„Handeln"** ist **jedes menschliche Tun, das der Bewusstseinskontrolle und der Willenslenkung unterliegt, also beherrschbar ist.**[232]

Ein zurechenbares Handeln fehlt bei Reflexbewegungen, bei Bewegungen im Zustand der Bewusstlosigkeit und bei vis absoluta. Ist jedoch eine nicht vom Willen gesteuerte Reaktion durch ein willentliches Verhalten ausgelöst worden, so liegt ein tatbestandsmäßiges Handeln vor; so z.B., wenn jemand, der zu plötzlich auftretenden epileptischen Anfällen neigt, ohne Begleitung Auto fährt, unterwegs einen Anfall erleidet und dadurch einen Unfall verursacht.

231 BGH RÜ 2019, 365, 368.

232 BGHZ 39, 103, 106.

Handeln kann **positives Tun oder Unterlassen** sein. Entscheidend für die Abgrenzung ist der **Schwerpunkt der Vorwerfbarkeit**; relevant ist daher der konkrete Verhaltensvorwurf, an welchen das Recht Folgen knüpft.[233]

Nach a.A. erfolgt die Abgrenzung über das Kriterium der **Gefahrerhöhung**. Danach ist maßgeblich, ob sich jemand dem fremden Rechtsgut oder Recht gefährlich nähert (positives Tun) oder, ohne die Gefahr durch sein Tun selbst zu erhöhen, das bestehende Risiko nicht abwendet (Unterlassen).[234]

1. Positives Tun

Verletzt der Schädiger die Rechtsgüter oder Rechte des Betroffenen durch positives Tun, so ist ohne Weiteres ein tatbestandliches Verhalten i.S.v. § 823 Abs. 1 gegeben. Unter positivem Tun versteht man ein der Außenwelt erkennbares Handeln, z.B.: A bricht B bei einer Schlägerei durch einen Faustschlag das Nasenbein.[235] **141**

2. Unterlassen

Da es keine allgemeine Rechtspflicht gibt, Dritte vor Schädigungen ihrer deliktisch geschützten Rechtsgüter und Rechte zu bewahren, kann nicht jedes Unterlassen Anknüpfungspunkt für eine Haftung aus § 823 Abs. 1 sein. Unterlassen stellt vielmehr nur dann ein tatbestandsmäßiges Verhalten dar, wenn für den Anspruchsgegner eine **Rechtspflicht zum Handeln gegenüber dem Verletzten bestanden** hat **und** er diese durch sein Unterlassen **verletzt** hat.[236] **142**

Anmerkung: *Einige Autoren erörtern die Rechtspflicht zum Handeln erst bei der Rechtswidrigkeit,[237] andere bei der haftungsbegründenden Kausalität.[238] Sachliche Auswirkungen ergeben sich daraus jedoch nicht.*

a) Rechtspflicht zum Handeln

Eine **Rechtspflicht zum Handeln** besteht für denjenigen, der eine **Garantenstellung** für die Erfolgsabwendung hat:

- **aus der unmittelbar auf das Recht bezogenen Schutzpflicht (Beschützergarant):** **143**

  Pflicht aus natürlicher Verbundenheit (z.B. Ehegatten, nahe Angehörige, Lebensgemeinschaften), aus tatsächlicher Gewährübernahme (z.B. Gefahrengemeinschaft zwischen Teilnehmern an einer Safari), aus Vertrag (z.B. vertragliche Beaufsichtigung von Kindern), aus Rechtssatz (z.B. § 1353 – eheliche Lebensgemeinschaft; §§ 1626 ff. – elterliche Sorge).

- **weil der Unterlassende eine Gefahrenquelle eröffnet hat oder für eine Gefahrenquelle verantwortlich ist (Überwachungsgarant):** **144**

  Pflicht aus vorangegangenem gefährdenden Tun, Zustandshaftung.

---

233 BGH NJW 1953, 1924; Wandt § 16 Rn. 104; Peifer § 3 Rn. 55.
234 Jauernig/Teichmann § 823 Rn. 30 m.w.N.
235 Leßmann JA 1988, 237, 240.
236 BeckOK/Förster § 823 Rn. 100 m.w.N.
237 Soergel/Spickhoff § 823 Rn. 114 ff.
238 Medicus/Petersen BR Rn. 647.

145 Der bedeutsamste Komplex ergibt sich aus der letzten Gruppe als **allgemeine Verkehrssicherungspflicht: Jedermann, der in seinem Verantwortungsbereich Gefahren schafft oder andauern lässt, muss die notwendigen Vorkehrungen treffen, die im Rahmen des wirtschaftlich Zumutbaren geeignet sind, Gefahren von Dritten abzuwenden:**[239]

146 Verkehrssicherungspflichten können durch vertragliche Vereinbarung auf einen Dritten übertragen werden. In diesem Fall wird der Dritte seinerseits deliktisch verantwortlich und die Verkehrssicherungspflichten des ursprünglich Verantwortlichen verkürzen sich auf Kontroll- und Überwachungspflichten bzgl. des Dritten.[240] Dabei ist nicht erforderlich, dass der Vertrag des Dritten mit dem primär Verkehrssicherungspflichtigen rechtswirksam zustande gekommen ist; entscheidend ist, dass der in die Verkehrssicherungspflicht Eintretende **faktisch** die Verkehrssicherung für den Gefahrenbereich übernimmt und im Hinblick hierauf Schutzvorkehrungen durch den primär Verkehrssicherungspflichtigen unterbleiben, weil dieser sich auf das Tätigwerden des Beauftragten verlässt.[241]

b) Bestehen der Rechtspflicht gegenüber dem Verletzen

147 Die Rechtspflicht zum Handeln muss **dem Verletzten gegenüber** bestanden haben. **Schwierigkeiten** können sich diesbzgl. insbesondere bei einer Rechtspflicht zum Handeln aufgrund einer **Verkehrssicherungspflicht** ergeben:

148 ■ **Grundsätzlich** bestehen Verkehrssicherungspflichten nur gegenüber solchen Personen, die **befugtermaßen** mit der Gefahrenquelle in Berührung kommen. Ist derjenige, der einen mit besonderen Gefahren verbundenen Verkehr eröffnet oder unterhält, befugt, den Verkehr in seinem räumlichen Herrschaftsbereich zu beschränken, und macht er davon durch Absperrungen, Verbotsschilder oder in ähnlicher geeigneter Weise Gebrauch, dann trifft ihn prinzipiell auch nur eine entsprechend begrenzte Verkehrssicherungspflicht; gegenüber den von ihm nicht zum Verkehr zugelassenen „unbefugten" Personen ist er nicht gehalten, Maßnahmen zur Gefahrenabwehr zu ergreifen.[242]

So sind z.B. nicht einstandspflichtig Bauherren oder Bauunternehmer gegenüber nicht zum Baustellenverkehr gehörenden Personen,[243] Hauseigentümer im Verhältnis zu Einbrechern,[244] Betriebseigentümer gegenüber Betriebsfremden, die sich unbefugt Zugang verschaffen.[245]

149 ■ Verkehrssicherungspflichten bestehen **ausnahmsweise** auch gegenüber Personen, die **unbefugt** mit der Gefahrenquelle in Berührung kommen, wenn diese nicht in der Lage sind, die Gefahrenlage zu erkennen:

Eine besondere Sicherungspflicht besteht daher insbesondere **gegenüber Kindern**. Bei ihnen müssen Spieltrieb, Unerfahrenheit, Bewegungsdrang und Neugier berücksichtigt werden. Es sind zumutbare Maßnahmen zu treffen, z.B. bei einem Schrottplatz,[246] einem Löschwasserteich,[247] einem Eisenbahnwaggon auf einem Abstellbahnhof,[248] einem Zierteich in Hausgärten,[249] einem Notaus-

239 BGHZ 5, 378, 380; 62, 265, 270; BGH NJW 1997, 582, 583; vgl. Förster JA 2017, 721 ff. sowie JA 2019, 1 ff.
240 St.Rspr. BGH NJW-RR 1988, 471; NJW 1989, 1094; NJW 1996, 2646 m.w.N.
241 BGH NJW 2008, 1440, 1441.
242 BGH NJW 1987, 2671, 2672; OLG Düsseldorf MDR 2001, 938.
243 BGH NJW 1985, 1708; OLG Düsseldorf NJW-RR 2001, 1173.
244 BGH NJW 1966, 1456.
245 OLG Hamm VersR 1994, 325.
246 BGH NJW 1975, 108.
247 BGH NJW 1997, 582.
248 BGH MDR 1995, 579.
249 BGH NJW 1994, 3348; OLG Koblenz NJW-RR 1995, 1426; OLG Hamm VersR 1996, 643.

stieg auf einem Schulgelände,[250] einer lockeren Abdeckplatte auf einer Mauer,[251] einer Lichtkuppel auf dem Flachdach einer Sportanlage,[252] einem Spielgerät auf einem Spielplatz.[253]

c) Verletzung der Rechtspflicht zum Handeln

Der Anspruchsgegner muss durch sein Unterlassen die Rechtspflicht zum Tätigwerden verletzt haben. Dies bestimmt sich nach den Umständen des Einzelfalls. Bei Verkehrssicherungspflichten ist insbesondere maßgeblich, welche Rücksichtnahme vom Verkehr gefordert und zumutbarerweise erwartet werden kann. Abzustellen ist darauf, was ein verständiger und umsichtiger, in vernünftigen Grenzen vorsichtiger Mensch für ausreichend halten darf, um andere vor Schäden zu bewahren. Dabei hat sich die Verkehrspflicht grundsätzlich an den schutzbedürftigen Personen auszurichten; ein absoluter Schutz ist jedoch nicht geboten.[254] 150

Nach Ansicht des BGH verstößt daher ein Unternehmen, das Bauschutt recycelt, nicht gegen seine Verkehrssicherungspflicht, wenn in seinem Betrieb Betonteile, die nicht bekanntermaßen aus einer Abbruchmaßnahme stammen, bei der mit Bomben im Beton gerechnet werden muss, vor ihrer Zerkleinerung nicht unter Einsatz technischer Mittel auf Explosivkörper untersucht werden. Angesichts der sehr geringen Wahrscheinlichkeit von Bomben in den zu recycelnden Betonteilen sei auch von einem verständigen, umsichtigen, vorsichtigen und gewissenhaften Betreiber eine generelle Untersuchung dieser Stoffe auf Explosivkörper nicht zu verlangen.[255]

d) Fallgruppen von Verkehrssicherungspflichten[256]

- **Verkehrseröffnung; gefahrbergende Anlagen** 151

  Sorgfaltspflichten bestehen z.B. für den Träger der Straßenbaulast für die Benutzer einer Straße[257] und eines **öffentlichen Parkplatzes**, nicht jedoch gegenüber Fußgängern, die den Platz lediglich zur Abkürzung überqueren;[258] für den Vermieter eines Hauses hinsichtlich **Treppen, Beleuchtung**;[259] für den Mieter, der Handwerker, Ärzte, Gäste empfängt;[260] für den Landwirt, der neben einer Pferdeweide eine landwirtschaftliche Feldberegnungsanlage betreibt.[261]

  Wer gewerblich **Verkaufs- oder Aufenthaltsräume** öffnet, hat eine gesteigerte Verkehrssicherungspflicht. So muss z.B. der Inhaber eines Supermarkts an einem Obst- und Gemüsestand Organisations- und Überwachungsmaßnahmen treffen.[262] Zudem muss ein Ladeninhaber, der seinen Kunden Einkaufswagen zur Verfügung stellt, dafür sorgen, dass diese nicht nach Geschäftsschluss unbeabsichtigt wegrollen oder durch Dritte unbefugt benutzt werden.[263] Ein Gastwirt oder Geschäftsinhaber muss für die Sicherheit des Außenbereichs einschließlich Zugänge und Parkplatz sorgen, z.B. bei Glatteis auf dem Parkplatz.[264]

---

250 BGH FamRZ 1999, 1261.
251 OLG Hamm OLG Report 1999, 308.
252 OLG München VersR 2000, 1030.
253 OLG Köln VersR 2002, 448.
254 Jauernig/Teichmann § 823 Rn. 36 m.w.N.
255 BGH RÜ 2019, 691, 692.
256 Mergner/Matz NJW 2014, 186 sowie NJW 2015, 197.
257 OLG Hamm MDR 2000, 391: Überfluten einer Straßensenke.
258 OLG Dresden OLG Report 1996, 261.
259 BGHZ 5, 378, 380.
260 BGH VersR 1961, 1119, 1139.
261 OLG Celle RÜ 2016, 344 ff.
262 OLG Stuttgart VersR 1991, 441; OLG Koblenz MDR 1994, 1191; OLG Köln MDR 1999, 678.
263 OLG Hamm RÜ 2015, 760 ff.
264 BGH NJW-RR 2019, 1304.

Wer **Kinder- oder Abenteuerspielplätze** zur Verfügung stellt, muss entsprechend der Zielgruppe für Sicherheit sorgen.[265] Der **Betreiber eines Schwimmbads** muss die Gäste vor Gefahren schützen, denen diese beim Besuch des Schwimmbads und der Einrichtungen desselben ausgesetzt sind; die Anlagen der Badeanstalt müssen so beschaffen sein, dass die Besucher vor vermeidbaren Gefahren bewahrt bleiben.[266]

Grundstückseigentümer, Pächter oder sonstige Bestimmungsberechtigte haben zumutbare Vorkehrungen zu treffen, um zu verhindern, dass andere durch den Zustand des Grundstücks, z.B. durch die dort stehenden Bäume, zu Schaden kommen.[267] So muss ein Fahrradfahrer auf einem für die Nutzung von Radfahrern zugelassenen Weg nicht damit rechnen, dass ein doppelter Stacheldraht quer über den Weg gespannt ist. Ein solches Hindernis ist angesichts seiner schweren Erkennbarkeit und der daraus sowie aus seiner Beschaffenheit folgenden Gefährlichkeit völlig ungewöhnlich und objektiv geradezu als tückisch anzusehen, sodass der Verkehrssicherungspflichtige diese Gefahrenquelle auffällig kennzeichnen muss – z.B. durch eine Schranke in Warnfarben.[268]

Beachte: *Grundsätzlich besteht die Verpflichtung nur gegenüber Personen, die das Grundstück, die Betriebshalle etc. befugtermaßen betreten. Anders ist es* ***bei Kindern****: Ein Grundstückseigentümer und erst recht der Betreiber einer gefährlichen Anlage muss damit rechnen, dass sich Kinder unbefugt in einen Gefahrenbereich begeben, wenn dieser besonderen Anreiz für den kindlichen Spieltrieb bietet. Hier muss der Grundstückseigentümer wirksame und auf Dauer angelegte Schutzmaßnahmen ergreifen, um die Kinder vor den Folgen ihrer Unbesonnenheit und Unerfahrenheit zu bewahren.*[269]

Der Eigentümer eines Grundstücks ist aufgrund der allgemeinen Verkehrssicherungspflicht aus der Eröffnung seines Grundstücks für den Zugang von Bewohnern und Besuchern des Hauses verpflichtet, für die **Sicherheit der Verbindungswege** zu sorgen. Hierzu gehört auch die Pflicht, **Schnee** zu räumen und bei **Eisbildung** zu streuen.[270] Ausnahmsweise entfällt die Streupflicht aufgrund extremer Witterungsverhältnisse, wenn mit zumutbaren Streumaßnahmen das sich immer wieder erneut bildende Glatteis nicht wirksam bekämpft werden kann.[271]

152 ■ Veranstaltungen[272]

Sorgfaltspflichten erstrecken sich auf die Sicherheit von **Beteiligten** und **Zuschauern**, z.B. bei einem Eishockeyspiel vor abgeirrten Pucks.[273] Bei Massenveranstaltungen (z.B. Flugtag) erstreckt sich die Sicherungspflicht auch darauf, dass sich aus unerlaubtem Verhalten von Zuschauern keine Gefahren für andere ergeben, etwa durch Überschreiten von Grundstücksgrenzen.[274] Die Verkehrssicherungspflicht erstreckt sich auch auf die Sicherung des Zu- und Abgangs der Besucher.[275] Der Betreiber einer Wintersportpiste hat für die Sicherheit des Ski- bzw. Rodelverkehrs auf der Piste zu sorgen.[276]

Jedoch kann eine Theaterbesucherin, die mit den Absätzen ihrer Stöckelschuhe in einer Schmutzfangmatte im Eingangsbereich eines städtischen Theaters hängen bleibt und dann zu Fall kommt, die Stadt nicht aufgrund einer Verkehrssicherungspflichtverletzung auf Schadensersatz in Anspruch nehmen, wenn die Matte im Eingangsbereich klar erkennbar und bei vorsichtigem Gehen – auch mit Stöckelschuhen – gefahrlos zu überqueren war.[277]

265 BGHZ 103, 338; BGH NJW 2008, 3775.
266 BGH NJW 2004, 1449, 1450; NJW 2018, 301, 302; OLG Celle NJW 2006, 3284; OLG Hamm NJW 2010, 2591.
267 BGH NJW 1975, 108; BGH RÜ 2003, 256; RÜ 2004, 569; RÜ 2012, 755; RÜ 2018, 90; RÜ 2018, 346.
268 BGH RÜ 2020, 493, 495.
269 Zum Güterwagen auf Abstellgleis BGH MDR 1995, 579 m.w.N.; OLG München VersR 2000, 1030.
270 Vgl. dazu Horst MDR 2001, 187 ff. sowie BGH NJW 2012, 2727.
271 OLG Hamm VersR 1997, 68; Brandenburgisches OLG OLG Report 1999, 419.
272 Vgl. Weller NJW 2007, 960 ff. zur Haftung von Fußballvereinen für Randale sowie OLG Frankfurt RÜ 2011, 558.
273 BGH NJW 1984, 801; OLG Koblenz NJW-RR 2001, 526: Keine Haftung bei Querschlägern im Baseballspiel.
274 BGH NJW 1980, 223.
275 BGH VersR 1990, 211.
276 OLG Hamm OLG Report 1999, 375.
277 OLG Hamm RÜ 2016, 613 f.

Leistungen 153

Kommt jemand bei einer Pauschalreise durch **Mängel des Vertragshotels** zu Schaden (Sturz vom Balkon, weil sich das Holzgeländer der Balkonbrüstung gelöst hatte), so trifft in erster Linie den Betreiber des Vertragshotels die Verkehrssicherungspflicht. Es muss aber auch der Reiseveranstalter regelmäßig seine Leistungsträger und deren Leistungen überwachen und dabei entdeckte Mängel abstellen lassen.[278]

Wer vertraglich die **Herstellung eines Werks** oder die **Bearbeitung** oder **Wartung** einer Sache schuldet, übernimmt nicht nur vertragliche Pflichten gegenüber seinem Vertragspartner, sondern auch deliktische Sicherungspflichten gegenüber Dritten. So haftet der Inhaber einer Kfz-Reparaturwerkstatt, der die Bremsen falsch einstellt und dadurch einen späteren Unfall verursacht, demjenigen, der im Zeitpunkt des Unfalls Eigentümer des Kfz ist, aus § 823 Abs. 1 wegen Eigentumsverletzung.[279]

Eine besondere Schutzpflicht besteht wiederum gegenüber Minderjährigen, so z.B. für den Hersteller oder Importeur von Feuerwerkskörpern hinsichtlich der Warnhinweise.[280] Für den Verkäufer eines Feuerwerkskörpers kann es geboten sein, die Abgabe eines an sich frei verkäuflichen Produkts an Kinder zu unterlassen, wenn mit naheliegenden Gefahren zu rechnen ist.[281]

Sonderfall Produzentenhaftung 154

Um einen Sonderfall der Verkehrssicherungspflicht handelt es sich bei der sogenannten Produzentenhaftung. Sie regelt, ob und inwieweit der Hersteller eines Produkts für Schäden verantwortlich ist, die anderen durch das Produkt entstehen. Dieser Sonderfall wird im Zusammenhang mit der Erörterung des Produkthaftungsgesetzes dargestellt (s. unten 4. Abschnitt, Rn. 400 ff.).

Fall 12: Explosive Flaschen

K hielt sich im Juni 2020 in einem von B betriebenen Verbrauchermarkt auf, als eine dort offen gelagerte Limonaden-Mehrwegflasche explodierte und ihn erheblich verletzte. K meint, B sei ihm gegenüber zum Schadensersatz verpflichtet, da er kohlensäurehaltige Getränke, die in Glasflaschen abgefüllt sind, gekühlt hätte lagern müssen, um die Explosionsgefahr zu verringern.

Muss B dem K den durch die explodierte Flasche verursachten Schaden gemäß § 823 Abs. 1 ersetzen? (nach BGH NJW 2007, 762)

K könnte gegen B ein Anspruch auf Schadensersatz aus **§ 823 Abs. 1** zustehen. 155

Dazu müssen die **Voraussetzungen** des haftungsbegründenden Tatbestands vorliegen.

I. K hat eine erhebliche **Körper- und Gesundheitsverletzung** erlitten.

II. Diese muss **durch ein Verhalten des B** verursacht worden sein.

B hat es **unterlassen**, die Glasflaschen, die kohlensäurehaltige Getränke enthalten, gekühlt zu lagern. Das Unterlassen ist dem positivem Tun gleichzustellen, wenn der Unterlassende eine **Rechtspflicht zum Handeln** gegenüber dem Geschädigten hatte und er diese durch sein Unterlassen verletzt hat.

278 BGH NJW 1988, 1380; NJW 2006, 3268; RÜ 2020, 409.

279 BGH NJW 1993, 655.

280 BGH NJW 1998, 2905.

281 BGH WM 1998, 1970.

1. Eine Rechtspflicht zum Handeln kann sich für B aus einer **allgemeinen Verkehrssicherungspflicht** ergeben. Eine allgemeine Verkehrssicherungspflicht besteht für denjenigen, der eine Gefahrenquelle schafft oder unterhält.

   Glasflaschen, die kohlensäurehaltige Getränke enthalten, können explodieren und daher Personen gefährden, sodass B mit der Lagerung dieser Flaschen in seinem Geschäft eine Gefahrenlage geschaffen hat. Folglich traf B eine Verkehrssicherungspflicht.

2. Die Verkehrssicherungspflicht muss **dem Verletzten K gegenüber bestanden** haben. Grundsätzlich bestehen Verkehrssicherungspflichten nur gegenüber solchen Personen, die befugtermaßen mit der Gefahrenquelle in Berührung kommen.

   K hat sich als Kunde in dem Verbrauchermarkt aufgehalten und ist daher mit der Gefahrenquelle befugt in Berührung gekommen. Infolgedessen bestand die Verkehrssicherungspflicht auch ihm gegenüber.

3. B muss durch sein Unterlassen die Rechtspflicht zum Handeln **verletzt** haben.

   Er muss also die erforderlichen und zumutbaren Vorkehrungen zum Schutze von Kunden unterlassen haben. Dabei bestimmt sich der Umfang der notwendigen Maßnahmen nach dem Einzelfall. Die rechtlich gebotene Verkehrssicherung umfasst nur diejenigen Maßnahmen, die ein umsichtiger und verständiger, in vernünftigen Grenzen vorsichtiger Mensch für notwendig und ausreichend hält, um andere vor Schäden zu bewahren; dabei sind Sicherungsmaßnahmen umso eher zumutbar, je größer die Gefahr und die Wahrscheinlichkeit ihrer Verwirklichung sind.

   Für B war es angesichts der einerseits geringen Wahrscheinlichkeit, dass ein Verbraucher durch eine im Verkaufsraum explodierende Flasche verletzt wird, und dem andererseits erheblichen sowie kostspieligen Aufwand, den die gekühlte Lagerung der Flaschen erfordert, nicht zumutbar, Glasflaschen mit kohlensäurehaltigem Inhalt gekühlt zu lagern. Zudem hätte er dadurch gleichzeitig neue Gefahren geschaffen, die durch die Kühlung entstehen können, wenn der Kunde etwa die gekühlte Flasche in ein wesentlich wärmeres Auto bringt und es dann wegen des erheblichen Temperaturunterschieds zur Explosion der Flasche kommt.[282]

   Mangels Verletzung seiner Verkehrssicherungspflicht ist das Unterlassen des B nicht dem positiven Tun gleichzustellen. Folglich ist die Körper- und Gesundheitsverletzung nicht durch ein Verhalten des B verursacht worden, sodass dem K kein Anspruch gegen B aus § 823 Abs. 1 zusteht.

II. Haftungsbegründende Kausalität

156 Zwischen der Verletzungshandlung und der Rechts(gut)verletzung muss ein ursächlicher Zusammenhang bestehen, sogenannte **haftungsbegründende Kausalität**.[283]

282 BGH NJW 2007, 762 = JuS 2007, 389.

283 Musielak JA 2013, 241.

Anmerkung: *Von der haftungsbegründenden Kausalität ist die auf der Rechtsfolgenseite zu prüfende* ***haftungsausfüllende Kausalität*** *zu unterscheiden. Diese betrifft den Zusammenhang zwischen der Rechts(gut)verletzung und dem Schaden.*

1. Kausalität i.S.d. Äquivalenztheorie

Erforderlich ist zunächst ein Zusammenhang i.S.d. Äquivalenztheorie. Danach ist jede Bedingung ursächlich, ohne die der konkrete Erfolg nicht eingetreten wäre **(conditio sine qua non)**. Dabei sind alle Bedingungen gleichwertig – deshalb auch die Bezeichnung als **„Äquivalenztheorie"**. **157**

a) Ein **positives Tun** ist ursächlich i.S.d. Äquivalenztheorie, **wenn es nicht hinweggedacht werden kann, ohne dass der konkrete Erfolg entfiele**. **158**

Bei einer **Mehrheit von ineinander greifenden Ursachen**, die **nur durch ihr Zusammenwirken** den Erfolg herbeiführen, ist jeder der Beteiligten für den ganzen Erfolg Urheber (sogenannte **kumulative Kausalität**).[284]

Beispiel: A und B leiten unerlaubt Abwässer in einen Fluss. Durch die Summierung der von A und B eingeleiteten Schadstoffe entsteht eine Giftkonzentration, die zum Fischsterben führt.

Von **mehreren Bedingungen**, die zwar **jede für sich, nicht aber insgesamt** hinweggedacht werden können, ohne dass der Erfolg entfiele, ist jede für den Erfolg ursächlich (sogenannte **alternative Kausalität**). **159**

Beispiel: Sowohl die von A als auch die von B unerlaubt in den Fluss eingeleiteten Immissionen hätten für sich allein als Ursache des Fischsterbens genügt.

b) Beim **Unterlassen** muss das erwartete **pflichtgemäße Handeln hinzugedacht** und gefragt werden, ob dieses Handeln den Erfolg verhindert hätte. Bei diesem hypothetischen Urteil kann nur an Wahrscheinlichkeit angeknüpft werden. **160**

Das **Unterlassen** ist für den eingetretenen Verletzungserfolg kausal, **wenn pflichtgemäßes Handeln den Eintritt des schädigenden Erfolgs mit an Sicherheit grenzender Wahrscheinlichkeit verhindert hätte**.

Eine bloße Möglichkeit, ebenso eine gewisse Wahrscheinlichkeit genügt nicht.[285]

2. Begrenzung der Zurechnung durch die Adäquanztheorie

Der grenzenlose Kausalzusammenhang i.S.d. Äquivalenztheorie reicht nicht in allen Fällen für die Folgenzurechnung aus. **161**

Ausreichend ist die Äquivalenztheorie, soweit der Vorsatz des Täters reicht; denn für gewollte Folgen braucht die Zurechnung nicht eingeschränkt zu werden, wenn auch der Erfolgseintritt noch so unwahrscheinlich gewesen ist.[286]

Bei nicht vorsätzlicher Erfolgsherbeiführung wird von der h.M. als **ursächlich nur** eine **adäquate Bedingung** anerkannt.[287] **162**

---

284 BGH RÜ 2013, 623.

285 BGHZ 34, 208, 215: umstürzender Grabstein.

286 BGH NJW 1981, 983; Staudinger/Schiemann § 249 Rn. 24.

287 BGHZ 7, 198, 204; 57, 137, 141; Brox/Walker SchuldR BT § 45 Rn. 30; Palandt/Grüneberg Vorbem. vor § 249 Rn. 61; Staudinger/Schiemann § 249 Rn. 23.

Das ist aber nicht unbestritten:

- Zum Teil wird der Adäquanztheorie nur im Bereich der haftungsausfüllenden Kausalität eine Bedeutung zuerkannt. Beim haftungsbegründenden Tatbestand genüge Ursächlichkeit i.S.d. Bedingungstheorie, da sich eine Einschränkung der Haftung aus dem weiteren Erfordernis der Rechtswidrigkeit und Schuld ergebe.[288]
- Zum Teil wird die Adäquanztheorie als Mittel der Haftungsbeschränkung generell abgelehnt und stattdessen auf andere Aspekte, wie „Schutzzweck der Norm", abgestellt.[289]

163 Nach der Rspr. und h.M. ist **adäquat kausal jeder Umstand, der aufgrund einer objektiven nachträglichen Prognose vom Standpunkt des optimalen Beobachters und unter Einbeziehung der besonderen Kenntnisse des Schädigers generell geeignet ist, einen solchen Erfolg allein oder im Zusammenwirken mit anderen Umständen herbeizuführen.**[290] Danach werden also diejenigen Verletzungserfolge als nicht zurechenbar verursacht herausgenommen, die – vom Standpunkt eines optimalen Beobachters – **so weit außerhalb aller Wahrscheinlichkeit liegen, dass mit ihrem Eintritt vernünftigerweise nicht zu rechnen war.**[291]

164 Kausalität i.S.d. Adäquanztheorie ist auch dann zu bejahen, wenn sie nur über eine Kette von zwischengeschalteten Ereignissen hergestellt wird.

So z.B. bei Verderb von Sachen infolge Beschädigung der Stromleitung und Unterbrechung der Stromzufuhr oder bei Tod des Verletzten durch Infektion im Krankenhaus.[292]

165 Adäquate Verursachung fehlt jedoch, wenn der Erfolg nur infolge des ungewöhnlichen Zusammenwirkens mehrerer Kausalketten verursacht worden ist.

So im Fall der „Schleusenverklemmung",[293] in dem folgende Umstände zusammengetroffen sind: 1) Zwei Schiffe füllten fast die gesamte Schleuse aus, sodass es auf wenige Zentimeter ankam; 2) es wurde zu spät bemerkt, dass die Schiffe sich verklemmen konnten, sodass die Schleusung nicht gestoppt wurde; 3) die Zugabe von Wasser war bei der starken Verklemmung offenbar ungeeignet, es hätte zunächst versucht werden müssen, in anderer Weise die Klemmlage zu mildern; 4) der Strom fiel aus; 5) das Notstromaggregat ließ sich nicht einschalten.

3. Schutzzweck der Norm

166 Die Adäquanztheorie allein kann nicht immer – insbesondere, wenn man auf den „optimalen" Beobachter abstellt – zu annehmbaren Ergebnissen führen. In bestimmten Fallgruppen muss nach zusätzlichen Kriterien gesucht werden, mit deren Hilfe die Zurechnung des Verletzungserfolgs zu einem bestimmten Handeln begrenzt werden kann. Die h.M. bedient sich hierzu der **Lehre vom Schutzzweck der Norm: Entscheidend ist, ob die vom Schädiger verletzte Norm gerade die Verhinderung des eingetretenen Verletzungserfolgs bzw. des weiteren Schadens erfasst.** Dazu ist eine Wertung erforderlich.

Die Lehre vom Schutzzweck der Norm ist zwar ursprünglich nur bei § 823 Abs. 2 zur Anwendung gekommen. Dass der Gedanke des Schutzzwecks der Norm auch im Rahmen des § 823 Abs. 1 Gültigkeit

---

288 So z.B. Wagner 5. Kap. Rn. 89.

289 So z.B. Esser/Schmidt/Weyers I/2 § 33 II.

290 BGHZ 3, 261, 267 f.; BGH NJW 1991, 1109, 1110; MDR 1995, 268.

291 Hk-BGB/Staudinger § 823 Rn. 48; Larenz I § 27 III b 1 kritisiert das Abstellen auf den „optimalen" Betrachter, dieser sei „nahezu allwissend".

292 RGZ 105, 264.

293 BGHZ 3, 261.

besitzt, ist insbesondere im Schrifttum unterstrichen worden, jedoch auch in der Rspr. seit langem anerkannt.[294]

Der Schutzzweck der Norm ist im Rahmen des haftungsbegründenden Tatbestands insbesondere bei folgenden Fallgruppen von Bedeutung:

- mittelbar schädigende (fahrlässige) Handlungen
- psychische Beeinträchtigungen aufgrund eines Schockerlebnisses (sogenannte „Schockschäden")

a) Mittelbar schädigende (fahrlässige) Handlungen

Führt die Verletzungshandlung des Täters (z.B. Faustschlag) unmittelbar zu einer **167**
Rechts(gut)verletzung (z.B. Nasenbeinbruch), liegt der Verletzungserfolg unproblematisch im Schutzbereich des § 823 Abs. 1, da diese Norm den Betroffenen gerade vor derartigen Eingriffen in die genannten Rechtsgüter und Rechte schützen soll.[295]

Demgegenüber ist der Tatbeitrag des Erstverursachers bei einer **mittelbaren Verlet- 168**
zungshandlung – wenn also das Verhalten eines Dritten oder des Verletzten zwischen die Handlung des Schädigers und die Rechts(gut)verletzung getreten ist – so weit vom Verletzungserfolg entfernt, dass es fraglich ist, ob man diesen Verletzungserfolg dem Schädiger **zurechnen** kann, da dem § 823 Abs. 1 nicht die Wertung entnommen werden kann, dass jede Handlung verboten sein soll, die in irgendeiner Weise mittelbar zu einem Verletzungserfolg beigetragen hat.

Anderenfalls hätte z.B. auch der Hersteller eines Automobils, mit dem später der Käufer wegen verkehrswidrigen Fahrens einen Dritten verletzt, den Tatbestand des § 823 Abs. 1 – Körperverletzung – erfüllt.

Bei einer mittelbar schädigenden (fahrlässigen) Handlung ist dem Handelnden der ad- **169**
äquat kausal herbeigeführte Verletzungserfolg daher nur dann zuzurechnen, wenn der Handelnde die in einem speziellen Schutzgesetz aufgestellte Verhaltenspflicht oder die allgemeine Verkehrssicherungspflicht objektiv verletzt hat.

aa) Zurechnung wegen spezieller Verhaltenspflichten oder allgemeiner Verkehrssicherungspflichten

Fall 13: Sturz auf eisglatter Fahrbahn

Am 15.12.2020 rutschte der Pkw der B gegen den vor einer vorfahrtsberechtigten Straße anhaltenden Pkw des K. Dabei verhakte sich die vordere Stoßstange des Pkw der B mit der Anhängerkupplung am Fahrzeug des K, ohne dass die Fahrzeuge selbst beschädigt wurden. K stieg nach dem Unfall aus und ging um die Fahrzeuge herum. Noch vor Erreichen des Gehwegs stürzte er auf der eisglatten Fahrbahn und zog sich einen Bruch des rechten Schultergelenks zu.

Steht K gegen B gemäß §§ 823 ff. ein Anspruch auf Ersatz seiner Heilbehandlungskosten aufgrund seiner Schulterverletzung sowie ein angemessenes Schmerzensgeld zu? (nach BGH RÜ 2013, 273)

---

294 BGHZ 27, 137; Fuchs/Pauker/Baumgärtner Kap. 2 A. II. 2.3.

295 v. Bar JuS 1988, 169, 170; Larenz/Canaris § 75 II 3 b, S. 365.

170 A. K könnte gegen B ein Anspruch auf Schadensersatz und Schmerzensgeld aus **§ 823 Abs. 1** zustehen.

I. Dazu müssen die **Voraussetzungen** des haftungsbegründenden Tatbestands gegeben sein.

1. K hat bei dem Unfall eine **Körper- und Gesundheitsverletzung** erlitten.

2. Diese muss **durch ein Verhalten der B** verursacht worden sein.

a) Wäre B nicht mit ihrem Kfz gefahren, wäre sie nicht gegen das Fahrzeug des K gerutscht und dieser wäre nicht aus seinem Pkw gestiegen, um sich über die Unfallfolgen zu informieren, und wäre daher nicht auf eisglatter Fahrbahn gestürzt und hätte sich nicht verletzt. Folglich war das Verhalten der B **äquivalent kausal** für die Verletzung des K.

b) Es liegt auch nicht außerhalb der Lebenserfahrung, dass ein Unfallbeteiligter durch einen Sturz auf eisglatter Fahrbahn verletzt wird, nachdem er sein Fahrzeug verlassen hat, um sich über die Unfallfolgen zu informieren, sodass das Verhalten der B auch **adäquat kausal** für die Verletzung des K war.

c) Das Verhalten der B – Fahren mit dem Auto – hat aber nicht unmittelbar zur Körperverletzung des K geführt, sondern diese trat erst dadurch ein, dass K aus seinem Pkw gestiegen ist, um sich über die Unfallfolgen zu informieren, und auf eisglatter Fahrbahn gestürzt ist. Folglich liegt nur eine mittelbare Verursachung der Körperverletzung des K durch das Verhalten der B vor, sodass nach der **Lehre vom Schutzzweck der Norm** wertend festgestellt werden muss, ob die Zurechnung des Verletzungserfolgs dem Zweck der vom Schädiger verletzten Verhaltensnorm entspricht.

B ist angesichts der Witterung zu schnell gefahren und hat folglich die Regelung des § 3 Abs. 1 S. 1 StVO verletzt. Zudem hat sie den erforderlichen Sicherheitsabstand nicht eingehalten und somit die Vorschrift des § 4 Abs. 1 S. 1 StVO missachtet. Schließlich verstößt ihr Verhalten gegen die allgemeine Rücksichtnahmepflicht des § 1 Abs. 2 StVO.

Der Schutzzweck dieser Normen erstreckt sich auf die Verhütung von Unfallrisiken und die mit dieser Bedrohung für Leben und Gesundheit in einem inneren Zusammenhang stehenden Gesundheitsschäden.[296] Hierzu gehören auch erst im Anschluss an den Verkehrsunfall – also bei der Bergung oder bei der Unfallaufnahme – erlittene Verletzungen, in denen sich die Gefahren des Straßenverkehrs an der Unfallstelle verwirklichen.[297]

Demzufolge ist auch die durch den Sturz bedingte Verletzung des K vom Schutzzweck der §§ 3 Abs. 1 S. 1, § 4 Abs. 1 S. 1, § 1 Abs. 2 StVO umfasst, sodass die Verletzung des K der B trotz Mittelbarkeit der Verursachung zuzurechnen ist und daher der Tatbestand des § 823 Abs. 1 erfüllt ist.

---

296 Hentschel/König § 1 StVO Rn. 8, § 3 StVO Rn. 12, § 4 StVO Rn. 4.

297 BGH RÜ 2013, 273, 276.

3. Die **Rechtswidrigkeit** ist durch die Verwirklichung des Tatbestands indiziert und Rechtfertigungsgründe sind für B nicht ersichtlich.

4. B ist entweder mit einer den Witterungsverhältnissen nicht angepassten Geschwindigkeit gefahren oder sie hat keinen ausreichenden Sicherheitsabstand zu dem Fahrzeug des K eingehalten, sodass sie fahrlässig i.S.v. § 276 Abs. 2 und folglich **schuldhaft** gehandelt hat.

II. Als **Rechtsfolge** muss B dem K den durch die Körper- und Gesundheitsverletzung entstandenen Schaden einschließlich Schmerzensgeld gemäß 249 ff. ersetzen.

B. Ferner haftet B dem K aus **§ 823 Abs. 2 i.V.m. §§ 1 Abs. 2, 3 Abs. 1 S. 1, 4 Abs. 1 S. 1 StVO und § 229 StGB.**

---

bb) „Herausfordern"; „Verfolgerfälle"; „Nothilfefälle"

Bei den Herausforderungsfällen handelt es sich um eine **besondere Art der mittelbaren Verletzungshandlung**, bei denen auch nach der Lehre vom Schutzzweck der Norm festzustellen ist, ob der Verletzungserfolg in der durch die Handlung des Schädigers verletzten Norm liegt. Die für die Wertung erforderliche Verhaltensnorm hat die Rspr. mit der sogenannten **„Herausforderungsformel"** entwickelt: **171**

Nach st.Rspr. kann jemand, der durch vorwerfbares Tun einen anderen zu selbstgefährdendem Verhalten **herausfordert**, diesem anderen dann, wenn dessen Willensentschluss auf einer mindestens im Ansatz **billigenswerten Motivation** beruht, aus unerlaubter Handlung zum Ersatz des Schadens verpflichtet sein, der infolge des durch die Herausforderung **gesteigerten Risikos** entstanden ist.[298] **172**

Daraus ergeben sich für die Zurechnung über die Herausforderungsformel folgende **Voraussetzungen**: **173**

- Der Dritte wurde herausgefordert **(vernünftiger Anlass)** (1.).
- Es muss ein **angemessenes Verhältnis** zwischen dem Zweck der herausgeforderten Handlung und dem erkennbaren Risiko bestehen (2.).
- Die Rechts(gut)verletzung muss auf dem **gesteigerten Risiko** der herausgeforderten Handlung beruhen (3.).

Die Rspr. hat z.B. die Haftung des Fliehenden bejaht, wenn der Verfolgte eine steile Bahnhofstreppe als Fluchtweg benutzt und der verfolgende Aufseher der (damaligen) Bundesbahn auf der Treppe stürzt.[299] Dagegen haftet der Fliehende nach BGH nicht, wenn der verfolgende Polizeibeamte einen feuchten, frisch geschnittenen Rasen überquert, dabei stürzt und sich verletzt.[300]

Auch der Halter eines Kfz, der sich der polizeilichen Festnahme durch Flucht unter Verwendung seines Kfz entzieht, haftet unter dem Gesichtspunkt des Herausforderns für einen bei der Verfolgung

---

298 BGHZ 132, 164, 166 m.w.N; ferner OLG Hamm NJW-RR 1998, 815.

299 BGHZ 57, 25, 32.

300 BGH NJW 1971, 1982, 1983.

eintretenden Sachschaden an den ihn verfolgenden Polizeifahrzeugen, wenn dieser Schaden auf der gesteigerten Gefahrenlage beruht und die Risiken nicht außer Verhältnis zu deren Zweck stehen.[301] Dies gilt auch in Fällen, in denen der Fahrer eines Polizeifahrzeugs zum Zwecke der Gefahrenabwehr vorsätzlich eine Kollision mit dem fliehenden Fahrzeug herbeiführt, um es zum Anhalten zu zwingen.[302]

Hingegen hat der BGH eine Zurechnung über die Herausforderungsformel abgelehnt, wenn Polizeibeamte eine posttraumatische Belastungsstörung erleiden, weil sie auf ihrem Heimweg vom Nachtdienst an einer Unfallstelle vorbeigekommen sind, ihren begonnenen Hilfeversuch wegen ausgebrochenen Feuers erfolglos abbrechen und miterleben mussten, wie die Fahrzeuginsassen umkamen. Nach BGH durften die Polizeibeamten sich zwar zu einem Rettungsversuch der Insassen herausgefordert fühlen, in ihrer Gesundheitsverletzung – der posttraumatischen Belastungsstörung – realisiere sich jedoch nicht das durch die herausgeforderte Handlung gesteigerte Risiko, sondern nur das allgemeine Lebensrisiko: Der Rettungsversuch als solcher habe nämlich zu keiner Gesundheitsverletzung der beiden geführt. Erst das Miterleben der Unfallfolgen habe bei den Polizisten zu der posttraumatischen Belastungsstörung geführt. Daher seien sie wie zufällige Zeugen eines Verkehrsunfalls zu behandeln, wobei es keine Rolle spiele, ob es sich bei den Geschädigten um Polizeibeamte oder andere Personen handele, die zufällig das Unfallgeschehen miterlebten. In beiden Fällen sei eine Schädigung, die aus der bloßen Anwesenheit bei einem schrecklichen Ereignis herrührt, dem allgemeinen Lebensrisiko zuzurechnen.[303]

Fall 14: Der verfolgende Polizist

Der 55-jährige Polizeiobermeister T wollte den 17-jährigen A in der elterlichen Wohnung festnehmen. Dieser sollte einen Jugendarrest verbüßen. Als A den T erblickte, flüchtete er. Er sprang aus dem Fenster der im Erdgeschoss gelegenen Toilette über einen 1,50 m breiten und 2,00 m tiefen Schacht in den Hof und versteckte sich dort hinter Sträuchern. T, der die Örtlichkeit nicht kannte, sprang dem A nach. Er stürzte in den Schacht und zog sich dabei einen Fersenbeinbruch zu, der ihn für 3 1/2 Monate dienstunfähig machte. Das Land L nimmt den A wegen der fortgezahlten Dienstbezüge aus kraft Gesetzes übergegangenem Recht in Anspruch. Mit Erfolg? (Fall nach BGHZ 63, 189)

174 Ein Schadensersatzanspruch des T gegen A, der auf das Land L übergegangen sein könnte (vgl. die dem § 76 BundesbeamtenG entsprechenden landesrechtlichen Vorschriften), kann sich aus **§ 823 Abs. 1** ergeben.

I. Dazu müssen die **Voraussetzungen** des haftungsbegründenden Tatbestands gegeben sein.

1. T hat sich einen Fersenbeinbruch zugezogen und folglich eine **Körper- und Gesundheitsverletzung** erlitten.

2. Dies muss durch ein dem A **zurechenbares Handeln** geschehen sein.

a) Wäre A nicht weggelaufen, hätte sich T nicht zur Verfolgung veranlasst gesehen und hätte sich keinen Fersenbeinbruch bei der Verfolgung zugezogen. Das **Handeln** des A – Weglaufen – war daher für die bei der Verfolgung eingetretene Körperverletzung des T **äquivalent kausal**.

301 BGH RÜ 2012, 413.

302 BGH RÜ 2012, 413.

303 BGH RÜ 2007, 468.

b) Das Weglaufen des A ist vom Standpunkt des optimalen Betrachters nach der Lebenserfahrung generell geeignet, den Polizisten zur Verfolgung zu veranlassen und dessen Verletzung herbeizuführen. Demnach ist auch die **Adäquanz** zu bejahen.

c) T hat die Verfolgung jedoch aufgrund eines selbstständigen Entschlusses aufgenommen, sodass nur eine **mittelbare Verursachung** der Körperverletzung des T durch das Verhalten des A vorliegt. Demzufolge muss nach der **Lehre vom Schutzzweck der Norm** wertend festgestellt werden, ob die Zurechnung des Verletzungserfolgs dem Zweck der vom Schädiger verletzten Verhaltensnorm entspricht.

A hat weder eine speziell geregelte Verhaltenspflicht noch eine allgemeine Verkehrssicherungspflicht verletzt. Er könnte jedoch die von der Rspr. mit der sogenannten **Herausforderungsformel** entwickelte Verhaltensnorm verletzt haben.

Danach kann jemand, der durch vorwerfbares Tun einen anderen zu selbstgefährdendem Verhalten herausfordert, diesem anderen dann, wenn dessen Willensentschluss auf einer mindestens im Ansatz billigenswerten Motivation beruht, aus unerlaubter Handlung zum Ersatz des Schadens verpflichtet sein, der infolge des durch die Herausforderung gesteigerten Risikos entstanden ist.

aa) T muss zunächst durch das Verhalten des A zu seinem eigenen, selbstgefährdenden Verhalten aufgrund einer billigenswerten Motivation **herausgefordert** worden sein **(vernünftiger Anlass)**.

T hatte den dienstlichen Auftrag, den A festzunehmen, um ihn in den Jugendarrest zu bringen. Daher bestand für T ein vernünftiger Anlass und damit eine billigenswerte Motivation zur Verfolgung des A, als dieser zu flüchten versuchte.

bb) Zwischen dem Zweck der herausgeforderten Handlung und dem für T erkennbaren Risiko muss ein **angemessenes Verhältnis** bestanden haben.

T verfolgte den Zweck, einen flüchtenden Straftäter festzunehmen. Das für ihn erkennbare Risiko bei der Verfolgung des A bestand in einem Sprung aus einem Fenster einer Erdgeschosswohnung und war daher relativ gering, sodass zwischen dem Zweck der herausgeforderten Handlung und dem für T erkennbaren Risiko ein angemessenes Verhältnis bestanden hat.

cc) Die Verletzung des T muss schließlich noch auf dem **gesteigerten Risiko der herausgeforderten Handlung** beruhen. Es darf sich also nicht um die Realisierung des allgemeinen Lebensrisikos handeln.

Bei dem Sprung aus dem Fenster ist T das Risiko eingegangen, in einen ihm unbekannten Bereich zu springen. Dieses gesteigerte Risiko der herausgeforderten Handlung hat sich realisiert, als er in den Schacht gestürzt ist.

Demnach sind die Voraussetzungen der Herausforderungsformel gegeben und dem A sind daher die Verletzungen des T trotz der nur mittelbaren Verursachung objektiv zuzurechnen.

3. Die **Rechtswidrigkeit** ist durch die Verwirklichung des Tatbestands indiziert und Rechtfertigungsgründe sind nicht ersichtlich.

4. A besitzt die nach § 828 Abs. 3 erforderliche Einsichtsfähigkeit und ist demnach **schuldfähig**. Zudem hat er die im Verkehr erforderliche Sorgfalt außer Acht gelassen, § 276 Abs. 2, und daher **schuldhaft** gehandelt.

II. Als **Rechtsfolge** („haftungsausfüllender Tatbestand") muss A gemäß §§ 249 ff. Schadensersatz leisten. Der Ersatzanspruch des T ist aber gemindert, weil ihn ein Mitverschulden trifft, § 254.

---

175 Die oben dargelegten Grundsätze des „Herausforderns" kommen sinngemäß auch in anderen Fällen nur psychisch vermittelter Kausalität oder Beteiligung mehrerer an einem gefährlichen Tun in Betracht.[304]

1. Beispiel: Nothilfe im Straßenverkehr

A fährt auf einer Landstraße schuldhaft den B an. D eilt zur Hilfe. Dabei wird D von einem nachfolgenden Fahrzeug angefahren und verletzt. Der Fahrer des nachfolgenden Fahrzeugs begeht Unfallflucht. D verlangt von A Schadensersatz.

Der Anspruch ist aus § 823 Abs. 1 zu bejahen: Die Verletzung des D ist dem A zuzurechnen, da in derartigen Gefahrenlagen das Eingreifen opferbereiter Dritter nahezu zwangsläufig herausgefordert wird[305] und die Hilfeleistung mit einem gesteigerten Risiko verbunden ist.

2. Beispiel: Nothilfe durch Organspende

Durch einen schuldhaften Behandlungsfehler des Arztes Dr. A wurde dem 13 Jahre alten Kind K nach einem Sportunfall die linke Niere entfernt, obwohl – wie sich später herausstellte – das Kind nur die eine Niere besaß. Die Mutter des Kindes fand sich zur Spende einer Niere bereit. Ihr wurde eine Niere entnommen und dem Kind eingepflanzt. Seither befindet sich die Mutter in ärztlicher Behandlung. Sie verlangt von Dr. A Schadensersatz und Schmerzensgeld.

Der BGH[306] hat einen eigenen Ersatzanspruch der Organspenderin nach § 823 Abs. 1 in Anknüpfung an die sogenannten Verfolgerfälle bejaht. Der Entschluss der Mutter beruht auf dem Aufforderungscharakter der von Dr. A zu verantwortenden Gefahrenlage, in die die Mutter durch die ärztliche Fehlbehandlung gebracht worden war. Die Selbstgefährdung der Mutter und die in Kauf genommene eigene Verletzung stehen auch in einem angemessenen Verhältnis zu dem möglichen Erfolg des Eingreifens.

b) Psychische Beeinträchtigungen aufgrund eines Schockerlebnisses („Schockschäden")

176 Bei den sogenannten Schockschäden treten aufgrund eines Unfallgeschehens haftungsbegründend psychische Reaktionen ein.

Beispiel: E erleidet einen seelischen Zusammenbruch, als sie darüber informiert wird, dass ihr Ehemann von X angefahren und so schwer verletzt wurde, dass er zur Zeit im Krankenhaus um sein Leben ringt.

Problematisch ist auch in diesen Fällen, ob der Verletzungserfolg, welcher nicht unmittelbar durch den Schädiger verursacht worden ist, ihm noch zugerechnet werden kann.

---

304 Vgl. dazu Medicus JuS 2005, 289 ff.

305 BGH NJW 1964, 1364; 1972, 1804.

306 BGHZ 101, 215.

Die Zurechnung einer durch ein schockierendes Ereignis psychisch vermittelten Gesundheitsverletzung ist nur dann zu bejahen, wenn die Verletzung nicht dem allgemeinen Lebensrisiko des Verletzten zuzurechnen ist (z.B. bei einer Erregung durch den Anblick des Todes eines Dritten ohne unmittelbare Beteiligung), sondern **177**

- wenn der **Tote oder Verletzte ein naher Angehöriger ist oder eine sonstige enge persönliche Sonderbeziehung besteht** (z.B. Verlobte)[307] **oder**
- wenn der **vom Schock Betroffene selbst dem schockierenden Ereignis unmittelbar ausgesetzt** war, wenn also der Schädiger dem Geschädigten die Rolle eines unmittelbar Unfallbeteiligten **aufgezwungen** hat.[308]

Die Rspr. zur psychisch vermittelten Gesundheitsbeeinträchtigung mit Krankheitswert bei der Verletzung oder Tötung naher Angehöriger kann nicht auf Fälle psychisch vermittelter Gesundheitsverletzungen in Zusammenhang mit der Verletzung oder Tötung von Tieren erstreckt werden. Derartige Beeinträchtigungen, mögen sie auch als schwerwiegend empfunden werden und menschlich noch so verständlich erscheinen, gehören zum allgemeinen Lebensrisiko.[309] **178**

Fall 15: Schockschaden (1)

B fuhr mit seinem Fahrzeug mit deutlich überhöhter Geschwindigkeit auf einer Landstraße. Nach einer langgezogenen Linkskurve kam B von der Fahrbahn ab und geriet auf die Gegenfahrbahn, wo ihm K und – hinter diesem – dessen Ehefrau auf Motorrädern entgegenkamen. B verfehlte K nur knapp und erfasste dessen Ehefrau, die bei der Kollision tödliche Verletzungen davontrug.

K hatte, nachdem B ihn verfehlt hatte, in den Rückspiegel geblickt und musste mit ansehen, wie seine Ehefrau mit voller Wucht von dem Fahrzeug des B erfasst und getötet wurde. Er begab sich nach dem Unfall in ärztliche Behandlung bei seinem Hausarzt. Dieser diagnostizierte eine posttraumatische Belastungsstörung.

K war nach dem Unfall einige Wochen krankgeschrieben und musste über mehrere Monate Beruhigungsmittel nehmen. Ferner musste K seinen Beruf als Lkw-Fahrer aufgeben und in den Innendienst wechseln, da er unter fortdauernden Angstzuständen, Schweißausbrüchen und Zittern im Straßenverkehr leidet und deshalb nicht mehr in der Lage ist, ein Fahrzeug zu führen.

K begehrt von B die Zahlung eines angemessenen Schmerzensgeldes aus § 823 Abs. 1 i.V.m. § 253 Abs. 2. Zu Recht? (nach BGH RÜ 2015, 216 ff.)

K könnte gegen B ein Anspruch auf Zahlung eines angemessenen Schmerzensgeldes aus **§ 823 Abs. 1 i.V.m. § 253 Abs. 2** zustehen.

I. Dazu müssen die **Voraussetzungen** des haftungsbegründenden Tatbestands erfüllt sein.

   1. Der von K erlittene Schock könnte eine **Gesundheitsverletzung** darstellen.

   Psychische Beeinträchtigungen stellen nur dann eine Gesundheitsverletzung dar, wenn es zu medizinisch erheblichen Folgewirkungen kommt, die das Maß an Erre- **179**

307 OLG Stuttgart NJW-RR 1989, 477, 478; MünchKomm/Oetker § 249 Rn. 151.

308 OLG Nürnberg VersR 1999, 1501, 1502; BGH RÜ 2007, 468.

309 BGH RÜ 2012, 350, 351.

gung und Trauer überschreiten, mit dem normalerweise gerechnet werden muss. Die Beeinträchtigung muss einen „echten Krankheitswert" haben (s.o. Rn. 14).

K hat eine posttraumatische Belastungsstörung erlitten, derentwegen er mehrere Wochen krankgeschrieben war und über Monate mit Beruhigungsmitteln behandelt werden musste. Folglich hatte die psychische Beeinträchtigung des K medizinisch konstatierbare Folgewirkungen, sodass eine Gesundheitsverletzung gegeben ist.

2. Diese muss **durch ein Verhalten des B** verursacht worden sein.

a) Wäre B nicht mit seinem Kfz gefahren, wäre die Ehefrau des K nicht bei dem Unfall getötet worden und K hätte keinen Schock erlitten. Somit war das Verhalten des B – Fahren mit seinem Kfz – **äquivalent kausal** für die Gesundheitsverletzung des K.

b) Es liegt auch nicht außerhalb der normalen Lebenserfahrung, dass ein Mensch, der den Unfalltod eines anderen Menschen im Straßenverkehr miterleben muss, einen Schock erleidet. Daher war das Verhalten des B auch **adäquat kausal** für die Gesundheitsverletzung des K.

180 c) Ferner muss der erforderliche **Zurechnungszusammenhang nach der Lehre vom Schutzzweck der Norm** gegeben sein.

Die Gesundheitsverletzung des K ist nicht unmittelbar von B verursacht worden, sondern wurde erst durch das Miterleben des Unfalltodes seiner Frau ausgelöst. Daher ist zweifelhaft, ob der Verletzungserfolg B objektiv zugerechnet werden kann. Nach der Lehre vom Schutzzweck der Norm muss überprüft werden, ob die vom Schädiger verletzte Norm gerade dazu dient, den eingetretenen Verletzungserfolg zu verhindern.

Der Schutzzweck des § 823 Abs. 1 ist darauf gerichtet, Personen vor unmittelbarer Verletzung der dort genannten Rechtsgüter zu schützen. Fraglich ist, ob dies auch für eine Gesundheitsverletzung gilt, die durch ein schockierendes Ereignis psychisch vermittelt worden ist.

Die Rspr. möchte verhindern, dass die Haftung ausufert. Daher wird ein sogenannter Schockschaden dem Schädiger nur dann zugerechnet, wenn die Verletzung nicht dem allgemeinen Lebensrisiko des Verletzten zuzurechnen ist, sondern wenn der Tote oder Verletzte ein naher Angehöriger ist oder eine sonstige enge persönliche Beziehung besteht.[310]

Die Getötete war die Ehefrau des K und daher eine nahe Angehörige, sodass die psychisch vermittelte Gesundheitsverletzung des K dem B zuzurechnen ist.

3. Die Verwirklichung des Tatbestands indiziert nach h.M. die **Rechtswidrigkeit** und Rechtfertigungsgründe zugunsten des B sind nicht ersichtlich.

---

310 Palandt/Grüneberg Vor § 249 Rn. 40 m.w.N.

4. B hat die zulässige Höchstgeschwindigkeit erheblich überschritten und dadurch die im Verkehr erforderliche Sorgfalt außer Acht gelassen, sodass er fahrlässig i.S.v. § 276 Abs. 2 und somit **schuldhaft** gehandelt hat.

II. Als **Rechtsfolge** („haftungsausfüllender Tatbestand") muss B dem K gemäß § 253 Abs. 2 ein angemessenes Schmerzensgeld zahlen.

Bei der Bemessung des Schmerzensgeldes ist neben den konkreten gesundheitlichen Auswirkungen auch zu berücksichtigen, dass K seinen Beruf als Lkw-Fahrer aufgeben musste, weil er infolge seiner Angstzustände nicht mehr in der Lage ist, ein Kfz zu führen. Ferner ist maßgeblich, dass K den Unfalltod seiner Ehefrau unmittelbar miterlebt und sich durch das Verhalten des B selber in Lebensgefahr befunden hat. Ein solches Erlebnis ist nach Auffassung des BGH hinsichtlich der Intensität der von ihm ausgehenden seelischen Erschütterungen mit dem Erhalt einer Unfallnachricht nicht zu vergleichen.[311]

Die zum Schockschaden entwickelten Grundsätze sind auch in dem Fall anzuwenden, in dem das haftungsbegründende Ereignis kein Unfallereignis im eigentlichem Sinne, sondern eine fehlerhafte ärztliche Behandlung ist. Nach Ansicht des BGH gibt es keine Rechtfertigung dafür, die Ersatzfähigkeit von Schockschäden im Falle ärztlicher Behandlungsfehler weiter einzuschränken als im Falle von Unfallereignissen.[312] **181**

Die Zurechnung von Schockschäden scheitert nicht daran, dass sie auf einer konstitutiven Schwäche des Verletzten beruhen. Wer einen gesundheitlich geschwächten Menschen verletzt, kann nicht verlangen, so gestellt zu werden, als habe er einen gesunden Menschen verletzt. Der Täter hat das Opfer so zu nehmen, wie es ist. Die spezielle Schadensanlage des Verletzten schließt daher die Zurechnung grundsätzlich nicht aus. Dies gilt auch für psychische Schäden. **182**

Fall 16: Schockschaden (2)

G verlangt von S Schadensersatz aus einem Verkehrsunfall, bei dem G als Motorradfahrer nach einem von S als Fahrradfahrer verkehrswidrig und schuldhaft herbeigeführten Zusammenstoß stürzte. G erlitt leichte Prellungen und Schürfwunden, konnte sich aber nach dem Zusammenstoß sofort erheben und dem schwer verletzten S erste Hilfe leisten.

Das Miterleben der schweren Verletzungen des S und die existentielle Grenzerfahrung der Begegnung mit dem – befürchteten – Tod des schwerverletzten Unfallgegners führte bei G zu einer schweren seelischen Beeinträchtigung in Form von posttraumatischen Belastungsstörungen bis hin zu einer sich privat wie beruflich auswirkenden Persönlichkeitsveränderung. Der inzwischen wieder genesene S verneint seine Ersatzpflicht; die bei G eingetretenen Schäden beruhten auf dessen konstitutiver Schwäche, für die er – S – nicht verantwortlich sei. (nach OLG Hamm JP 1998, 585)

G könnte gegen S ein Anspruch auf Ersatz des materiellen Schadens sowie auf Zahlung eines angemessenen Schmerzensgeldes aus **§ 823 Abs. 1** zustehen.

311 BGH RÜ 2015, 216 ff.

312 BGH RÜ 2019, 696.

I. Dazu müssen die **Voraussetzungen** des haftungsbegründenden Tatbestands vorliegen.

183 1. G hat eine schwere seelische Beeinträchtigung in Form einer posttraumatischen Belastungsstörung erlitten, sodass seine psychische Beeinträchtigung wegen der medizinisch feststellbaren Folgewirkungen eine Gesundheitsverletzung darstellt.

2. Die Gesundheitsverletzung muss **durch ein Verhalten hervorgerufen sein, das dem Anspruchsgegner zuzurechnen ist**.

a) Die Gesundheitsverletzung wäre bei G nicht eingetreten, wenn S den Unfall nicht herbeigeführt hätte. Infolgedessen war das Verhalten des S **äquivalent kausal** für die Verletzung des G.

b) Aus der Sicht eines optimalen Beobachters liegt es nicht außerhalb der Lebenserfahrung, dass ein Unfallbeteiligter angesichts der schweren Verletzungen seines Unfallgegners einen Schock erleidet. Dies gilt umso mehr, wenn – was der optimale Beobachter weiß – der Unfallbeteiligte eine konstitutive Schwäche hat. Somit war das Verhalten des S auch **adäquat kausal** für die Verletzung des G.

c) Der Schock des G ist nicht durch einen unmittelbaren Eingriff bei G selbst – etwa Schrecken über eigene Verletzungen – herbeigeführt worden, sondern er knüpft an ein Ereignis mit primär haftungsbegründender Wirkung bei dem Unfallgegner S an.

Um eine Ausuferung der Haftung zu vermeiden, wird ein derartiger Schockschaden dem Schädiger nur dann zugerechnet, wenn die Verletzung nicht dem allgemeinen Lebensrisiko des Verletzten zuzurechnen ist, sondern wenn der Tote oder Verletzte ein naher Angehöriger ist oder eine sonstige enge persönliche Beziehung besteht (s.o. Rn. 177).

184 Eine Zurechnung erfolgt daher nach der Rspr., wenn – wie im vorliegenden Fall – der Geschädigte als direkt am Unfall Beteiligter infolge einer psychischen Schädigung eine schwere Gesundheitsstörung erlitten hat, weil der Schädiger dem Geschädigten die Rolle eines unmittelbaren Unfallbeteiligten **aufgezwungen** hat und dieser das Unfallgeschehen psychisch nicht verkraften konnte.

Folglich wird dem S der Schockschaden des G zugerechnet.

3. Die Tatbestandsmäßigkeit indiziert nach h.M. die **Rechtswidrigkeit**. Ein Rechtfertigungsgrund liegt nicht vor.

4. S hat den Unfall (laut Sachverhalt) auch **schuldhaft** herbeigeführt, sodass die Voraussetzungen des § 823 Abs. 1 erfüllt sind.

II. Als **Rechtsfolge** („haftungsausfüllender Tatbestand") muss S dem G gemäß §§ 249 ff. sämtliche Schadenspositionen ersetzen, die aus dem Schockschaden resultieren, sowie ein angemessenes Schmerzensgeld zahlen, § 253 Abs. 2.

Der BGH hat die Zurechnung psychischer Gesundheitsverletzungen wegen der aufgezwungenen Rolle eines Unfallbeteiligten auf die aufgezwungene unmittelbare Beteiligung eines Polizisten an einem Geschehen, das durch einen beruflichen Einsatz ausgelöst worden ist, übertragen. Dem stehe nicht entgegen, dass sich in der psychischen Gesundheitsverletzung des Polizeibeamten dessen berufsspezifisches Risiko verwirklicht habe. Zwar gehöre es zur Ausbildung und zum Beruf eines Polizeibeamten, sich auf derartige Belastungssituationen vorzubereiten, mit ihnen umzugehen, sie zu bewältigen und zu verarbeiten. Eine physische Verletzung, die der Polizist im Einsatz erleide, werde in der Regel vorbehaltlos als vom Schutzzweck der verletzten Norm erfasst angesehen. Auch die physischen Verletzungen gehörten zum Berufsrisiko eines Polizeibeamten, auf das er vorbereitet werde. Es sei nicht zu erklären, weshalb zwischen physischen und psychischen Primärschäden unterschieden werden sollte. Im Übrigen stünde es dem Gesetzgeber frei, für professionelle Einsatzkräfte Sonderregelungen auch mit Regressbeschränkungen zu schaffen (vgl. für Arbeitsunfälle §§ 104 Abs. 1, 105, 110 SGB VII).[313] **185**

C. Rechtswidrigkeit

I. Rechtswidrigkeit als Voraussetzung der Verschuldenshaftung

Ein Verschuldensvorwurf kann nur dann erhoben werden, wenn die Rechtsordnung das betreffende Verhalten bzw. den Verletzungserfolg missbilligt. Dem Verschulden ist daher die Rechtswidrigkeit vorgelagert. Verschuldenshaftung setzt voraus, dass die tatbestandsmäßige Verletzung rechtswidrig war: **Ohne Rechtswidrigkeit gibt es kein Verschulden.**[314] **186**

Das Gegenstück ist die „enge" Gefährdungshaftung, z.B. die Haftung des Kfz-Halters nach § 7 StVG. Sie setzt kein Verschulden und nach zutreffender h.M. auch keine Rechtswidrigkeit voraus.[315]

II. Feststellung der Rechtswidrigkeit; Erfolgs- und Handlungsunrecht[316]

Das **gesetzgeberische Konzept** geht in § 823 Abs. 1 davon aus, dass die Verletzung des Schutzguts im Regelfall rechtswidrig ist. Ausnahmen greifen nur ein, wenn besondere Rechtfertigungsgründe vorliegen. **Der Verletzungserfolg indiziert die Rechtswidrigkeit.** **187**

- Dies wird für **vorsätzliche Handlungen** allgemein angenommen. **188**
- Bei den sogenannten **„Rahmenrechten"** (allgemeines Persönlichkeitsrecht, Recht am eingerichteten und ausgeübten Gewerbebetrieb) bedarf es einer **positiven Rechtswidrigkeitsfeststellung** (s.o. Fälle 8, 9, 10 und 11). **189**
- **Umstritten** ist, ob im Bereich der **fahrlässigen Handlung** allein der Verletzungserfolg die Rechtswidrigkeit indiziert oder ob die positive Feststellung eines objektiven Pflichtenverstoßes hinzukommen muss. **190**
  - Die traditionelle **Lehre vom Erfolgsunrecht** (ganz h.M.[317]) geht sowohl für die Vorsatz- als auch für die Fahrlässigkeitstat davon aus, dass die Verletzung eines **191**

313 BGH RÜ 2018, 490, 492 (Amoklauf); BGH RÜ 2021, 153, 155.

314 Larenz/Canaris § 75 I 2 c; Esser/Dörner II/2 § 55 II 3.

315 Larenz/Canaris § 75 I 2 d und § 84 I 3 a m.w.N.

316 Vgl. dazu Mohr Jura 2013, 567 ff. sowie Spickhoff JuS 2016, 865 ff.

317 BeckOK/Förster § 823 Rn. 261; Fuchs/Pauker/Baumgärtner Kap. 2 A. 3.; Jauernig/Teichmann § 823 Rn. 48 m.w.N.

Rechts oder Rechtsguts, also der Erfolg, die Rechtswidrigkeit indiziert. Nur ausnahmsweise könne die Rechtswidrigkeit aufgrund eines Rechtfertigungsgrundes beseitigt werden. Zur Begründung wird auf den Wortlaut des § 823 Abs. 1 verwiesen, der Fahrlässigkeit und Widerrechtlichkeit **ausdrücklich nebeneinander** als Haftungsvoraussetzungen nennt.

192 ▪ Demgegenüber sieht die **Lehre vom Handlungsunrecht** den Ansatz für das Rechtswidrigkeitsurteil nicht im Verletzungserfolg, sondern in der zum Erfolg führenden **Handlung**. Eine Handlung, die objektiv die im Verkehr gebotene Sorgfalt beachte, könne nicht rechtswidrig sein, auch wenn sie für die Verletzung ursächlich werde. Bei einer Fahrlässigkeitstat setze daher die Feststellung der Rechtswidrigkeit die positive Feststellung eines objektiven Pflichtenverstoßes voraus.

193 ▪ Eine vordringende **differenzierende Meinung** unterscheidet zwischen unmittelbaren und mittelbaren Rechts(gut)verletzungen:

– Eine **unmittelbare** Rechts(gut)verletzung rechtfertige ohne Weiteres das Urteil, der Handelnde habe – wenn nicht ein besonderer Rechtfertigungsgrund eingreife – „objektiv rechtswidrig" das geschützte Rechtsgut oder Recht des anderen verletzt, sodass ein unmittelbarer Verletzungserfolg die Rechtswidrigkeit indiziere.

– Liege dagegen nur eine **mittelbare** (fahrlässige) Rechts(gut)verletzung vor, bei der der Verletzungserfolg außerhalb des Handlungsablaufs liege und nur eine durch Zwischenursachen vermittelte entfernte Folge eines bestimmten Verhaltens sei, so bedürfe es zur Bejahung der Rechtswidrigkeit weiterhin noch der Feststellung, dass die **Handlung** objektiv gegen das allgemeine Verbot verstoßen habe, andere nicht zu gefährden.[318]

194 ▪ Die **Rspr.** geht vom gesetzlichen Konzept des Erfolgsunrechts aus,[319] hat aber ausdrücklich **Ausnahmen** anerkannt:

– Der BGH hat in Fällen der nur **mittelbaren Verletzungshandlung** eine objektive Pflichtverletzung verlangt, damit ein die Rechtswidrigkeit indizierender Tatbestand vorliegt.

– Des Weiteren indiziert nach der Rspr. grundsätzlich ein subjektiv redliches Verhalten in einem **gesetzlich geregelten Rechtspflegeverfahren** nicht schon durch die Beeinträchtigung von in § 823 geschützten Rechtsgütern oder Rechten gleichzeitig seine Rechtswidrigkeit, da das schadensursächliche Verhalten angesichts seiner verfahrensrechtlichen Legalität zunächst die Vermutung der Rechtmäßigkeit genieße.[320] Dieses „Recht auf Irrtum" bei der Inanspruchnahme eines gesetzlich geregelten Verfahrens (z.B. objektiv unbegründeter Antrag auf Einleitung eines Insolvenzverfahrens[321]) steht den Verfahrensbeteiligten und deren Anwälten zu.

318 So z.B. Larenz/Canaris § 75 II 3 c.
319 BGHZ 24, 21, 24; 74, 9, 14.
320 BGHZ 74, 9, 14 f.; 118, 201, 206 m.w.N.; BGH NJW 2003, 1934, 1935.
321 BGHZ 36, 18.

- Der Grundsatz findet aber nur dort Anwendung, wo durch § 823 geschützte Rechtsgüter oder Rechte desjenigen beeinträchtigt werden, der selbst (i.d.R. als Gegner) an dem Verfahren förmlich beteiligt ist: Der Gegner muss die Rechtsgutbeeinträchtigung nur deswegen ohne deliktsrechtlichen Schutz hinnehmen, weil er sich grundsätzlich gegen ungerechtfertigte Inanspruchnahme in dem Rechtspflegeverfahren selbst hinreichend wehren kann.

- **Stellungnahme** **195**

Die verschiedenen Auffassungen kommen im Rahmen des § 823 Abs. 1 i.d.R. nicht zu unterschiedlichen Ergebnissen: Tritt ein Verletzungserfolg ein, obwohl der Handelnde die im Verkehr erforderliche Sorgfalt beachtet hat, so entfällt seine Haftung aus § 823 Abs. 1 nach der Lehre vom Handlungsunrecht mangels Rechtswidrigkeit und nach der Lehre vom Erfolgsunrecht mangels Verschuldens.

Der Meinungsstreit wirkt sich jedoch auf das Ergebnis der Falllösung aus, wenn es um Ansprüche geht, bei denen die Rechtsordnung lediglich Rechtswidrigkeit voraussetzt, aber kein Verschulden verlangt (z.B. Beseitigungs- und Unterlassungsanspruch gemäß § 1004).

Gegen die **Lehre vom Handlungsunrecht** spricht, dass sie Verschuldenselemente in die Prüfung der Rechtswidrigkeit einbezieht und damit die in § 823 Abs. 1 deutlich getroffene Differenzierung in Tatbestandsmäßigkeit, Rechtswidrigkeit und Schuld aufhebt.[322]

Zudem führt dieser Ansatz zu dem wenig überzeugenden Ergebnis, dass gegen eine mit objektiver Sorgfalt vorgenommene, aber rechts(gut)verletzende Handlung ein Notwehrrecht zu versagen ist. Es muss aber demjenigen, dessen Recht oder Rechtsgut von einem anderen unmittelbar angegriffen wird, unabhängig davon, ob der „Angreifer" die im Verkehr erforderliche Sorgfalt beachtet hat oder nicht, ein Notwehrrecht zustehen.

Der Ansatz der **differenzierenden Auffassung**, bei mittelbaren Verletzungshandlungen eine objektive Pflichtverletzung zu verlangen, ist überzeugend. Fraglich ist allerdings, wo der richtige Standort dieser Erörterung ist. Zutreffend erscheint es, die **Begrenzung der Haftung bereits im Tatbestand unter dem Gesichtspunkt der Zurechnung** vorzunehmen. Nur dann kann der Tatbestand die ihm obliegende Aufgabe erfüllen, eine rechtlich relevante Auswahl zu treffen.

Wie bereits beim Unterlassungsdelikt hat somit auch bei der bloß mittelbaren Verletzungshandlung die Verkehrssicherungspflicht die Aufgabe, aus der Vielzahl rechtlich relevanter Handlungen diejenigen auszusondern, die einen die Rechtswidrigkeit indizierenden Tatbestand bilden.[323]

Es wurde daher bei der nur **mittelbar** schädigenden (fahrlässigen) Handlung bereits im Rahmen des **Tatbestands** unter dem Gesichtspunkt der **Zurechnung** der objektive Pflichtenverstoß geprüft. Geht man von diesem Aufbau aus, so ergibt sich für alle Fälle: **Die Tatbestandsmäßigkeit indiziert die Rechtswidrigkeit.**

---

322 Brox/Walker SchuldR BT § 45 Rn. 49; Hk-BGB/Staudinger § 823 Rn. 73; Jauernig/Teichmann § 823 Rn. 50; Palandt/Sprau § 823 Rn. 24.

323 Medicus/Petersen BR Rn. 646.

III. Anerkannte Rechtfertigungsgründe

Die Rechtfertigungsgründe des BGB[324]

196 **Notwehr**, § 227

1. Notwehrlage = gegenwärtiger rechtswidriger Angriff

Bei mehreren Schädigungshandlungen trifft den Verteidiger für jede einzelne die Beweislast, dass die Voraussetzungen einer Notwehrlage vorlagen.[325]

2. Objektiv erforderliche Verteidigungshandlung

Die Verteidigungshandlung muss überhaupt geeignet sein, den Angriff abzuwehren, und unter mehreren geeigneten Verteidigungsmitteln muss das mildeste gewählt werden. Ferner ist nach h.M. ein Verteidigungswille erforderlich, d.h. der Verteidiger muss auch subjektiv mit dem Willen handeln, den Angriff abzuwehren.[326]

Rechtswidrig handelt, wer irrig eine Notwehrlage annimmt (Putativnotwehr) oder wer die Grenzen der erforderlichen Verteidigung überschreitet (Notwehrüberschreitung). Er ist aber dann nicht schadensersatzpflichtig, wenn er irrig von einer Notwehrlage ausgeht und dieser Irrtum nicht auf Fahrlässigkeit beruht.[327]

197 **Verteidigungsnotstand**, § 228[328]

Z.B. des Briefträgers, der bei der Postzustellung von Hunden des Postempfängers angefallen und verletzt wird.[329]

1. Notstandslage = drohende Gefahr für ein Rechtsgut oder Recht des Handelnden oder eines Dritten durch eine fremde Sache

Die Gefahr muss nur drohen, d.h. unmittelbar bevorstehen, sie muss nicht gegenwärtig sein (anders bei §§ 227, 904). Die Gefahr muss von der Sache ausgehen, wobei umstritten ist, ob die beschädigte Sache selbst *unmittelbar* aus sich heraus die Gefahr begründen muss[330] oder ob es genügt, dass von der Sache *mittelbar* eine Kausalität für die Gefahr ausgeht.[331]

2. Notstandshandlung = Beschädigen oder Zerstören der Sache, von der die Gefahr ausgeht

Die Notstandshandlung muss zur Abwendung der Gefahr erforderlich, d.h. von einem Abwehrwillen getragen und objektiv geboten sein, und der durch die Abwehrhandlung verursachte Schaden darf den drohenden Schaden nicht unverhältnismäßig übersteigen.[332]

3. Für den im defensiven Notstand Handelnden besteht eine Schadensersatzpflicht, wenn er die Gefahr selbst verschuldet hat, § 228 S. 2.

198 **Aggressiver Notstand**, § 904

1. Notstandslage = gegenwärtige Gefahr für ein eigenes oder fremdes Recht oder Rechtsgut, die zur Schadensabwendung sofortige Abhilfe erfordert[333]

2. Notstandshandlung = eine zur Abwendung der gegenwärtigen Gefahr notwendige und mit Verteidigungswillen getragene Einwirkung auf die Sache; der drohende Schaden muss im Vergleich zu dem durch die Notstandshandlung verursachten Schaden unverhältnismäßig groß sein

---

324 Dazu im Einzelnen Schreiber Jura 1997, 29 ff.

325 BGH NJW 2008, 571.

326 BeckOK/Dennhardt § 227 Rn. 13; Grigoleit/Riehm Rn. 121; Palandt/Ellenberger § 227 Rn. 6.

327 BGH NJW 1987, 2509; OLG Düsseldorf OLG Report 1998, 261, 262.

328 S. dazu Pawlik Jura 2002, 26 ff.

329 OLG VersR 1996, 898.

330 Palandt/Grüneberg § 228 Rn. 6 m.w.N.

331 Soergel/Fahse § 228 Rn. 13; vgl. zum Streitstand Erman/Wagner § 228 Rn. 4 m.w.N.

332 Hk-BGB/Dörner § 228 Rn. 3.

333 Staudinger/Seiler § 904 Rn. 12.

3. Rechtsfolge: Der Eingriff in fremdes Eigentum ist unter den in 1. und 2. genannten Voraussetzungen rechtmäßig. Der Eigentümer muss die Einwirkung dulden. Er kann aber gemäß § 904 S. 2 Schadensersatz verlangen.

§ 904 ist analog anzuwenden bei Einwirkungen auf andere absolute Vermögensrechte (z.B. beschränkt dingliche Rechte) und den Besitz, nicht dagegen bei Eingriffen in höchstpersönliche Rechtsgüter.[334]

Beachte: § 904 *regelt die zur Abwehr einer gegenwärtigen Gefahr vorgenommene Einwirkung auf fremde* ***Sachen, von denen die Gefahr nicht ausgeht****, während* ***§ 228*** *demgegenüber die Einwirkung auf die* ***gefahrbringende Sache*** *behandelt.*

- **Selbsthilfe**, §§ 229 ff.[335] **199**

= Durchsetzung oder Sicherung eines Anspruchs durch private Gewalt

1. Eigener, in einem gerichtlichen Verfahren durchsetzbarer Anspruch
2. Obrigkeitliche Hilfe ist nicht rechtzeitig zu erlangen
3. Ohne sofortiges Eingreifen wäre die Verwirklichung des Anspruchs vereitelt oder erschwert
4. Selbsthilfemaßnahmen i.S.d. § 229
5. Grenzen der Selbsthilfe: Erforderlichkeit, § 230
6. Bei irrtümlicher Selbsthilfe Schadensersatzpflicht nach § 231

- **Wahrnehmung berechtigter Interessen** (Grundgedanke des § 193 StGB) **200**

- **Gesetzliche oder gewohnheitsrechtliche Eingriffsermächtigungen**, wie z.B. Festnahme nach § 127 StPO; Befugnisse des Gerichtsvollziehers nach der ZPO **201**

Derjenige, der sich eines staatlichen, gesetzlich geregelten Verfahrens zur Durchsetzung seiner Ansprüche oder berechtigten Interessen bedient, handelt – außer im Falle des § 826 – grundsätzlich nicht rechtswidrig. Dies gilt auch, wenn sich das Begehren nachträglich als sachlich nicht gerechtfertigt erweist und dem anderen Nachteile entstanden sind.[336] Die Grenze bilden Treu und Glauben: Bei einem willkürlich, leichtfertig oder mit unlauteren Mitteln in Gang gebrachten Verfahren ist die Vermutung der Rechtmäßigkeit widerlegt.[337]

- **Grundrechtlich geschützte Positionen**, wie z.B. Ausübung des Rechts auf Meinungsfreiheit (Art. 5 Abs. 1 S. 1 GG) oder auf Versammlungsfreiheit (Art. 8 GG) **202**

IV. Verkehrsrichtiges Verhalten

Streitig ist, ob **verkehrsrichtiges Verhalten** einen Rechtfertigungsgrund darstellt.[338] **203**

Beispiel:[339] Der Straßenbahnführer A fuhr an, nachdem der Schaffner sich vergewissert hatte, dass niemand mehr einsteigen wollte und das Klingelzeichen zur Abfahrt gegeben hatte. Etwa gleichzeitig entschloss sich der X, der mit mehreren Bekannten in der Nähe der Haltestelle stand, mit der Straßenbahn nach Hause zu fahren. Er lief der Bahn ein paar Schritte nach und sprang auf die anfahrende Bahn. Dabei rutschte er ab und wurde schwer verletzt.

Nach der Ansicht des BGH ist das verkehrsrichtige Verhalten des A ein Rechtfertigungsgrund. Die h.Lit. lehnt verkehrsrichtiges Verhalten als Rechtfertigungsgrund ab, es fehle in diesem Fall vielmehr das Ver-

334 Schreiber Jura 1997, 29, 33.
335 Duchstein JuS 2015, 105 ff.
336 BGHZ 74, 9, 13.
337 AG Hamburg VersR 1993, 1363, 1364 m.w.N.
338 BGHZ 24, 21 hat dies bejaht; vgl. dazu auch BGHZ 36, 237, 242; OLG Hamm NJW-RR 1998, 1402.
339 Nach BGHZ 24, 21.

schulden, da die im Verkehr erforderliche Sorgfalt eingehalten wurde (§ 276 Abs. 2).[340] Nach der hier vertretenen Ansicht erfolgt im vorstehenden Beispiel, bei dem eine nur mittelbare Verletzungshandlung durch A vorliegt, die Einschränkung der Verantwortlichkeit des A bereits im Tatbestand unter dem Gesichtspunkt der Zurechnung (s.o. Fall 13). Da A sich nicht objektiv pflichtwidrig verhalten hat, handelte er nicht tatbestandsmäßig.

V. Einwilligung bei ärztlichen Heileingriffen

204 Grundsätzlich ist auch ein kunstgerecht ausgeführter operativer Eingriff eine Körperverletzung. Sie ist jedoch gerechtfertigt, wenn der Patient zuvor eingewilligt hat.

Der Patient muss „im Großen und Ganzen" über Chancen und Risiken der Behandlung aufgeklärt werden. Dabei reicht in einfach gelagerten Fällen sogar eine telefonische Aufklärung, wenn der Patient damit einverstanden ist.[341] Nicht erforderlich ist die exakte medizinische Beschreibung der in Betracht kommenden Risiken, dem Patienten muss aber eine allgemeine Vorstellung von dem Ausmaß der mit dem Eingriff verbundenen Gefahren vermittelt werden.[342]

Auch die Aufklärung über bestehende unterschiedliche Behandlungsmöglichkeiten ist Voraussetzung für eine rechtmäßige Behandlung.[343] Bei Anwendung einer neuen medizinischen Behandlungsmethode ist der Patient darauf hinzuweisen, dass unbekannte Risiken derzeit nicht auszuschließen sind.[344]

Die Einwilligung muss rechtzeitig abgegeben werden, nicht erst auf dem Weg in den Operationssaal.[345] Bei einem Minderjährigen ist die Einsichts- und Urteilsfähigkeit maßgeblich.[346]

Erklärt ein Patient, er wolle sich nur von einem bestimmten Arzt operieren lassen, darf ein anderer Arzt den Eingriff nicht vornehmen. Ist ein Eingriff durch einen bestimmten Arzt, regelmäßig den Chefarzt, vereinbart oder konkret zugesagt, muss der Patient rechtzeitig aufgeklärt werden, wenn ein anderer Arzt an seine Stelle treten soll.[347]

VI. Handeln auf eigene Gefahr

205 Ein Handeln auf eigene Gefahr liegt vor, wenn sich jemand ohne triftigen Grund in eine Situation drohender Eigengefährdung begibt, obwohl er die durch einen anderen gesetzten und beherrschbaren besonderen Umstände kennt, die für ihn eine konkrete Gefahrenlage begründen.[348]

206 Fraglich ist, ob ein solches Handeln auf eigene Gefahr die Rechtswidrigkeit entfallen lässt oder nur einen Mitverschuldensvorwurf gegen den Geschädigten begründet.[349]

- Eine **rechtfertigende Einwilligung** durch ein „Handeln auf eigene Gefahr" kann **nur in seltenen Ausnahmefällen** angenommen werden. Sie setzt voraus, dass das Verhalten des Geschädigten ohne künstliche Unterstellung als Einwilligung in die als möglich vorgestellte Rechts(gut)verletzung aufgefasst werden kann, dass ihm die

340 Vgl. z.B. Brox/Walker SchuldR BT § 41 Rn. 48.

341 BGH NJW 2010, 2430; krit. zur Rspr. des BGH bzgl. der Patientenaufklärung Borgmann NJW 2010, 3190.

342 BGH NJW 2019, 2320.

343 BGH NJW 2005, 1718; BGH JA 2019, 304.

344 BGH NJW 2007, 2767: Aufklärungspflicht bei einem in der Zulassungsphase befindlichen Medikament; BGH NJW 2019, 1076: Aufklärungspflicht bei freiwilligen Organspenden; BGH NJW 2020, 1358: Aufklärungspflicht über nicht allgemein anerkannte Behandlungsmethode.

345 BGH JZ 1993, 312, 313; BGH NJW 1998, 1784.

346 BGH FamRZ 1959, 200; vgl. dazu BGH NJW 2007, 217.

347 BGH RÜ 2016, 765, 766.

348 BGHZ, 34, 355, 358.

349 Wandt § 16 Rn. 163.

Verfügungsgewalt über das Rechtsgut oder Recht zusteht und er die erforderliche Einsichtsfähigkeit besessen hat.

- Wenn der später Verletzte nur darauf vertraut, es werde nichts passieren, kann nicht von einer rechtfertigenden Einwilligung ausgegangen werden. Das Handeln auf eigene Gefahr kann aber als **schuldhafte Selbstgefährdung** unter **§ 254** fallen.[350]

VII. Sportverletzung[351]

Bei welchem Tatbestandsmerkmal die Frage zu erörtern ist, ob und in welchem Umfang ein Sportler haftet, wenn er bei der Sportausübung einen anderen Sportler verletzt, wird nicht einheitlich beurteilt:

- Eine **Rechtfertigung** aus dem Gesichtspunkt der **Einwilligung des Verletzten** **207**
  scheidet bei Sportverletzungen i.d.R. als „künstliche Unterstellung" aus und kommt nur bei ausgesprochen gefährlichen Sportarten (Box- und Ringkämpfe, waghalsige Felskletterei) in Betracht.[352]

- Der **BGH** geht bei **Kampfsportarten** (z.B. Judo, Fußball, Handball, Basketball, Eisho- **208**
  ckey) in st.Rspr. davon aus, dass bei Verletzungen, die **bei regelgerechtem Spiel oder bei geringfügigen Regelverletzungen** zustandekommen, eine **Haftung** des Schädigers **gemäß § 242 ausgeschlossen** ist.[353] Das kämpferische Element dieser Sportarten führt zu häufig unvermeidbaren Verletzungen, mit deren Eintritt jeder Spieler rechnet und die er in Kauf nimmt. Da sich jeder Teilnehmer bewusst ist, dass auch sein Verhalten zu solchen Verletzungen bei anderen führen kann, verstößt es – unabhängig von der Frage, ob eine Haftung schon auf Tatbestandsebene oder mangels Rechtswidrigkeit zu verneinen ist – jedenfalls gegen das Verbot des treuwidrigen Selbstwiderspruchs (venire contra factum proprium), wenn der Geschädigte den Schädiger auf Schadensersatz in Anspruch nimmt.

  Beim Fußballspiel gelten mangels abweichender Absprachen die Regeln des DFB, und zwar auch bei einem Spiel unter Kindern oder Jugendlichen.[354] Ein geringfügiger Regelverstoß, der nicht zu einer Haftung führt, liegt z.B. vor, wenn ein Spieler beim Kampf um den Ball seinem Gegenspieler von der Seite in die Beine grätscht,[355] während beim Grätschen von hinten ein schwerer Regelverstoß gegeben ist, der i.d.R. eine Haftung rechtfertigt.[356]

  Der BGH hat klargestellt, dass die Grundsätze, die er zur Inkaufnahme von Schädigungen bei regelgerechtem Kampfspiel entwickelt hat, allgemein für Wettkämpfe mit nicht unerheblichem Gefahrenpotential gelten, bei denen typischerweise auch bei Einhaltung der Wettkampfregeln oder geringfügiger Regelverletzung die Gefahr gegenseitiger Schadenszufügung besteht.[357]

---

350 OLG Düsseldorf OLG Report 2000, 349, 350.
351 Kreutz JA 2011, 337.
352 BGHZ 34, 355, 363; 63, 140, 144.
353 BGHZ 34, 355, 363; 63, 140, 144.
354 OLG Düsseldorf NJW-RR 2000, 1115.
355 OLG Düsseldorf NJW-RR 2000, 1115.
356 OLG Hamm VersR 1999, 461; OLG Stuttgart MDR 2000, 1014; OLG Hamm RÜ 2013, 15.
357 BGH RÜ 2003, 356 so auch OLG Oldenburg RÜ 2016, 620 ff.

Beachte: *Der Haftungsausschluss gilt nach der Rspr. des BGH jedoch nicht, soweit Versicherungsschutz besteht, da es nicht dem Willen der Beteiligten entspreche, den Haftpflichtversicherer zu entlasten. Auch der Umstand, dass bei Inanspruchnahme der Versicherung ein teilweiser Verlust des Schadensfreiheitsrabatts des Schädigers bewirkt werde, mache das Schadensersatzverlangen des Geschädigten nicht treuwidrig, weil dies keine unzumutbare Belastung des Schädigers darstelle.*[358]

Bei Sportarten, die nicht zu den Kampfsportarten gehören, sondern in den Bereich der **„parallelen" Sportausübungen** einzureihen sind, bei denen Körperkontakte und Verletzungen typischerweise nicht eintreten, wie z.B. beim Golfspiel, darf jeder Teilnehmer auf die volle Regeleinhaltung vertrauen und er hat seinerseits Regelverletzungen zu vertreten.[359]

209 ■ Im **Schrifttum** wird diese Problematik teilweise in der Rechtswidrigkeit erörtert,[360] andere diskutieren die Frage im Rahmen des Verschuldens.[361]

Fall 17: Fehlende Sicherung

Die K und der B begaben sich in den DAV-Klettergarten in I – eine Anlage mit alpinem Charakter, in der nach der Benutzungsordnung des Betreibers das Klettern auf eigene Gefahr erfolgt. K und B haben vor Kletterbeginn keine besonderen Absprachen getroffen.

K kletterte eine Wand hinauf und wurde dabei von B mit einem Sicherungsseil im sogenannten „Top-Rope"-Verfahren, bei dem das Klettergeschirr an dem Sicherungsseil angebracht ist, das nach oben und über einen Umlenker an der Wand wieder nach unten verläuft, von unten gesichert. Als die K oben angekommen war und den Umlenker erreicht hatte, löste der B – unstreitig, ohne dass die K zuvor das in der Kletterpraxis hierfür vorgesehene Kommando „Stand!" gerufen hatte – die Seilbremse und K fiel aus ca. 15 Metern Höhe auf den Boden, wobei sie sich schwer verletzte.

B behauptet, K habe – bevor er die Sicherung beendet habe – „Okay" gerufen, ferner habe er selber vor dem Lösen der Seilbremse „Seil frei" gerufen.

Steht K gegen B ein Anspruch auf Schadensersatz wegen ihrer bei dem Kletterunfall erlittenen Verletzungen zu? (Nach OLG Hamm RÜ 2014, 146)

A. K könnte gegen B ein Schadensersatzanspruch aus **§ 823 Abs. 1** zustehen.

I. Dazu müssen die **Voraussetzungen** des haftungsbegründenden Tatbestands vorliegen.

1. K hat eine schwere **Körper- und Gesundheitsverletzung** erlitten.

2. B hat den Sturz der K und damit auch ihre Verletzungen **äquivalent und adäquat** dadurch **verursacht**, dass er die Seilbremse gelöst hat, bevor die K das Kommando „Stand" gegeben hatte.

---

358 BGH RÜ 2008, 358; so auch OLG Frankfurt NJW 2020, 2277.

359 OLG Hamm VersR 1998, 67, 68.

360 Wandt § 16 Rn. 164, 165, 166; Wilms JR 2007, 95 ff.

361 Palandt/Sprau § 823 Rn. 215–217.

3. Die Verwirklichung des Tatbestands indiziert grundsätzlich die **Rechtswidrigkeit**. Es könnte jedoch eine **rechtfertigende Einwilligung** der K durch ihren freiwilligen Entschluss, in der Anlage in I zu klettern, vorliegen. 210

   Einerseits hat sich K durch ihr Verhalten – eigener Entschluss zu der Klettertour – freiwillig selbst gefährdet. Andererseits ist fraglich, ob K durch dieses Verhalten auch in den Verletzungserfolg – Körper- und Gesundheitsverletzung – eingewilligt hat.

   Von einer Einwilligung in den Verletzungserfolg kann bei einer freiwilligen Selbstgefährdung (Handeln auf eigene Gefahr) nach st.Rspr. nur ausgegangen werden, wenn das Verhalten des Verletzten die Einwilligung in den Verletzungserfolg „ohne künstliche Unterstellung" nahe legt.

   Zwar ist jedem Kletterer bewusst, dass es zu Verletzungen durch Stürze – auch infolge der Unaufmerksamkeit desjenigen, der die Absicherung des Kletternden übernommen hat – kommen kann. Aus der Tatsache, dass man trotz dieses erkennbaren Risikos eine Klettertour unternimmt, kann jedoch nicht geschlossen werden, dass man mit etwaigen Verletzungen auch einverstanden ist. Man vertraut vielmehr darauf, dass der Sichernde aufmerksam ist und daher nichts passieren wird.

   K hat folglich nicht in den Verletzungserfolg eingewilligt, sodass das Verhalten des B rechtswidrig war.

4. B hat die Sicherung der K durch Lösen der Seilbremse beendet, ohne dass die K zuvor das in der Kletterpraxis hierfür vorgesehene Kommando „Stand" gegeben hat. K und B hatten vor Kletterbeginn auch keine besonderen Absprachen getroffen, sodass dem Ruf „Okay", den die K nach der Behauptung des B getätigt haben soll, auch nicht die Bedeutung zukommen konnte, der B könne die Sicherung beenden. Folglich hat B die im Verkehr erforderliche Sorgfalt außer Acht gelassen, handelte somit fahrlässig i.S.v. § 276 Abs. 2 und daher **schuldhaft**.

II. Als **Rechtsfolge** („haftungsausfüllender Tatbestand") kann K von B gemäß §§ 249 ff. Ersatz des durch die Körper- und Gesundheitsverletzung entstandenen Schadens verlangen.

1. Die Haftung des B könnte jedoch **gemäß § 242 ausgeschlossen** sein. 211

   Ein Haftungsausschluss bzw. eine Haftungsbeschränkung wird in der Rspr. insbesondere bei sportlichen Kampfspielen bejaht, da die Teilnehmer grundsätzlich Verletzungen in Kauf nähmen, die auch bei regelgerechtem Spiel nicht zu vermeiden seien; dementsprechend komme ein Schadenersatzanspruch gegen einen Mitspieler nur dann in Betracht, wenn der Geschädigte nachweise, dass dieser eine erhebliche Regelverletzung begangen habe. Es verstoße gegen Treu und Glauben, wenn der Geschädigte den Schädiger in Anspruch nehme, obwohl er ebenso gut in dessen Lage hätte kommen können.

   Fraglich ist, ob diese Grundsätze auf das Verhältnis des Kletternden und des ihn Absichernden anwendbar sind.

Es ist zweifelhaft, ob beim Klettern mit wechselseitiger Absicherung eine vergleichbare Gefahrensituation gegeben ist, da mangels sportlicher Interaktion der Beteiligten die damit verbundenen Verletzungsrisiken nicht entstehen. Vielmehr besteht eine strikte Aufgabenteilung in der Form, dass sich der Kletternde voll auf das Klettern und der Sichernde ausschließlich auf die Sicherung des Kletternden konzentrieren kann.[362]

Letztlich kann diese Frage aber dahinstehen, da ein Haftungsausschluss bzw. eine Haftungsbeschränkung nach den o.g. Grundsätzen jedenfalls deshalb nicht in Betracht kommt, weil der Sturz der K durch eine gewichtige Regelverletzung des B verursacht worden ist. Auch bei Sportarten mit erheblichem Gefährdungs- und Verletzungspotential werden von dem Geschädigten nur solche Verletzungen in Kauf genommen, die auch bei regelgerechtem Verhalten nicht zu vermeiden sind. Verletzungen, die auf schwerwiegenden Regelverletzungen basieren, werden demgegenüber nicht akzeptiert.

Der Umstand, dass B unstreitig die Sicherung gelöst hat, ohne dass die K ihm zuvor das in der Kletterpraxis hierfür vorgesehene Kommando „Stand" gegeben hat, stellt im Hinblick auf die Gefahren und Verletzungsrisiken einen erheblichen Regelverstoß dar.[363]

Demnach ist die Haftung des B nicht gemäß § 242 beschränkt oder ausgeschlossen.

2. Es steht nicht fest, ob die K den Zuruf des B "Seil frei!" wahrgenommen hat bzw. bei Anwendung der erforderlichen Sorgfalt hätte wahrnehmen können und hierauf nicht entsprechend reagiert hat. Demzufolge ist der Anspruch auch nicht wegen Mitverschuldens der K gemäß § 254 Abs. 1 zu kürzen.

K steht daher wegen ihrer bei dem Kletterunfall erlittenen Verletzungen gegen B ein Schadensersatzanspruch aus § 823 Abs. 1 zu.

B. Daneben steht K gegen B ein Anspruch auf Schadensersatz **aus § 823 Abs. 2 i.V.m. § 229 StGB** zu.

D. Verschulden, Billigkeitshaftung

212 Für eine Haftung aus § 823 Abs. 1 ist neben der Verwirklichung des objektiven Tatbestands und der Rechtswidrigkeit schließlich noch ein Verschulden des Schädigers erforderlich. Dies setzt zunächst **Verschuldensfähigkeit** (Deliktsfähigkeit) des Täters voraus (dazu unter Rn. 213 ff.) und es muss eine der in § 823 Abs. 1 genannten **Schuldformen** – Vorsatz oder Fahrlässigkeit – vorliegen (dazu unter Rn. 229 ff.).[364]

362 OLG Hamm RÜ 2014, 146, 147.
363 OLG Hamm RÜ 2014, 146, 148.
364 Walker AL 2015, 109 ff.

I. Verschuldensfähigkeit (Deliktsfähigkeit), §§ 827, 828

Bei der Beurteilung der Deliktsfähigkeit muss gemäß §§ 827, 828 zwischen verschuldensunfähigen, beschränkt verschuldensfähigen und verschuldensfähigen Personen differenziert werden: 213

1. Verschuldensunfähige Personen

Deliktsunfähig sind 214

- alle Personen **vor Vollendung des siebenten Lebensjahres**, § 828 Abs. 1,
- **sowie diejenigen, die im Zustand der Bewusstlosigkeit oder in einem die freie Willensbestimmung ausschließenden Zustand krankhafter Störung der Geistestätigkeit gehandelt haben**, § 827 S. 1.

  Das Gesetz nimmt jedoch Verschulden in Form von Fahrlässigkeit an, wenn der Schädiger diesen Zustand vorübergehend dadurch herbeigeführt hat, dass er sich schuldhaft durch geistige Getränke oder ähnliche Mittel berauscht hat, **§ 827 S. 2.**

2. Beschränkt verschuldensfähige Personen

a) Beschränkte Verschuldensfähigkeit gemäß § 828 Abs. 3

Kinder und Jugendliche, die das **siebente, aber noch nicht das achtzehnte Lebensjahr vollendet haben**, sind gemäß § 828 Abs. 3 **nicht deliktsfähig, wenn sie** bei Begehung der schädigenden Handlung **nicht die zur Erkenntnis der Verantwortlichkeit erforderliche Einsicht haben.** 215

Die zur Erkenntnis der Verantwortlichkeit erforderliche Einsicht besitzt derjenige, der nach seiner geistigen Entwicklung fähig ist zu erkennen, dass sein Verhalten Unrecht ist und er verpflichtet ist, für die Folgen seines Verhaltens einzustehen.[365] Auf das Vorliegen der nötigen Reife, sich dieser Einsicht gemäß zu verhalten, kommt es im Rahmen des § 828 Abs. 3 nicht an.[366]

Beachte: *Die Formulierung in § 828 Abs. 3 (doppelte Verneinung: „... nicht verantwortlich, wenn nicht ...") zeigt, dass der Gesetzgeber grundsätzlich von der Verschuldensfähigkeit des Kindes oder Jugendlichen ausgeht. Der Schädiger muss im Streitfall diese Vermutung widerlegen und seine mangelnde Einsichtsfähigkeit darlegen und beweisen.*[367] 216

b) Deliktsfähigkeit für das Verkehrsgeschehen, § 828 Abs. 2

Der Gesetzgeber hat eine Sonderregelung über die Deliktsfähigkeit Minderjähriger im Verkehrsgeschehen geschaffen, um die haftungsrechtliche Situation von Kindern bei Unfällen im Straßenverkehr zu verbessern: 217

- Gemäß § 828 Abs. 2 sind **Kinder und Jugendliche, die das siebente, aber nicht das zehnte Lebensjahr vollendet haben, für Schäden, die sie bei Unfällen im Stra-** 218

365 BGH NJW 1984, 1958; OLG Hamm VersR 1995, 56 m.w.N.; LG Osnabrück NJW 2007, 522.
366 BGH NJW 1970, 1038, 1039; NJW 1984, 1958.
367 Fuchs/Pauker/Baumgärtner Kap. 2 A II. 4.1.1; Jauernig/Teichmann § 828 Rn. 3.

ßen- und Bahnverkehr einem anderen zufügen, nicht verantwortlich, wenn sie die Verletzung nur fahrlässig herbeigeführt haben.

Die Regelung beruht nach der Gesetzesbegründung darauf, dass nach den Erkenntnissen der Entwicklungspsychologie Kinder aufgrund ihrer physischen und psychischen Fähigkeit regelmäßig frühestens ab dem vollendeten 10. Lebensjahr imstande sind, die besonderen Gefahren des motorisierten Verkehrs (Entfernung, Geschwindigkeit) zu erkennen und sich den erkannten Gefahren entsprechend zu verhalten.[368]

219 **Beispiel: Unvorsichtiges Kind**

Der neunjährige M läuft zwischen zwei parkenden Autos hindurch auf die Straße, ohne auf den Verkehr zu achten. Autofahrer A kann dies erst in letzter Sekunde erkennen. Um M nicht zu gefährden, reißt A das Steuer seines Wagens herum und fährt gegen einen Baum. Der Wagen erleidet erhebliche Schäden, M bleibt unverletzt. Bestehen deliktische Ansprüche des A gegen den M auf Ersatz des am Pkw entstandenen Schadens?

Ein Anspruch des A gegen den nicht vorsätzlich handelnden M aus **§ 823 Abs. 1** auf Ersatz für die Schäden am Pkw scheidet wegen § 828 Abs. 2 S. 1 aus. In Betracht kommen kann allenfalls eine deliktische Haftung des Aufsichtspflichtigen nach **§ 832** oder eine Billigkeitshaftung nach **§ 829**.

220 **Exkurs:** Anspruch des A gegen den M **aus GoA** gemäß §§ 677, 683 S. 1, 670?

Grundsätzlich kommt bei der „Selbstaufopferung im Straßenverkehr bei kritischer Gefahrenlage" nach h.Lit. und h.Rspr. ein solcher Anspruch in Betracht.[369] Ein fremdes Geschäft stellt das Ausweichmanöver des Autofahrers zum Schutze des Lebens und der Gesundheit des anderen Verkehrsteilnehmers jedoch nur dann dar, wenn der Kraftfahrer im Falle eines Zusammenstoßes mit diesem für dessen Schäden nicht gehaftet hätte. Würde ihn eine Haftung treffen, so stellt das Ausweichmanöver ein eigenes Geschäft des Fahrers dar: Er verhindert dadurch, dass er ersatzpflichtig wird. Infolgedessen entspricht es st.Rspr. und h.Lit., dass ein Anspruch aus GoA bei Selbstaufopferung im Straßenverkehr nicht besteht, wenn der Anspruchsteller den Entlastungsbeweis nach § 7 Abs. 2 StVG nicht führen kann.[370] In einem solchen Fall lässt das Gesetz den Kfz-Halter für den Schaden einstehen, der einem anderen durch den Betrieb des Kfz entsteht. Dann muss der Halter erst recht den eigenen Schaden tragen, der dadurch entsteht, dass er versucht, den sonst ihm selbst zur Last fallenden fremden Schaden zu vermeiden. Es geht nicht an, über die GoA-Regeln die vom Gesetz gewollte Risikoverteilung zu verschieben.[371]

Wäre A nicht ausgewichen, sondern hätte er M angefahren und verletzt, müsste er M die daraus entstandenen Schäden gemäß § 7 Abs. 1 StVG ersetzen. Die Ersatzpflicht des A wäre insbesondere nicht gemäß § 7 Abs. 2 StVG ausgeschlossen, da das plötzliche Hervortreten eines Kindes zwischen parkenden Fahrzeugen nicht so außergewöhnlich ist, dass höhere Gewalt anzunehmen wäre.[372]

Folglich ist das Ausweichmanöver des A kein fremdes, sondern ein eigenes Geschäft gewesen, sodass auch ein Ersatzanspruch aus §§ 677, 683 S. 1, 670 ausscheidet.[373]

221 ■ § 828 Abs. 2 ist auch für den Mitverschuldenseinwand (§ 254, § 9 StVG, § 4 HaftpflG) maßgebend. Dies führt dazu, **dass Kindern unter zehn Jahren in den Fällen des § 828 Abs. 2 S. 1 ein Mitverschulden nicht entgegengehalten werden kann.**

Beispiel: Im vorangegangenen Beispiel hätte A bei hinreichender Sorgfalt noch abbremsen können. Da er dies fahrlässig versäumt hat, verletzt er den neunjährigen M.

A haftet dem M aus § 823 Abs. 1 und §§ 7, 18 StVG. Ein Mitverschulden kann dem M wegen des § 828 Abs. 2 S. 1 analog nicht entgegengehalten werden.

368 BT-Drs. 14/7752, S. 26.

369 BGHZ 38, 270 ff. m.w.N.

370 BGHZ 38, 270, 273; Palandt/Sprau § 677 Rn. 6.

371 BGHZ 38, 270, 273.

372 Hentschel/König § 7 StVG Rn. 35.

373 Vgl. dazu OLG Oldenburg RÜ 2005, 75.

Daraus kann jedoch nicht hergeleitet werden, dass ein Kraftfahrer bei einem Verkehrsunfall mit einem Jugendlichen stets für die Betriebsgefahr seines Kfz einzustehen hat, wenn der Unfall nicht auf höhere Gewalt zurückzuführen ist.[374] Wäre im obigen Beispiel der Unfall mit einem gemäß § 828 Abs. 3 deliktsfähigen 16-jährigen Jugendlichen geschehen, so würde der Anspruch wegen Mitverschuldens des Jugendlichen gemäß § 254 (i.V.m. § 9 StVG) gekürzt.

- Die Deliktsfähigkeit wird **nicht** auf das vollendete 10. Lebensjahr **heraufgesetzt**, wenn das Kind die Verletzung **vorsätzlich** herbeigeführt hat, § 828 Abs. 2 S. 2. **222**

Beispiel: Ein Neunjähriger wirft von einer Autobahnbrücke Steine auf fahrende Autos. – Der Neunjährige haftet gemäß § 823 Abs. 1.[375]

- Da § 828 Abs. 2 der Erkenntnis Rechnung tragen soll, dass Kinder bis zur Vollendung des 10. Lebensjahres die Gefahren des *motorisierten* Straßenverkehrs nicht richtig einschätzen können, muss der Anwendungsbereich der Vorschrift im Wege der **teleologischen Reduktion** eingeschränkt werden: die Regelung ist nur anwendbar, wenn sich eine **typische Überforderungssituation des Kindes durch die spezifischen Gefahren des motorisierten Verkehrs realisiert** hat.[376] **223**

Beispiel: Ein Neunjähriger beschädigt auf der Fahrt von der Schule nach Hause mit seinem Fahrrad ein ordnungsgemäß am Straßenrand geparktes Fahrzeug. – Das Kind haftet aus § 823 Abs. 1. Ein Haftungsausschluss gemäß § 828 Abs. 2 kommt zwar vom Wortlaut der Norm in Betracht, entspricht aber nicht dem Sinn und Zweck der Regelung. Kollisionen mit ordnungsgemäß geparkten Pkw ohne Beteiligung des fließenden Verkehrs in den Schutzbereich des § 828 Abs. 2 einzubeziehen, entspricht weder dem Willen des Gesetzgebers noch besteht ein Bedürfnis dafür, da die Fehlleistung des Kindes hier nicht auf den besonderen Gefahren des fließenden Straßenverkehrs beruht.[377] **224**

Beachte: *Der BGH hat klargestellt, dass der Geschädigte, der sich darauf beruft, dass die Haftungsfreistellung des § 828 Abs. 2 S. 1 zugunsten des Kindes wegen der nach dem Normzweck vorzunehmenden teleologischen Reduktion nicht zur Anwendung kommt, darzulegen und zu beweisen hat, dass sich nach den Umständen des Einzelfalls die typische Überforderungssituation des Kindes durch die spezifischen Gefahren des motorisierten Verkehrs bei dem Unfall nicht realisiert hat.*[378] **225**

Fall 18: Riskante Schieberei

Am 09.09.2020 befuhr K mit seinem Fahrzeug eine Straße, die in einer 30 km/h-Zone liegt. Dort kam ihm auf dem Bürgersteig entgegen der Fahrtrichtung eine Gruppe Kinder entgegen, unter denen sich auch der damals 8-jährige B mit seinem Fahrrad befand.

B lief der Gruppe vorweg und schob sein Fahrrad unter Anfeuerung der übrigen Kinder so schnell er konnte vor sich her und hat es dann in der Absicht losgelassen, es allein vorweg rollen zu lassen. Das Fahrrad fuhr daraufhin ein Stück geradeaus, knickte mit dem Lenker nach links ein und geriet auf die Fahrbahn, wo es mit dem vorbeifahrenden Fahrzeug des K kollidierte.

374 LG Bielefeld RÜ 2004, 472.
375 BT-Drs. 14/7752, S. 27.
376 BGH RÜ 2005, 128 und RÜ 2005, 128.
377 LG Koblenz NJW 2004, 858.
378 BGH RÜ 2009, 631– Bspr. Oechsler NJW 2009, 3185.

Durch den Zusammenstoß entstand am Kfz des K ein Schaden i.H.v. 1.200 €. Darüber hinaus entstanden dem K Kosten für die Einholung eines Sachverständigengutachtens i.H.v. 350 €.

Steht dem K gegen B ein Schadensersatzanspruch für den Sachschaden am Fahrzeug und die Gutachterkosten zu? (nach BGH RÜ 2008, 87)

A. K könnte ein Schadensersatzanspruch für den Sachschaden am Auto i.H.v. 1.200 € und die Gutachterkosten i.H.v. 350 € gegen B **gemäß § 823 Abs. 1** zustehen.

I. Das Eigentum des K ist durch ein rechtswidriges Verhalten des B beschädigt worden.

II. B muss jedoch auch schuldhaft gehandelt haben. Dies setzt zunächst voraus, dass B **schuldfähig** war.

226 Die **Verantwortlichkeit** des zum Unfallzeitpunkt 8-jährigen B könnte **gemäß § 828 Abs. 2 S. 1** ausgeschlossen sein. Danach sind Minderjährige, welche das 7., nicht jedoch das 10. Lebensjahr vollendet haben, für einen Schaden, welchen sie „bei einem Unfall mit einem Kraftfahrzeug" einem anderen zufügen, nicht verantwortlich. Diese Privilegierung gilt gemäß § 828 Abs. 2 S. 2 jedoch nicht, wenn sie vorsätzlich gehandelt haben.

Der 8-jährige B hat im öffentlichen Straßenverkehr den Pkw des K beschädigt und es ist nicht ersichtlich, dass er diese Beschädigung vorsätzlich herbeigeführt hat. Maßgeblich ist somit, ob es sich bei der Beschädigung des Fahrzeugs des K um einen „Unfall mit einem Kraftfahrzeug" handelte. Dies ist durch **Auslegung des § 828 Abs. 2 S. 1** zu ermitteln.

Stellt man allein auf den **Wortlaut** der Norm ab, so ist der Zusammenstoß des weiterrollenden Fahrrads mit dem vorbeifahrenden Kfz des K ein plötzliches, örtlich und zeitlich bestimmtes, unfreiwilliges, auf äußerer Einwirkung beruhendes Ereignis und damit ein „Unfall mit einem Kraftfahrzeug".

227 Der Gesetzgeber wollte jedoch mit der Einführung des § 828 Abs. 2 der Erkenntnis Rechnung tragen, dass Kinder bis zur Vollendung des 10. Lebensjahres die Gefahren des motorisierten Straßenverkehrs nicht richtig einschätzen können, sodass der Anwendungsbereich der Vorschrift im Wege **teleologischer Reduktion** eingeschränkt werden muss: die Regelung ist **nur anwendbar, wenn sich eine typische Überforderungssituation des Kindes durch die spezifischen Gefahren des motorisierten Verkehrs realisiert hat**. Infolgedessen ist die Regelung z.B. nicht anwendbar, wenn ein 7 bis 9-Jähriger mit einem ordnungsgemäß geparkten Kfz kollidiert.[379]

Fraglich ist daher, ob sich bei der Kollision des Fahrrads des B mit dem Kfz des K eine „besondere Überforderungssituation durch die spezifischen Gefahren des motorisierten Verkehrs" realisiert hat.

---

379 BGH RÜ 2005, 128.

Dafür könnte sprechen, dass B, als er sein Fahrrad losgelassen hat, möglicherweise die Geschwindigkeit und die Entfernung des herannahenden Fahrzeugs des K falsch eingeschätzt und deshalb nicht damit gerechnet hat, dass sein führungsloses Fahrrad gerade zu dem Zeitpunkt auf die Fahrbahn geraten könnte, in dem das Kfz des K vorbeifährt. Andererseits könnte B auch gar nicht damit gerechnet haben, dass sein Fahrrad nach dem Loslassen auf die Straße rollen könnte, sodass der Unfall nicht auf eine Fehleinschätzung der Verkehrssituation durch B zurückzuführen ist.

Nach Auffassung des BGH hat sich jedoch auch in diesem Fall eine Gefahr verwirklicht, die daraus herrührt, dass Kinder in dem entsprechenden Alter wegen ihres Lauf- und Erprobungsdrangs und ihres gruppendynamischen Verhaltens oft zu einem verkehrsgerechten Verhalten nicht in der Lage sind.[380] **Es komme nicht darauf an, ob sich die Überforderungssituation bei dem Unfall konkret ausgewirkt habe, da der Gesetzgeber diese Fallgestaltungen einheitlich geregelt habe, um eine klare Grenzlinie für die Haftung von Kindern zu ziehen.**[381]

§ 828 Abs. 2 ist somit nicht teleologisch zu reduzieren, sodass die Deliktsfähigkeit des B ausgeschlossen ist, und K daher mangels Verschuldensfähigkeit des B kein Anspruch auf Schadensersatz aus § 823 Abs. 1 zusteht.

B. Ein Schadensersatzanspruch des K gegen B aus **§ 823 Abs. 2 i.V.m. § 1 Abs. 2 StVO** scheitert ebenfalls an der fehlenden Deliktsfähigkeit des B.

---

3. Verschuldensfähige Personen

Alle Personen, bei denen die Ausnahmen der §§ 827, 828 nicht eingreifen, sind verschuldensfähig. **228**

II. Grad des Verschuldens

Gemäß **§ 276 Abs. 1 S. 1** hat der Schuldner **Vorsatz** und **Fahrlässigkeit** zu vertreten. Diesen Maßstab hat der Gesetzgeber in § 823 Abs. 1 übernommen.

- **Vorsatz** bedeutet **Wissen und Wollen der objektiven Tatbestandsmerkmale des jeweiligen Unrechtstatbestands und das Bewusstsein der Rechtswidrigkeit.** **229**

  Für § 823 Abs. 1 gilt somit die Vorsatztheorie. Ein Irrtum über die Rechtswidrigkeit – auch Verbotsirrtum – schließt also immer den Vorsatz aus.[382]

  Im Falle des § 823 Abs. 1 muss sich der Vorsatz auf die Verletzung eines der von dieser Vorschrift erfassten Rechte oder Rechtsgüter beziehen (= haftungsbegründender Tatbestand), nicht dagegen auf den sich daraus ergebenden weiteren Schaden (= haftungsausfüllender Tatbestand).[383]

---

380 BGH RÜ 2008, 87, 88, 89.

381 BGH RÜ 2008, 87, 89.

382 RGZ 72, 4, 6; BGHZ 69, 128, 142 f.; Palandt/Grüneberg § 276 Rn. 11 m.w.N.

383 Soergel/Spickhoff § 823 Rn. 141 m.w.N.

230 ■ **Fahrlässig handelt nach § 276 Abs. 2, wer die im Verkehr erforderliche Sorgfalt außer Acht lässt.** Die Sorgfaltspflichtverletzung muss – wie beim Vorsatz – in Bezug zu den objektiven Tatbestandsmerkmalen, aus denen sich die Rechtswidrigkeit ergibt, stehen.[384] Im Fall des § 823 Abs. 1 muss sich die Fahrlässigkeit somit auf die Verletzung eines der in § 823 Abs. 1 geschützten Rechte oder Rechtsgüter beziehen.[385]

231 ▪ Grundsätzlich haftet der Schädiger für jede Fahrlässigkeit. Es gilt der sogenannte **objektivierte Fahrlässigkeitsmaßstab:** Fahrlässigkeit liegt vor, wenn der Schuldner diejenige Sorgfalt außer Acht gelassen hat, die von einem Angehörigen dieser Menschengruppe (Berufsgruppe, Gruppe von Verkehrsteilnehmern usw.) in der jeweiligen konkreten Situation erwartet wird.

Da die Objektivierung des Fahrlässigkeitsbegriffs dem Schutz des Rechtsverkehrs dient, ist es möglich, die Sorgfaltsanforderungen wegen besonderer Fähigkeiten und Kenntnisse des Schädigers zu erhöhen (z.B. besondere Ortskenntnis).[386]

Es ist darauf zu achten, dass man zwischen der Feststellung der Deliktsfähigkeit (oben Rn. 213 ff.) und der Fahrlässigkeit trennen muss. So kann es durchaus sein, dass die Deliktsfähigkeit eines Minderjährigen nicht auszuschließen, aber ein fahrlässiges Verhalten unter Berücksichtigung seines Alters nicht anzunehmen ist.

Beispiel:[387] Ein zehnjähriges Kind ist von zu Hause weggelaufen, hat sein Meerschweinchen mitgenommen, übernachtet in einer Scheune, wacht nachts auf, stellt fest, dass das Tier weggelaufen ist, leuchtet deshalb spontan mit dem Feuerzeug und verursacht einen Scheunenbrand.

Ob ein Ausschluss der Deliktsfähigkeit gemäß § 828 Abs. 3 angenommen werden kann, ist fraglich. Es lässt sich jedoch zumindest keine Fahrlässigkeit feststellen: Für die Bemessung des Sorgfaltsmaßstabs ist auf Altersgruppen abzustellen. Maßgebend ist bei Minderjährigen, wie ein Kind dieses Alters sich in der konkreten Situation typischerweise verhalten hätte, also ob ein solches Kind die Gefährlichkeit hätte erkennen und nach dieser Einsicht hätte handeln können.[388] Das OLG Hamm hat dies im vorliegenden Fall wegen der Ausnahmesituation abgelehnt.

232 ▪ In bestimmten Fällen ist die Haftung **auf Vorsatz und grobe Fahrlässigkeit** beschränkt:

Z.B. Schenker (§ 521), Verleiher (§ 599), Finder (§ 968), Schuldner im Annahmeverzug (§ 300), Geschäftsführer ohne Auftrag bei Gefahrenabwehr (§ 680).

Grob fahrlässig handelt, wer die im Verkehr erforderliche Sorgfalt in hohem Grade außer Acht lässt, wer nicht beachtet, was unter den gegebenen Umständen jedem einleuchten muss.[389] Grobe Fahrlässigkeit verlangt objektiv ein grob fehlerhaftes und subjektiv ein erheblich gesteigertes Verschulden.

233 ▪ Ordnet das Gesetz (z.B. in §§ 1359, 1664) die Haftung für **eigenübliche Sorgfalt** an, so gilt ein **subjektiver, auf die Veranlagung und das gewohnheitsmäßige Verhalten des Handelnden abgestellter Maßstab.** Für grobe Fahrlässigkeit muss der Handelnde aber auf jeden Fall einstehen, § 277.[390]

---

384 Soergel/Wolf § 276 Rn. 68; MünchKomm/Grundmann § 276 Rn. 52.

385 MünchKomm/Grundmann § 276 Rn. 52 m.w.N.

386 Palandt/Grüneberg § 276 Rn. 15 m.w.N.

387 Bsp. nach OLG Hamm VersR 1995, 56.

388 BGH MDR 1997, 739.

389 BGH NJW 2003, 1118, 1119.

390 Iden Jura 2013, 460.

Beachte: *Verfährt der Handelnde in eigenen Angelegenheiten sorgfältiger, als es § 276 verlangt, haftet er nur für den Standard des § 276, da der subjektive Haftungsmaßstab des § 277 die Haftung mildern, aber nicht verschärfen will.*[391]

III. Billigkeitshaftung, § 829

§ 829, der eine eigene Anspruchsgrundlage darstellt, gesteht dem Geschädigten aus Billigkeitsgründen unter engen Voraussetzungen einen Ersatzanspruch gegen den Schädiger zu, obwohl dessen Haftung mangels Deliktsfähigkeit eigentlich ausgeschlossen ist (sogenannte Billigkeitshaftung). 234

1. Voraussetzungen

a) Tatbestandsmäßige, rechtswidrige unerlaubte Handlung des Anspruchsgegners

Nach dem Wortlaut des § 829 muss es sich um eine unerlaubte Handlung nach §§ 823 bis 826 handeln. Nach allgemeiner Ansicht sind darüber hinaus jedoch auch die Ausformungen dieser Grundtatbestände mit erfasst, d.h., § 829 gilt auch für §§ 830 Abs. 1 S. 2, 831, 833 S. 2, 834, 836–838.[392] 235

b) Ausschluss der Haftung wegen fehlender Deliktsfähigkeit des Schädigers

Nach dem Wortlaut des § 829 muss die Haftung des Schädigers wegen fehlender Verschuldensfähigkeit gemäß §§ 827, 828 ausgeschlossen sein. Darüber hinaus wird § 829 jedoch analog angewandt, wenn bei einem Verhalten im Zustand der Bewusstlosigkeit bereits die Handlungsfähigkeit fehlt (z.B. Kraftfahrer verliert während der Fahrt das Bewusstsein und verursacht einen Unfall[393]). 236

Die h.M. wendet zudem aus Gründen der Interessengleichheit § 829 analog an, wenn bei einem Minderjährigen zwar die Einsichtsfähigkeit i.S.v. § 828 Abs. 3 vorgelegen hat, es jedoch an einem Verschulden gemäß § 276 fehlt.[394]

c) Kein Ersatz von aufsichtspflichtigem Dritten

Der Geschädigte darf den Ersatz des Schadens nicht von einem aufsichtspflichtigen Dritten erlangen können; der Grund dafür ist unerheblich (Aufsichtspflichtiger nicht vorhanden oder keine Pflichtverletzung oder tatsächliche Durchsetzungsprobleme);[395] § 829 ist **subsidiär**. 237

391 Palandt/Grüneberg § 277 Rn. 3.
392 Hk-BGB/Staudinger § 829 Rn. 3.
393 BGHZ 23, 98.
394 Fuchs/Pauker/Baumgärtner Kap. 4 B. II.
395 Jauernig/Teichmann § 829 Rn. 3.

d) Billigkeit erfordert einen Schadensausgleich

238 Ein Anspruch gegen den Schädiger besteht nur insoweit, „als die Billigkeit nach den Umständen, insbesondere nach den Verhältnissen der Beteiligten, eine Schadloshaltung erfordert und ihm nicht die Mittel entzogen werden, derer er zum angemessenen Unterhalt sowie zur Erfüllung seiner gesetzlichen Unterhaltspflichten bedarf". Zu berücksichtigen sind die gesamten Umstände, also die Verhältnisse der Beteiligten, ihre wirtschaftliche Lage und Bedürfnisse, ferner die Besonderheiten der die Ersatzpflicht auslösenden Handlung. Die Billigkeit muss den Ersatz „fordern", nicht nur erlauben.

Die Verhältnisse der Beteiligten fordern grundsätzlich ein erhebliches wirtschaftliches Gefälle. Dabei soll eine private Haftpflichtversicherung des Schädigers unberücksichtigt bleiben, da eine freiwillige Versicherung i.d.R. nicht abgeschlossen wird, um gegen sich Ansprüche zu begründen.[396] Demgegenüber sind Pflichtversicherungen des Schädigers (z.B. Kfz-Pflichtversicherung, Berufshaftpflichtversicherung) im Interesse des Geschädigten geschaffen worden und daher zu berücksichtigen, und zwar auch schon bei der Frage, ob ein Anspruch aus § 829 gegeben ist.[397]

2. Rechtsfolge

239 Die Haftung ist auf den Umfang begrenzt, den die Billigkeit fordert. Der zu leistende Betrag kann daher unter dem nach §§ 249 ff. zu leistenden Schadensersatz bleiben.[398]

2. Abschnitt: Sonstige Anspruchsgrundlagen

A. § 823 Abs. 2 i.V.m. Schutzgesetz

240 Nach § 823 Abs. 2 ist derjenige zum Schadensersatz verpflichtet, der schuldhaft „gegen ein den Schutz eines anderen bezweckendes Gesetz verstößt". **Anders als bei § 823 Abs. 1 kommt es nicht auf eine bestimmte Rechts(gut)verletzung an, sondern nur darauf, dass ein Schutzgesetz verletzt ist.**[399]

241 Es handelt sich um einen eigenständigen Haftungstatbestand, der zu § 823 Abs. 1 in Anspruchskonkurrenz steht. Eigenständige Bedeutung erlangt § 823 Abs. 2 vor allem, wenn es um den Ersatz sogenannter reiner (primärer) Vermögensschäden (= es liegt nur eine Beeinträchtigung des Vermögens vor) geht: § 823 Abs. 1 erfasst solche primären Vermögensschäden nicht, weil danach nur Vermögensschäden ersetzt werden, die auf eine Rechts(gut)verletzung i.S.d. § 823 Abs. 1 zurückzuführen sind, und das Vermögen als solches kein geschütztes Recht(sgut) i.S.d. § 823 Abs. 1 ist. § 826 erfasst zwar auch reine Vermögensschäden, scheitert aber oft am erforderlichen Schädigungsvorsatz.

242 Zudem kann der Anspruch aus § 823 Abs. 2 für den Geschädigten im Hinblick auf Beweiserleichterungen „angenehmer" sein als der Anspruch aus § 823 Abs. 1.[400] Steht z.B. fest, dass gegen das Schutzge-

396 BGH RÜ 2017, 146, 147, 148; Jauernig/Teichmann § 829 Rn. 4; dies gilt auch nach Änderung des § 828 Abs. 2.

397 BGHZ 127, 186, 192; OLG Frankfurt OLG Report 2001, 18.

398 Hk-BGB/Staudinger § 829 Rn. 8; Jauernig/Teichmann § 829 Rn. 6.

399 Dazu ausführlich Coester-Waltjen Jura 2002, 102 ff.; Deutsch VersR 2004, 137 ff. sowie Maier-Rehm NJW 2007, 3157 ff.

400 Fuchs/Pauker/Baumgärtner Kap. 2 B I.

setz verstoßen wurde und sich eine von dieser Norm umfasste typische Gefahr verwirklicht hat, spricht grundsätzlich der Beweis des ersten Anscheins dafür, dass der Verstoß für den Schadenseintritt ursächlich war.[401]

I. Verletzung eines Schutzgesetzes i.S.v. § 823 Abs. 2

1. Schutzgesetz i.S.d. § 823 Abs. 2

Grundlegende Voraussetzung für einen Schadensersatzanspruch aus § 823 Abs. 2 i.V.m. ... ist, dass es sich bei der ausgewählten Bezugsnorm um ein Schutzgesetz i.S.d. § 823 Abs. 2 handelt.[402] **243**

a) Dies erfordert zunächst, dass die Bezugsnorm **Gesetzesqualität** hat. Der Begriff des Gesetzes ist in diesem Zusammenhang allerdings weit zu verstehen. „Schutzgesetze" können nicht nur Gesetze im formellen Sinn, sondern Rechtsnormen aller Art sein, vgl. Art. 2 EGBGB, also auch Verordnungen, öffentlich-rechtliche Satzungen, selbst Gewohnheitsrecht. **244**

Eine Mindermeinung will auch die Verkehrssicherungspflichten als Normen i.S.d. § 823 Abs. 2 behandeln.[403] Die h.M. lehnt dies aber ab, da § 823 Abs. 2 sonst zu einer deliktischen Generalklausel würde.[404]

b) Ferner muss die Bezugsnorm **Befehlsqualität** haben, d.h. ein Verbot oder Gebot aussprechen. **245**

c) Schließlich muss das Gesetz für den konkreten Fall nach seinem **persönlichen und sachlichen Schutzbereich** eine Ersatzpflicht vorsehen. **246**

- Das Gesetz muss einen **Individualschutz** bezwecken, d.h., es muss jedenfalls auch den Schutz des Einzelnen oder eines bestimmten Personenkreises zum Ziele haben.[405] Normen, die nur dem Schutz der Allgemeinheit dienen oder die innerstaatliche Ordnung regeln – wie z.B. Zuständigkeitsnormen – sind keine Schutzgesetze i.S.v. § 823 Abs. 2.[406] **247**
  - § 231 StGB (Beteiligung an einer Schlägerei) ist ein Schutzgesetz i.S.d. § 823 Abs. 2. Während sonst Zurechnungszweifel grundsätzlich zulasten des Anspruchstellers gehen, gilt bei der Beteiligung an einer Schlägerei zugunsten des Geschädigten eine Zurechnungsvermutung. Die in § 231 StGB enthaltene Regelung der Zurechnungsfrage schlägt sich nach Ansicht des BGH auch auf das zivilrechtliche Deliktsrecht nieder.[407]
  - § 267 StGB (Urkundenfälschung) ist mangels individualschützenden Charakters kein Schutzgesetz.[408] Aufgabe des § 267 StGB ist es, die Sicherheit und Zuverlässigkeit des Rechtsverkehrs mit Urkunden zu schützen.
  - Ob § 323 c StGB (Unterlassene Hilfeleistung) ein Schutzgesetz i.S.v. § 823 Abs. 2 darstellt, ist streitig. Zum Teil wird dies verneint, da die Vorschrift nur dem Interesse der Allgemeinheit an solidari-

---

401 BGH NJW 1994, 945, 946; Fuchs/Pauker/Baumgärtner Kap. 2 B III.

402 Vgl. Jura 2020, 1230 – Übungsfall zum Schutzgesetzcharakter der Corona-Verordnungen.

403 So z.B. Mertens AcP 178, 227 ff., 230.

404 Vgl. Larenz/Canaris § 76 III 2 b m.w.N.

405 BGHZ 122, 1, 3 f. m.w.N.

406 BeckOK/Förster § 823 Rn. 275.

407 BGH NJW 1988, 1383.

408 BGHZ 100, 13 ff.; dazu Kohte Jura 1988, 125 ff.; Deutsch JZ 1990, 733, 738.

scher Schadensabwehr in akuter Notlage diene und der die Hilfeleistung Unterlassende nicht in gleicher Weise haften solle wie der Täter.[409] Nach h.M. schützt die Norm auch Individualrechtsgüter, die wegen einer Notlage der Gefahr einer Beeinträchtigung ausgesetzt sind. Die zivilrechtliche Haftung des die Hilfeleistung Unterlassenden sei nicht unbillig, da er im Regelfall die Möglichkeit eines Rückgriffs gegenüber dem Täter im Rahmen der §§ 840, 426 habe.[410]

248 ■ Der Verletzte muss zu dem Personenkreis gehören, der von der Bezugsnorm geschützt werden soll **(persönlicher Individualschutz)**.

- So ist z.B. § 248b StGB (unbefugter Gebrauch eines Fahrzeugs) nur Schutzgesetz zugunsten des verletzten (Gebrauchs-)Berechtigten, nicht auch zugunsten von Verkehrsteilnehmern, die durch den Schwarzfahrer körperlich verletzt wurden.[411]
- Lässt der Halter eines Kfz zu, dass jemand das Fahrzeug führt, der die dazu erforderliche Erlaubnis nicht hat, so ist dieser strafbar nach § 21 Abs. 1 Nr. 2 StVG. Diese Vorschrift bezweckt i.S.d. § 823 Abs. 2 den Schutz Dritter, die durch den Kfz-Gebrauch verletzt oder geschädigt werden. Der Fahrer selbst ist aber nicht in den persönlichen Schutzbereich einbezogen.[412]
- § 15 a InsO (Insolvenzantragspflicht des GmbH-Geschäftsführers) schützt sowohl die „Altgläubiger", die ihre Ansprüche vor dem Zeitpunkt, zu dem der Insolvenzantrag hätte erfolgen müssen, gegen die GmbH erworben haben, als auch die „Neugläubiger", die erst nach Eintritt der Insolvenzreife Ansprüche gegen die GmbH erworben haben.[413]
- § 858 ist nach h.M. ein Schutzgesetz zugunsten des berechtigten Besitzers.[414] Nach a.A. dient die Regelung in erster Linie dem Rechtsfrieden und ist daher kein Schutzgesetz i.S.v. § 823 Abs. 2.[415]

249 ■ Schließlich muss das vom Geschädigten geltend gemachte Interesse von der Norm geschützt werden **(sachlicher Individualschutz)**.

- § 15 a InsO hat den sachlichen Normzweck, insolvenzreife GmbHs vom Geschäftsverkehr fernzuhalten. Daher schützt die Regelung die Altgläubiger vor einer weiteren Reduzierung ihrer Insolvenzquote, d.h., sie erhalten nur die Differenz zwischen der Quote, die sie bei rechtzeitiger Antragstellung erhalten hätten, und der wirklich erzielten (sogenannter Quotenschaden). Die Neugläubiger hätten bei rechtzeitiger Antragstellung gar nicht mehr mit der GmbH kontrahiert und können daher Ersatz des gesamten Schadens verlangen, der ihnen aus dem Geschäft mit der insolventen GmbH entstanden ist.[416]
- Halteverbote im Rahmen von Baustellen gemäß §§ 12 Abs. 1 Nr. 6 a, 45 StVO schützen nach h.M. nicht das Vermögen eines Bauunternehmers oder eines von diesem beauftragten weiteren Unternehmers.[417]

2. Verletzung des Schutzgesetzes

250 Für die Verletzung des Schutzgesetzes ist erforderlich, dass der gesamte objektive und subjektive Tatbestand des Schutzgesetzes erfüllt ist. Abzustellen ist dabei auf die jeweils für die einschlägige Rechtsnorm geltenden Regeln.

Handelt es sich bei dem Schutzgesetz um ein Strafgesetz, so enthält § 823 Abs. 2 eine Verweisung auf alle Merkmale des Straftatbestands. Ein Strafantrag braucht allerdings

409 OLG Frankfurt a.M. NJW-RR 1989, 794, 795; BeckOK/Förster § 823 Rn. 290 m.w.N.
410 BGH RÜ 2013, 483; OLG Düsseldorf RÜ 2005, 80.
411 BGHZ 22, 293, 296; Honsell JA 1983, 101, 105; Staudinger/Hager § 823 Rn. G 24.
412 BGH NJW 1991, 418.
413 BGHZ 126, 181; BGH NJW 2007, 3130 – zu § 64 GmbHG a.F., der bis zum 31.10.2008 die Insolvenzantragspflicht des GmbH-Geschäftsführers geregelt hat.
414 BGHZ 181, 233 m.w.N.
415 Medicus AcP 165, 115, 118, 135 f. sowie Medicus/Petersen BR Rn 621.
416 BGHZ 126, 181 – zu § 64 GmbHG a.F.
417 BGH NJW 2004, 356 ff.; NJW 2005, 3137 ff.

bei Antragsdelikten nicht gestellt zu sein, die objektiven Bedingungen der Strafbarkeit müssen jedoch nach strafrechtlichen Vorschriften erfüllt sein.[418]

Anmerkung: *Wenn es sich bei dem Schutzgesetz um eine Strafnorm handelt, erörtern einige Autoren[419] bereits unter dem Prüfungspunkt „Schutzgesetz verletzt" auch die Rechtswidrigkeit und Schuld in Bezug auf den Straftatbestand. Dagegen spricht die klassische Dreiteilung der deliktischen Haftungsvoraussetzungen in Tatbestand, Rechtswidrigkeit und Schuld. Sachliche Unterschiede ergeben sich aus dieser abweichenden Prüfungsreihenfolge jedoch nicht.*

II. Rechtswidrigkeit

Die Rechtswidrigkeit ist durch die Verletzung des Schutzgesetzes indiziert und entfällt **251**
nur, wenn Rechtfertigungsgründe eingreifen.

Beachte: *Auch, wenn das Schutzgesetz kein Strafgesetz ist, muss Rechtswidrigkeit gegeben sein, da sonst keine unerlaubte Handlung vorläge.*

III. Verschulden

Der Schädiger muss die Schutzgesetzverletzung schuldhaft begehen. **252**

- Die **Verschuldensfähigkeit** bestimmt sich dabei – auch bei Strafgesetzen als Schutzgesetz – nach den §§ 827 f., nicht nach der strafrechtlichen Schuldfähigkeit.[420]
- Das Verschulden braucht sich nur auf den Verstoß gegen das Schutzgesetz selbst zu beziehen.

  Eine Verletzung oder Schädigung des Betroffenen braucht somit vom Verschulden nur umfasst zu werden, wenn sie – wie etwa die Körperverletzung im Falle des § 223 StGB oder die Vermögensschädigung im Falle des § 263 StGB – selbst zu den Voraussetzungen des Schutzgesetzes gehört.[421]

- Der **Verschuldensmaßstab** richtet sich grundsätzlich nach dem verletzten Schutzge- **253**
  setz selbst, sofern es dahingehende Vorgaben enthält.[422] Setzt das Schutzgesetz kein Verschulden voraus, muss der Täter mindestens fahrlässig handeln, § 823 Abs. 2 S. 2.
  - Ist das Schutzgesetz ein **Strafgesetz** (oder stammt aus dem Ordnungswidrigkeitenrecht) und verlangt dieses Vorsatz, ist nach h.M. **Vorsatz im strafrechtlichen Sinne** erforderlich.[423]

    D.h. es gilt die sogenannte Schuldtheorie, nach der ein etwaiger Verbotsirrtum den Schädiger nur dann entlastet, wenn er ihn nicht vermeiden konnte, vgl. § 17 S. 1 StGB.[424]
  - Bei **anderen Schutzgesetzen** richtet sich das **Vorsatzerfordernis** allein **nach den zivilrechtlichen Regeln** (s.o. Rn. 229).

---

418 Coester-Waltjen Jura 2002, 102, 104; Medicus/Lorenz Schuldrecht II § 79 Rn. 14.

419 Brox/Walker SchuldR BT § 46 Rn. 7.

420 Staudinger/Hager § 823 Rn. G 36 m.w.N.; a.A. MünchKomm/Wagner § 823 Rn. 538: ist Schutzgesetz eine Strafnorm, gelten für Schuldfähigkeit §§ 20, 21 StGB.

421 BGH NJW 1982, 1037, 1038; Staudinger/Hager § 823 Rn. G 34 u. 35 m.w.N.

422 BeckOK/Förster § 823 Rn. 281.

423 BGH NJW 1985, 134; BeckOK/Förster § 823 Rn. 282; Hk-BGB/Staudinger § 823 Rn. 153; Jauernig/Teichmann § 823 Rn. 61; Looschelders SchuldR BT Rn. 1287; Palandt/Sprau § 823 Rn. 61; Wandt § 17 Rn. 11.

424 BGH NJW 2017, 2463; Hk-BGB/Staudinger § 823 Rn. 153.

D.h. nach der maßgeblichen Vorsatztheorie, die ein Bewusstsein der Rechtswidrigkeit verlangt, kommt ein vermeidbarer Verbotsirrtum dem Schädiger zugute.[425]

- Bei **Fahrlässigkeitstaten** bestimmt die h.M. den Verschuldensmaßstab immer **nach den objektiven Kriterien des Zivilrechts** (da der Täter mindestens fahrlässig i.S.d. Zivilrechts handeln muss, s.o.).[426] Die Beurteilung der Fahrlässigkeit nach zivilrechtlichen Regeln (objektiv) führt zu einer Haftungsverschärfung zu Lasten des Schädigers. Denn eine subjektive Beurteilung der Fahrlässigkeit – wie im Strafrecht – kommt dem Schädiger zugute. Eine derartige Privilegierung möchte die h.M. vermeiden.[427]

Nach a.A. sollte nicht nur die Schuldform (Vorsatz und Fahrlässigkeit) von dem Strafgesetz determiniert werden, sondern auch das Erfordernis des Unrechtsbewusstseins (Schuldtheorie) sowie dasjenige der Schuldfähigkeit (§§ 20, 21 StGB), da die verschiedenen strafrechtlichen Kategorien samt ihrer Inhalte wechselseitig aufeinander bezogen sind und erst in ihrer Summe das Schutzgesetz darstellen, an dessen Verletzung die Haftung aus § 823 Abs. 2 geknüpft ist.[428]

Aufbauschema für § 823 Abs. 2

I. Voraussetzungen („haftungsbegründender Tatbestand")

1. Tatbestand

Verletzung eines Schutzgesetzes i.S.v. § 823 Abs. 2

a) Schutzgesetz

aa) Gesetzesqualität
= jede Rechtsnorm im materiellen Sinne, vgl. Art. 2 EGBGB

bb) Verbots- oder Gebotsnorm,
nicht bloße Formvorschriften

cc) persönlicher und sachlicher Schutzbereich

- Schutzgesetz bezweckt (zumindest auch) Individualschutz
- Anspruchsteller gehört zum geschützten Personenbereich
- Das geltend gemachte Interesse soll von der Norm (auch) geschützt werden.

b) Schutzgesetz verletzt

- beurteilt sich nach den Regeln, die für das Schutzgesetz gelten

2. Rechtswidrigkeit

3. Verschulden

a) bzgl. des Verstoßes gegen das Schutzgesetz
Es muss sich nicht auf die Folgeschäden beziehen.

b) nach den Regeln des Schutzgesetzes

c) Mindestens muss der Verstoß gegen das Schutzgesetz sich zugleich als Fahrlässigkeit i.S.d. § 276 darstellen.

II. Rechtsfolgen („haftungsausfüllender Tatbestand")

Ersatz des durch die Schutzgesetzverletzung verursachten Schadens

425 BeckOK/Förster § 823 Rn. 282.

426 BGH NJW 1985, 134; BeckOK/Förster § 823 Rn. 282; Hk-BGB/Staudinger § 823 Rn. 153; Jauernig/Teichmann § 823 Rn. 61; Looschelders SchuldR BT Rn. 1287; Palandt/Sprau § 823 Rn. 61; Wandt § 17 Rn. 11.

427 Dörner JuS 1987, 522, 527.

428 MünchKomm/Wagner § 823 Rn. 538.

Fall 19: Fahrlässiger Falscheid

A, Inhaber eines Autohauses, klagte gegen B auf Zahlung des Kaufpreises für ein gebrauchtes Kfz. B hatte sich das Kfz angesehen und dem Geschäftsführer G des A nur gesagt, er wolle sich den Kauf noch überlegen, das rechte Vertrauen zu dem Wagen habe er nicht. Im Prozess wurde G als Zeuge vernommen und sagte ohne Weiteres Nachdenken unter Eid aus, B habe ihn am Tage nach der Besichtigung angerufen und erklärt, er habe sich zum Kauf des Wagens entschlossen. Daraufhin wurde B rechtskräftig zur Zahlung des Kaufpreises, Zug um Zug gegen Lieferung des Kfz, verurteilt. Nach Rechtskraft des Urteils stellte sich heraus, dass G den B am Telefon mit einem anderen Kunden verwechselt hatte. Außerdem stellte B fest, dass der Wagen um mindestens 200 € teurer ist als Wagen gleicher Art und Güte bei anderen Gebrauchtwagenhändlern. B verlangt von G diesen Betrag als Schadensersatz. Zu Recht?

B könnte gegen G ein Schadensersatzanspruch **aus § 823 Abs. 2 i.V.m. § 161 StGB** zustehen.

I. Dazu müssen die **Voraussetzungen** des haftungsbegründenden Tatbestands gegeben sein.

1. Es muss ein **Schutzgesetz verletzt** sein.

a) Als Schutzgesetz kommt § 161 StGB (fahrlässiger Falscheid) in Betracht. Fraglich ist, ob § 161 StGB ein **Schutzgesetz i.S.d. § 823 Abs. 2** ist: **254**

aa) § 161 StGB ist ein formelles Gesetz und weist daher die erforderliche **Gesetzesqualität** auf.

bb) § 161 StGB verbietet, vor Gericht falsch zu schwören, und hat somit **Befehlsqualität**.

cc) Ferner muss § 161 StGB für den konkreten Fall nach seinem **persönlichen und sachlichen Schutzbereich** eine Ersatzpflicht vorsehen.

(1) Dazu muss § 161 StGB überhaupt **Individualschutz** bezwecken, also zumindest auch den Schutz des Einzelnen oder eines bestimmten Personenkreises zum Ziel haben.

Die §§ 153 ff. StGB schützen das öffentliche Interesse an einer wahrheitsgemäßen Tatsachenfeststellung in gerichtlichen Verfahren und dienen daher dem Schutz der Rechtspflege.[429] § 161 StGB schützt jedoch auch den durch die Aussage Betroffenen, was sich aus § 161 Abs. 2 StGB ergibt, wonach von Strafe abgesehen werden kann, falls der Täter seine Aussage berichtigt, bevor aus ihr einem anderen ein Nachteil entstanden ist.

Folglich ist § 161 StGB zumindest auch individualschützend.

429 Bosch/Schittenhelm in Schönke/Schröder Vorbem. §§ 153 ff. Rn. 2.

(2) Der Anspruchsteller B muss zu dem von § 161 StGB geschützten Personenkreis gehören **(persönlicher Individualschutz).**

B war als Beklagter von der Aussage des G betroffen und gehört daher zu dem Personenkreis, den § 161 StGB schützt.

(3) Schließlich muss das vom Anspruchsteller geltend gemachte Interesse von der Norm geschützt werden **(sachlicher Individualschutz).**

§ 161 StGB will vor Vermögensnachteilen bewahren, sodass zudem das Vermögensinteresse des von der Aussage Betroffenen geschützt ist.[430] Demnach fallen die von B geltend gemachten 200 €, die er ohne den Falscheid des G gespart hätte, in den sachlichen Schutzbereich des § 161 StGB.

Somit handelt es sich bei § 161 StGB um ein Schutzgesetz i.S.v. § 823 Abs. 2.

255 b) Das **Schutzgesetz** muss **verletzt** sein.

G hat vor Gericht falsch geschworen, da seine Aussage mit der Wirklichkeit nicht übereinstimmte. Er hätte die Unrichtigkeit seiner Aussage bei der ihm möglichen Sorgfalt erkennen können.

Folglich hat G hat den objektiven und subjektiven Tatbestand des § 161 StGB erfüllt, sodass des Schutzgesetz verletzt ist.

2. Die **Rechtswidrigkeit** ist durch die Verletzung des Schutzgesetzes indiziert und Rechtfertigungsgründe greifen nicht ein.

3. G hat bei seiner Zeugenvernehmung im Prozess ohne Weiteres Nachdenken ausgesagt und daher die im Verkehr erforderliche Sorgfalt außer Acht gelassen. Somit handelte G **fahrlässig** i.S.v. § 276 Abs. 2.

Demzufolge hat G die Voraussetzungen des § 823 Abs. 2 i.V.m. § 161 StGB erfüllt.

II. Als **Rechtsfolge** („haftungsausfüllender Tatbestand") muss Schädiger G dem B den aus der Schutzgesetzverletzung entstandenen Schaden gemäß §§ 249 ff. ersetzen.

B hat durch den fahrlässigen Falscheid des G einen Schaden i.H.v. 200 € erlitten. Folglich kann B von G diesen Betrag ersetzt verlangen.

Beachte: *Es fallen nur die Schäden unter die Schadensersatzverpflichtung gemäß § 823 Abs. 2, die an einem durch das Schutzgesetz geschützten Rechtsgut eingetreten sind, deren Eintritt nach Sinn und Zweck des Schutzgesetzes also gerade verhindert werden sollte.*[431]

---

430 BGHZ 42, 313, 318.

431 Fuchs/Pauker/Baumgärtner Kap. 2 B. II. 1.3.

B. § 824 Kreditgefährdung

Aufbauschema für § 824
I. Voraussetzungen („haftungsbegründender Tatbestand")
1. Tatbestand
a) Behaupten oder Verbreiten unwahrer Tatsachen
b) Unmittelbare Beeinträchtigung wirtschaftlicher Interessen
2. Rechtswidrigkeit Besonderer Rechtfertigungsgrund ist § 824 Abs. 2, h.M. (a.A. Entschuldigungsgrund)
3. Verschulden Fahrlässigkeit genügt; Verschulden muss sich sowohl auf die Unwahrheit der Tatsache als auch auf die Eignung zur Kreditgefährdung beziehen
II. Rechtsfolgen („haftungsausfüllender Tatbestand")
Ersatz des durch die Kreditgefährdung entstandenen Schadens

I. Normzweck

§ 824 dient dem Schutz wirtschaftlicher Interessen, indem die wirtschaftliche Wertschätzung einer Person oder eines Unternehmens vor der Beeinträchtigung durch die Verbreitung unwahrer Behauptungen bewahrt wird.[432] **256**

II. Voraussetzungen

1. Tatbestand

a) § 824 Abs. 1 setzt das **Behaupten oder Verbreiten unwahrer Tatsachen** voraus. Die Äußerung von Werturteilen wird von dieser Norm nicht erfasst.[433] **257**

- **Tatsachen** sind alle konkreten Vorgänge und Zustände in der Vergangenheit oder Gegenwart, die objektiv dem Beweis zugänglich sind.[434] Demgegenüber werden **Werturteile** (Meinungsäußerungen) charakterisiert durch subjektive Elemente der Stellungnahme, des Meinens und Dafürhaltens.[435]
- Unter **Behaupten** einer Tatsache versteht man die Kundgabe eigener Wahrnehmung. **Verbreiten** von Tatsachen ist die Weitergabe einer von einem anderen aufgestellten Behauptung an mindestens einen Dritten.[436]
- **Unwahr** ist die Tatsachenbehauptung, wenn sie im Zeitpunkt der Äußerung der Wahrheit widerspricht.

---

432 BeckOK/Förster § 824 Rn. 1.

433 BGH NJW 2006, 830 ff.: Kirch gegen Deutsche Bank und Breuer.

434 BGHZ 132, 21.

435 Hk-BGB/Staudinger § 824 Rn. 3; zur Abgrenzung von Tatsachenurteilen gegenüber Werturteilen in einem Testbericht vgl. OLG Köln VersR 1996, 240. Bloße Werturteile sind z.B. „Schwindelfirma", RGZ 101, 338; „billiger Schmarren", BGH NJW 1965, 36.

436 Jauernig/Teichmann § 824 Rn. 5.

258 **b)** Weitere Voraussetzung ist, dass durch die Tatsachenbehauptung eine **unmittelbare Beeinträchtigung wirtschaftlicher Interessen** eingetreten ist.

Der Inhalt der Tatsache muss daher geeignet sein, dass andere aufgrund der Kenntnis dieser Tatsache die Kreditwürdigkeit des Betroffenen schlechter einstufen oder sonst negative Verhaltensweisen mit Auswirkungen beruflicher oder geschäftlicher Art für den Betroffenen zeigen.[437]

2. Rechtswidrigkeit

Die Rechtswidrigkeit ist durch die Verwirklichung des Tatbestands indiziert.

259 Gemäß § 824 Abs. 2 entfällt die Schadensersatzpflicht jedoch bei fehlender Kenntnis von der Unwahrheit der Behauptung und berechtigtem Interesse des Erklärenden oder des Empfängers an der Mitteilung. Umstritten ist die dogmatische Einordnung dieser Regelung: nach h.M. handelt es sich um einen besonderen Rechtfertigungsgrund, nach a.A. um einen Entschuldigungsgrund.[438]

3. Verschulden

260 Das Verschulden muss sich sowohl auf die Unwahrheit der Tatsache als auch auf die Eignung zur Kreditgefährdung beziehen. Als Verschuldensgrad genügt Fahrlässigkeit.

C. § 825 Bestimmung zu sexuellen Handlungen

261 § 825 schützt jede Person in ihrer sexuellen Selbstbestimmung und bezieht auch Männer und Kinder in den Schutzbereich ein. Der Schadensersatzanspruch erfasst auch den Ersatz des immateriellen Schadens gemäß § 253 Abs. 2.[439]

Die Regelung hat auch nur geringe praktische Bedeutung, da der Tatbestand in Anspruchskonkurrenz auch unter § 823 Abs. 1 (Verletzung des Persönlichkeitsrechts) und § 823 Abs. 2 i.V.m. §§ 174 ff. StGB fällt.[440]

Die Verbindung der Beteiligten in einer Ehe oder Lebenspartnerschaft und die daraus resultierende Pflicht zur Lebensgemeinschaft schließen die Anwendung des § 825 nicht aus.[441]

Das Opfer muss durch ein Bestimmungsmittel – Hinterlist, Drohung oder Missbrauch eines Abhängigkeitsverhältnisses – zur Vornahme oder Duldung sexueller Handlungen gebracht worden sein. Eine Definition des Begriffs der sexuellen Handlungen findet sich in den Materialien zu § 825 nicht. Wertvolle Leitlinien bietet das Sexualstrafrecht, vgl. § 184 h Nr. 1 StGB.[442]

---

437 Fuchs/Pauker/Baumgärtner Kap. 2 C. II. 3.

438 Vgl. zum Streitstand Hk-BGB/Staudinger § 824 Rn. 10.

439 Vgl. zu Einzelheiten Strätz JZ 2003, 448 ff.; Jaeger VersR 2003, 1372 ff.; Kilian JR 2004, 309 ff.

440 Jauernig/Teichmann § 825 Rn. 1.

441 MünchKomm/Wagner § 825 Rn. 5.

442 MünchKomm/Wagner § 825 Rn. 6, 8.

D. § 826 Vorsätzliche sittenwidrige Schädigung

Aufbauschema für § 826
I. Voraussetzungen („haftungsbegründender Tatbestand")
1. **Schaden**, auch bloßer Vermögensschaden
2. **Verstoß gegen die guten Sitten**
3. **Vorsatz** (auch bedingter), jedoch muss der Vorsatz auch den (hier zum Tatbestand gehörenden) Schaden umfassen
II. Rechtsfolgen („haftungsausfüllender Tatbestand")
Ersatz des Schadens

I. Voraussetzungen

§ 826 stellt neben § 823 Abs. 1 und § 823 Abs. 2 den **dritten Grundtatbestand** des Deliktsrechts dar. Jede Schädigung eines anderen, unabhängig von der Art des Rechts oder Rechtsguts, wird sanktioniert. Insoweit hat § 826 einen sehr weiten Schutzbereich. Andererseits erfährt diese Haftungsnorm eine erhebliche Einschränkung: Die Schadenszufügung muss vorsätzlich und „in einer gegen die guten Sitten verstoßenden Weise" erfolgt sein. Für Vorsatz und Sittenverstoß des Schädigers ist der Geschädigte darlegungs- und beweispflichtig. Im Verhältnis zu § 823 Abs. 1 und § 823 Abs. 2 besteht Anspruchskonkurrenz.[443] Wichtig ist § 826 vor allem in Fällen, die weder von § 823 Abs. 1 abgedeckt sind noch unter ein Schutzgesetz i.S.v. § 823 Abs. 2 fallen.[444] **262**

1. Schaden

Bei § 826 gehört der **Schaden** zum haftungsbegründenden Tatbestand. Der Schaden, um dessen Ersatz es geht, muss nicht – anders als in § 823 Abs. 1 – durch die Verletzung bestimmter Rechtsgüter oder Rechte eingetreten sein. § 826 schützt auch das Vermögen. Der Schaden kann aber auch nicht vermögensrechtlicher Art sein (z.B. diskriminierende Verweigerung eines Vertragsschlusses).[445] **263**

2. Sittenwidrigkeit

Die Schadenszufügung muss gegen die guten Sitten verstoßen. Dabei gilt derselbe Maßstab wie bei § 138 Abs. 1. Sittenwidrig sind Handlungen, die gegen das Anstandsgefühl aller billig und gerecht Denkenden verstoßen. Dies kann sich aus dem verfolgten **Zweck**, dem angewandten **Mittel**, der dabei zutage getretenen **Gesinnung** oder den damit angerichteten **Folgen** ergeben. Maßgeblich sind die Anschauungen der in Betracht kommenden Kreise (z.B. Kaufleute), wobei ein Durchschnittsmaß von Redlichkeit und Anstand zugrunde zu legen ist. Die Sittenwidrigkeit eines Rechtsgeschäfts bestimmt sich grundsätzlich nach den im Zeitpunkt seiner Vornahme gegebenen Umständen und Anschauungen. **264**

443 Wandt § 17 Rn. 22.
444 Lorenz JuS 2020, 493.
445 Lorenz JuS 2020, 493.

265 Ein **Unterlassen** verletzt die guten Sitten nur, wenn das geforderte Tun einem sittlichen Gebot entspricht. Hierfür reicht die Nichterfüllung einer allgemeinen Rechtspflicht, aber auch einer vertraglichen Pflicht nicht aus. Es müssen besondere Umstände hinzutreten, die das schädigende Verhalten wegen seines Zwecks oder wegen des angewandten Mittels oder mit Rücksicht auf die dabei gezeigte Gesinnung nach den Maßstäben der allgemeinen Geschäftsmoral und des „anständig" Geltenden verwerflich machen.[446]

3. Vorsatz

266 Damit die Haftung nicht ausufert, muss die Schadenszufügung vorsätzlich erfolgen. Dabei ist **jede Vorsatzform ausreichend**, auch bedingter Vorsatz.

267 Der **Vorsatz** muss sich **auf die den Sittenverstoß begründenden Tatumstände beziehen**, braucht aber nicht die Sittenwidrigkeit als solche zu umfassen. Er muss sich auch – anders als bei § 823 Abs. 1 und 2 – **auf den Schaden beziehen**. Der Handelnde muss wissen, dass ein Schaden eintritt, und er muss diesen wollen. Der Vorsatz braucht sich zwar nicht auf den genauen Kausalverlauf und den Umfang des Schadens zu erstrecken, muss jedoch die gesamten Schadensfolgen sowie Richtung und Art des Schadens umfassen.[447]

II. Fallgruppen

In Bezug auf die Haftung aus § 826 haben sich in Rechtsprechung und Literatur spezielle Fallgruppen entwickelt, die allerdings weder abschließend sind noch schematisch angewandt werden dürfen. Zu den wichtigsten Fallgruppen zählen:

1. Arglistige Täuschung und rechtswidrige Drohung i.S.d. § 123

268 I.d.R. kann das Rechtsgeschäft bei arglistiger Täuschung oder rechtswidriger Drohung i.S.v. § 123 statt durch Anfechtung über den Ersatzanspruch aus § 826 schuldrechtlich rückgängig gemacht werden, und zwar auch dann noch, wenn eine Anfechtung wegen Fristablaufs unzulässig geworden ist.[448]

269 Die Täuschung kann durch Unterlassen begangen werden, wenn Treu und Glauben eine Offenbarung gebieten. Dies gilt etwa für Mitteilungen von Tatsachen, die für den Entschluss des anderen Teils offensichtlich von Bedeutung sind,[449] wie z.B. die Zahlungsunfähigkeit[450] oder die Insolvenzreife des Unternehmens.[451] Das Unterlassen der im fairen Geschäftsverkehr gebotenen Aufklärung stellt insbesondere dann einen Sittenverstoß dar, wenn darin gleichzeitig ein Missbrauch der geschäftlichen Überlegenheit liegt, etwa weil dem anderen Teil die Fach- oder Branchenkunde fehlt.[452]

---

446 BGH NJW 2001, 3702 f.
447 BGH NJW 2000, 2896, 2897; OLG Braunschweig RÜ 2007, 194.
448 BGHZ 42, 37, 42.
449 BGH NJW 1971, 1795, 1799; BGH JA 2005, 570.
450 RG LZ 1923, 20.
451 BGH BB 1966, 53.
452 BGH WM 1982, 1374, 1375; Haftung wegen fehlerhafter ad-hoc-Mitteilungen – Infomatec: BGH NJW 2004, 2664, 2668, 2671; BGH NJW 2005, 2450.

Führt z.B. ein Verkäufer eines gebrauchten Pkw den kaufenden Gebrauchtwagenhändler hinters Licht, indem er ihm bekannte, für den Vertragsschluss wesentliche Umstände verschweigt, und veräußert der Gebrauchtwagenhändler dieses Fahrzeug weiter, so hat auch der ahnungslose Endabnehmer gegen den Erstverkäufer einen Ersatzanspruch aus § 826.

Der Schaden des irre geführten Vertragspartners besteht bereits in der Belastung mit **270** der ungewollten Verbindlichkeit.[453] Folglich kann im Wege des Schadensersatzes Befreiung von dieser Verbindlichkeit verlangt werden. Hat der Geschädigte die Verbindlichkeit bereits erfüllt, kann er Rückgabe bzw. Erstattung der erbrachten Leistung Zug-um-Zug gegen Herausgabe der seinerseits empfangenen Gegenleistung verlangen.[454]

Die von der VW-AG im **Diesel-Abgasskandal** arglistig getäuschten Käufer haben dem- **271** zufolge aus § 826 einen Anspruch auf Erstattung des von ihnen gezahlten Kaufpreises Zug-um-Zug gegen Herausgabe des erworbenen Kfz.[455] Allerdings müssen die Käufer sich den Wert der von ihnen gezogenen Nutzungen im Wege der Vorteilsausgleichung anspruchsmindernd anrechnen lassen.[456]

- Das **objektiv sittenwidrige Verhalten** hat der BGH in der auf Führungsebene ge- **272** troffenen strategischen Entscheidung gesehen, bei der Motorenentwicklung im eigenen Kosten- und damit auch Gewinninteresse durch bewusste und gewollte Täuschung des Kraftfahrt-Bundesamtes (KBA) systematisch und langjährig Kfz in den Verkehr zu bringen, deren Motorsteuerungssoftware bewusst und gewollt so programmiert war, dass die gesetzlichen Abgasgrenzwerte mittels einer unzulässigen Abschalteinrichtung nur auf dem Prüfstand eingehalten wurden.[457] Diese grundlegende strategische Entscheidung ist nach Ansicht des BGH von den im Hause der VW-AG für die Motorenentwicklung verantwortlichen Personen entweder selbst oder zumindest mit ihrer Kenntnis und Billigung getroffen worden, sodass dieses Verhalten der VW-AG analog § 31 zugerechnet werden kann.[458]

  Der BGH verneint ein objektiv sittenwidriges Verhalten bei Erwerb eines manipulierten Kfz nach **273** dem Bekanntwerden des Dieselskandals Ende 2015. Die VW-AG habe ihre ursprüngliche Strategie, im eigenen Kosten- und Gewinninteresse das KBA und die Fahrzeugkäufer zu täuschen, durch die Strategie ersetzt, am 22.09.2015 durch eine Ad-hoc-Mitteilung und eine gleichlautende Pressemitteilung an die Öffentlichkeit zu treten, Unregelmäßigkeiten einzuräumen und in Zusammenarbeit mit dem KBA Maßnahmen zur Beseitigung des gesetzwidrigen Zustands zu erarbeiten, um die Gefahr einer Betriebsbeschränkung oder -untersagung zu bannen. Diese Verlautbarungen waren nach Ansicht des BGH objektiv geeignet, das Vertrauen potentieller Käufer in eine vorschriftsmäßige Abgastechnik zu zerstören und folglich ihre diesbzgl. Arglosigkeit zu beseitigen, sodass die VW-AG nicht die Arglosigkeit der Erwerber ausgenutzt habe.[459]

- Den **Schädigungsvorsatz** hat der BGH aus der Kenntnis der handelnden Personen **274** von der sittenwidrigen strategischen Unternehmensentscheidung gezogen. Es sei schon nach der Lebenserfahrung davon auszugehen, dass den Handelnden bewusst

453 BGHZ 160, 361, 366 ff.
454 MünchKomm/Wagner § 826 Rn. 70.
455 Schaub NJW 2020, 1028 ff.
456 BGH RÜ 2020, 499 ff.
457 BGH RÜ 2020, 499, 502.
458 BGH RÜ 2020, 499, 504; a.A. Altmeppen NJW 2020, 2833 ff.: Wissenszurechnung über § 166 Abs. 2.
459 BGH NJW 2020, 2798, 2803; i.E. zustimmend OLG Karlsruhe RÜ 2020, 215, 218; a.A. OLG Köln, Urt. v. 18.12.2020 – 20 U 288/19.

war, dass niemand – in Kenntnis des Risikos einer Betriebsbeschränkung oder -untersagung bzgl. der betroffenen Kfz – ein manipuliertes Fahrzeug – ohne einen erheblichen, dies berücksichtigenden Abschlag – erwerben würde.[460] Auch der Schädigungsvorsatz der Handelnden sei der VW-AG analog § 31 zuzurechnen.

275 ■ Die Erwerber der manipulierten Kfz müssen sich jedoch nach Ansicht des BGH die von ihnen **gezogenen Nutzungen im Wege der Vorteilsausgleichung anrechnen lassen**. Dabei werden die gezogenen Vorteile vom BGH gemäß § 287 ZPO geschätzt, indem der vom Erwerber gezahlte Bruttokaufpreis durch die voraussichtliche Restlaufleistung im Erwerbszeitpunkt (d.h. bei Neufahrzeugen die voraussichtliche Gesamtlaufleistung) geteilt wird und dieser Wert mit den gefahrenen Kilometern multipliziert wird.[461]

Nach a.A. ist die Anrechnung von Nutzungsvorteilen im Fall des § 826 aus dem Zweck der Haftungsprävention grundsätzlich als unbillig abzulehnen. Die Funktion des Deliktsrechts beschränke sich nicht auf Ausgleich und Genugtuung, sondern sei auch vom Präventionsgedanken durchdrungen.[462]

Zum Teil werden nur die Nutzungen in Abzug gebracht, die der Erwerber genossen hat, solange er das Kfz vorbehaltlos genutzt hat – also bis zur Äußerung seines Rückabwicklungsverlangens. Eine darüber hinausgehende Anrechnung von Nutzungsvorteilen sei eine unbillige Entlastung des Schädigers.[463]

276 ■ Nach Ansicht des BGH kann der Erwerber eines manipulierten Kfz **keine Deliktszinsen** für den Verlust der Nutzungsmöglichkeit des Geldes nach Zahlung des Kaufpreises **gemäß § 849** verlangen, da die tatsächliche Möglichkeit, das erworbene Kfz zu nutzen, diesen Verlust kompensiere. Dass sich der Erwerber die tatsächliche Fahrzeugnutzung bereits im Wege der Vorteilsausgleichung anrechnen lassen müsse, rechtfertige keine andere Beurteilung. Die Unanwendbarkeit des § 849 resultiere aus der Kompensation des Verlusts der Nutzungs*möglichkeit* des Geldes durch die Nutzungs*möglichkeit* des Fahrzeugs – ob und in welchem Umfang tatsächlich Nutzungen gezogen worden sind, spiele im Rahmen des § 849 keine Rolle.[464]

2. Missbrauch einer formalen Rechtsstellung, insbesondere die missbräuchliche Ausübung von Rechten

277 ■ Stellt eine Partei im Prozess bewusst unwahre Tatsachen auf, so verstößt sie gegen die Wahrheitspflicht aus § 138 ZPO und handelt sittenwidrig. Nutzt die Partei, die das Urteil erschlichen hat und die Unrichtigkeit kennt, die Rechtskraft des Urteils aus, so ist dies ebenfalls sittenwidrig.[465]

278 ■ Das Betreiben eines gesetzlich geregelten Verfahrens kann in Ausnahmefällen eine Haftung für Schäden des Prozessgegners gemäß § 826 begründen. Voraussetzung

460 BGH RÜ 2020, 499, 500.

461 BGH RÜ 2020, 499, 504; NJW 2020, 2796, 2798; OLG Koblenz RÜ 2019, 562, 567; kritisch zu dieser Berechnung MünchKomm/Wagner § 826 Rn. 58; Fervers/Gsell NJW 2020, 1393 ff.

462 LG Gera BeckRS 2019, 9952; LG Halle BeckRS 2019, 5080; LG Duisburg BeckRS 2019, 13072; Heese NJW 2019, 257, 261; Staudinger NJW 2020, 641645.

463 OLG Hamburg NJW 2020, 546, 547 – Besprechung Bruns NJW 2020, 508 ff.

464 BGH NJW 2020, 2796, 2797, 2798; NJW 2020, 2806, 2808; a.A.: Staudinger NJW 2020, 641, 645, 646.

465 BGH LM § 826 (Fa) Nr. 9; s. hierzu auch Deutsch JZ 1990, 733, 738.

für eine derartige Haftung ist nicht nur, dass die Partei die fehlende Berechtigung ihres Begehrens kennt, sondern es müssen stets besondere Umstände hinzutreten, die sich aus der Art und Weise der Prozesseinleitung oder -durchführung ergeben und die das Vorgehen als sittenwidrig prägen.[466] Dies wird insbesondere dann angenommen, wenn die Partei das staatliche Verfahren zur Schädigung der Gegenpartei oder Dritter missbraucht, etwa indem sie das Verfahren mit unlauteren Mitteln betreibt.

- Auch die Vollstreckung aus einem nicht erschlichenen Titel kann eine vorsätzliche sittenwidrige Schädigung darstellen. Die Rechtskraft muss zurücktreten, wenn es mit dem Gerechtigkeitsgedanken schlechthin unvereinbar wäre, dass der Titelgläubiger seine formelle Rechtsstellung unter Missachtung der materiellen Rechtslage zulasten des Schuldners ausnutzt. Nach der Rspr. des BGH kommen eine Durchbrechung der Rechtskraft und die Bejahung eines Anspruchs aus § 826 auf Unterlassung der Zwangsvollstreckung oder Herausgabe des Titels in Betracht.[467] **279**

- Die Sittenwidrigkeit kann auch darin liegen, dass ein formales Recht – z.B. das Widerrufsrecht – in Kenntnis des Umstands ausgeübt wird, dass ein Dritter im Vertrauen darauf, dass das Recht nicht ausgeübt werde, wesentliche Vermögensverfügungen getroffen hat.[468] **280**

3. Sittenwidrige Verleitung zum Vertragsbruch

Vertraglich begründete Verpflichtungen wirken grundsätzlich nur im Verhältnis der Vertragsparteien zueinander. Die bloße Kenntnis eines Dritten von einer solchen Verpflichtung und seine Mitwirkung an der Verletzung derartiger Pflichten bedeuten – für sich genommen – keine vorsätzliche sittenwidrige Schädigung der Berechtigten i.S.v. § 826. Die Beteiligung eines Dritten an dem vertragswidrigen Verhalten des Schuldners stellt jedoch dann eine sittenwidrige Schädigung des Gläubigers dar, wenn weitere Umstände das Handeln des Dritten als mit einer loyalen Rechtsgesinnung schlechthin unvereinbar erscheinen lassen.[469] **281**

4. Falsche Auskünfte und Gutachten

Dazu gehören die unrichtige Erteilung eines Arbeitszeugnisses, falsche Bonitätsauskünfte, unrichtige Anlageberatungen und insbesondere fehlerhafte Wertgutachten.[470] **282**

Ein Sachverständiger, der ein fehlerhaftes Gutachten über ein Grundstück erstellt hat, kann dem Erwerber aus § 826 haften. Voraussetzung dafür ist, dass der Sachverständige bei der Erstellung des Gutachtens leichtfertig und gewissenlos und mindestens mit bedingtem Vorsatz gehandelt hat.[471]

466 BGHZ 36, 18, 21; BGH NJW 2004, 446, 447.
467 BGH WM 1998, 1950 m.w.N.; OLG Nürnberg ZIP 1999, 918; vgl. AS-Skript ZPO (2020) Rn. 359 f.
468 LG Zweibrücken MDR 1995, 700, 701 zu § 7 VerbrKrG a.F.
469 BGH NJW-RR 1999, 1186.
470 Lorenz JuS 2020, 493, 494.
471 BGH NJW 1991, 3282; BGH RÜ 2004, 625.

E. § 831 Haftung für den Verrichtungsgehilfen

Aufbauschema für § 831

I. Voraussetzungen („haftungsbegründender Tatbestand")

1. **Geschäftsherr**
2. **Verrichtungsgehilfe**
3. **tatbestandsmäßige und rechtswidrige unerlaubte Handlung des Verrichtungsgehilfen**
4. **in Ausübung der Verrichtung**, nicht nur bei Gelegenheit
5. **Verschulden**
   des Geschäftsherrn wird vermutet, wenn kein Entlastungsbeweis

II. Rechtsfolgen („haftungsausfüllender Tatbestand")

Ersatz des zugefügten Schadens

283 § 831 normiert die Haftung des Geschäftsherrn für den sogenannten Verrichtungsgehilfen. Fügt der Verrichtungsgehilfe in Ausführung der ihm aufgetragenen Verrichtung einem Dritten rechtswidrig einen Schaden zu, so geht der Gesetzgeber in § 831 davon aus, dass die eigentliche Ursache des Schadens in einem Sorgfaltsverstoß des Geschäftsherrn liegt: es wird vermutet, dass der Geschäftsherr bei der Auswahl des Verrichtungsgehilfen, der Beschaffung von Vorrichtungen oder Gerätschaften oder der Leitung der Ausführungen der Verrichtung gegen die erforderliche Sorgfalt verstoßen hat. Widerlegt der Geschäftsherr diese Verschuldensvermutung nicht, haftet er für eigenes Verschulden. § 831 ist daher – anders als § 278 – keine Zurechnungsnorm für fremdes Verschulden, sondern eine eigene **selbstständige Anspruchsgrundlage**.

Den Hintergrund für die Haftung aus § 831 Abs. 1 BGB bilden wirtschaftliche Überlegungen: Der geschädigte Dritte wird i.d.R. bei dem ihn unmittelbar schädigenden Gehilfen nicht ausreichend Ersatz für den eingetretenen Schaden erlangen können. Demgegenüber dürfte der Geschäftsherr regelmäßig über die entsprechenden Finanzmittel verfügen. Zudem nutzt er die Vorteile einer arbeitsteiligen Betriebsorganisation, indem er sich eines Gehilfen bedient, um ihm selbst aufgetragene Arbeiten zu erledigen. Die Schadenszufügung durch den Gehilfen stammt aus dem Tätigkeits- und Einflussbereich des Geschäftsherrn, in den der Geschädigte regelmäßig keinen Einblick hat.[472]

I. Voraussetzungen

1. Geschäftsherr, Verrichtungsgehilfe

284 Der Anspruchsgegner muss Geschäftsherr sein. **Geschäftsherr ist** gemäß § 831 Abs. 1 S. 1 **derjenige, der einen anderen zu einer Verrichtung bestellt**, also derjenige, der einen sogenannten Verrichtungsgehilfen einsetzt.

285 **Verrichtungsgehilfe ist, wer mit Wissen und Wollen des Geschäftsherrn in dessen Interesse tätig wird und von dessen Weisungen abhängig ist.** Erforderlich ist die Bestellung zu einer Verrichtung, deren Vornahme in den Herrschafts- und Organisationsbereich des Bestellers gehört, und zwar derart, dass damit eine weisungsbedürftige Abhängigkeit des Gehilfen von dem Geschäftsherrn gegeben ist. Das Weisungsrecht

472 Lange Jura 2019, 351.

braucht nicht ins Einzelne zu gehen. Erforderlich und ausreichend ist, dass der Geschäftsherr die Tätigkeit des Handelnden jederzeit beschränken oder entziehen oder nach Zeit und Umfang bestimmen kann.[473]

Verrichtungsgehilfe kann jemand auch dann sein, wenn er aufgrund eigener Sachkunde und Erfahrung zu handeln hat. Entscheidend ist nur, dass die Tätigkeit in einer organisatorisch abhängigen Stellung vorgenommen wird.[474]

Beachte: *Die Weisungsgebundenheit des Verrichtungsgehilfen trägt dem Verschuldensprinzip Rechnung, da sie die Beherrschbarkeit berücksichtigt. Zudem manifestiert sie die Zuordnung des Gehilfen zur Herrschaftssphäre des Geschäftsherrn.*[475]

Grundsätzlich keine Verrichtungsgehilfen sind mangels Abhängigkeit selbstständige Unternehmer, selbst wenn sie wirtschaftlich vom Geschäftsherrn abhängig sind.[476] **286**

Anmerkung: *Wer durch wirksamen Vertrag mit dem Geschäftsherrn dessen Auswahl- oder Überwachungspflichten übernommen hat (z.B. ein anderer selbstständiger Unternehmer), wird dadurch nicht zum Geschäftsherrn i.S.d. § 831 Abs. 1 S. 1, haftet aber evtl. neben diesem gemäß § 831 Abs. 2.* **287**

Umstritten ist, ob § 831 Abs. 2 bei Übertragung der Aufsichtspflicht auf Bedienstete des Geschäftsherrn (z.B. Werkführer oder Betriebsleiter) Anwendung findet.

- Nach einer Ansicht muss § 831 Abs. 2 in diesem Fall angewendet werden, um den Geschädigten ausreichend abzusichern.[477]
- Demgegenüber lehnt eine andere Auffassung die Anwendung der Norm auf Bedienstete des Geschäftsherrn ab, da es lediglich um die Verteilung unternehmensinterner Zuständigkeiten gehe und der Geschädigte ausreichend über die Haftung des Geschäftsherrn wegen Organisationsverschuldens geschützt sei.[478] Bei dieser Betrachtungsweise erfasst § 831 Abs. 2 nur den Fall, dass ein selbstständiges Unternehmen die Pflichten des Geschäftsherrn in eigener Verantwortung übernimmt, sodass der Anwendungsbereich der Norm und damit die praktische Bedeutung äußerst gering ist.

2. Tatbestandsmäßige und rechtswidrige unerlaubte Handlung des Verrichtungsgehilfen

- Der Gehilfe muss den objektiven Tatbestand einer unerlaubten Handlung verwirklichen, wobei es gleichgültig ist, ob es sich um eine unerlaubte Handlung handelt, die im BGB (§§ 823 ff.) oder außerhalb des BGB (z.B. im UWG) geregelt ist.[479] **288**
- Die Rechtswidrigkeit des Gehilfenhandelns ist durch die Verwirklichung des Tatbestands indiziert und nur zu verneinen, wenn in der Person des Gehilfen ein Rechtfertigungsgrund gegeben ist.[480]

Beachte: *Schuldhaftes Handeln des Verrichtungsgehilfen ist nicht erforderlich, da § 831 eine Haftung für eigenes Verschulden des Geschäftsherrn begründet. Der Verrichtungsgehilfe braucht daher weder deliktsfähig zu sein (§§ 827, 828) noch eine der Schuldformen (§ 276) zu erfüllen.* **289**

473 BGHZ 45, 313; OLG Köln RÜ 2010, 158.
474 BGH RÜ 2009, 354.
475 Lange Jura 2019, 351, 354.
476 BGH NJW-RR 2014, 614, 615.
477 Hk-BGB/Staudinger § 831 Rn. 15; Jauernig/Teichmann § 831 Rn. 15; Soergel/Zeuner § 831 Rn. 55.
478 Looschelders Rn. 1332, 1333; Lorenz JuS 2020, 821, 822; Palandt/Sprau § 831 Rn. 17; Wandt § 18 Rn. 8.
479 Jauernig/Teichmann § 831 Rn. 3.
480 Fikentscher Rn. 1669; s. dazu noch unten Rn. 301.

3. In Ausübung der Verrichtung

290 Der Verrichtungsgehilfe muss in Ausführung der Verrichtung gehandelt haben, nicht nur bei Gelegenheit: „Es muss ein unmittelbarer innerer Zusammenhang zwischen der ihm aufgetragenen Verrichtung nach ihrer Art und ihrem Zweck einerseits und der schädigenden Handlung andererseits vorliegen."[481]

Rein begrifflich könnte man sagen, dass die Schädigung eines Dritten nicht zu den übertragenen Verrichtungen gehört und daher auch nicht in Ausführung der Verrichtung erfolgt ist. Damit würde man aber § 831 seine praktische Bedeutung nehmen. Somit muss ein **äußerer und innerer Zusammenhang mit der übertragenen Tätigkeit** ausreichen. Zweckmäßigerweise überlegt man, ob die Tätigkeit des Verrichtungsgehilfen für sich betrachtet, also wenn man von der Fehlleistung absieht, noch zum übertragenen Aufgabenbereich gerechnet werden kann. Dann liegt ein Handeln „in Ausführung" vor.

Beispiel: Ein angestellter Kraftfahrer überfährt jemanden. Die Tätigkeit an sich ist das Fahren. Dabei handelt es sich um die übertragene Verrichtung. Zwischen der übertragenen Verrichtung und der Schädigung besteht ein äußerer und innerer Zusammenhang. Der Kraftfahrer handelte daher „in Ausführung der Verrichtung".

Gegenbeispiel: Der Malergeselle stiehlt in der Wohnung des Auftraggebers Geld. Das Stehlen ist hier eine Tätigkeit, die mit der übertragenen Aufgabe nur noch in einem gewissen äußeren, nicht mehr in einem inneren Zusammenhang steht. Sie wurde lediglich „bei Gelegenheit" der übertragenen Verrichtung vorgenommen.

291 Entscheidend ist nicht die ausgeführte Handlung als solche, sondern das Verhältnis dieser Tätigkeit zum übertragenen Aufgabenkreis. Ein vom Gehilfen bei der Arbeit durchgeführter Diebstahl erfolgt daher nicht immer nur „bei Gelegenheit". Wenn dem Gehilfen speziell die Obhut und Bewahrungspflicht über die Sache anvertraut worden ist, so geschieht der von ihm durchgeführte Diebstahl „in Ausführung der Verrichtung".

Beispiel: Der Juwelier überträgt seiner Angestellten die Aufgabe, eine wertvolle Perlenkette einer Kundin zu säubern und neu zu schnüren. Bei der Arbeit lässt die Angestellte eine der Perlen in ihrer Tasche verschwinden.

Die übertragene Aufgabe besteht auch darin, den Verlust einzelner Perlen (z.B. durch Unachtsamkeit) zu vermeiden. Die Perlen sind der besonderen Obhut der Angestellten anvertraut. Die Verletzung dieser Obhutspflicht durch das Entwenden einer Perle geschieht daher „in Ausführung der Verrichtung".

292 Für ein Handeln in Ausführung der Verrichtung kommt es auch nicht entscheidend darauf an, ob der Verrichtungsgehilfe eine vertragliche Pflicht des Geschäftsherrn erfüllt. Hat der Gehilfe außerhalb der vertraglichen Pflichten des Geschäftsherrn als Helfer eines Dritten, aber im Rahmen seiner ihm vom Geschäftsherrn übertragenen Aufgaben gehandelt, so liegt wegen des äußeren und inneren Zusammenhangs mit der übertragenen Aufgabe ein Handeln in Ausführung der Verrichtung vor.[482]

4. Verschulden

293 § 831 knüpft die Einstandspflicht des Geschäftsherrn an ein **eigenes Verschulden des Geschäftsherrn** an, lässt aber zugunsten des Verletzten eine **doppelte Vermutung** ein-

481 BGH NJW 1971, 31, 32.
482 OLG Naumburg RÜ 2009, 17.

greifen: Hat der Verletzte eine rechtswidrige Schädigung durch den Verrichtungsgehilfen dargetan, dann besteht eine vom Geschäftsherrn zu widerlegende Vermutung dafür,

- dass er seinen Gehilfen nicht ausreichend ausgewählt, angewiesen, beaufsichtigt oder mit den erforderlichen Vorrichtungen oder Gerätschaften versehen hat – **Verschuldensvermutung** –, § 831 Abs. 1 S. 2 Hs. 1,
- und, dass die Verletzung dieser Pflichten für die Schädigung ursächlich geworden ist – **Kausalitätsvermutung** –, § 831 Abs. 1 S. 2 Hs. 2.

Der Grund für diese Beweislastumkehr ist darin zu sehen, dass es sich bei der Kausalität und dem Verschulden des Geschäftsherrn um Vorgänge handelt, die sich im Bereich des Geschäftsherrn abspielen, sodass dem Geschädigten die Beweisführung nicht zugemutet werden kann.[483]

Der Geschäftsherr kann sich entlasten (exkulpieren), indem er nachweist, dass er den Verrichtungsgehilfen sorgfältig ausgewählt und überwacht hat (Widerlegung der Verschuldensvermutung) oder dass der Schaden auch bei Anwendung dieser Sorgfalt entstanden wäre (Widerlegung der Kausalitätsvermutung). **294**

An die Exkulpation – insbesondere an die Widerlegung der Verschuldensvermutung – werden hohe Anforderungen gestellt.[484] Der bei der Auswahl und Überwachung des Verrichtungsgehilfen vom Geschäftsherrn einzuhaltende Sorgfaltsmaßstab richtet sich nach den Einzelfallumständen; abzustellen ist vor allem auf die Art der übertragenen Tätigkeit sowie auf die Person des Gehilfen (Alter, Erfahrung, Zuverlässigkeit, Qualifikation).[485] Nach h.M. bezieht sich der Nachweis sorgfältiger Auswahl und Überwachung auf den *Zeitpunkt der schädigenden Handlung*, sodass einmalige Sorgfalt bei der Einstellung nicht genügt, sondern der Geschäftsherr in der Folgezeit auch kontrollieren muss, ob der Verrichtungsgehilfe weiterhin als ordnungsgemäß ausgewählt angesehen werden kann.[486] Dabei kann eine sorgfältige Handhabung der Überwachungspflicht für den Verrichtungsgehilfen nicht vorhersehbare und unauffällige Kontrollen gebieten.[487]

Fall 20: Kinder auf der Baustelle

Bauunternehmer B ließ durch seine Arbeiter, u.a. durch X, Arbeiten an einem Neubau ausführen. Auf der Baustelle spielten häufig Kinder. Als diese trotz mehrfacher Ermahnungen des X nicht weggingen, warf X ein Stück Holz vom Baugerüst hinunter, das den 4-jährigen A verletzte. Der gesetzliche Vertreter des A verlangt von B Schadensersatz. B weist darauf hin, dass er ein Schild habe aufstellen lassen mit der Aufschrift: „Betreten der Baustelle verboten. Eltern haften für ihre Kinder."

A könnte gegen B ein Schadensersatzanspruch **aus § 831** zustehen.

I. Dazu müssen die **Voraussetzungen** des haftungsbegründenden Tatbestands vorliegen.

483 Medicus/Lorenz Schuldrecht II § 80 Rn. 8; Wandt § 18 Rn. 13.

484 Petersen Jura 2016, 1257, 1259.

485 OLG Hamm NJW 2009, 2685; Hk-BGB/Staudinger § 831 Rn. 9.

486 Fuchs/Pauker/Baumgärtner Kap. 3 B. II. 4.; Medicus/Petersen BR Rn. 813.

487 BGH NJW 2003, 288, 290 m.w.N.

1. B muss **Geschäftsherr** und X sein **Verrichtungsgehilfe** gewesen sein.

295 Geschäftsherr ist, wer die Tätigkeit des Handelnden jederzeit beschränken oder nach Zeit und Umfang bestimmen kann. Verrichtungsgehilfe ist, wer mit Wissen und Wollen des Geschäftsherrn in dessen Interesse tätig wird und von dessen Weisungen abhängig ist.

296 Bauunternehmer B hat seinen Arbeitnehmer X zur Durchführung von Arbeiten auf seiner Baustelle eingesetzt. Aufgrund des Arbeitsvertrags steht dem B ein Weisungsrecht gegenüber dem X zu, sodass X als Verrichtungsgehilfe des Geschäftsherrn B tätig geworden ist.

297 2. Der Verrichtungsgehilfe muss eine **tatbestandsmäßige und rechtswidrige unerlaubte Handlung** begangen haben.

X hat durch das Herunterwerfen des Holzstücks die Gesundheit des A verletzt und damit den Tatbestand des § 823 Abs. 1 erfüllt. Die Rechtswidrigkeit ist durch die Verwirklichung des Tatbestands indiziert und es ist kein Rechtfertigungsgrund für X ersichtlich.

298 3. Das Bemühen des X, die Kinder von der Baustelle fernzuhalten, gehörte zu dem ihm übertragenen Aufgabenbereich. Deshalb bestand zwischen dem Werfen des Holzstücks und der übertragenen Aufgabe, die Kinder fernzuhalten, ein äußerer und innerer Zusammenhang, sodass X in Ausübung seiner Verrichtung handelte.

299 4. Das **Verschulden des Geschäftsherrn wird vermutet** und B hat allein durch den Hinweis auf das Warnschild den Entlastungsbeweis nach § 831 Abs. 1 S. 2 nicht geführt.

II. Als **Rechtsfolge** („haftungsausfüllender Tatbestand") ist B gemäß §§ 249 ff. zum Ersatz des Schadens verpflichtet, den X dem A zugefügt hat.

Anmerkung: *Erfüllt der Gehilfe selbst die Voraussetzungen einer unerlaubten Handlung, z.B. weil er im Rahmen des § 823 Abs. 1 selbst schuldhaft gehandelt hat, so haftet er persönlich nach § 823 Abs. 1, unabhängig von der Haftung des Geschäftsherrn nach § 831.*[488] *Haften Geschäftsherr (§ 831) und Gehilfe (z.B. aus § 823 Abs. 1) nebeneinander, sind sie Gesamtschuldner gemäß § 840 Abs. 1 mit der Ausgleichspflicht im Innenverhältnis nach § 840 Abs. 2.*

II. Mehrere in Betracht kommende Geschäftsherrn

300 Ist ein Arbeitnehmer mehreren Weisungszuständigkeiten untergeordnet, so ist für die Frage, wessen Verrichtungsgehilfe er ist, maßgeblich, in wessen **Weisungszuständigkeit** das rechtswidrige Verhalten fällt. Bei mehreren Weisungszuständigkeiten entscheidet das ranghöhere Direktionsrecht.[489]

Praktische Anwendung findet dieser Grundsatz bei den Leiharbeitsverhältnissen.

488 Staudinger/Bernau § 831 Rn. 13.

489 MünchKomm/Wagner § 831 Rn. 21 m.w.N.

III. Nichterweislichkeit verkehrsrichtigen Verhaltens des Gehilfen

Nach der Rspr. stellt das verkehrsrichtige Verhalten einen Rechtfertigungsgrund dar. Die Beweislast für das Eingreifen eines Rechtfertigungsgrundes trägt der Schädiger. Wenn weder ein verkehrsrichtiges noch ein verkehrswidriges Verhalten des Verrichtungsgehilfen festzustellen ist, haftet der Verrichtungsgehilfe mangels nachgewiesenen Verschuldens nicht aus § 823 Abs. 1, der Geschäftsherr jedoch mangels Nachweises eines Rechtfertigungsgrundes aus § 831.[490] 301

Beispiel:[491] Bei einem Verkehrsunfall kam die Radfahrerin R mit ihrem Rennrad zu Fall, als sie von dem von F gelenkten Sattelschlepper überholt wurde. Das linke Bein geriet unter die rechten Hinterräder des Hängers, R wurde erheblich verletzt. R verlangt von F und G, dem Arbeitgeber des F und Halter des Fahrzeugs, als Gesamtschuldner Schadensersatz. Im Prozess ist dem F ein schuldhaftes Verhalten nicht nachzuweisen. Es steht fest, dass R in unmittelbarem Zusammenhang mit dem Überholvorgang durch den Sattelschlepper zu Fall gekommen ist. Es bleibt aber offen, ob der überholende Lkw einen ausreichenden Sicherheitsabstand eingehalten hat oder nicht.

I. Ein Anspruch der **R gegen F aus § 823 Abs. 1** scheidet aus, da R dem F kein schuldhaftes Verhalten nachweisen kann.

II. Dagegen haftet der **Geschäftsherr G** nach **§ 831:** F hat den objektiven Tatbestand des § 823 Abs. 1 erfüllt, da die Fahrt mit dem Sattelschlepper adäquat kausal für die Körperverletzung der R war. Die Rechtswidrigkeit des Verhaltens des F ist damit indiziert. Bei der Nichtaufklärbarkeit der Frage, ob sich F verkehrsrichtig verhalten hat oder nicht, hat G keinen Rechtfertigungsgrund für das Verhalten des F nachgewiesen. Auf ein Verschulden des F als Verrichtungsgehilfen kommt es bei § 831 nicht an. Der Geschäftsherr G haftet, wenn er nicht den Entlastungsbeweis nach § 831 Abs. 1 S. 2 führen kann.

IV. Der Unterschied zwischen § 278 und § 831

302

§ 278	§ 831
▪ kann nur im Rahmen von **Schuldverhältnissen** Anwendung finden;	▪ ist unabhängig davon anwendbar, ob ein Schuldverhältnis besteht oder nicht;
▪ ist anwendbar ohne Rücksicht darauf, ob der Erfüllungsgehilfe vom Geschäftsherrn weisungsabhängig ist oder nicht;	▪ setzt voraus, dass der Verrichtungsgehilfe vom Geschäftsherrn **weisungsabhängig** ist;
▪ ist eine **reine Zurechnungsnorm** mit der Funktion, in einer gegebenen Anspruchsgrundlage das Merkmal des „Vertretenmüssens" auszufüllen;	▪ ist eine **selbstständige, deliktsrechtliche Anspruchsgrundlage**;
▪ begründet eine **Haftung für fremdes Verschulden** (nämlich für Verschulden des Erfüllungsgehilfen);	▪ begründet eine **Haftung für eigenes Verschulden** des Geschäftsherrn;
▪ gibt dem Geschäftsherrn **keine Exkulpationsmöglichkeit.**	▪ gibt dem Geschäftsherrn eine **Exkulpationsmöglichkeit.**

§ 278 und § 831 können **nebeneinander** zur Anwendung kommen: Enthält eine Handlung gleichzeitig die Verletzung einer schuldrechtlichen Verhaltenspflicht und einen Verstoß gegen die allgemeinen Rechtspflichten der §§ 823 ff., so haftet der Schädiger

490 BGHZ 24, 21; BGH NJW-RR 1987, 1048; OLG Hamm MDR 1998, 1222.

491 Nach OLG Hamm MDR 1998, 1222.

regelmäßig sowohl aus Vertrag als auch aus unerlaubter Handlung. Grundsätzlich besteht dann Anspruchskonkurrenz bei Gleichwertigkeit von Vertrags- und Deliktsrecht. Ist aufseiten des Anspruchsgegners ein Gehilfe eingeschaltet, so ist für die vertragliche Haftung des Schuldners auf § 278, für seine Deliktshaftung auf § 831 abzustellen.

V. Organisationsverschulden; dezentralisierter Entlastungsbeweis

1. Organisationsverschulden

303 Neben den Auswahl- und Überwachungspflichten des Geschäftsherrn in Bezug auf den Verrichtungsgehilfen können für ihn weitere Betriebsorganisationspflichten bestehen.

Ausdruck dieser allgemeinen Organisationspflicht ist u.a. eine fortlaufende Überwachung, der Erlass allgemeiner Anordnungen und die Kontrolle der Einhaltung dieser Anordnungen.[492]

Verletzt der Geschäftsherr diese Organisationspflichten, kommt eine Haftung wegen **„Organisationsverschuldens"** aus **§ 823** in Betracht. **Daneben** kann er auch aus **§ 831** haften.[493]

Beispiel: A betreibt eine Autolackiererei. Wegen Brand- und Explosionsgefahr der Lackdämpfe hat er von der Behörde Sicherheitsauflagen bekommen. U.a. ist ihm aufgegeben, jedes offene Feuer in der Werkstatt zu vermeiden und eine Anzahl von Feuerlöschgeräten mit einem bestimmten speziell geeigneten Löschmittel greifbar zu haben. A nimmt diese Anordnung nicht sehr ernst. Feuerlöschgeräte sind inzwischen nicht mehr vorhanden. A stellt R ein, ohne ihn auf die besondere Brandgefahr hinzuweisen. Wenn R in der Arbeitspause gelegentlich eine Zigarette raucht, sagt er nichts. An einem Tag, an dem A auswärts ist, kommt es durch Rauchen des R zu einem zunächst kleinen Brand. R gießt, da er keine Feuerlöschgeräte sieht, Wasser in die Flamme, wodurch sich diese vergrößert. Da sich Qualm entwickelt, reißt R alle Fenster und Türen auf. Durch den Luftstrom wird der Brand entfacht. Es entsteht eine Explosion, die das Haus des Nachbarn N in Mitleidenschaft zieht. N verlangt von A Schadensersatz.

I. § 831 Abs. 1? R ist als Arbeitnehmer des A dessen Verrichtungsgehilfe. Als R die zur Brand- und Explosionsverhütung notwendigen Maßnahmen unterließ und rauchte, handelte er in Ausführung der Verrichtung, denn A hatte auch die arbeitspezifischen Vorsichtsmaßnahmen auf R übertragen. Das Rauchen hat adäquat kausal und rechtswidrig zu einer Eigentumsverletzung bei N geführt. A kann sich nicht exkulpieren, da er R nicht hinreichend instruiert und überwacht hat. A haftet somit aus § 831.

II. § 823 Abs. 1? A hat seine Verkehrssicherungspflicht verletzt. Er hätte seinen Betrieb so organisieren müssen, dass Feuerlöschgeräte vorhanden waren. Er hätte für den Fall eines Brandes einen „Organisationsplan" aufstellen und für eine Brandbekämpfung sorgen müssen. Das pflichtwidrige Unterlassen des A war für die Eigentumsverletzung des N adäquat kausal. A handelte rechtswidrig und schuldhaft. A haftet somit (auch) aus § 823 Abs. 1.

2. Dezentralisierter Entlastungsbeweis

304 In Großunternehmen ist es dem Unternehmensinhaber praktisch nicht möglich, sich für jeden einzelnen seiner Arbeitnehmer zu exkulpieren. Er bedient sich für die Einstellung und Überwachung untergeordneter Personen (z.B. Personalchef für die Einstellung, Abteilungsleiter für die Überwachung), die ihrerseits wiederum Aufgaben delegieren.

- Um einem Großunternehmer die Möglichkeit der Exkulpation zu eröffnen, hat die Rspr. den sogenannten **dezentralisierten Entlastungsbeweis** entwickelt: Danach braucht

492 BeckOK/Förster § 823 Rn. 372 ff.

493 Lange Jura 2019, 351, 352.

sich der Großunternehmer nur hinsichtlich der Auswahl und Überwachung der von ihm zwischengeschalteten Auswahl-/Überwachungsperson zu exkulpieren.[494]

Der dezentralisierte Entlastungsbeweis ist nur einschlägig, wenn der Geschäftsherr im Einzelfall nachweist, dass die Größe seines Unternehmens, das Ausmaß der erforderlichen Verwaltung oder andere persönliche Hindernisse ihm die persönliche Auswahl und Überwachung der Verrichtungsgehilfen unmöglich machen.[495]

- Zum Teil wird in dem dezentralisierten Entlastungsbeweis eine ungerechtfertigte Bevorzugung von Großunternehmen gesehen.[496] Es wird daher teils gefordert, dass der Geschäftsherr neben seiner eigenen Entlastung auch nachweisen muss, dass der höhere Angestellte seinerseits bei Auswahl und Überwachung von Verrichtungsgehilfen sorgfältig gehandelt hat.[497]

- Zutreffend dürfte es sein, einer ungerechtfertigten Freistellung des Betriebsinhabers dadurch zu begegnen, dass man zwar mit der Rspr. den dezentralisierten Entlastungsbeweis zulässt, aber zum einen an den für die zuständige Aufsichtsperson zu erbringenden Entlastungsbeweis strenge Anforderungen (auch hinsichtlich der Überwachung) stellt und dass man zum anderen die Grenzen der eigenen Organisationspflicht des Geschäftsherrn, bei deren Verletzung er nach § 823 Abs. 1 wegen Organisationsverschuldens haftet, nicht zu eng zieht.

Fall 21: Aufsichts- und Organisationspflicht im Großbetrieb

Tiefbauunternehmer U wurde von der Stadtgemeinde mit der Ausschachtung eines Grabens zur Verlegung einer neuen elektrischen Lichtleitung beauftragt. Bei den Ausschachtungsarbeiten erfasste der vom Arbeiter A gesteuerte Löffelbagger ein quer über die Straße zum Hause des E führendes Anschlussrohr der Gasversorgung. Hierdurch strömte Gas in den Keller des E aus. Das Gas führte 10 Minuten später zu einer Explosion, durch die das Haus des E so schwer beschädigt wurde, dass es abgerissen werden musste. E verlangt von U Schadensersatz.

U beruft sich darauf, dass er D mit der örtlichen Bauleitung beauftragt habe. Dieser besitze als graduierter Tiefbauingenieur die erforderliche Qualifikation, technische Aufgaben in eigener Verantwortung durchzuführen. Er sei als Bauführer und Bauleiter bei größeren Bauvorhaben mit besonderer Umsicht tätig gewesen und mit allen Bauarbeiten und Bausicherungsmaßnahmen vertraut. Er habe viele Bauarbeiten in eigener Verantwortung gewissenhaft durchgeführt und in keinem Fall zu Beanstandungen Veranlassung gegeben. Hierfür tritt U Beweis an. (nach BGH NJW 1971, 1313)

A. E könnte gegen U ein Schadensersatzanspruch aus **§ 831 Abs. 1** zustehen. **305**

A hat als Verrichtungsgehilfe des U adäquat kausal das Eigentum des E beschädigt. A hat damit tatbestandsmäßig und rechtswidrig eine unerlaubte Handlung (§ 823

494 RGZ 78, 107, 108; BGHZ 4, 1, 2 ff.; BGH VersR 1964, 297; Soergel/Krause § 831 Rn. 47; MünchKomm/Wagner § 831 Rn. 42.

495 Lange Jura 2019, 351, 358.

496 Larenz/Canaris § 79 III 3 b; BGH NJW 1968, 247, 248 hat es dahinstehen lassen, ob an der den Großbetrieb begünstigenden Rspr. zum dezentralisierten Entlastungsbeweis festgehalten werden kann.

497 Helm AcP 166, 389, 398.

Abs. 1) begangen. Dabei handelte A in Ausführung der ihm aufgetragenen Verrichtung.

U haftet daher aus § 831 Abs. 1 S. 1, wenn er nicht den **Entlastungsbeweis** nach § 831 Abs. 1 S. 2 führen kann. Hinsichtlich des A hat U zu seiner Entlastung nichts vorgetragen.

Da es Großunternehmern praktisch nicht möglich ist, sich für jeden einzelnen Arbeitnehmer zu exkulpieren, hat die Rspr. den **dezentralisierten Entlastungsbeweis** entwickelt, wonach es bei Schädigung eines Dritten durch einen Verrichtungsgehilfen, der einer Zwischenperson nachgeordnet ist, zum Ausschluss der Haftung nach § 831 genügt, wenn sich der Geschäftsherr hinsichtlich der Auswahl und Überwachung des von ihm eingesetzten höheren Angestellten exkulpiert.

U hat unter Beweisantritt dargelegt, dass er den für die örtliche Bauleitung zuständigen D sorgfältig ausgewählt und überwacht hat. Folglich hat U sich für die von ihm dazwischengeschaltete Person erfolgreich exkulpiert, sodass ein Anspruch gegen U aus § 831 Abs. 1 ausscheidet.

306 B. Möglich ist ein Anspruch des E gegen U auf Schadensersatz aus **§ 823 Abs. 1** wegen **Organisationsverschuldens.**

I. Dazu müssen die **Voraussetzungen** des haftungsbegründenden Tatbestands gegeben sein.

1. Das **Eigentum** des E ist infolge der Explosion **verletzt** worden.

2. Dies muss **durch ein dem U zurechenbares Handeln** geschehen sein.

a) U könnte es **unterlassen** haben, für die notwendigen Sicherheitsvorkehrungen Sorge zu treffen. Das Unterlassen stellt jedoch nur dann ein tatbestandsmäßiges Verhalten i.S.v. § 823 Abs. 1, wenn für U gegenüber E eine **Rechtspflicht zum Handeln** bestanden hat und er diese durch sein Unterlassen verletzt hat.

U traf eine Sorgfaltspflicht (Verkehrssicherungspflicht) aus der tatsächlichen Verfügungsgewalt über ein gefahrbringendes Unternehmen. Er musste dafür sorgen, dass aus diesem Unternehmen keine Gefahren für Dritte entstanden. Diese Garantenpflicht bestand auch gegenüber E, da dieser als Anwohner befugtermaßen mit der Gefahrenquelle in Berührung kam und besonders gefährdet war. Fraglich ist, ob U die Garantenpflicht verletzt hat. Daran fehlt es, wenn er seine Verpflichtung zu seiner völligen Entlastung auf D übertragen hat.

307 Die komplette Übertragung einer Verkehrssicherungspflicht auf einen Dritten mit der Folge voller Entlastung des Übertragenden ist grundsätzlich nur möglich, wenn dies durch Rechtsnorm angeordnet oder zugelassen wird.[498] Ansonsten kann ein Verkehrssicherungspflichtiger sich der Pflicht nicht durch Einschaltung eines Dritten völlig entledigen, sondern er

498 Jauernig/Teichmann § 823 Rn. 38.

muss bei Übertragung der erforderlichen Maßnahmen auf einen Dritten dafür sorgen, dass der Dritte der Verkehrssicherungspflicht in gehöriger Weise nachkommt. Es besteht also die **Verkehrssicherungspflicht als Organisationspflicht** fort.[499]

Dieser Grundsatz gilt umso mehr, wenn der Inhaber eines Großunterneh- **308**
mens die ihm obliegende Verkehrssicherungspflicht einem weisungsabhängigen Gehilfen überträgt. Der Geschäftsherr hat selbst sicherzustellen, dass eine Betriebsorganisation gegeben ist, die den vertikalen Informations- und Kontrollzusammenhang gewährleistet und die dafür sorgt, dass es an erforderlichen Richtlinien und Anweisungen nicht fehlt. Für eine Verletzung dieser Organisationspflicht haftet der Geschäftsherr nach § 823 Abs. 1.[500]

U hat es pflichtwidrig unterlassen, durch eine klare Anweisung seinen örtlichen Bauleiter zu informieren, wie er sich über Lage und Verlauf der Versorgungsleitungen anhand zuverlässiger Unterlagen der in Betracht kommenden Versorgungsunternehmen zu vergewissern hatte. Folglich hat U seine Rechtspflicht zum Handeln verletzt, sodass sein Unterlassen tatbestandsmäßig ist.

b) Hätte D die notwendigen Informationen und Anweisungen erhalten, hätte er mit an Sicherheit grenzender Wahrscheinlichkeit dafür gesorgt, dass es nicht zu der Explosion gekommen wäre, sodass das Unterlassen für den Verletzungserfolg **äquivalent kausal** gewesen ist.

c) Die Eigentumsverletzung stellt auch eine typische Folge des Unterlassens der Sicherungsvorkehrungen dar, sodass das Unterlassen für den Verletzungserfolg **adäquat kausal** gewesen ist.

d) Der erforderliche **Zurechnungszusammenhang** ergibt sich aus der bereits festgestellten Verkehrssicherungspflichtverletzung.

3. Die Erfüllung des Tatbestands indiziert die **Rechtswidrigkeit** und Rechtfertigungsgründe sind nicht ersichtlich.

4. Ferner hat U die im Verkehr erforderliche Sorgfalt i.S.v. § 276 Abs. 2 nicht beachtet und folglich **schuldhaft** gehandelt.

II. Als **Rechtsfolge** („haftungsausfüllender Tatbestand") muss U dem E gemäß § 249 Abs. 2 S. 1 für die Zerstörung des Hauses Schadensersatz in Geld leisten.

---

499 BGH VersR 1983, 152; NJW 1987, 2669, 2670; 1987, 2671, 2673; 1990, 1361, 1363.

500 BGHZ 11, 151, 155 f., st.Rspr.; Erman/Wilhelmi § 831 Rn. 25; Wagner 6. Kap. Rn. 40; Soergel/Krause Anh II § 823 Rn. 61.

VI. § 31; Verhältnis zu § 831

309 Nach § 31 haften **Vereine** für einen Schaden, den eines ihrer **Organe** einem Dritten in Ausführung der dem Organ zustehenden Verrichtung zugefügt hat. § 31 ist keine selbstständige Anspruchsgrundlage, sondern eine **reine Zurechnungsnorm** und setzt eine zum Schadensersatz verpflichtende Handlung eines Organs voraus. Ein Entlastungsbeweis ist nicht möglich.

310 Diese Organhaftung des Vereins beruht auf der Erwägung, dass die Handlung des Organs als Handlung des Vereins selbst gilt; deshalb soll der Verein für die Handlung des Organs einstehen, wie eine natürliche Person für ihre eigene Handlung einzustehen hat.[501] Diese Erwägung trifft für alle juristischen Personen zu. Deshalb ist § 31 z.B. auch auf Stiftungen und juristische Personen des öffentlichen Rechts entsprechend anwendbar (vgl. §§ 86, 89). Für andere Personen, die mit der Erledigung von Aufgaben der juristischen Person betraut sind, gilt im Bereich der unerlaubten Handlungen § 831.

Beachte: *Eine analoge Anwendung des § 31 wird vorgenommen, wenn es sich um ein abstraktes Rechtsgebilde mit eigener Rechtsfähigkeit, aber ohne Handlungsfähigkeit handelt.*

311 Darüber hinaus dehnt die Rspr. die Zurechnung gemäß § 31 (analog) auch auf andere Personen als Organe aus und hat dabei zwei verschiedene Ansätze:

- Es wird zum einen der Begriff des verfassungsmäßigen Vertreters auf alle ausgedehnt, die eigenverantwortlich einen Aufgabenbereich wahrnehmen, der normalerweise von Organen wahrgenommen wird. Entscheidend ist, ob er nach außen einen bestimmten Aufgabenbereich eigenverantwortlich in der Weise erledigt, dass er die juristische Person auf diese Weise repräsentiert – **„Repräsentantenhaftung"**.[502]
- Zum anderen wird an den Gedanken der **Organisationshaftung** angeknüpft: Die juristische Person ist verpflichtet, für vom Vorstand nicht übersehbare Tätigkeitsbereiche ein besonderes Organ zu bestellen. Die fehlende Berufung stellt einen Organisationsmangel dar. Die juristische Person muss sich wegen dieses Organisationsmangels so behandeln lassen, als wäre der zuständige Angestellte Organ.[503]

Fall 22: Repräsentanten- und Organisationshaftung

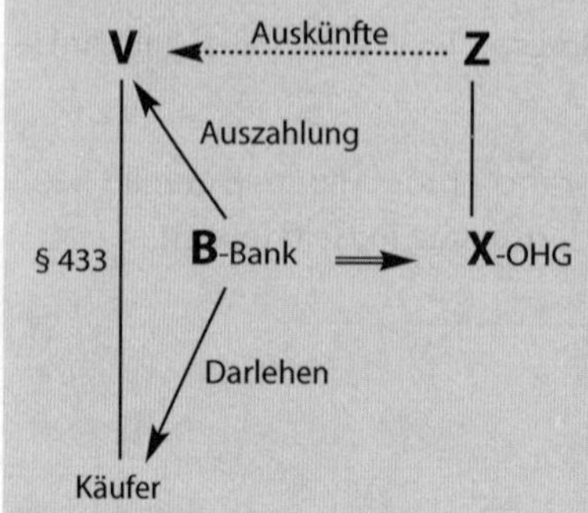

Die B-Bank finanziert Teilzahlungskäufe von Kraftfahrzeugen durch Gewährung von Darlehen an die Käufer. Die Darlehen werden an die Verkäufer ausgezahlt. Voraussetzung dafür ist die Sicherungsübereignung des gekauften Fahrzeugs, die Bürgschaftserklärung des Verkäufers und eine günstige Kreditauskunft über den Käufer.

Die X-OHG betreibt eine große Auskunftei mit Büros in 16 Städten der Bundesrepublik. Ihr Büro in der Stadt S wird seit Jahren von dem „Handelsvertreter" Z geleitet. Jahrelang gab Z

501 Brox/Walker AT Rn. 746a.

502 BGHZ 49, 19, 21; 77, 74, 79; BGH NJW 1972, 334; 1977, 2259; Wagner 5. Kap. Rn. 38; Soergel/Hadding § 31 Rn. 18.

503 BGHZ 13, 198, 203; 24, 200, 213; 39, 124, 129 f.; Wagner 6. Kap. Rn. 39; MünchKomm/Reuter § 31 Rn. 5.

dem Autohändler V – über dessen Vermögen inzwischen das Insolvenzverfahren eröffnet worden ist – auf dessen Verlangen in insgesamt 1.500 Fällen „Kreditauskünfte" über Kunden des V, und zwar auf dem Papier mit dem Briefkopf der X-OHG. In 26 Fällen waren die Auskünfte fingiert, es handelte sich um erfundene Personen; in weiteren fünf Fällen existierten die Personen zwar, die Auskünfte waren aber zu günstig. In diesen 31 Fällen fertigte Z die Schreiben, die er der Firmenleitung der X-OHG verheimlichte, ohne jede Nachforschung und Prüfung allein aufgrund der Angaben des V. Mit Hilfe dieser Schriftstücke betrog V die B-Bank, indem er sich von ihr Darlehen auszahlen ließ. Z wusste, dass er durch sein Verhalten das Vermögen der B-Bank gefährdete und nahm dies in Kauf. Der B-Bank entstand ein Schaden. Diesen Schaden verlangt sie von der X-OHG ersetzt. (Fall nach BGHZ 49, 17)

Der B-Bank könnte gegen die X-OHG ein Anspruch aus unerlaubter Handlung gemäß **§ 823 Abs. 2 i.V.m. §§ 263, 27 StGB und § 826 i.V.m. § 124 HGB** zustehen. **312**

I. Eine **OHG besteht** und diese ist **gemäß § 124 HGB rechtsfähig**.

II. Ferner muss eine **Verbindlichkeit der X-OHG** gegenüber der B-Bank aus §§ 823 ff. bestehen. Die Gesellschaft als solche kann jedoch keine unerlaubte Handlung begehen. Z könnte eine unerlaubte Handlung begangen haben. Fraglich ist, ob die OHG sich dessen Verhalten und Verschulden **analog § 31** zurechnen lassen muss.

1. § 31 ist auf Personenhandelsgesellschaften analog anwendbar, weil diese aufgrund ihrer eigenen Rechtsfähigkeit **mit einem Verein vergleichbar** sind.[504]

2. Ferner muss ein **Organ** der OHG eine unerlaubte Handlung begangen haben.

   a) Z ist kein Gesellschafter der X-OHG und damit kein Organ i.S.v. § 31. Z war jedoch damit betraut, eigenverantwortlich Aufgaben der X-OHG wahrzunehmen, sodass er als Repräsentant einem Organ gleichzustellen ist.

   b) Z hat in Ausführung der ihm zustehenden Verrichtung 26 Auskünfte fingiert und in mehreren Fällen falsche Auskünfte erteilt und damit den Tatbestand des § 823 Abs. 2 i.V.m. §§ 263, 27 StGB und des § 826 in objektiver und subjektiver Hinsicht verwirklicht. Er ist in Ausführung der ihm aufgetragenen Verrichtung tätig geworden.[505]

   Dieses Handeln des Z wird der OHG analog § 31 zugerechnet. Die X-OHG ist gemäß § 823 Abs. 2, §§ 263, 27 StGB und § 826 i.V.m. § 124 HGB zum Schadensersatz verpflichtet.

---

504 Palandt/Grüneberg § 31 Rn. 3 m.w.N.

505 BGHZ 49, 19, 21.

F. § 832 Haftung des Aufsichtspflichtigen

Aufbauschema für § 832

I. Voraussetzungen („haftungsbegründender Tatbestand")

1. **Aufsichtspflichtiger**
2. **Aufsichtsbefohlener**
3. **Tatbestandsmäßige und rechtswidrige unerlaubte Handlung des Aufsichtsbefohlenen**
4. **Verschulden**
   des Aufsichtspflichtigen wird vermutet, wenn kein Entlastungsbeweis

II. Rechtsfolgen („haftungsausfüllender Tatbestand")

Ersatz des Schadens

I. Normzweck

§ 832 normiert die Haftung des Aufsichtspflichtigen für den Aufsichtsbedürftigen. Fügt der Aufsichtsbedürftige einem Dritten rechtswidrig einen Schaden zu, so geht der Gesetzgeber in § 832 davon aus, dass die eigentliche Ursache des Schadens in einem Sorgfaltsverstoß des Aufsichtspflichtigen liegt: es wird vermutet, dass der Aufsichtspflichtige bei der Ausübung der Aufsichtspflicht gegen die erforderliche Sorgfalt verstoßen hat. Widerlegt der Aufsichtspflichtige diese Verschuldensvermutung nicht, haftet er für eigenes Verschulden.

Die Haftung des Aufsichtspflichtigen beruht auf der Tatsache, dass von dem Aufsichtsbedürftigen Gefahren für Dritte ausgehen können und der Aufsichtspflichtige die erforderlichen Einwirkungsmöglichkeiten auf dessen Verhalten hat.[506]

Beachte: *§ 832 dient nur dem Schutz Dritter, nicht dem Schutz des Aufsichtsbedürftigen. Erleidet dieser infolge mangelhafter Aufsicht einen Schaden, folgt die Ersatzpflicht des Aufsichtspflichtigen nicht aus § 832, sondern u.U. aus Vertrag, Verletzung familienrechtlicher Bestimmungen oder aus § 823 Abs. 1.*[507]

II. Voraussetzungen[508]

1. Aufsichtspflichtiger, -befohlener

313 Der Anspruchsgegner muss eine Aufsichtspflicht gegenüber einer aufsichtsbedürftigen Person, nämlich gegenüber einem Minderjährigen oder einem wegen seines geistigen oder körperlichen Zustands Aufsichtsbedürftigen haben.

Eine Aufsichtspflicht kraft Gesetzes trifft die Eltern (§§ 1626, 1631), ferner den Vormund (§§ 1793, 1800), den Ergänzungspfleger (§§ 1909, 1915, 1800), den Betreuer (§§ 1896 ff.) sowie den Ausbilder gegenüber dem minderjährigen Auszubildenden (§§ 6, 9 BBiG).

506 Brand JuS 2012, 674 ff.; Fuchs/Pauker/Baumgärtner Kap. 3 C. I.

507 Hk-BGB/Staudinger § 832 Rn. 2.

508 Vgl. Bernau FamRZ 2006, 82 ff. zur Haftung aus § 832 bei „Patchwork"-Familien.

Eine Aufsichtspflicht kann sich auch aus Vertrag ergeben und eine Haftung gemäß § 832 Abs. 2 begründen. Die vertragliche Übernahme kann auch konkludent geschehen, setzt aber eine weitreichende Obhut von längerer Dauer und weitgehender Einwirkungsmöglichkeit voraus (z.B. Pflegeeltern, Kindergärtnerinnen, Kinderheim; nicht bei Überlassen des Kindes für die Zeit von Besorgungen oder beim Besuch des Kindes bei Freunden).[509]

2. Tatbestandsmäßige und rechtswidrige unerlaubte Handlung des Aufsichtsbefohlenen

Der Aufsichtsbedürftige muss eine rechtswidrige unerlaubte Handlung begangen haben. Auf seine Verschuldensfähigkeit oder sein Verschulden kommt es nicht an. **314**

3. Verschulden

Das **Verschulden** des Aufsichtspflichtigen wird **vermutet**. Die Haftung tritt jedoch nicht ein, wenn der Aufsichtspflichtige den Entlastungsbeweis gemäß § 832 Abs. 1 S. 2 führt, indem er nachweist, dass er seiner Aufsichtspflicht genügt hat **(Widerlegung der Verschuldensvermutung)** oder dass der Schaden auch bei gehöriger Aufsichtsführung entstanden wäre **(Widerlegung der Kausalitätsvermutung)**. **315**

Das Maß der gebotenen Aufsicht bestimmt sich nach Alter, Eigenart und Charakter des Kindes, nach der Voraussehbarkeit des schädigenden Verhaltens sowie danach, was dem Aufsichtspflichtigen in seinen jeweiligen Verhältnissen zugemutet werden kann.[510] Bei Kindern mit schweren Verhaltensstörungen und aggressivem Verhalten bestehen gesteigerte Aufsichtspflichten.[511]

Nach Ansicht des BGH genügen die Eltern eines normal entwickelten 13-Jährigen, der ihre grundlegenden Gebote und Verbote befolgt, ihrer Aufsichtspflicht regelmäßig schon dadurch, dass sie das Kind über die Rechtswidrigkeit einer Teilnahme an Internettauschbörsen belehren und ihm eine Teilnahme verbieten. Eine Überwachungspflicht bestehe nur bei konkreten Anhaltspunkten dafür, dass das Kind dem Verbot zuwider handele.[512]

Fall 23: Abgebrannte Scheune

Der 7 1/2 Jahre alte K hatte in der Scheune des B Stroh angezündet und das Feuer kurz darauf mit einer Schaufel gelöscht. Durch Glutreste wurde die Scheune in Brand gesetzt und mitsamt Inventar zerstört. K hatte die Streichhölzer ohne Wissen der Eltern von einem Regal in der Speisekammer entnommen, wo die Eltern die Streichhölzer sichtbar und unverschlossen aufzuheben pflegten. B nimmt die Eltern wegen Verletzung der Aufsichtspflicht in Anspruch. Diese legen dar, dass sie ihren Sohn wiederholt über die Gefährlichkeit von Streichhölzern aufgeklärt und auch auf einen etwaigen unerlaubten Besitz von Zündhölzern kontrolliert haben.

509 Jauernig/Teichmann § 832 Rn. 4 m.w.N.

510 BGH JuS 1991, 76; FamRZ 1997, 799, 800; BGH RÜ 2009, 497.

511 BGH MDR 1997, 643; OLG Frankfurt OLG Report 2001, 18, 19.

512 BGH NJW 2013, 1441.

B könnte gegen die Eltern E ein Schadensersatzanspruch **aus § 832 Abs. 1** zustehen.

I. Dazu müssen die **Voraussetzungen** des haftungsbegründenden Tatbestands gegeben sein.

1. Die Eltern des K sind als Inhaber der elterlichen Sorge gemäß §§ 1626 Abs. 1, 1631 Abs. 1 kraft Gesetzes gegenüber ihrem 7 1/2-jährigen Sohn **aufsichtspflichtig**, der wegen seiner Minderjährigkeit der **Aufsicht bedurfte**.

2. Der aufsichtsbedürftige K hat durch sein Verhalten rechtswidrig das Eigentum des B verletzt und somit eine unerlaubte Handlung – **§ 823 Abs. 1 – tatbestandsmäßig und rechtswidrig verwirklicht**.

3. Das **Verschulden** der aufsichtspflichtigen Eltern wird **vermutet**. Die Haftung tritt jedoch nicht ein, wenn sie den **Entlastungsbeweis gemäß § 832 Abs. 1 S. 2** führen, indem sie nachweisen, dass sie ihrer Aufsichtspflicht genügt haben oder dass der Schaden auch bei gehöriger Aufsichtsführung entstanden wäre.

   Das Maß der gebotenen Aufsicht bestimmt sich nach dem Umständen des Einzelfalls. Besonders häufig haften Eltern für Brände, die ihre Kinder durch Zündeln verursachen. Das Risiko, welches für Dritte von Kindern ausgeht, soll nach dem Grundgedanken des § 832 in erster Linie von den Aufsichtspflichtigen getragen werden, denen es eher zumutbar ist als dem außenstehenden Geschädigten, und die überdies eher die Möglichkeit haben, in der gebotenen Weise auf das Kind einzuwirken. An die Überwachung von Kindern hinsichtlich des möglichen Umgangs mit Zündmitteln sind daher strenge Anforderungen zu stellen, die eine gesteigerte Aufsichtspflicht erfordern.

   Es gehört daher zur Pflicht der Eltern, Kinder über die Gefährlichkeit des Entzündens von Streichhölzern aufzuklären und sie gegebenenfalls auf den unerlaubten Besitz von Zündhölzern zu kontrollieren. Darüber hinaus haben die Eltern die Pflicht, die Möglichkeit einer Besitzerlangung von Streichhölzern im häuslichen Bereich im Rahmen des Zumutbaren zu unterbinden oder jedenfalls zu erschweren. Dazu gehört, Streichhölzer so zu verwahren, dass Kinder sie nicht ohne Weiteres erreichen können. Die Streichhölzer waren für K sichtbar auf dem Regal unverschlossen abgelegt, sodass die Eltern ihre Aufsichtspflicht verletzt haben.

II. Als **Rechtsfolge** („haftungsausfüllender Tatbestand“) sind die Eltern des K zum Ersatz des Schadens verpflichtet, den der aufsichtsbedürftige K dem B zugefügt hat. Die Eltern des K haften dem B gemäß § 840 Abs. 1 als Gesamtschuldner.

G. § 833 Haftung des Tierhalters

Aufbauschema für § 833

I. Voraussetzungen („haftungsbegründender Tatbestand")

§ 833 S. 1 Luxustier	**§ 833 S. 1 u. S. 2 Nutztier**
1. Rechts(gut)verletzung	**1. Rechts(gut)verletzung**
2. durch ein Tier	**2. durch ein Tier**
a) Kausalität i.S.d. Äquivalenztheorie	**a) Kausalität i.S.d. Äquivalenztheorie**
b) Realisierung der typischen Tiergefahr	**b) Realisierung der typischen Tiergefahr**
3. Anspruchsgegner = Tierhalter	**3. Anspruchsgegner = Tierhalter**
	4. Verschulden des Tierhalters wird vermutet, wenn kein **Entlastungsbeweis**

II. Rechtsfolgen („haftungsausfüllender Tatbestand")

Ersatz des daraus entstandenen Schadens

Für ein „Luxustier" besteht eine **Gefährdungshaftung.**	Für ein „Nutztier" besteht eine **Verschuldenshaftung**, wobei das Verschulden vermutet wird und der Tierhalter sich **exkulpieren** kann.
Ein **„Luxustier"** ist ein Tier, das entweder nicht als Haustier anzusehen ist oder das als Haustier nicht dem Beruf, der Erwerbstätigkeit oder dem Unterhalt des Tierhalters zu dienen bestimmt ist.	Ein **„Nutztier"** ist ein Haustier, das dem Beruf, der Erwerbstätigkeit oder dem Unterhalt des Tierhalters zu dienen bestimmt ist.
Z.B. Reitpferd; Hund oder Katze, die nur Liebhaberzwecken dienen	Z.B. das vom Landwirt gehaltene Zug-, Schlacht- oder Nutzvieh; Blindenhund

I. Gefährdungshaftung für Luxustiere

Bei Luxustieren besteht eine Tierhalterhaftung nach § 833 S. 1, ohne dass sich der Tierhalter auf den Entlastungsbeweis nach § 833 S. 2 berufen kann. Die Haftung tritt ohne Verschulden des Tierhalters ein, es handelt sich um eine **Gefährdungshaftung**. 316

1. Voraussetzungen

a) Der Geschädigte muss eine **Rechts(gut)verletzung** erlitten haben.

b) Die Rechts(gut)verletzung muss **durch ein Tier** geschehen sein. Dazu ist Kausalität i.S.d. Äquivalenztheorie sowie Verwirklichung der spezifischen Tiergefahr erforderlich, ein adäquater Kausalzusammenhang muss nicht gegeben sein.[513] 317

Die spezifische Tiergefahr äußert sich in einem der tierischen Natur entsprechenden unberechenbaren und selbstständigen Verhalten. Darunter fällt z.B. das Scheuen und Ausschlagen von Pferden, das Anspringen und Beißen von Hunden.[514]

513 BGHZ 79, 259, 262 f.; OLG Oldenburg NJW 1990, 3215, 3216; LG Köln MDR 1997, 935; Kirchhoff MDR 1997, 901, 903; Pfab VersR 2006, 894; a.A. Erman/Wilhelmi § 833 Rn. 5; Hentschel/König § 7 StVG Rn. 10.

514 HK-BGB/Staudinger § 833 Rn. 4.

318 Umstritten ist, unter welchen Voraussetzungen die Tierhalterhaftung eingreifen soll, wenn das Tier bei dem schädigenden Ereignis **unter menschlicher Leitung** gestanden hat.

- Die Realisierung der Tiergefahr ist auf jeden Fall zu verneinen, wenn das Tier nur als mechanisches Werkzeug benutzt wird. So greift § 833 nicht ein, wenn jemand durch eine als Wurfgeschoss verwendete Katze verletzt wird.[515]

- Folgt ein Tier ausschließlich der Leitung und dem Willen eines Menschen, so versagt die Rspr. einen Ersatzanspruch mit der Begründung, dass in diesen Fällen der das Tier leitende Dritte und nicht das folgsame Werkzeug Urheber des Schadens sei.[516] Demgegenüber soll es nach a.A. bei der Haftung bleiben, wenn sich der Täter gerade die Gefährlichkeit des Tieres zunutze macht, also z.B. einen Hund auf einen Menschen hetzt.[517]

- Es bleibt jedoch – auch nach der Rspr. – bei der Realisierung der Tiergefahr, wenn trotz der menschlichen Leitung des Tieres dieses einen anderen durch ein nicht veranlasstes Verhalten verletzt, z.B. plötzliches Ausschlagen oder Beißen.[518]

319 Eine spezifische Tiergefahr verwirklicht sich auch dann, wenn ein Verkehrsteilnehmer dadurch zu Schaden kommt, dass ein Tier ein **Verkehrshindernis** bildet – und zwar unabhängig davon, ob das Tier gerade auf die Fahrbahn gelaufen ist oder bereits dort lag oder stand als der Unfall passierte.[519]

320 **c)** Der **Anspruchsgegner** muss **Tierhalter i.S.v. § 833 S. 1** sein. Tierhalter ist derjenige, dem die Bestimmungsmacht über das Tier zusteht und der aus eigenem Interesse für die Kosten des Tieres aufkommt und das wirtschaftliche Risiko trägt.[520]

d) Während bei gewerblich genutzten Haustieren (Nutztieren) in § 833 S. 2 eine Haftung für vermutetes Verschulden angeordnet ist, wurde **für sogenannte Luxustiere** in § 833 S. 1 eine **verschuldensunabhängige Gefährdungshaftung** normiert.[521] Maßgeblich ist daher im Einzelfall, ob es sich um ein Luxus- oder Nutztier handelt:

321 - Ein „Luxustier" ist ein Tier, das entweder nicht als Haustier anzusehen ist oder das als Haustier nicht dem Beruf, der Erwerbstätigkeit oder dem Unterhalt des Tierhalters zu dienen bestimmt ist.[522]

322 - Demgegenüber ist ein „Nutztier" ein Haustier, das dem Beruf, der Erwerbstätigkeit oder dem Unterhalt des Tierhalters zu dienen bestimmt ist, z.B. das vom Landwirt gehaltene Zug-, Schlacht- oder Nutzvieh.[523]

---

515 Medicus Jura 1996, 561, 564.
516 RGZ 50, 180, 181; BGH NJW-RR 2006, 813, 814.
517 BeckOK/Spindler § 833 Rn. 11; MünchKomm/Wagner § 833 Rn. 12.
518 BeckOK/Spindler § 833 Rn. 11 m.w.N.
519 BGH VersR 1990, 796; MünchKomm/Wagner § 833 Rn. 12; Wandt § 18 Rn. 29.
520 BGH NJW-RR 1988, 655, 656; OLG Nürnberg RÜ 2017, 768, 769: Vereinbarung einer Reitbeteiligung begründet keine (Mit-)Haltereigenschaft.
521 Vgl. BGH NJW 2009, 3233: Haftungsprivilegierung des Nutztierhalters verstößt nicht gegen Art. 3 Abs. 1 GG.
522 Vgl. BGH RÜ 2011, 211; Jauernig/Teichmann § 833 Rn. 7.
523 Palandt/Sprau § 833 Rn. 14 ff.

Unter den Begriff des Haustiers fallen zahme Tiere (z.B. Hund, Katze, Pferd, Rind, Schaf, Schwein), vorausgesetzt, sie werden in ihrer Eigenschaft als Haustier und nicht etwa zu Versuchszwecken gehalten. Keine Haustiere sind gezähmte Tiere – z.B. in einem Gehege gehaltene Rehe, Strauße, dressierte Affen oder Zirkuslöwen.[524] Auch Kamele sind keine Haustiere i.S.v. § 833, da Kamelhaltung in Deutschland sehr selten ist.[525]

Eine Gefährdungshaftung setzt nach der Rspr. und h.M. auch keine rechtswidrige Handlung voraus. Es handelt sich um die Kausalhaftung für ein vom Gesetzgeber und der Verkehrsauffassung anerkanntes Risiko.[526]

2. Haftungsausschluss

a) Vertraglicher Haftungsausschluss

Die Haftung aus § 833 kann grundsätzlich durch Vertrag – auch konkludent – ausge- **323**
schlossen werden.[527]

Bei Gefälligkeiten, denen ein Rechtsbindungswille fehlt, sind vertragliche Ansprüche **324**
unter den Beteiligten ausgeschlossen. Deliktische Ansprüche bleiben dagegen unberührt. Die Annahme einer stillschweigend vereinbarten Haftungsbeschränkung im Wege ergänzender Vertragsauslegung stellt nach h.M. auch im Rahmen des § 833 eine künstliche Rechtskonstruktion dar.[528]

b) Haftungsausschluss gemäß § 242

Die Tierhalterhaftung kann wegen bewusster Selbstgefährdung des Geschädigten nach **325**
dem Grundsatz von Treu und Glauben, der ein widersprüchliches Verhalten verbietet, gemäß § 242 ausgeschlossen sein. Nach der Rspr. kommt eine vollständige Haftungsfreistellung des Tierhalters unter dem Gesichtspunkt des Handelns auf eigene Gefahr allerdings **nur in eng begrenzten Ausnahmefällen** in Betracht, da die Selbstgefährdung des Geschädigten regelmäßig erst bei der Abwägung im Rahmen des Mitverschuldens gemäß § 254 Berücksichtigung findet.[529]

Fall 24: Das buckelnde Pferd

Pferdefachwirt A ist als selbstständiger Bereiter und Reitlehrer tätig. Er schloss mit B einen Vertrag, nach dem er das von der B gehaltene Pferd „S." ausbilden und ihm vorhandene Unarten wie Schlagen, Buckeln und Steigen abgewöhnen sollte.

Nachdem A das Pferd bereits vier Monate ausgebildet und mit diesem auch an Turnieren teilgenommen hatte, sollte am 30.01.2020 eine weitere Unterrichtseinheit erfolgen. B longierte das Pferd vor dem Bereiten, wobei für B und A erkennbar war, dass das Pferd an diesem Tag wiederum bockte und stieg. B bot A darauf an, das Pferd an diesem Tag nicht zu reiten oder es zunächst weiter zu longieren. A erklärte gegen-

524 Hk-BGB/Staudinger § 833 Rn. 9.

525 OLG Stuttgart RÜ 2018, 623, 624.

526 H.M., vgl. Deutsch/Ahrens Rn. 512; Larenz/Canaris § 84 I 3 a; Medicus/Petersen BR Rn. 631; a.A. Kaufmann in Geigel 25. Kap. Rn. 4; s. auch Wussow/Baur/Schloën Rn. 989 m.w.N.

527 Palandt/Sprau § 833 Rn. 11 m.w.N.

528 BGH NJW 1992, 2474, 2475 m.w.N.

529 BGH VersR 2006, 416, 418 m.w.N.; vgl. dazu auch BGH RÜ 2016, 768 ff.; RÜ 2017, 768 ff.

über der B jedoch, er müsse die Konfrontation mit dem Pferd eingehen, um den bisherigen Ausbildungserfolg nicht zu gefährden. Als A das Pferd im Anschluss ritt, schlug es aus, buckelte und stieg über einen Zeitraum von etwa 10 Minuten hinweg, bis es zum Abwurf des A kam. A schlug mit dem Kopf auf dem Hallenboden auf und zog sich Frakturen im HWS-Bereich zu.

A begehrt von der B Ersatz seiner Heilbehandlungskosten. Zu Recht? (nach OLG Schleswig RÜ 2016, 768 ff.)

326 A könnte gegen B ein Anspruch auf Ersatz seiner Heilbehandlungskosten aus **§ 833 S. 1** zustehen.

327 I. Dazu müssen die **Voraussetzungen** des haftungsbegründenden Tatbestands vorliegen.

1. A ist infolge des Abwurfs mit dem Kopf auf dem Hallenboden aufgeschlagen und hat sich Frakturen im HWS-Bereich zugezogen, sodass eine **Körper- und Gesundheitsverletzung** gegeben ist.

2. Diese Rechtsgutverletzung muss **durch ein Tier** verursacht worden sein.

a) Hätte das Pferd „S." nicht gebuckelt und wäre es nicht immer wieder hochgestiegen, wäre A nicht vom Rücken des Pferdes abgeworfen worden, sodass er nicht mit dem Kopf auf dem Hallenboden aufgeschlagen wäre und keine Fraktur im HWS-Bereich erlitten hätte. Daher war das Verhalten des Pferdes „S." **äquivalent kausal** für die Körper- und Gesundheitsverletzung des A.

b) Ferner muss sich die **spezifische Tiergefahr** des Pferdes „S." realisiert haben.

Das Pferd „S." hat am 30.01.2020 gebuckelt und ist über einen Zeitraum von ca. 10 Minuten immer wieder gestiegen, bis es zum Abwurf des A kam. Dadurch hat sich die Unberechenbarkeit tierischen Verhaltens und somit die spezifische Tiergefahr des Pferdes „S." realisiert.

328 3. B hat die Bestimmungsmacht über das Pferd „S." und kommt im eigenen Interesse für dessen Kosten auf, sodass sie **Tierhalterin** i.S.v. § 833 S. 1 ist.

329 4. B nutzt das Pferd ausschließlich zu privaten Zwecken, sodass es sich um ein **Luxustier** handelt und folglich **kein Verschulden** des Tierhalters **erforderlich** ist.

II. Als **Rechtsfolge** („haftungsausfüllender Tatbestand") muss B dem A den durch seine Verletzung entstandenen Schaden gemäß §§ 249 ff. ersetzen.

1. Demnach muss B gemäß § 249 Abs. 2 S. 1 die Heilbehandlungskosten ersetzen.

2. Die **Haftung** der B könnte jedoch wegen der besonderen Umstände des Einzelfalls **ausgeschlossen** sein.

330 a) In Betracht kommt ein zwischen A und B **stillschweigend vereinbarter Haftungsausschluss**.

Die Tätigkeit des A als Bereiter ist erkennbar mit der Gefahr verbunden, abgeworfen und möglicherweise verletzt zu werden. Dass A und B trotzdem einen entsprechenden Vertrag abgeschlossen haben, könnte ein Anhaltspunkt für einen konkludenten Haftungsausschluss sein. Es entspricht aber nicht der Interessenlage der Parteien, dass derjenige, der sich im Interesse seines Auftraggebers der mit seinem Beruf notwendig einhergehenden Tiergefahr aussetzt, um seinen Lebensunterhalt zu verdienen, den Tierhalter vollständig von dessen gesetzlicher Haftung entbindet.[530] Daher genügt die bloße Gefahrträchtigkeit der Tätigkeit des A nicht für die Annahme eines stillschweigend vereinbarten Haftungsausschlusses und anderweitige Anhaltspunkte sind nicht ersichtlich.

Somit ist die Haftung der B nicht durch einen stillschweigend vereinbarten Haftungsausschluss abbedungen.

b) A hat sich jedoch in Kenntnis der Unarten des Pferdes „S." sowie in Kenntnis des Umstandes, dass das Pferd an diesem Tag erkennbar unwillig war, zum Bereiten des Pferdes entschlossen. Folglich könnte die Haftung unter dem Gesichtspunkt des Handelns auf eigene Gefahr **gemäß § 242 BGB ausgeschlossen** sein. **331**

Grundlage eines solchen Haftungsausschlusses ist der Grundsatz von Treu und Glauben und das sich hieraus ergebende Verbot widersprüchlichen Verhaltens. Nach der Rspr. des BGH wird im Rahmen der Tierhalterhaftung eine vollständige Haftungsfreistellung des Tierhalters allerdings nur in eng begrenzten Ausnahmefällen anerkannt. Von einem Handeln auf eigene Gefahr im Rechtssinne kann nur dann die Rede sein, wenn sich jemand in eine Situation drohender Eigengefährdung begibt, obwohl er die besonderen Umstände kennt, die für ihn eine konkrete Gefahrenlage begründen, ohne dass dafür ein triftiger – rechtlicher, beruflicher oder sittlicher – Grund vorliegt. Realisiert sich das mit der Berufsausübung eines Geschädigten notwendigerweise verbundene Risiko, so erweist sich eine Inanspruchnahme des Tierhalters nicht als widersprüchlich.[531]

A wurde als Reitlehrer und Bereiter damit beauftragt, das Pferd zuzureiten. Aufgrund seiner vertraglichen Verpflichtung gegenüber der B bestand ein triftiger Grund, das Pferd an dem Unfalltag zu bereiten und sich hierzu in den Gefahrenkreis des Tieres zu begeben. A handelte somit nicht auf eigene Gefahr, sondern in Erfüllung seiner der Tierhalterin gegenüber eingegangen vertraglichen Verpflichtung.[532]

Demzufolge ist die Haftung der B auch nicht wegen der bewussten Selbstgefährdung des A gemäß § 242 ausgeschlossen.

530 OLG Schleswig RÜ 2016, 768, 770.
531 OLG Schleswig RÜ 2016, 768, 769.
532 OLG Schleswig RÜ 2016, 768, 769.

3. In Betracht kommt somit lediglich eine **Anspruchskürzung wegen Mitverschuldens des A gemäß § 254.**

332 a) Die bloße vertragliche Übernahme der gewöhnlichen Tiergefahr begründet kein zur Anspruchskürzung berechtigendes Mitverschulden des A.

333 b) Ein Mitverschulden des A könnte jedoch darin bestehen, dass er sich in Kenntnis der Unarten des Pferdes „S." und des Umstandes, dass das Pferd an diesem Tag erkennbar unwillig war, zum Bereiten entschlossen hat.

A war trotz seines Vertrages mit der B nicht verpflichtet, das Pferd an dem konkreten Unfalltag zu bereiten und dadurch seine Gesundheit einem erkennbar erhöhten Risiko auszusetzen. Indem er sich dennoch am Unfalltag diesem erhöhten Risiko aussetzte, tat er dies in eigener Verantwortung und muss sich dieses Verhalten als Mitverschulden entgegenhalten lassen. Das von A eingegangene Risiko kann nicht mehr als normales Berufsrisiko angesehen werden, welches er aufgrund seiner vertraglichen Verpflichtung gegenüber der B einzugehen hatte. Dies gilt erst recht im Hinblick darauf, dass A trotz der langanhaltenden Widerwilligkeit des Pferdes den Beritt fortsetzte und nicht in einer „Ruhephase" von dem Pferd abstieg.[533]

Daher ist der Anspruch des A gegen die B wegen seines Mitverschuldens gemäß § 254 zu kürzen.[534]

Infolgedessen steht A gegen B lediglich ein um seinen Mitverschuldensanteil gekürzter Anspruch auf Ersatz seiner Behandlungskosten gemäß § 833 S. 1 zu.

II. Nutztiere; vermutete Verschuldenshaftung

334 Die Haftung des Tierhalters eines Nutztieres ist Haftung für vermutetes Verschulden. Die Ersatzpflicht ist gemäß § 833 S. 2 ausgeschlossen, wenn der Tierhalter bei der Beaufsichtigung des Tieres die im Verkehr erforderliche Sorgfalt beachtet hat **(Widerlegung der Verschuldensvermutung)** oder der Schaden auch bei der Anwendung dieser Sorgfalt entstanden wäre **(Widerlegung der Kausalitätsvermutung)**. Der Entlastungsbeweis obliegt dem Tierhalter.[535]

335 Die Abgrenzung des Nutztieres i.S.d. § 833 S. 2 im Gegensatz zum Luxustier erfolgt nach allgemeiner Zweckbestimmung, nicht nach der konkreten Verwendung beim Unfall.

- Nutztiere sind z.B. Reittiere, die gewerblich genutzt werden. Die Entlastungsmöglichkeit des § 833 S. 2 kann einem Tierhalter nur dann zugute kommen, wenn das mit der Tierhaltung zusammenhängende wirtschaftliche Handeln einen wesentlichen Teil

533 OLG Schleswig RÜ 2016, 768, 771.

534 Im Originalfall hat das Gericht den Mitverschuldensanteil des A mit 50% bewertet, vgl. OLG Schleswig RÜ 2016, 768, 771.

535 Vgl. BGH NJW 2009, 3233: Haftungsprivilegierung des Nutztierhalters verstößt nicht gegen Art. 3 Abs. 1 GG.

seiner Gesamttätigkeit ausmacht und eine maßgebende Grundlage seines Erwerbs bildet.[536]

Unter Erwerbstätigkeit i.S.d. § 833 S. 2 ist jede Tätigkeit zu verstehen, die auf Gewinnerzielung gerichtet ist. Diese Voraussetzung ist erfüllt, wenn die Tätigkeit objektiv darauf angelegt ist und subjektiv von der Absicht getragen wird, Gewinn zu erzielen. Die bloße Gewinnerzielungsabsicht, die in den objektiven Umständen keinen Niederschlag findet, genügt dagegen nicht.[537]

- Ein Hund ist nur dann ein Nutztier i.S.d. § 833 S. 2, wenn er in erheblichem Umfang zur Förderung der beruflichen Tätigkeit eingesetzt wird. Allein der Umstand, dass der Hund als Wachhund zur Sicherung z.B. eines landwirtschaftlichen Betriebs eingesetzt wird, macht ihn nicht zum Nutztier.[538]

H. § 834 Haftung des Tieraufsehers

Wird die Aufsicht für ein Tier durch Vertrag übernommen, so haftet der Tieraufseher gemäß § 834 – bei Luxus- und Nutztieren – aus vermuteter Verschuldenshaftung (wie der Halter eines Nutztieres). Die Übernahme der Aufsichtsführung muss auf Vertrag beruhen, der auch stillschweigend vereinbart werden kann. **336**

Allerdings erfordert die der Haftung des Tierhalters nach § 833 S. 2 ähnliche Haftung des Tierhüters aus vermutetem Verschulden eine **einschränkende Auslegung des Begriffs des Tierhüters** in dem Sinne, dass er eine der Stellung des Tierhalters angenäherte Stellung einnehmen muss.

Zum Wesen der vertraglich übernommenen „Führung der Aufsicht über das Tier" i.S.d. § 834 gehört demgemäß, dass der Übernehmende auch bei einem zwischen ihm und dem Tierhalter bestehenden Abhängigkeitsverhältnis ein gewisses Maß selbstständiger Gewalt über das Tier erlangt, d.h., dass ihm eine gewisse Selbstständigkeit bei dem Ergreifen von Maßnahmen zukommt, die dem Schutz Dritter gegen die von dem Tier ausgehenden Gefahren dienen.

Z.B. nicht Stallbursche; angestellter Reitlehrer, der auf Anweisung handelt; dagegen wohl Hirte; Viehtreiber; Viehkommissionär; Mieter eines Pferdes[539]

I. §§ 836–838 Gebäudehaftung

Unter den Voraussetzungen der §§ 836–838 können Personen- und Sachschäden ersetzt verlangt werden, die durch den Einsturz von Bauwerken oder durch das Ablösen von Gebäudeteilen verursacht worden sind. **337**

Die §§ 836–838 stellen Sonderfälle der Verletzung von Verkehrssicherungspflichten dar, nämlich der Pflicht zur Vermeidung von Errichtungsmängeln und der Pflicht zur sorgfältigen Unterhaltung eines Gebäudes oder eines mit dem Grundstück verbundenen Werks.[540]

---

536 OLG Düsseldorf VersR 1998, 1385; NJW-RR 2001, 890, 891.

537 BGH RÜ 2017, 417, 418.

538 OLG Köln VersR 1999, 1293, 1294.

539 BGH OLG Report 1999, 253.

540 Wandt § 18 Rn. 35.

Daher können Personen, die sich unbefugt in den Gefahrenbereich des Gebäudes begeben, keine Ansprüche aus §§ 836–838 geltend machen.[541] Anders verhält es sich bei Personen, die zur eigenverantwortlichen Steuerung des eigenen Verhaltens nicht in der Lage sind, insbesondere bei Kindern.[542]

Das Verschulden wird gemäß § 836 Abs. 1 S. 2 vermutet, sodass der Schadensersatzanspruch nur ausgeschlossen ist, wenn der Verpflichtete nachweisen kann, dass er zur Abwendung der Gefahr die im Verkehr erforderliche Sorgfalt beobachtet hat.

Grund für die Beweislastumkehr zugunsten des Geschädigten ist der Umstand, dass die Pflichtverletzung aus der Sphäre des Verpflichteten stammt, sodass dem Geschädigten ein entsprechender Nachweis nicht zugemutet werden kann.[543]

Kann der Geschädigte das Verschulden des Verpflichteten darlegen und beweisen, so kann die Haftung auch auf § 823 Abs. 1 gestützt werden.

Aufbauschema für §§ 836–838

I. Voraussetzungen („haftungsbegründender Tatbestand")		
§ 836	**§ 837**	**§ 838**
1. Eigenbesitzer des Grundstücks, Abs. 1 o. **früherer Besitzer,** Abs. 2	**1. Gebäudebesitzer**	**1. Gebäudeunterhaltungspflichtiger**
2. Personen- o. Sachschaden durch Einsturz o. Ablösung eines Gebäudeteils **3. als Folge fehlerhafter Errichtung o. mangelnder Unterhaltung** **4. Verschulden** wird vermutet, wenn kein Entlastungsbeweis	= dito	= dito
II. Rechtsfolgen („haftungsausfüllender Tatbestand")		
Ersatz des daraus entstandenen Schadens	Haftung anstelle des Eigenbesitzers des Grundstücks	Haftung neben dem Besitzer

338 ▪ **„Gebäude"** ist ein unbewegliches, fest mit dem Erdboden verbundenes und allseitig umschlossenes Bauwerk, das den Eintritt von Menschen gestattet, auch wenn es noch unvollendet ist.[544]

▪ **„Gebäudeteil"** ist eine Sache nicht nur, wenn sie zur Herstellung eines Gebäudes eingefügt ist, sondern auch, wenn sie in einem so festen baulichen Zusammenhang mit dem Gebäude steht, dass sich daraus nach der Verkehrsanschauung ihre Zugehörigkeit zu dem Bauganzen ergibt.

  ▪ So ist z.B. ein **Baugerüst** ein mit dem Grundstück verbundenes „Gebäudeteil" i.S.d. § 836, das der Gerüsthersteller i.S.d. § 837 auf dem Baugrundstück besitzt. Bricht ein zum Begehen des Gerüstes bestimmtes Brett durch, wenn es vom Bauhandwerker betreten wird, so liegt eine Ablösung i.S.d. § 836 vor; darunter ist jede unwillkürliche Aufhebung der Verbindung zum Ganzen zu verstehen.[545]

541 MünchKomm/Wagner § 836 Rn. 26.
542 MünchKomm/Wagner § 836 Rn. 26.
543 Fuchs/Pauker/Baumgärtner Kap. 3 F I. 1.
544 Fuchs/Pauker/Baumgärtner Kap. 3 F I. 2.2.
545 BGH NJW 1997, 1853 m.w.N.; 1999, 2593, 2594.

- Wird jemand durch ein zufallendes **Garagentor**, eine sich abrollende **Markise** o.Ä. verletzt, so trifft den Eigentümer des Grundstücks (§ 836) oder an dessen Stelle den Gebäudebesitzer (Mieter, Pächter, § 837) die Gebäudehaftung. Bei dem Schwingtor, der Markise o.Ä. handelt es sich um einen Teil des (Garagen-)Gebäudes. Eine Ablösung von Gebäudeteilen liegt nicht nur dann vor, wenn sich ein Gebäudeteil vollständig vom Ganzen trennt, sondern auch dann, wenn sich ein Gebäudeteil nur teilweise loslöst, lockert oder in sich löst oder wenn es nur – z.B. durch einen elektrischen Antrieb veranlasst – in seinem inneren Zusammenhalt oder Zusammenhang beeinträchtigt wird.[546]
- Eine **Schaufensterscheibe** ist Teil des mit dem Grund und Boden verbundenen Gebäudes. Zerspringt sie, so löst sie sich von dem Gebäude ab.[547]

- **Mit dem Grundstück verbundene Werke** i.S.v. § 836 sind alle Gegenstände, die von Menschenhand unter Verbindung mit dem Grundstück nach gewissen Regeln der Kunst oder der Erfahrung hergestellt sind und einem bestimmten Zweck dienen sollen. Es kann sich auch um eine vorübergehende Verbindung eher loser Art handeln. Ein allein infolge seiner Schwerkraft auf einem Grundstück stehender Bierpavillon ist daher als ein mit dem Grundstück verbundenes Werk anzusehen.[548] **339**
- Dem **Eigenbesitzer** ist der **frühere Besitzer** ein Jahr lang gleichgestellt, § 836 Abs. 2. **340**
- Derjenige, der auf fremdem Grundstück **in Ausübung eines Rechts** ein Gebäude als ihm gehörig besitzt (z.B. als Erbbauberechtigter), haftet anstelle des Eigenbesitzers, § 837. **341**
- Fremdbesitzer des Grundstücks, die für dessen Unterhaltung zu sorgen haben (z.B. Hausverwalter, Mieter, Nießbraucher), haften neben dem Eigenbesitzer, § 838. Von seiner Funktion her entspricht § 838 den Bestimmungen der §§ 831 Abs. 2, 832 Abs. 2, 834.[549] **342**

Die Haftung entfällt, wenn der Besitzer den **Entlastungsbeweis** führt, dass er während seiner Besitzzeit zum Zwecke der Abwendung der Gefahr die im Verkehr erforderliche Sorgfalt beachtet hat, § 836 Abs. 1 S. 2. **343**

Nach der **gesetzlichen Beweislastregelung** in §§ 836, 837 hat der Verletzte lediglich die objektive Fehlerhaftigkeit des Werks für den Schadenseintritt zu beweisen.[550] Bei Vorliegen der objektiven Voraussetzungen des § 836 wird das Verschulden des Grundstücks- bzw. Werkbesitzers vermutet. Zur Widerlegung der Vermutung muss er beweisen, dass er zum Zwecke der Abwendung der Gefahr die im Verkehr erforderliche Sorgfalt beachtet hat.[551]

J. § 839 a Haftung des gerichtlichen Sachverständigen

Hinweis: *§ 839 BGB wird dargestellt im AS-Skript Verwaltungsrecht AT 2.*

I. Voraussetzungen des § 839 a Abs. 1[552]

1. Gerichtlicher Sachverständiger

Der Sachverständige muss vom Gericht bestellt worden sein. Darunter fällt auch die Bestellung durch den Rechtspfleger (z.B. im Zwangsvollstreckungsverfahren).[553] **344**

546 OLG München NJW-RR 1995, 590, 591 m.w.N.
547 OLG Koblenz OLG Report 1998, 4.
548 OLG Düsseldorf VersR 1999, 854.
549 Fuchs/Pauker/Baumgärtner Kap. 3 F III. 1.
550 BGH NJW 1999, 2593, 2594.
551 BGH NJW 1999, 2593, 2594; LG Offenburg NJW-RR 2002, 596.
552 Vgl. Brückner/Lorenz MDR 2003, 906 ff. sowie Kilian ZGS 2004, 220 ff. zu Zweifelsfragen des § 839 a.
553 Palandt/Sprau § 839 a Rn. 2.

345 ■ Nach h.M. ist § 839 a auf vom Schiedsgericht bestellte Gutachter nicht anwendbar, da die Parteien aufgrund ihrer in diesem Fall vorhandenen vertraglichen Beziehungen zum Sachverständigen des besonderen Schutzes dieser Norm nicht bedürfen.[554]

346 ■ Ebenso lehnt es die h.Lit. wegen des eindeutigen Wortlauts der Norm ab, § 839 a auf Sachverständige anzuwenden, die im Rahmen eines Verwaltungsverfahrens zur Vorbereitung einer Behördenentscheidung ernannt wurden.[555] Die Betroffenen sind ausreichend geschützt, da sie gegen die aufgrund des Gutachtens ergangene Entscheidung der Behörde mittels eines gerichtlichen Verfahrens vorgehen können.

2. Unrichtigkeit des Gutachtens

347 Das Gutachten muss objektiv unrichtig sein. Die Unrichtigkeit des Gutachtens kann sich aus unterschiedlichen Gründen ergeben: Der Sachverständige hat den Sachverhalt falsch oder unvollständig ermittelt, er stellt den Meinungsstand zu einem Problem nicht richtig dar oder er zieht falsche Schlüsse.[556] Die Form der Erstattung des Gutachtens – mündlich oder schriftlich – ist unerheblich.

3. Vorsatz oder grobe Fahrlässigkeit des Sachverständigen

348 Der Sachverständige muss in Bezug auf die Erstellung des unrichtigen Gutachtens vorsätzlich oder grob fahrlässig gehandelt haben. Die Haftungsbeschränkung ist notwendig, da der Sachverständige bei der Erstellung des Gutachtens die nötige innere Freiheit braucht und nicht übermäßig dem Druck eines Rückgriffs ausgesetzt sein soll.[557]

4. Ergehen einer gerichtlichen Entscheidung, die auf dem unrichtigen Gutachten beruht

349 Gerichtliche Entscheidungen in diesem Sinne sind Urteile, Beschlüsse und auch Zwischenentscheidungen; anderweitige Erledigungen, z.B. Vergleich unter Eindruck des unrichtigen Gutachtens oder Erledigterklärungen, sind jedoch ausgeschlossen.

350 Allerdings wendet der BGH die Regelung des § 839 a analog an, wenn das Gerichtsverfahren durch einen Vergleich erledigt wurde, dessen Abschluss von dem unrichtigen Gutachten beeinflusst worden ist. Es sei kein Grund ersichtlich, der es rechtfertige, die Haftung des Sachverständigen in diesem Fall anders zu behandeln. Die planwidrige Regelungslücke ergebe sich aus dem Ziel des Gesetzgebers, durch die Regelung § 839 a ein beiderseits interessengerechtes und abgewogenes sowie abschließendes Haftungskonzept zu schaffen.[558]

351 Die gerichtliche Entscheidung beruht auf dem unrichtigen Gutachten, wenn die Entscheidung dem Gutachten zumindest teilweise folgt.

II. Rechtsfolge

352 Der Sachverständige hat den Schaden zu ersetzen, der einem der Verfahrensbeteiligten durch die gerichtliche Entscheidung entstanden ist.

---

554 Hk-BGB/Staudinger § 839 a Rn. 2; Palandt/Sprau § 839 a Rn. 1; Kilian ZGS 2004, 220, 221, 222 m.w.N.; zweifelnd Staudinger/Wurm § 839 a Rn. 34.

555 Kilian ZGS 2004, 220, 222 m.w.N.

556 Jauernig/Teichmann § 839 a Rn. 1.

557 BT-Drs. 14/7752, S. 28.

558 BGH NJW 2020, 2471 ff. mit ablehnender Anmerkung Finkelmeier; ebenfalls kritisch BeckOK/Reinert § 839a Rn 10a.

Die gerichtliche Entscheidung, die auf dem unrichtigen Urteil beruht, muss also kausal für den Schaden des betroffenen Verfahrensbeteiligten sein. Das ist der Fall, wenn die Möglichkeit nicht auszuschließen ist, dass die Entscheidung ohne das Gutachten oder bei anderem Inhalt und Ergebnis weniger ungünstig für den betroffenen Verfahrensbeteiligten ausgefallen wäre.[559]

Gemäß § 839 a Abs. 2 i.V.m. § 839 Abs. 3 führt die schuldhafte Nichteinlegung eines Rechtsmittels jedoch zum Haftungsausschluss.

K. §§ 7, 18 StVG Haftung für Kfz-Unfall[560]

Aufbauschema für §§ 7, 18 StVG	
I. Voraussetzungen („haftungsbegründender Tatbestand")	
§ 7 StVG	**§ 18 StVG**
1. Rechts(gut)verletzung	**1. Rechts(gut)verletzung**
2. bei Betrieb eines Kfz	**2. bei Betrieb** eines Kfz
a) Kausalität i.S.d. Äquivalenztheorie	**a) Kausalität i.S.d. Äquivalenztheorie**
b) Realisierung der Betriebsgefahr	**b) Realisierung der Betriebsgefahr**
3. Anspruchsgegner = Halter	**3. Anspruchsgegner = Fahrer**
4. kein Haftungsausschluss wegen höherer Gewalt gem. § 7 Abs. 2 StVG	**4. Verschulden** wird vermutet, Fahrer kann sich exkulpieren
5. kein Ausschluss gemäß §§ 7 Abs. 3, 8, 8 a StVG	5. kein Ausschluss gemäß §§ 8, 8 a StVG
II. Rechtsfolgen („haftungsausfüllender Tatbestand")	
Ersatz des daraus entstandenen Schadens gemäß §§ 249 ff., modifiziert nach §§ 10 ff. StVG	= dito

- § 7 StVG ordnet für den Kfz-Halter eine **Gefährdungshaftung** an. Auch wenn sich der Halter weder verkehrswidrig noch schuldhaft verhält, wird er – in den Grenzen des StVG – mit der Schadenshaftung allein deswegen belegt, weil er als Halter eines Kfz die mit dem Betrieb verbundenen Gefahren veranlasst hat.[561] **353**
- Die Haftung des **Kfz-Fahrers** nach § 18 StVG ist keine Gefährdungshaftung, sondern eine **Haftung für vermutetes Verschulden**, vgl. § 18 Abs. 1 S. 2 StVG. **354**

In §§ 1 a, 1 b StVG (i.K. seit 21.06.2017) ist das **automatisierte Fahren** geregelt. Die Haftung nach §§ 7, 18 StVG greift unabhängig vom Automatisierungsgrad des Kfz ein. Der Fahrer wird sich allerdings bei Systemfehlern exkulpieren können. Bei derartigen Fehlern greift jedoch möglicherweise die Herstellerhaftung für Produkte ein (vgl. dazu Rn. 401 ff.).[562] **355**

Zum 17.07.2020 hat der Gesetzgeber die **Haftung bei Unfällen mit Anhängern und Gespannen** neu geregelt: Nach § 19 Abs. 1 StVG, der an die Regelungen der Kfz-Halterhaftung angelehnt ist, haftet der Halter eines Anhängers bei einem Schaden, der beim Betrieb eines Anhängers verursacht wird. § 19 a **356**

559 Palandt/Sprau § 839 a Rn. 4.

560 Schulz-Merkel/Meier JuS 2015, 201 ff. sowie Neumann JA 2016, 167 ff.

561 BGH VersR 1972, 1074; Wussow/Baur/Schloën Rn. 989.

562 Hilgendorf JA 2018, 801 ff.

StVG regelt die Ersatzpflicht des Führers von Anhängern und Gespannen und lehnt diese Regelungen der Kfz-Fahrerhaftung aus § 18 StVG an.[563]

357 Die Haftung aus § 7 oder aus § 18 StVG – aber auch aus §§ 19, 19 a StVG – kann neben der Unrechtshaftung aus § 823 Abs. 1 eingreifen, vgl. § 16 StVG. Für die Prüfungsreihenfolge gibt es keine allgemeine Regel. Normalerweise beginnt man mit der Haftung aus StVG, weil es sich um die spezielleren Normen und in Bezug auf die Voraussetzungen um die einfacheren Anspruchsgrundlagen handelt.[564]

I. Voraussetzungen der Halterhaftung gemäß § 7 Abs. 1 StVG

1. Rechts(gut)verletzung

Der Geschädigte muss eine Rechts(gut)verletzung i.S.v. § 7 Abs. 1 StVG erlitten haben. D.h. es muss ein Mensch getötet, der Körper oder die Gesundheit eines Menschen verletzt oder eine Sache beschädigt worden sein.

2. Bei dem Betrieb des Kfz

Diese Rechts(gut)verletzung muss bei Betrieb eines Kfz geschehen sein.

a) Kraftfahrzeug oder Anhänger

358 ■ Als Kraftfahrzeuge i.S.d. StVG gelten alle Landfahrzeuge, die durch Maschinenkraft bewegt werden, ohne an Bahngleise gebunden zu sein, vgl. § 1 Abs. 2 StVG, mit Ausnahme bestimmter Elektrofahrräder, vgl. § 1 Abs. 3 StVG.

Eine Mindestgeschwindigkeit ist nicht erforderlich, um als Kfz zu gelten. Daher sind auch Elektrorollstühle, Motorschlitten und fahrbare Bagger Kraftfahrzeuge i.S.d. StVG.[565]

359 ■ Ob es sich bei Pedelecs (Pedal Electric Cycles) – also Fahrrädern mit Elektromotor, bei welchen der Fahrer durch einen Elektromotor nur unterstützt wird, wenn er selbst in die Pedale tritt[566] – um Kraftfahrzeuge handelt, hängt von der Höchstgeschwindigkeit, der Leistung und der Art der Motorunterstützung ab, vgl. § 1 Abs. 3 StVG.[567] Andere als in § 1 Abs. 3 StVG definierte Elektrofahrräder sind als Kraftfahrzeuge einzuordnen.[568] Demnach sind insbesondere Elektrofahrräder mit tretunabhängigem Zusatzantrieb (sogenannte E-Bikes[569]) Kraftfahrzeuge i.S.d. § 1 Abs. 2 StVG.

360 b) „bei Betrieb"

Das Merkmal „bei Betrieb" des Kfz erfordert zum einen Kausalität i.S.d. Äquivalenztheorie und zum anderen die Realisierung der spezifischen Betriebsgefahr.

563 Vgl. dazu Bollweg/Wächter NZV 2020, 545; Pischel NJW-Spezial 2020, 585.
564 Schreiber/Strupp Jura 2007, 594; Wille JA 2008, 210; Röthel Jura 2012, 444.
565 Hentschel/König § 1 StVG Rn. 14.
566 Hentschel/König § 1 StVG Rn. 22.
567 Burmann/Hühnermann § 1 StVG Rn. 8b.
568 Ziegenhardt NJW-Spezial 2016, 585.
569 Huppertz NZV 2010, 390, 391.

Ob sich die **betriebsspezifische Gefahr verwirklicht**, muss nach einer am Schutzzweck der Haftungsnorm orientierten wertenden Betrachtung beurteilt werden.[570]

- Das Haftungsmerkmal „bei dem Betrieb" ist entsprechend dem Schutzzweck der Vorschrift weit auszulegen. Nach heute herrschender **verkehrstechnischer Auffassung** sind alle Fahrzeuge in Betrieb, die sich im öffentlichen Verkehrsbereich oder auf privatem Gelände bewegen oder in verkehrsbeeinflussender Weise ruhen.[571] Auch abgestellte Kfz sind in Betrieb, da sie den Verkehr in verkehrsgefährdender Weise beeinflussen können.[572] Der Betrieb beginnt folglich mit dem Ingangsetzen des Motors und endet mit dem Motorstillstand außerhalb des öffentlichen Verkehrsbereichs.[573] 361

Ob auch das ordnungsgemäße Abstellen des Kfz jedenfalls auf Parkplätzen, in Parkbuchten und Parkstreifen im öffentlichen Verkehrsraum (nicht auf dem Seitenstreifen oder am Fahrbahnrand) den Betrieb beendet, ist innerhalb der verkehrstechnischen Auffassung streitig.[574] Dafür spricht, dass von einem ordnungsgemäß abgestellten Kfz keine andere oder größere Gefahr ausgeht als z.B. von einem Baum, mit dem ein Verkehrsteilnehmer zusammenstoßen kann.[575] 362

Dagegen ist nach der früheren sogenannten **maschinentechnischen Auffassung** das Kfz nur so lange in Betrieb, als der Motor das Kfz bewegt. Gegen eine derart einschränkende Auslegung spricht die Erkenntnis, dass auch ein abgestelltes Fahrzeug den Verkehr erheblich gefährden kann.[576] 363

Es genügt, dass sich eine von dem Kfz ausgehende Gefahr ausgewirkt hat. Erforderlich ist ein Zusammenhang mit der Bestimmung des Kfz als eine der Fortbewegung und dem Transport dienende Maschine. 364

Eine Verbindung mit dem „Betrieb" als Kraftfahrzeug ist z.B. zu bejahen, wenn eine fahrbare Arbeitsmaschine – z.B. ein langsam fahrender Lkw, der eine Absperrtafel zieht, um Grasmäharbeiten zu sichern – während der Fahrt bestimmungsgemäße Arbeiten verrichtet.[577] Es werden z.B. auch Schäden, die durch das Auswerfen von Streugut aus einem Streukraftfahrzeug entstehen, von der Halterhaftung nach Maßgabe des § 7 StVG erfasst.[578] 365

Steht der Brand eines geparkten Kfz in einem ursächlichen Zusammenhang mit dessen Betriebseinrichtungen, ist der dadurch verursachte Schaden an den Rechtsgütern regelmäßig der Betriebsgefahr zuzurechnen.[579] Für die Einordnung einer Fahrzeugkomponente als Betriebseinrichtung ist nach Ansicht des BGH nicht entscheidend, ob die Transport- und Fortbewegungsfunktion des Kfz auch ohne sie erfüllt werden könnte (z.B. Defekt an einem im Führerhaus des Lkw eingebauten Kühlschrank). Angesichts der zunehmenden werksseitigen Ausstattung der Fahrzeuge mit Assistenzsystemen, Unterhaltungselektronik, etc. wäre es mit dem Schutzzweck der Halterhaftung nicht zu vereinbaren, solche Bauteile als potentielle Gefahrenquellen für eine Haftung aus § 7 StVG herauszunehmen.[580] 366

---

570 BGHZ 115, 84, 86 = JZ 1992, 95; dazu auch Roth JuS 1993, 716 ff.; Kirchhoff MDR 1997, 901, 902 m.w.N.

571 BGHZ 29, 163, 169; BGH VersR 1967, 562; KG VR 1978, 140.

572 BGH RÜ 2010, 765.

573 BGHZ 29, 163, 169; OLG Karlsruhe RÜ 2005, 416; Hentschel/König § 7 StVG Rn. 5 m.w.N.

574 Dagegen: OLG Hamm DAR 1997, 360; Greger/Zwickel § 7 StVG Rn. 81; dafür: Hentschel/König § 7 StVG Rn. 5; Brögelmann JA 2003, 872, 873; Wandt § 21 Rn. 12.

575 Brögelmann JA 2003, 872, 873; vgl. insgesamt zum Streitstand Schreiber/Strupp Jura 2007, 594.

576 Hentschel/König § 7 StVG Rn. 5 a.

577 BGHZ 113, 164.

578 BGHZ 105, 65, 66 f.; OLG Saarbrücken RÜ 2006, 416.

579 BGH RÜ 2014, 284; NJW 2019, 2227.

580 BGH RÜ 2021, 21, 22.

- Trotz der gebotenen weiten Auslegung des § 7 StVG sind aufgrund des erforderlichen Zurechnungszusammenhangs der Haftung aus § 7 StVG Grenzen gesetzt:

367 - Eine Haftung aus § 7 StVG entfällt, wenn die Fortbewegungs- und Transportfunktion des Kraftfahrzeugs keine Rolle mehr spielt und das Fahrzeug nur noch als **Arbeitsmaschine** eingesetzt wird,

  Z.B. wenn beim Anliefern von Heizöl der Motor des Fahrzeugs lediglich als Antriebskraft der Pumpvorrichtung von Bedeutung ist;[581] anders hingegen, wenn der Tanklastwagen im öffentlichen Verkehrsraum abgestellt ist und sich das Öl beim Entladevorgang wegen einer Undichtigkeit direkt am Fahrzeug fontänenartig auf die öffentliche Straße ergießt.[582]

  Keine Realisierung der Betriebsgefahr liegt vor, wenn bei einem Teleskopradlader, der auf einem privaten Acker steht, der Teleskoparm maximal ausgefahren wird, um im Rahmen einer „Cold-Water-Challenge" Wasser über eine Personengruppe zu gießen, und der Radlader infolgedessen umstürzt und eine der Personen tödlich verletzt.[583]

368 - Der Zurechnungszusammenhang fehlt, wenn die Schädigung nicht mehr eine spezifische Auswirkung derjenigen Gefahren ist, für die die Haftungsvorschrift den Verkehr schadlos halten will. Dies gilt insbesondere für Schäden, in denen sich ein gegenüber der Betriebsgefahr eigenständiger Gefahrenkreis verwirklicht hat.[584]

  Infolge eines durch einen Verkehrsunfall ausgelösten Knalls waren in einem etwa 50 m entfernt liegenden Stall einer Schweinezucht Schweine in Panik geraten, wodurch einige verendeten. Die Tiere waren in Massentierhaltung aufgezogen worden, deshalb neigten sie bei außergewöhnlichen Geräuschen zu schreckhaften Reaktionen und aggressivem Verhalten. Darin sieht der BGH die entscheidende Schadensursache. Der Schweinezüchter habe bei der gewählten Art der Schweinehaltung für seinen Betrieb einen gegenüber der Kfz-Betriebsgefahr eigenständigen Gefahrenbereich geschaffen, dessen Risiken er tragen müsse.[585]

3. Anspruchsgegner = Halter

369 Der Anspruchsgegner muss Halter des Kfz sein. Halter ist, wer das Kfz zur Unfallzeit für **eigene Rechnung in Gebrauch** hat und die **Verfügungsgewalt** darüber besitzt, die ein solcher Gebrauch voraussetzt. Eigentum ist nicht entscheidend.[586]

370 Umstritten ist, ob der Leasingnehmer als Halter dem Leasinggeber als Eigentümer aus § 7 StVG haftet:

- Die h.M. und Rspr. lehnt eine Haftung des Leasingnehmers gegenüber dem Leasinggeber aus § 7 StVG für Schäden am geleasten Kfz ab, da der § 7 Abs. 1 StVG voraussetze, dass durch den Betrieb des Halterfahrzeugs eine andere Sache beschädigt werde.[587] Der Schutzzweck des § 7 StVG sei darauf gerichtet, Dritte vor den ihnen aufgezwungenen Gefahren des Kfz-Betriebs zu schützen, und erstrecke sich daher nicht auf das vom Kfz-Halter gehaltene Fahrzeug selbst.
- Nach a.A. haftet der Leasingnehmer gegenüber dem Leasinggeber aus § 7 StVG für Schäden am geleasten Kfz, da die Halterhaftung sich aus der durch den Betrieb eines Kfz hervorgerufenen Gefährdung anderer Rechtsgüter ergebe und eine Ausnahme in Bezug auf das gehaltene Kfz sei der Norm nicht zu entnehmen.[588]

---

581 BGH NJW 1993, 2740; OLG Köln VersR 1994, 108.

582 BGH RÜ 2016, 290 f.

583 OLG Hamm RÜ 2018, 213, 215.

584 BGHZ 79, 259, 263; 115, 84; BGH NJW 2004, 1375 ff.: Verneinung des haftungsrechtl. Zusammenhangs beim Zweitunfall; BGH RÜ 2008, 427; BGH RÜ 2010, 765: Bejahung des Zurechnungszusammenhangs beim Zweitunfall.

585 BGHZ 115, 84, 88.

586 BGHZ 13, 351; 116, 200, 202; Kunschert in Geigel § 25 Rn. 19 ff. m.w.N.; Hentschel/König § 7 StVG Rn. 14 m.w.N.

587 BGH RÜ 2011, 214; Hentschel/König § 7 StVG Rn. 16a.

588 Wussow/Baur Kap. 17 Rn. 31, 95.

4. Kein Ausschluss wegen höherer Gewalt

Nach § 7 Abs. 2 StVG ist die Ersatzpflicht ausgeschlossen, wenn der Unfall durch höhere Gewalt verursacht worden ist.

Nach der Rspr. „ist höhere Gewalt ein betriebsfremdes, von außen durch elementare Naturkräfte oder durch Handlungen dritter Personen herbeigeführtes Ereignis, das nach menschlicher Einsicht und Erfahrung unvorhersehbar ist, mit wirtschaftlich erträglichen Mitteln auch durch die äußerste nach der Sachlage vernünftigerweise zu erwartende Sorgfalt nicht verhütet werden oder unschädlich gemacht werden kann und auch nicht wegen seiner Häufigkeit vom Betriebsunternehmer in Kauf zu nehmen ist."[589] **371**

Höhere Gewalt ist ein wertender Begriff; damit sollen solche Risiken ausgeschlossen werden, die mit dem Kfz- oder Anhängerbetrieb nichts zu tun haben und daher bei rechtlicher Bewertung nicht diesem zuzurechnen sind, sondern ausschließlich einem Drittereignis.[590]

Der Begriff der „höheren Gewalt" setzt kumulativ drei Merkmale voraus: **372**

- **Einwirkung von außerhalb** des Betriebs,
- **so außergewöhnlich**, dass nach menschlicher Einsicht und Erfahrung nicht vorhersehbar,
- durch größte Sorgfalt mit wirtschaftlich erträglichen Mitteln **nicht abwendbar**.[591]

  In erster Linie kommen unvorhersehbare Naturereignisse in Betracht, wie etwa plötzliche Überflutung, Blitz, Erdbeben, Erdrutsch, Lawine, nicht zu erwartende Sturmböe, nicht aber (selbst extreme) Witterungseinflüsse, die im Hinblick auf die Wetterlage keinen Ausnahmecharakter haben (Schneesturm, Gewitterregen), mit denen also gerechnet werden muss.[592]

  Nach einer Entscheidung des OLG Koblenz liegt keine höhere Gewalt vor, wenn ein Beifahrer einen Schwächeanfall erleidet und dem Fahrer so ins Steuer fällt, dass dieser die Kontrolle über das Kfz verliert und in den Gegenverkehr gerät, sodass der Halter des entgegenkommenden Kfz, mit dem es zu einer Kollision gekommen ist, dem – das Unfallgeschehen auslösenden, in dessen Folge schwer verletzten – Beifahrer aus § 7 Abs. 1 StVG haftet.[593]

5. Kein Ausschluss gemäß §§ 7 Abs. 3, 8, 8 a StVG

- Gemäß § 7 Abs. 3 S. 1 StVG ist die Haftung des Halters bei Schwarzfahrten, die er nicht **373** schuldhaft ermöglicht hat, ausgeschlossen. In diesem Fall haftet der Schwarzfahrer anstelle des Halters. Hat der Halter jedoch die Schwarzfahrt schuldhaft ermöglicht – z.B. durch nicht ordnungsgemäßes Verschließen des Kfz –, so haftet er neben dem Schwarzfahrer, § 7 Abs. 3 S. 1 Hs. 2 StVG.
- § 8 StVG enthält drei weitere Ausschlusstatbestände.
  - Gemäß § 8 Nr. 1 StVG ist die Halterhaftung (und wegen des Verweises in § 18 Abs. 1 S. 1 StVG auch die Fahrerhaftung) ausgeschlossen, wenn der Unfall durch ein Kfz verursacht wird, das auf ebener Bahn mit keiner höheren Geschwindigkeit fahren

589 So BGHZ 7, 338, 339; 62, 351, 354; BGH VersR 1988, 910; OLG Celle ZGS 2005, 278.
590 Hentschel/König § 7 StVG Rn. 32.
591 Kaufmann in Geigel 25. Kap. Rn. 94.
592 Hentschel/König § 7 StVG Rn. 34.
593 OLG Koblenz NJW 2019, 3084.

kann als 20 km/h. Deswegen entfällt die StVG-Haftung bei Verkehrsunfällen mit E-Scootern.[594]

- Gemäß § 8 Nr. 2 StVG entfällt die Halterhaftung, wenn der Verletzte bei dem Betrieb des Kfz tätig war. Hierunter sind Personen zu verstehen, die durch unmittelbare Beziehung ihrer Tätigkeit zu den Kfz-Triebkräften der typischen Betriebsgefahr mehr ausgesetzt sind als andere, z.B. Fahrer, Einweiser in einer engen Werkstatt, Fahrschüler (gemäß § 2 Abs. 15 S. 2 StVG gilt der Fahrlehrer als Kfz-Führer), nicht aber Mitfahrer, die lediglich befördert werden und keine Funktion im Zusammenhang mit dem Fahrzeugbetrieb haben.[595]

  Der gesetzliche Haftungsausschluss beruht auf der Überlegung, dass der erhöhte Schutz der Gefährdungshaftung demjenigen nicht zuteil werden soll, der sich durch seine Tätigkeit den besonderen Gefahren des Kfz-Betriebs freiwillig aussetzt.[596]

- Gemäß § 8 Nr. 3 StVG entfällt die Halterhaftung, wenn eine durch das Kfz beförderte Sache beschädigt wird.

- Die Haftung kann auch vertraglich ausgeschlossen werden; dies ist jedoch bei entgeltlicher geschäftsmäßiger Personenbeförderung nicht möglich, vgl. § 8 a StVG.

Anmerkung: *Die Darlegungs- und Beweislast für das Vorliegen der Ausschlussgründe trägt der Fahrzeughalter.*[597]

II. Voraussetzungen der Fahrerhaftung gemäß § 18 Abs. 1 StVG

374 - Die Haftung nach § 18 Abs. 1 StVG setzt – wegen des Verweises auf § 7 Abs. 1 StVG – ebenfalls voraus, dass eine Rechts(gut)verletzung bei Betrieb des Kfz entstanden ist.

- Der Anspruchsgegner muss der Fahrer des Kfz sein.

  Gemäß § 1 a Abs. 4 StVG ist Fahrzeugführer auch derjenige, der eine hoch- oder vollautomatisierte Fahrfunktion i.S.d. § 1 a Abs. 2 StVG aktiviert und zur Fahrzeugsteuerung verwendet, auch wenn er im Rahmen der bestimmungsgemäßen Verwendung dieser Funktion das Fahrzeug nicht eigenhändig steuert.

  Praktisch relevant wird der Anspruch aus § 18 StVG nur, wenn der Kfz-Führer nicht der Halter ist. Fährt der Halter selbst, reicht die Haftung aus § 18 StVG nicht über die ohnehin bestehende Halterhaftung aus § 7 StVG hinaus.[598]

- Gemäß § 18 Abs. 1 S. 2 StVG wird das **Verschulden des Fahrers vermutet**. D.h., der Fahrer entgeht seiner Haftung nur, wenn er fehlendes Verschulden nachweist.

  Anmerkung: *Im Rahmen des § 18 StVG wird der Ausschlussgrund höhere Gewalt i.S.v. § 7 Abs. 2 StVG nicht geprüft.*[599] *Dies ergibt sich schon aus dem Wortlaut des § 18 Abs. 1 S. 1 StVG, der nur auf § 7 Abs. 1 StVG und §§ 8–15 StVG verweist. Zudem reicht dem Fahrer für einen Haftungsausschluss bereits der Nachweis fehlenden Verschuldens, sodass er auch aus diesem Grund keine höhere Gewalt nachweisen muss.*

594 LG Münster NJW 2020, 3121; Heß/Figgener NJW-Spezial 2019, 585.

595 Garbe/Hagedorn JuS 2004, 287, 290; Hentschel/König § 8 StVG Rn. 4.

596 Wandt § 21 Rn. 26, vgl. zu § 8 Nr. 2 StVG: OLG Köln RÜ 2020, 11, 13.

597 Vgl. dazu OLG Dresden RÜ 2017, 17 ff.

598 Medicus/Lorenz Schuldrecht II § 80 Rn. 36; Wandt § 21 Rn. 42.

599 Hentschel/König § 18 StVG Rn. 3.

Fall 25: Vereiste Kurve

Der Vater V des S hat bei der Firma G einen Pkw geleast und bei der K-Versicherung versichert. Diesen Pkw stellt V seinem Sohn S für eine einwöchige Ferienfahrt zur Verfügung.

Bei seiner Fahrt kam S auf einer Bundesstraße an eine langgezogene Linkskurve. In dieser Kurve hatte sich bei um den Gefrierpunkt liegenden Außentemperaturen und einer Wetterlage, bei der nicht mit Straßenglätte zu rechnen war, auf 60 m Länge Glatteis gebildet, weil bei erhöhtem Grundwasserspiegel von der Anhöhe Wasser auf die Straße geflossen war. S verlor auf der eisglatten Fahrbahn die Kontrolle über den von ihm geführten Pkw. Der Pkw geriet zum Innenrand der Kurve und stieß gegen eine Straßenlaterne.

1. In der Nähe dieser Laterne befand sich zur Unfallzeit die Fußgängerin M. Die M musste befürchten, von dem auf sie zuschleudernden Pkw erfasst zu werden, falls sie nicht weglief. Bei dem Versuch, das Weite zu suchen, stürzte die 74-jährige M und verletzte sich schwer.

2. S wurde im Wagen von seiner Freundin F begleitet. Auch die F erlitt durch den Unfall schwere Verletzungen.

Welche Ansprüche haben M und F gegen V, K und S?

A. **Ansprüche der M**

I. M könnte **gegen V** ein Schadensersatzanspruch **aus § 7 Abs. 1 StVG** zustehen. **375**

1. Dazu müssen die **Voraussetzungen** des haftungsbegründenden Tatbestands gegeben sein.

a) M hat sich bei ihrem Sturz schwere Verletzungen zugezogen, sodass eine **Körper- und Gesundheitsverletzung** gegeben ist.

b) Die Rechtsgutverletzung muss **bei dem Betrieb** eines Kraftfahrzeugs eingetreten sein. Dazu ist Kausalität i.S.d. Äquivalenztheorie sowie Realisierung der spezifischen Betriebsgefahr erforderlich.

aa) Wäre der außer Kontrolle geratene Pkw nicht auf die M zugeschleudert, so hätte sie nicht versucht wegzulaufen und wäre nicht gestürzt. **Kausalität i.S.d. Äquivalenztheorie** liegt demnach vor.

bb) Weiterhin muss sich eine **typische Betriebsgefahr** realisiert haben.

- Nach **heute herrschender verkehrstechnischer Auffassung** sind alle Kfz in Betrieb, die sich im öffentlichen Verkehrsbereich oder auf privatem Gelände bewegen oder in verkehrsbeeinflussender Weise ruhen.
- Nach a.A. – **maschinentechnische Auffassung** – ist entscheidend, ob der Motor noch läuft oder das Kfz wenigstens als Nachwirkung des motorischen Antriebs noch in Bewegung ist.

Der Unfall der Frau M hat sich ereignet, ohne dass es zu einer Berührung mit dem Kfz gekommen ist. Das im Verkehr befindliche Kfz hat aber die Abwehrreaktion der M ausgelöst. Selbst wenn diese Abwehrreaktion voreilig und objektiv nicht erforderlich war, hat die Fahrweise des Pkw zu dem Unfall beigetragen; er geschah daher – nach beiden Auffassungen – bei dem Betrieb des Kfz.[600]

c) Der Anspruchsgegner muss **Halter** des am Unfall beteiligten Kfz sein.

Halter ist, wer das Kfz zur Unfallzeit für eigene Rechnung in Gebrauch hat und die Verfügungsgewalt darüber besitzt.

aa) V hatte den Wagen geleast. Beim Leasingvertrag ist regelmäßig der Leasingnehmer der alleinige Halter des Kfz, jedenfalls dann, wenn ihm das Kfz auf längere Zeit überlassen ist, er die Betriebskosten trägt und über den Einsatz des Kfz befindet.[601]

bb) V hatte seinem Sohn den Wagen für eine einwöchige Urlaubsfahrt geliehen. Bei einer länger dauernden Überlassung an den Entleiher (oder Mieter), bei welcher der Entleiher über den Einsatz des Kfz frei bestimmen kann, wird der Entleiher anstelle des Verleihers Halter. Wird dagegen das Kfz nur für kurze Zeit und für einen bestimmten Einsatz überlassen, so bleibt der Verleiher Halter.[602]

Bei der einwöchigen Überlassung des Pkw an S für eine Urlaubsreise blieb V Halter des Pkw.

d) Nach § 7 Abs. 2 StVG ist die **Ersatzpflicht ausgeschlossen**, wenn der Unfall durch **höhere Gewalt** verursacht worden ist.

Höhere Gewalt erfordert ein betriebsfremdes, von außen durch elementare Naturkräfte oder durch Handlungen dritter Personen herbeigeführtes Ereignis, das nach menschlicher Einsicht und Erfahrung unvorhersehbar war und auch nicht verhütet oder unschädlich gemacht werden konnte.

Der Unfall beruht auf der Eisglätte. Es handelt sich dabei um eine von außen kommende Einwirkung. Bei Temperaturen um den Gefrierpunkt kann aber erfahrungsgemäß aufgrund einer besonderen Geländeform (z.B. Brücken) an besonderen Stellen eine Glatteisgefahr entstehen, obwohl die Straßen generell glatteisfrei sind. Das den Unfall auslösende Ereignis war daher weder „außergewöhnlich" noch „unabwendbar". Der Befreiungsgrund „höhere Gewalt" greift somit nicht ein, sodass die Voraussetzungen des § 7 Abs. 1 StVG gegeben sind.

2. Als **Rechtsfolge** („haftungsausfüllender Tatbestand") hat V der M gemäß §§ 10 ff. StVG i.V.m. §§ 249 ff. den Schaden zu ersetzen, der ihr infolge der Körper- und Gesundheitsverletzung entstanden ist.

---

600 OLG Hamm zfs 1996, 444 zum vorliegenden Fall; s. dazu ferner BGH RÜ 2005, 413; RÜ 2017, 149 sowie OLG Hamm NJW 2019, 3082.

601 BGHZ 87, 133, 135; BGH RÜ 2007, 508; Hentschel/König § 7 StVG Rn. 16 a.

602 Kaufmann in Geigel 25. Kap. Rn. 37; Martis JA 1997, 45 jeweils m.w.N.

II. M könnte **gegen die Kfz-Haftpflichtversicherung des V** ein Schadensersatzanspruch aus **§ 115 Abs. 1 S. 1 Nr. 1 VVG i.V.m. § 7 Abs. 1 StVG** zustehen. **376**

1. Gemäß § 115 Abs. 1 S. 1 Nr. 1 VVG haftet die Kfz-Haftpflichtversicherung im gleichen Maße wie der Halter V. Da V gegenüber M aus § 7 Abs. 1 StVG haftet (s.o.), liegen die Voraussetzungen für den Anspruch der M gegen die Kfz-Haftpflichtversicherung aus § 115 Abs. 1 S. 1 Nr. 1 VVG i.V.m. § 7 Abs. 1 StVG vor.

2. Als **Rechtsfolge** muss die Kfz-Haftpflichtversicherung des V der M die unfallbedingten Schäden gemäß §§ 10 ff. StVG i.V.m. §§ 249 ff. ersetzen; die Versicherung haftet neben V als Gesamtschuldnerin (§ 115 Abs. 1 S. 4 VVG).

III. **Ansprüche der M gegen S**

1. M könnte gegen S ein Schadensersatzanspruch aus **§ 18 Abs. 1 StVG** zustehen. **377**

   a) M ist **bei dem Betrieb des Kfz verletzt** worden (s.o.).

   b) S war im Unfallzeitpunkt der **Fahrer** und damit tauglicher Anspruchsgegner.

   c) Gemäß § 18 Abs. 1 S. 2 StVG wird das **Verschulden des Fahrers vermutet**, er kann sich aber entlasten, indem er fehlendes Verschulden nachweist. Diesen Nachweis wird S führen können, da er nicht mit dem Auftreten von Glatteis rechnen musste.[603]

   Infolgedessen steht M kein Anspruch gegen S aus § 18 Abs. 1 StVG zu.

2. M könnte gegen S ein Schadensersatzanspruch aus **§ 823 Abs. 1** zustehen. **378**

   S hat die M durch sein Verhalten rechtswidrig verletzt, es trifft ihn jedoch kein Verschulden, sodass ein Anspruch aus § 823 Abs. 1 ausscheidet und der S daher gegenüber M nicht haftet.

B. **Ansprüche der Beifahrerin F**

I. Ansprüche der F **gegen V** **379**

F ist bei Betrieb des Kfz, dessen Halter V ist, verletzt worden, ohne dass höhere Gewalt vorlag. Dass F Mitfahrerin des Unfallfahrzeugs war, lässt die Haftung unberührt, da in den Schutzbereich der Gefährdungshaftung auch die Mitfahrer einbezogen sind. Folglich kann F den V nach § 7 Abs. 1 StVG in Anspruch nehmen.

II. Die **Kfz-Haftpflichtversicherung** des V haftet gegenüber F als Gesamtschuldnerin neben V gemäß § 115 Abs. 1 S. 1 Nr. 1 VVG. **380**

III. **Ansprüche der F gegen S** scheitern am mangelnden Verschulden des S. **381**

---

603 OLG Hamm zfs 1996, 444.

3. Abschnitt: Haftung mehrerer Personen

A. § 830 Mittäter, Anstifter, Gehilfen, Beteiligte

382 Sind mehrere Personen an einem Delikt als Schädiger beteiligt, so ergeben sich für den Geschädigten oftmals Beweisschwierigkeiten in Bezug auf die einzelnen Tatbeiträge sowie deren Kausalität. Daher hat der Gesetzgeber in § 830 für den Betroffenen in zwei Fallgruppen Erleichterungen geschaffen:

- Gemeinschaftliche Begehung einer unerlaubten Handlung als **Mittäter, § 830 Abs. 1 S. 1**, als **Anstifter oder Gehilfe, § 830 Abs. 2**.
  § 830 Abs. 1 S. 1, Abs. 2 enthält eine Zurechnung von Tatbeiträgen aufgrund eines Einvernehmens als Mittäter, Anstifter oder Gehilfe:[604] der Mittäter, Anstifter oder Gehilfe muss sich eine von dem anderen Mittäter oder Haupttäter verursachte Rechts(gut)verletzung als eigene Verletzungshandlung zurechnen lassen.
- **Beteiligung** mehrerer an einer unerlaubten Handlung, ohne dass feststellbar ist, welcher der Beteiligten den Schaden durch seine Handlung verursacht hat oder für welchen Anteil an dem Gesamtschaden jeder Einzelne ursächlich geworden ist, **§ 830 Abs. 1 S. 2**.
  § 830 Abs. 1 S. 2 enthält einen Verzicht auf den Kausalitätsnachweis.

Aufbauschema für § 830

I. Voraussetzungen („haftungsbegründender Tatbestand")

§ 830 Abs. 1 S. 1, Abs. 2	§ 830 Abs. 1 S. 2
1. Tatbestand Mitwirkung an einer unerlaubten Handlung ■ als Mittäter, § 830 Abs. 1 S. 1 ■ oder als Anstifter oder Gehilfe, § 830 Abs. 2	**1.** Kein Fall von § 830 Abs. 1 S. 1, Abs. 2 **2.** Bei jedem Beteiligten muss ein anspruchsbegründendes Verhalten gegeben sein, wenn man vom Nachweis der Ursächlichkeit absieht.
2. Rechtswidrigkeit Erforderlich ist ein eigenständiges Rechtswidrigkeitsurteil über den Tatbeitrag desjenigen, der nach § 830 Abs. 1 S. 1, Abs. 2 in Anspruch genommen wird.	**3.** Die Rechts(gut)verletzung bzw. der Schaden muss mit Sicherheit entweder durch den einen oder den anderen der Beteiligten, möglicherweise auch durch alle Beteiligten verursacht worden sein.
3. Verschulden Erforderlich ist Vorsatz desjenigen, der nach § 830 Abs. 1 S. 1, Abs. 2 in Anspruch genommen wird.	**4.** Verursacher nicht feststellbar Es darf nicht feststellbar sein, welcher der Beteiligten die Rechts(gut)verletzung bzw. den Schaden verursacht hat.

II. Rechtsfolgen („haftungsausfüllender Tatbestand")

Haftung als Gesamtschuldner

383 § 830 ist in beiden Fällen eine **echte Haftungsnorm** (selbstständige Anspruchsgrundlage, eindeutig h.M.[605]).

---

604 Röthel Jura 2020, 1058, 1059.

605 BGHZ 67, 14; 72, 358; Fuchs/Pauker/Baumgärtner Kap. 8 B. II. 2.1.; Hk-BGB/Staudinger § 830 Rn. 19; Jauernig/Teichmann § 830 Rn. 1; Palandt/Sprau § 830 Rn. 1; Wandt § 19 Rn. 2; a.A. Brox/Walker SchuldR BT § 51 Rn. 5; MünchKomm/Wagner § 830 Rn. 46: § 830 Abs. 1 S. 2 ist nur Beweislastregel.

I. Voraussetzungen der Haftung nach § 830 Abs. 1 S. 1, Abs. 2

1. Mitwirkung an einer unerlaubten Handlung als Mittäter, Anstifter oder Gehilfe

Die Regelungen setzen voraus, dass mehrere als Mittäter, Anstifter oder Gehilfen (i.S.d. Strafrechts, vgl. §§ 25 Abs. 2, 26, 27 StGB[606]) an einer unerlaubten Handlung mitgewirkt haben; es wird dann der Tatbeitrag des einen dem anderen als eigene Verletzungshandlung zugerechnet. Auf den Umfang und die Kausalität des jeweiligen Tatbeitrags kommt es nicht an. Die Haftung der Teilnehmer beruht bei § 830 Abs. 1 S. 1, Abs. 2 auf dem **Willen zur Teilnahme.**[607] 384

Die Beteiligten müssen sich den schädigenden Erfolg der gemeinsamen unerlaubten Handlung zurechnen lassen, da seine Herbeiführung von ihrem Willen umfasst war. Daraus folgt aber auch zugleich, dass ein Exzess eines Beteiligten den übrigen nicht zugerechnet werden kann.[608]

§ 830 behandelt seinem Wortlaut nach zwar nur die Verantwortlichkeit für den eingetretenen Schaden, also erst die haftungsausfüllende Kausalität. Mittelbar ergibt sich hieraus aber, dass auch bei der vorrangig zu prüfenden haftungsbegründenden Kausalität § 830 zur Anwendung gelangt.[609]

2. Rechtswidrigkeit

Die Rechtswidrigkeit ist durch die Mitwirkung an der unerlaubten Handlung indiziert und entfällt nur, wenn Rechtfertigungsgründe eingreifen.

3. Schuld

Erforderlich ist, dass derjenige, der als Mittäter oder Teilnehmer in Anspruch genommen wird, hinsichtlich der Rechts(gut)verletzung und in Bezug auf seinen eigenen Tatbeitrag zumindest bedingt vorsätzlich gehandelt hat.[610] Der Vorsatz muss sich jedoch nicht auf einen möglichen Folgeschaden beziehen.

II. Voraussetzungen des § 830 Abs. 1 S. 2[611]

1. Kein Fall von § 830 Abs. 1 S. 1, Abs. 2

Die mehreren Beteiligten dürfen nicht als Mittäter, Gehilfen oder Anstifter zusammengewirkt haben, denn dann wird ihnen der Tatbeitrag der anderen bereits gemäß § 830 Abs. 1 S. 1, Abs. 2 zugerechnet. Die – insoweit „subsidiäre" – Vorschrift des § 830 Abs. 1 S. 2 setzt voraus, dass mehrere Beteiligte **„selbstständig"** beteiligt waren.[612] 385

606 BGHZ 8, 288, 292; 63, 124, 126; 89, 383, 389.
607 BGHZ 63, 124; Medicus/Lorenz Schuldrecht II § 87 Rn. 3.
608 Benicke Jura 1996, 127.
609 BGHZ 72, 355, 358.
610 Röthel Jura 2020, 1058, 1062.
611 Brade/Gentzsch JA 2016, 895 ff.
612 BGHZ 89, 383, 399.

2. Bei jedem Beteiligten ist anspruchsbegründendes Verhalten gegeben, wenn man vom Nachweis der Ursächlichkeit absieht

386 D.h., das Verhalten jedes Einzelnen muss eine die Haftung begründende unerlaubte Handlung darstellen, wenn man die Kausalität unterstellt. Unerlaubte Handlung i.S.d. § 830 Abs. 1 S. 2 sind alle Haftungstatbestände der §§ 823 ff. einschließlich der Gefährdungshaftung.[613]

387 Bei der Anwendung des § 830 Abs. 1 S. 2 auf Gefährdungshaftungstatbestände ist die „Handlung" des Anspruchsgegners seine Verantwortlichkeit für die Gefahrenquelle – z.B. als Halter eines Tieres oder eines Kfz. Diese abstrakte Gefahr, die mit der Existenz der Gefahrenquelle immer gegeben ist, reicht aber nicht aus, um die Haftung aus § 830 Abs. 1 S. 2 zu begründen, sondern es muss eine konkrete Rechts(gut)gefährdung durch das spezifische Risiko der Gefahrenquelle für jeden beteiligten Halter nachgewiesen werden. Dafür genügt es nicht, dass eine Person irgendwie dabei gewesen ist.[614]

388 Von der Rspr. wird § 830 Abs. 1 S. 2 analog angewandt auf die Gefährdungshaftungstatbestände außerhalb des BGB,[615] auf Ausgleichsansprüche nach § 906 Abs. 2 S. 2,[616] auf Entschädigungsansprüche aus enteignendem und enteignungsgleichem Eingriff[617] und mittlerweile sogar bei Haftung wegen Verletzung einer Vertragspflicht des Schuldners.[618]

389 Da der gesamte Haftungstatbestand einer unerlaubten Handlung bei jedem Beteiligten bei fingierter Kausalität erfüllt sein muss, entfällt daher die Haftung aller Beteiligten, wenn die Haftung eines von ihnen durch einen Rechtfertigungsgrund gedeckt ist.[619] Ebenso entfällt folglich die Haftung aller Beteiligten, wenn einer von ihnen wegen fehlenden Verschuldens nicht ersatzpflichtig wäre, es sei denn, es liegen ausnahmsweise die Voraussetzungen aus § 829 vor.[620]

390 Um eine uferlose Ausweitung des Anwendungsbereichs des § 830 Abs. 1 S. 2 zu verhindern, verlangen Rspr. und h.M. ferner die Beteiligung an einem sachlich, räumlich und zeitlich **einheitlichen Vorgang**.[621] Die Einheitlichkeit kann auch bei zeitlich aufeinanderfolgenden Handlungen gegeben sein, z.B., wenn bei einem Verkehrsunfall der Geschädigte von mehreren Kfz nacheinander erfasst wird.[622]

Beispiel:[623] K ist Eigentümer eines Yachthafens, dessen Steganlage durch einen Brand in der Nacht zum 04.04. beschädigt worden ist. In der Nähe des Yachthafens befindet sich das Schützenhaus, in dem in dieser Nacht die Hochzeit der Tochter der B gefeiert wurde. B hatte zu diesem Anlass fünf chinesische Himmelslaternen gekauft. Die Hochzeitsgesellschaft ließ die Himmelslaternen aufsteigen. Zu dieser Zeit befanden sich noch weitere Himmelslaternen in der Luft, die von nicht zur Hochzeitsgesellschaft gehörenden Personen von einem anderen Standort in der Nähe des Yachthafens gestartet worden sind. Kurz vor Mitternacht fing die Steganlage aufgrund einer abgestürzten Himmelslaterne Feuer. Es kann nicht festgestellt werden, welche der Himmelslaternen den Brand verursacht hat. Steht K gegen B ein Schadensersatzanspruch zu?

---

613 OLG München RÜ 2013, 83; Benicke Jura 1996, 127, 129.

614 BGH RÜ 2018, 554, 555; MünchKomm/Wagner § 830 Rn. 58.

615 BGH NJW 1999, 3633.

616 BGHZ 101, 106.

617 BGHZ 101, 106.

618 BGH NJW 2001, 2538; ausführlich dazu Eberl-Borges NJW 2002, 949; auch Frommhold Jura 2003, 403.

619 Larenz/Canaris § 82 II 3 a m.w.N.

620 Larenz/Canaris § 82 II 3 a m.w.N.

621 Z.B. RGZ 58, 357, 361; BGHZ 25, 271, 274; 33, 286, 291; Röthel Jura 2020, 1058, 1064.

622 BGHZ 33, 286; 72, 355; KG VersR 1989, 713; a.A. BeckOK/Spindler § 830 Rn. 17: mangels Grundlage im Wortlaut könne ein solcher Zusammenhang nicht verlangt werden.

623 OLG Koblenz RÜ 2016, 16 ff.

I. Anspruch aus **§ 823 Abs. 1**? B traf aufgrund der potentiellen Gefährlichkeit der Himmelslaternen eine Verkehrssicherungspflicht, die sie durch die Weitergabe der Laternen an die Hochzeitsgesellschaft verletzt hat. Es ist jedoch nicht zu klären, ob der Brand von einer der Himmelslaternen, die von der Hochzeitsgesellschaft gestartet worden sind, oder von einer anderen Himmelslaterne verursacht worden ist. Daher steht nicht fest, dass das Verhalten der B äquivalent kausal für die Eigentumsverletzung des K ist.[624] Somit scheidet ein Anspruch aus § 823 Abs. 1 aus.

II. Anspruch **aus § 830 Abs. 1 S. 2**? Es liegt kein Fall von Mittäterschaft, Anstiftung oder Beihilfe vor und bei unterstellter Kausalität haften sowohl B als auch die anderen Personen, die Himmelslaternen gestartet haben, aus § 823 Abs. 1. Ferner ist der Brand entweder durch die Himmelslaternen der B oder die der anderen Personen verursacht worden und es kann nicht festgestellt werden, welche der Himmelslaternen den Brand verursacht hat.

Schließlich ist der nach h.M. erforderliche sachlich, räumlich und zeitlich einheitliche Vorgang nach Ansicht des OLG Koblenz ebenfalls gegeben. Es stehe fest, dass durch das Starten von Himmelslaternen mehrere Personen unabhängig voneinander und in kurzer zeitlicher Abfolge das Eigentum des K gefährdet haben.[625] Für den örtlichen Zusammenhang genüge es, dass die von verschiedenen Standorten gestarteten Himmelslaternen nach den konkreten Umständen des Einzelfalls die Brandstelle erreichen konnten. Es sei nicht erforderlich, dass die Laternen von einem Standort aus gestartet wurden.[626]

Folglich steht K gegen B ein Anspruch aus § 830 Abs. 1 S. 2 zu.

3. Rechts(gut)verletzung durch einen der Beteiligten verursacht

Die **Rechts(gut)verletzung** muss **mit Sicherheit entweder durch den einen oder den** 391
anderen der Beteiligten, möglicherweise auch durch alle Beteiligten **verursacht worden sein**.

Für die Anwendung des § 830 Abs. 1 S. 2 ist daher kein Raum, wenn der **Geschädigte** seinen **Schaden selbst verursacht** haben kann.

Beispiel: Der Fahrer eines Kfz verliert auf der Autobahn ohne Einwirkung Dritter die Gewalt über sein Fahrzeug, wird herausgeschleudert, wird auf der Fahrbahn liegend von anderen Kraftwagen überrollt und es lässt sich nicht klären, ob der Unfalltod bereits dadurch verursacht wurde, dass der Fahrer auf die Fahrbahn geschleudert wurde.[627]

§ 830 Abs. 1 S. 2 ist dagegen hinsichtlich der „Alternativtäter" nicht ausgeschlossen, wenn **ein Dritter eine andere Schadensbedingung** gesetzt hat.

Beispiel:[628] Der Verletzte fällt, von zwei Personen gestoßen, infolge eines der Stöße in einen Kanalschacht, dessen Abdeckung ein Dritter pflichtwidrig versäumt hat. Die Haftung des Dritten steht fest. Da der Dritte außerhalb des Kreises der Beteiligten an dem Stoß steht, haften diese beide nach § 830 Abs. 1 S. 2.[629]

4. Verursacher nicht feststellbar

Es darf **nicht feststellbar** sein, **welcher der Beteiligten die Rechts(gut)verletzung** 392
(bzw. im haftungsausfüllenden Tatbestand: den Schaden) **tatsächlich** – ganz oder teilweise – **verursacht hat**.

---

624 OLG Koblenz RÜ 2016, 16, 17.

625 OLG Koblenz RÜ 2016, 16, 18.

626 OLG Koblenz RÜ 2016, 16, 18.

627 BGHZ 60, 177, 181; vgl. auch BGHZ 67, 14, 20; Bauer JZ 1973, 599.

628 Vom BGH gebildet in BGHZ 67, 14, 20.

629 Vgl. dazu auch BGHZ 55, 86, 90; 72, 355, 359.

§ 830 Abs. 1 S. 2 greift sowohl beim sogenannten „Urheber-Zweifel" als auch beim sogenannten „Anteils-Zweifel" ein.[630] § 830 Abs. 1 S. 2 greift aber nicht ein, wenn einer der für die „Beteiligung" infrage Kommenden erwiesenermaßen haftet, auch wenn der andere daneben möglicherweise als Verursacher in Betracht kommen kann.[631]

Fall 26: Schlägerei

V wurde bei einer Schlägerei verletzt, an der A, B und C teilnahmen. V hatte nur einen Schlag erhalten. Es kann nicht festgestellt werden, wer den Schlag gegen V führte. Ungeklärt ist auch, ob A, B und C einen gemeinsamen Entschluss gefasst hatten, den V anzugreifen, oder wie im Übrigen die innere Einstellung von A, B und C war.

393 A. V könnte ein Ersatzanspruch gegen A, B und C aus **§ 830 Abs. 1 S. 1, Abs. 2** zustehen.

Dazu müssen A, B und C als Mittäter, Anstifter oder Gehilfen an einer unerlaubten Handlung mitgewirkt haben.

Das Zusammenwirken als Mittäter, Anstifter oder Gehilfe erfordert vorsätzliches Zusammenwirken zur Herbeiführung des Erfolgs. Vorliegend ist ein gemeinsamer Entschluss nicht erwiesen. Es ist auch ungeklärt, welche innere Einstellung bei A, B und C eine Rolle spielte. Ein Anspruch aus § 830 Abs. 1 S. 1, Abs. 2 scheidet daher aus.

394 B. V könnte ein Schadensersatzanspruch gegen A, B und C aus **§ 830 Abs. 1 S. 2** zustehen.

Dafür muss bei jedem Beteiligten ein anspruchsbegründendes Verhalten gegeben sein, wenn man vom Nachweis der Ursächlichkeit absieht.

Es lässt sich nicht feststellen, dass A, B und C Handlungen begangen haben, da nur ein Schlag gegen V geführt wurde und nicht feststellbar ist, wer den Schlag geführt hat. Eine Haftung von A, B oder C aus § 830 Abs. 1 S. 2 scheidet daher aus.

Fall 27: Silvesterfeuerwerk

In der Silvesternacht haben sich A, B, C und D durch Doppelkopfspielen und Biertrinken auf das neue Jahr vorbereitet. Um 24.00 Uhr begeben sich A, B und C mit Feuerwerkskörpern, die jeder für sich mitgebracht hat, nach draußen, um sie dort abzubrennen. Dem D ist die Sache zu gefährlich. Er bleibt im Haus. Als er dann aber das Knallen und Johlen von A, B und C hört, wird er neugierig und geht auf den Balkon, um sich das Schauspiel anzusehen. Eine der Raketen startet nicht ordnungsgemäß, nimmt eine andere als die vorgesehene Flugbahn und zerplatzt am Balkongeländer. D erleidet erhebliche Verbrennungen.
D bittet seine Freunde unter Hinweis darauf, dass diese den auf der Gebrauchsanleitung angegebenen Sicherheitsabstand von bewohnten Gebäuden weit unterschrit-

630 BGHZ 67, 14, 18.

631 BGHZ 67, 14, 20; 72, 355, 361; a.A. Deutsch/Ahrens Rn. 198.

ten haben, um Ersatz der Arztkosten. Die Freunde weisen zutreffend darauf hin, es stehe nicht fest, wer die fehlgestartete Rakete gezündet habe. D möchte nunmehr gegen den vermögenden A vorgehen.
(Fall nach OLG München MDR 1967, 671; vgl. auch BGH NJW 1986, 52)

A. D kann gegen A einen **Anspruch aus § 823 Abs. 1** zustehen.

D hat erhebliche Verbrennungen erlitten, sodass eine Körper- und Gesundheitsverletzung gegeben ist. Es lässt sich aber nicht feststellen, dass A diese Körperverletzung durch sein Verhalten verursacht hat. Sie kann auch aus einer von B oder C gestarteten Rakete herrühren. Es steht daher nicht fest, dass das Verhalten des A äquivalent kausal für die Verletzung des D gewesen ist. Ein Anspruch aus § 823 Abs. 1 scheidet somit aus.

B. Die Körperverletzung des D ist auch nicht aufgrund einer unerlaubten Handlung ein- 395
getreten, die A, B oder C gemeinsam als Mittäter, Anstifter oder Gehilfen begangen haben **(§ 830 Abs. 1 S. 1, Abs. 2)**; denn jeder hat für sich neben dem anderen selbstständig gehandelt.

C. A kann als Beteiligter i.S.d. **§ 830 Abs. 1 S. 2** ersatzpflichtig sein. 396

I. Dazu müssen die **Voraussetzungen** des haftungsbegründenden Tatbestands gegeben sein.

1. Ein Fall von § 830 Abs. 1 S. 1, Abs. 2 ist nicht gegeben (s.o.).

2. A, B und C könnten jeweils eine unerlaubte Handlung i.S.d. § 823 Abs. 1 rechtswidrig und schuldhaft begangen haben, wenn man unterstellt, dass jeweils die Rakete des A, B oder C für die Körperverletzung des D ursächlich war.

Zwar sind in der Silvesternacht die Anforderungen an die Verkehrssicherungspflicht beim Abbrennen von Feuerwerkskörpern herabgesetzt. Das entbindet aber denjenigen, der ein Feuerwerk abbrennt, nicht von der Verantwortung dafür, die Feuerwerkskörper nur bestimmungsgemäß und unter Beachtung der Gebrauchsanleitung, insbesondere unter Einhaltung der vom Hersteller verlangten Sicherheitsvorkehrungen, zu verwenden.[632]

A, B und C haben es unterlassen, den vorgeschriebenen Sicherheitsabstand einzuhalten und einen Standort zu wählen, von dem aus andere Personen nicht (ernsthaft) gefährdet werden konnten. Sie haben daher die erforderliche Sorgfalt verletzt und jeweils eine unerlaubte Handlung i.S.v. § 823 Abs. 1 begangen, wenn man vom Nachweis der Kausalität absieht.

Der von der Rspr. geforderte sachliche, örtliche und zeitliche Zusammenhang ist ebenfalls gegeben, da A, B und C ein Feuerwerk veranstalteten.

3. Die Körperverletzung des D ist mit Sicherheit durch die Rakete des A, des B oder des C verursacht worden; A kann seine Verursachung nicht ausschließen.

632 BGH NJW 1986, 52, 53.

4. Es ist nicht feststellbar, welcher der Beteiligten – etwa nur der A oder nur der B oder nur der C – die Körperverletzung des D verursacht hat.

Somit sind die Voraussetzungen des § 830 Abs. 1 S. 2 erfüllt.

II. Als **Rechtsfolge** („haftungsausfüllender Tatbestand") muss A dem D den gesamten Schaden, den D infolge der Verbrennungen erlitten hat, gemäß §§ 249 ff. ersetzen. Allerdings mindert sich der Ersatzanspruch gemäß § 254, wenn den D ein Mitverschulden trifft.

***Anmerkung:** Wenn A von D in Anspruch genommen wird, kann er von B und C gemäß § 426 anteilmäßigen Ausgleich verlangen, da auch B und C – wie A – dem D als Gesamtschuldner nach §§ 830 Abs. 1 S. 2, 840 Abs. 1 ersatzpflichtig sind.*

B. § 840 Gesamtschuldnerschaft

397 Täter einer unerlaubten Handlung, die nebeneinander verantwortlich sind, haften im Außenverhältnis nach § 840 Abs. 1 als Gesamtschuldner. D.h., dass der Geschädigte grundsätzlich nach seinem Belieben von jedem der Verantwortlichen ganz oder teilweise – insgesamt aber nur einmal – Schadensersatz verlangen kann, § 421.

Nebeneinander verantwortlich i.S.d. § 840 Abs. 1 sind insbesondere

- Mittäter, Anstifter und Gehilfen, § 830 Abs. 1 S. 1 u. Abs. 2,
- Beteiligte i.S.d. § 830 Abs. 1 S. 2,
- sonstige Nebentäter.

Der Begriff der „unerlaubten Handlung" in § 840 Abs. 1 ist weit. Er erfasst grundsätzlich auch die Tatbestände der Gefährdungshaftung, gleichgültig, ob sie im BGB oder in anderen Gesetzen geregelt sind.

398 Nach § 426 Abs. 1 S. 1 sind die Gesamtschuldner im Verhältnis zueinander zu gleichen Anteilen verpflichtet, soweit nicht ein anderes bestimmt ist. Dabei wird im Innenverhältnis mehrerer Schädiger § 254 analog als spezielle Verteilungsregel angesehen: Jeder Schädiger soll den Anteil tragen, der verhältnismäßig seiner Mitwirkung und seinem Verschulden an der Schädigung entspricht.[633]

399 Für die Gesamtschuldner des § 840 Abs. 1 enthalten § 840 Abs. 2 und 3 sowie § 841 abweichende Bestimmungen. Danach soll im Innenverhältnis einer der Schädiger den Schaden allein tragen.

Bei § 840 Abs. 3 macht die Alleinhaftung des Dritten nur Sinn, wenn der Dritte wegen nachgewiesenen Verschuldens, also insbesondere gemäß § 823 oder § 826 haftet, weil der Dritte nur in diesen Fall weniger schutzwürdig ist als derjenige, der nach §§ 833–838 „nur" wegen Gefährdung (§ 833 S. 1) oder vermuteten Verschuldens (§§ 833 S. 2, 834 ff.) haftet.[634]

---

633 Medicus/Lorenz Schuldrecht II § 87 Rn. 11.

634 Röthel Jura 2020, 1066, 1070.

4. Abschnitt: Die Haftung für fehlerhafte Produkte

Für jedermann besteht eine Verantwortlichkeit aus § 823 Abs. 1, wenn er schuldhaft die allgemeine Verkehrssicherungspflicht verletzt und dadurch ein Dritter einen Schaden an seinen Rechten oder Rechtsgütern erleidet (vgl. oben 1. Abschnitt, Rn. 142 ff.). Einen Sonderfall der Haftung für die Verletzung von Verkehrssicherungspflichten stellt die sogenannte **Produzentenhaftung nach § 823 Abs. 1** dar: Sie betrifft einen bestimmten Personenkreis, für den die Rspr. „herstellerspezifische" Verkehrssicherungspflichten entwickelt hat. Zudem wird bei bestimmten Pflichtverletzungen in diesem Bereich von der Rspr. eine Umkehr der Beweislast zum Nachteil des „Produzenten" angenommen. 400

Neben dem Anspruch aus § 823 Abs. 1 können sich evtl. Ansprüche aus § 823 Abs. 2 i.V.m. ProdSG (Produktsicherheitsgesetz) ergeben.[635]

Am 01.01.1990 trat außerdem das **Produkthaftungsgesetz (ProdHaftG)** in Kraft, das eine „erweiterte Gefährdungshaftung" vorsieht.[636]

Bei einer Falllösung ist i.d.R. mit dem ProdHaftG anzufangen, weil es sich dabei wegen der verschuldensunabhängigen Haftung um die einfachere Anspruchsgrundlage handelt. Zum besseren Verständnis und zur Verdeutlichung der Unterschiede zwischen der verschuldensabhängigen Produzentenhaftung nach §§ 823 ff. und der verschuldensunabhängigen Haftung nach ProdHaftG wird in diesem Skript mit der Darstellung der verschuldensabhängigen Produzentenhaftung nach §§ 823 ff. begonnen.

A. Die Produzentenhaftung nach § 823 Abs. 1

Für einen Verbraucher, der durch ein von ihm erworbenes Produkt einen Schaden erleidet, ist die Realisierung von Schadensersatzansprüchen oftmals schwierig: 401

- **Ansprüche gegen den Händler**, von dem der Verbraucher das Produkt durch Vertrag erworben hat, scheiden i.d.R. wegen fehlenden Verschuldens dieses Händlers aus. Im Übrigen unterliegen die vertraglichen Gewährleistungsansprüche speziellen – meist kürzeren – Verjährungsfristen.
- **Vertragliche Ansprüche gegen den Hersteller** kommen i.d.R. nicht in Betracht, da es grundsätzlich an einer unmittelbaren vertraglichen Beziehung zwischen Kunde und Hersteller fehlt und der Vertrag zwischen Händler und Hersteller auch kein Vertrag mit Schutzwirkung für den Kunden ist. Ferner stehen dem Verbraucher gegen den Produzenten mangels zufälliger Schadensverlagerung auch keine Ansprüche aus abgetretenem Recht nach den Grundsätzen der Drittschadensliquidation zu.[637]
- Dem Verbraucher verbleiben daher lediglich **deliktische Ansprüche gegen den Hersteller**. Bei diesen Ansprüchen aus §§ 823 ff. besteht für den Geschädigten allerdings das Problem, dass er mangels Einsicht in die innere Betriebsstruktur kaum die Möglichkeit hat, ein schuldhaftes Handeln des Inhabers oder eines nach § 31 verantwortlichen Organs nachzuweisen.[638] Basiert der Schaden auf einem Fehlverhalten von Verrichtungsgehilfen, kann sich der Produzent evtl. durch einen Entlastungsbeweis gemäß § 831 Abs. 1 S. 2 der Haftung entziehen.

635 Fuchs/Pauker/Baumgärtner Kap. 2 B. II. 1. 1.1.

636 Vgl. zu Produkt- und Produzentenhaftung: Klindt NJW 2020, 2082 ff.; Lange Jura 2018, 643 ff., 761 ff.

637 BGHZ 51, 91, 93; Hk-BGB/Staudinger § 823 Rn. 159.

638 Jauernig/Teichmann § 823 Rn. 122.

402 Vor diesem Hintergrund hat die Rspr. die sogenannte Produzentenhaftung gemäß §§ 823 ff. zum Schutze des Verbrauchers entwickelt. Diese Produzentenhaftung ist eine **spezielle Ausprägung der Haftung für die Verletzung einer Verkehrssicherungspflicht**, für die folgende Besonderheiten gelten:

- Die Produzentenhaftung gilt nur für einen bestimmten Personenkreis, nämlich für „Produzenten" (dazu unter Rn. 404 ff.).
- Für diesen Personenkreis gelten „herstellerspezifische" Verkehrssicherungspflichten, um die von diesen Produkten ausgehenden Gefahren möglichst gering zu halten und Schäden späterer Abnehmer, Verbraucher oder Benutzer der Produkte zu vermeiden (dazu i.E. unter Rn. 409 ff.):
  - Pflicht zur fehlerfreien Entwicklung und Konstruktion;
  - Pflicht zur fehlerfreien Fabrikation;
  - Pflicht zur Instruktion;
  - Pflicht zur Produktbeobachtung.
- Ferner hat die Rspr. die allgemeinen Beweislastregeln zugunsten des Geschädigten modifiziert (dazu unten Rn. 420 ff.).

403 Bei dem Aufbauschema für einen Anspruch aus § 823 Abs. 1 ergeben sich für die Produzentenhaftung folgende **Besonderheiten:**

Aufbauschema für die Produzentenhaftung aus § 823 Abs. 1

I. Voraussetzungen („haftungsbegründender Tatbestand")

1. Tatbestand

a) Rechts(gut)verletzung

b) durch ein Handeln, das dem Antragsgegner zuzurechnen ist

aa) Anspruchsgegner = Hersteller
- industrielle Hersteller
- Produktionsleiter
- Inhaber von Klein- und Familienbetrieben
- Zulieferer

bb) Verletzung einer herstellerspezifischen Verkehrssicherungspflicht
- Konstruktionsfehler
- Fabrikationsfehler
- Instruktionsfehler
- Produktbeobachtungsfehler

cc) Kausalität, Zurechnung

2. Rechtswidrigkeit

3. Verschulden

II. Rechtsfolgen („haftungsausfüllender Tatbestand")

Ersatz des durch die Rechts(gut)verletzung verursachten Schadens gemäß §§ 249 ff.

I. Personeller Anwendungsbereich

Die besondere herstellerspezifische Produzentenhaftung trifft nur den „Produzenten". Dieser Personenkreis ist nicht identisch mit dem „Hersteller" i.S.d. § 4 ProdHaftG.

Der Produzentenhaftung nach § 823 unterliegen insbesondere:

- **industrielle Hersteller**[639] 404

- **Mitarbeiter des Herstellers in herausgehobener und verantwortlicher Stellung** 405

  Spannkupplungen-Urteil:[640] Bei der Herstellung von Armierungsgrundstäben verwendeten die Bauarbeiter eine Spannpresse. An einer Spannkupplung zerbarst die Spannhülse, sodass der Draht aus dem Spannbett herausschoss, den Arbeiter S traf und ihn durchbohrte. Er starb am selben Tag. Der BGH hat u.a. den verantwortlichen Geschäftsleiter für die Produktion der Werkzeuge für Spannbetonteile als verantwortlich angesehen und ihm die für die Produzentenhaftung typische Beweislast aufgebürdet.[641]

  In der Lit. wird die Ausweitung der Produzentenhaftung auf leitende Mitarbeiter teilweise abgelehnt. Die verschärfte Haftung sei für diese Personen unbillig, da sie weder am Produktionsgewinn teilhaben noch die Unternehmenspolitik bestimmen können, noch über die Beweismittel des Betriebs verfügen.[642]

- **Inhaber von Klein- und Familienbetrieben**[643] 406

  Beispiel: Nach dem Hochzeitsessen in einer Gaststätte erkrankten die Brautleute und ihre Gäste an einer Salmonellenvergiftung. Der BGH hat die im Schrifttum umstrittene Frage, ob die Produzentenhaftung mit der Übernahme des Beweisrisikos nur bei industrieller Massenfabrikation durchgreife oder auch dem Inhaber eines kleinen Betriebs, dessen Herstellungsverfahren überschaubar und durchsichtig sei (Familien- und Einmannbetriebe), zugemutet werden könne, im letzteren Sinne bejaht.

- **Zulieferer** 407

  Zulieferer haben dafür einzustehen, dass das von ihnen gefertigte Produkt im Rahmen des bestimmungsgemäßen Gebrauchs auch in der Weiterverarbeitung durch andere in vollem Umfang fehlerfrei und ohne Gefährdung des Eigentums Dritter eingesetzt werden kann;[644] sie haften also für Schäden, welche die von ihnen hergestellten Teile verursachen.[645] Bei einem zusammengesetzten Produkt hat der Zulieferer für die Fehlerhaftigkeit seiner Einzelteile einzustehen, der Hersteller des Endprodukts ist dagegen für Montage- und Verarbeitungsfehler verantwortlich.[646]

Keine Hersteller i.S.d. Produzentenhaftung sind **Händler** und **Importeure.**[647] 408

- Händler sind nicht Adressaten der spezifischen Herstellerverkehrspflichten und haften folglich nicht für Konstruktions- oder Fabrikationsfehler. Sie haben aber eigene – händlerspezifische – Verkehrspflichten. Dazu gehören vor allem ordnungsgemäße Lagerung und Transport der Ware. Es kann sie darüber hinaus auch eine Untersuchungs-, Instruktions- oder Beratungspflicht treffen; so muss z.B. jeder Händler dafür sorgen, dass der Käufer die richtige Bedienungsanleitung und etwa erforderliche Warnhinweise erhält.[648]

---

639 BGHZ 51, 91.
640 BGH NJW 1975, 1827.
641 BGH NJW 2001, 964: Kindertee-Fall.
642 Erman/Wilhelmi § 823 Rn. 123a m.w.N.
643 BGHZ 116, 104.
644 BGH NJW 1996, 2224.
645 Staudinger/Hager § 823 Rn. F 28.
646 Hk-BGB/Staudinger § 823 Rn. 171; MünchKomm/Wagner § 823 Rn. 630.
647 Palandt/Sprau § 823 Rn. 180.
648 Fuchs/Pauker/Baumgärtner Kap. 2 A VI. 2.3. m.w.N.

- Importeure sind mit Vertriebshändlern vergleichbar, sodass sie auch die o.g. händlerspezifischen Verkehrssicherungspflichten treffen, d.h., sie haften grundsätzlich nicht für Fabrikations- und Konstruktionsfehler, wohl aber für Instruktions- und Produktbeobachtungsfehler.[649]

II. Herstellerspezifische Verkehrssicherungspflichten

409 Wer Produkte herstellt und in den Verkehr bringt, muss im Rahmen des objektiv Möglichen und Zumutbaren die erforderlichen Maßnahmen treffen, um die von diesem Produkt ausgehenden Gefahren möglichst gering zu halten und Schäden anderer Personen durch produktbedingte Gefahren zu vermeiden.

Typische Fehler im Herstellerbereich sind:

- Konstruktionsfehler
- Fabrikationsfehler
- Instruktionsfehler
- Produktbeobachtungsfehler

1. Konstruktionsfehler

410 Ein Konstruktionsfehler liegt vor, wenn ein Hersteller nicht alle technisch möglichen Sicherheitsvorkehrungen trifft, die gewährleisten, dass „derjenige Sicherheitsgrad erreicht wird, den die im entsprechenden Bereich herrschende Verkehrsauffassung für erforderlich erachtet".[650] Ein solcher Konstruktionsfehler ist nicht auf Einzelstücke einer Produktion beschränkt, sondern erfasst die gesamte Serie.[651]

Beispiele für Konstruktionsfehler: In eine Reinigungsanlage werden ungeeignete Schwimmschalter eingebaut, deren Versagen einen Brand verursacht;[652] ein Gabelschaft eines Fahrrades aus ungeeignetem Material;[653] ein nicht bruchfester Griff an einem Expander.[654]

Der Hersteller muss diejenigen Maßnahmen treffen, die zur Vermeidung einer Gefahr objektiv erforderlich und dem Hersteller nach objektiven Maßstäben zumutbar sind.[655] Welche Sicherungsmaßnahmen zumutbar sind, muss im Hinblick auf die vom Produkt ausgehende Gefahr beurteilt werden. Insbesondere bei erheblichen Gefahren für Leben und Gesundheit muss der Hersteller weitergehendere Maßnahmen als im Fall von Eigentums- und Besitzstörungen oder nur kleineren körperlichen Beeinträchtigungen treffen.[656]

Ein Konstruktionsfehler liegt nicht schon dann vor, wenn ein Produkt eine gewisse Gefährlichkeit in sich birgt. Fehlerhaft ist das Produkt nur, wenn es objektiv nicht die Sicherheit bietet, die die Allgemeinheit nach der Verkehrsauffassung in dem entsprechenden Bereich für erforderlich hält.

---

649 BGHZ 99, 167, 170; BGH NJW 2006, 1589; Staudinger/Hager § 823 Rn. F 33 m.w.N.
650 BGH VersR 1992, 559, 560.
651 Hk-BGB/Staudinger § 823 Rn. 173.
652 BGHZ 67, 359.
653 BGH NJW 1980, 1219.
654 BGH NJW-RR 1990, 406, 407.
655 BGH NJW 2009, 2952.
656 BeckOK/Förster § 823 Rn. 702.

2. Fabrikationsfehler

In der **Fabrikationsphase** muss der Produzent alle nach dem jeweiligen Stand der Wissenschaft und Technik möglichen und zumutbaren Sicherheitsvorkehrungen treffen, damit kein fehlerhaftes Produkt in den Rechtsverkehr gelangt. Es gilt der Grundsatz der Verhältnismäßigkeit: Je größer die mögliche Gefahr, desto höhere Anforderungen sind im Hinblick auf die ordnungsgemäße Erfüllung der Verkehrssicherungspflicht zu stellen. **411**

Von einem **Fabrikationsfehler** spricht man, wenn nur einzelne Exemplare aufgrund eines (planwidrigen) Fehlverhaltens eines Arbeiters oder einer Fehlfunktion einer Maschine beim Herstellungsverfahren, das an sich ordnungsgemäß war, mangelhaft sind.

Beispiele für Fabrikationsfehler: Verunreinigung von Speisen durch Salmonellen,[657] nicht ordnungsgemäße Kontrolle von explosionsgefährdeten Mineralwasserflaschen;[658] fehlerhaft montierter Lenker bei einem Motorroller.[659]

Hat der Produzent die erforderlichen Sicherungsmaßnahmen getroffen und ist dennoch infolge einmaligen Fehlverhaltens eines Arbeitnehmers bzw. Fehlleistung einer Maschine ein Fehler entstanden („**Ausreißer**"), scheidet eine deliktische Haftung des Produzenten mangels Verschuldens aus.[660] **412**

Beachte: *Im Rahmen der verschuldensunabhängigen Haftung nach dem Produkthaftungsgesetz (s. unten unter Rn. 425 ff.) ist der Ausreißer-Einwand nicht zulässig!*[661]

3. Instruktionsfehler

Der Hersteller eines Erzeugnisses sowie der Hersteller und Vertreiber von Zubehör ist grundsätzlich auch zum Ersatz solcher Schäden verpflichtet, die dadurch eintreten, dass er die Verwender des Produkts pflichtwidrig nicht **auf Gefahren hingewiesen** hat, die sich trotz einwandfreier Herstellung aus der Verwendung ergeben können.[662] **413**

Eine solche **Warnpflicht** besteht nicht nur in Bezug auf den bestimmungsgemäßen Gebrauch des Produkts; sie erstreckt sich innerhalb des allgemeinen Verwendungszwecks auch auf einen nahe liegenden Fehlgebrauch.[663]

Die Pflicht entfällt nur dann, wenn das Produkt nach den berechtigten Erwartungen des Herstellers ausschließlich in die Hand von Personen gelangen kann, die mit den Gefahren vertraut sind, wenn die Gefahrenquelle offensichtlich ist oder wenn es um die Verwirklichung von Gefahren geht, die sich aus einem vorsätzlichen oder äußerst leichtfertigen Fehlgebrauch ergeben.[664]

Die Anforderungen an die **inhaltliche Fassung sowie optische Ausgestaltung** von Gebrauchsbelehrungen und Warnhinweisen sind abhängig von den sonst zu erwartenden Schadenskosten, also von der Intensität der Gefahr, dem Rang des bedrohten Rechtsguts und dem Ausmaß des drohenden Schadens einerseits sowie dem Verständ- **414**

657 BGHZ 116, 104, 107 ff.

658 OLG Hamm OLGZ 1990, 115, 118.

659 BGH VersR 1956, 259, 260.

660 Vgl. BGHZ 51, 91, 105 f.; BeckOK/Förster § 823 Rn. 709 m.w.N.; Hk-BGB/Staudinger § 823 Rn. 174.

661 OLG Koblenz NJW-RR 1999, 1624, 1625.

662 BGHZ 64, 46, 49; 116, 60, 65; BGH NJW 1999, 2815 m.w.N.

663 BGHZ 105, 346, 351; BGH NJW 1999, 2815 f. m.w.N.

664 BGH NJW 1999, 2815, 2816 m.w.N.; OLG Hamm NJW 2001, 1654.

nishorizont der maßgeblichen Verkehrskreise andererseits.[665] Geht es um die Abwendung von schweren Gesundheitsgefahren für Verbraucher, müssen Warnhinweise optisch hervorgehoben und dürfen nicht in Gebrauchsinformationen und Werbetexten „versteckt" werden und sie dürfen die Gefahr nicht verharmlosen, sondern müssen sie im Gegenteil klar herausstellen und ggf. auch erläutern, um die problemlose Verarbeitung der Information und entsprechende Verhaltensänderungen zu ermöglichen.[666] Darüber hinaus muss der Hersteller gewährleisten, dass die Warnung den Verbraucher tatsächlich erreicht, was es erforderlich machen kann, den Hinweis auf dem Produkt selbst – und nicht bloß auf der Verpackung, auf einem Beipackzettel oder gar in Händlerhinweisen – an- bzw. unterzubringen.[667]

415 **Beispiele** für Instruktionsfehler:

Kindertee/Dauernuckeln

BGHZ 116, 60; BGH NJW 1994, 932; 1999, 2273

Bei diesem sogenannten Baby-Bottle-Syndrom geht es um die Risiken gezuckerten Kindertees oder von Fruchtsäften für das Gebiss des Kleinkindes, insbesondere durch „Dauernuckeln".

Nach OLG Hamm (NJW-RR 1993, 633) genügt der Hersteller von zuckerhaltigem Kindertee seiner Instruktionspflicht, wenn er in die Banderole der Teeverpackung von sonstigen Gebrauchsinformationen abgesetzt mit einer fettgedruckten Überschrift und insgesamt schwarz umrandet den Hinweis aufnimmt: „Wichtige Hinweise: Flasche selbst halten und nicht dem Kind als Nuckelfläschchen überlassen; häufiges oder andauerndes Umspülen der Zähne, z.B. vor dem Einschlafen, kann Karies verursachen. Nach der abendlichen Zahnpflege sollte grundsätzlich nichts Süßes gegessen oder getrunken werden."

Eine Instruktionspflicht obliegt nicht nur dem Hersteller, sondern auch dem Vertreiber von Zubehör, hier dem Hersteller und Vertreiber von Flaschen mit Schnullern für Kleinkinder. Da ein Einlegezettel in der Verpackung von einem unachtsamen Produktbenutzer möglicherweise nicht zur Kenntnis genommen wird, müssen die Flaschen selbst mit einem deutlichen Hinweis versehen werden, in dem vor den Gefahren einer länger andauernden Zufuhr kariogener Getränke gewarnt wird (BGH NJW 1999, 2273).

Papierreißwolf

BGH NJW 1999, 2815

Im Papierreißwolf-Fall hatte ein zwei Jahre altes Mädchen im Arbeitszimmer der Wohnungsnachbarn mit einer Hand in den Papiereinführungsschlitz eines Aktenvernichters gefasst. Dadurch wurde eine Lichtschranke des betriebsbereiten Geräts durchbrochen, sodass die von außen nicht sichtbaren, 2 cm hinter dem Einführungsschlitz liegenden Messerwalzen in Gang gesetzt wurden. Die Hand des Mädchens wurde schwer verletzt.

Der BGH hat eine Verletzung der Informationspflicht bejaht: Die Gefahrenquelle war nicht erkennbar. Der Hersteller konnte auch nicht erwarten, dass das Gerät nur in die Hand von Personen gelangte, die mit den Gefahren vertraut waren. Der BGH hat daher die Anbringung eines auf die Gefahr hinweisenden Piktogramms an dem Aktenvernichter verlangt. Das Unterlassen eines solchen Warnhinweises war ursächlich für die Verletzung des Mädchens: Der Nachbar wäre bei jeder Benutzung des Geräts auf dessen Gefährlichkeit hingewiesen worden; er hätte daher bei Anwesenheit des zweijährigen Mädchens das Gerät ausgeschaltet.

665 BGHZ 99, 167, 181; MünchKomm/Wagner § 823 Rn. 668.
666 BGH NJW 1994, 932, 933; MünchKomm/Wagner § 823 Rn. 668.
667 BGH VersR 1960, 342, 343; MünchKomm/Wagner § 823 Rn. 668.

Beispiele, in denen die Verletzung der Informationspflicht abzulehnen ist:

Bierflaschen	OLG Hamm NJW 2001, 1654 Eine Brauerei ist nicht verpflichtet, auf Bierflaschen vor den Gefahren übermäßigen Alkoholkonsums zu warnen: Was auf dem Gebiet allgemeinen Erfahrungswissens der in Betracht kommenden Abnehmerkreise liegt, braucht nicht zum Inhalt einer Warnung gemacht zu werden.
Raucherschaden	OLG Frankfurt NJW-RR 2001, 1471; OLG Hamm NJW 2005, 295 Die Haftung eines Zigarettenherstellers für Raucherschäden scheidet aus, weil die beteiligten Verkehrskreise nicht erwarten können, dass Zigaretten die Gesundheit nicht gefährden und nicht süchtig machen. Es gehört zum Erfahrungswissen von jedermann, dass das Einsaugen von Zigarettenrauch auf Dauer schwere, sogar tödliche Gesundheitsschäden verursachen und Rauchen auch süchtig machen kann.

4. Produktbeobachtungsfehler

Der Produzent ist auch nach Auslieferung der Ware verpflichtet, seine Produkte sowohl auf noch nicht bekannte schädliche Eigenschaften hin zu beobachten als auch sich über deren sonstige, eine Gefahrenlage schaffende Verwendungsfolgen ständig zu informieren. Die Produktbeobachtungspflicht erstreckt sich auch auf Gefahren, die durch Kombination des eigenen mit fremden Produkten, insbesondere mit auf dem Markt angebotenen Zubehörteilen entstehen können.[668] **416**

Bei kleineren Unternehmen kann i.d.R. die ständige Verfolgung aller verfügbaren Informationen nicht verlangt werden, wenn der Aufwand in keinem Verhältnis mehr zu Produktion und zum Vertrieb steht; allerdings bleiben auch kleinere und mittlere Unternehmen generell zur Produktbeobachtung verpflichtet.[669] **417**

Zeigen sich Mängel oder Risiken, so muss der Hersteller durch geeignete Maßnahmen für künftige gefahrlose Nutzung sorgen. U.U. – insbesondere bei Gefahr für Leib und Leben – trifft ihn sogar eine Rückholpflicht.[670] **418**

Beispiele für Produktbeobachtungsfehler: **419**

Pistolen	OLG Saarbrücken NJW-RR 1993, 990, 991 weist darauf hin, dass der Hersteller einer Ware verpflichtet ist, „auch die Produkte fremder Hersteller, soweit sie als Zubehör für die eigenen Erzeugnisse in Betracht kommen, darauf zu beobachten, ob von ihnen Gefahren für die Handhabung des eigenen Produkts ausgehen können, wobei sich, soweit es sich um notwendige Zubehörteile handelt, die Beobachtung grundsätzlich auf den gesamten Zubehörmarkt zu erstrecken hat."
Quasi-Hersteller	BGH NJW-RR 1995, 342, 343 Den sogenannten „Quasi-Hersteller", der ein von einem anderen Hersteller hergestelltes Produkt mit seinem Namen oder Warenzeichen versehen in den Verkehr bringt, trifft zwar grundsätzlich keine Herstellerverantwortung. Er muss aber, wenn ihm bisher unbekannte Produktgefahren und -risiken bekannt werden, bzw. schon, wenn für ihn ein hinreichender Falschverdacht besteht, wie ein Hersteller für Gefahrenabwendung sorgen.

668 BGHZ 99, 167, 172 ff.

669 MünchKomm/Wagner § 823 Rn. 838, 839.

670 Vgl. dazu Staudinger/Czaplinski JA 2008, 401 ff. sowie Lüftenegger NJW 2018, 2087 ff.

Pflegebetten

BGH RÜ 2009, 221

Der Hersteller von Pflegebetten, die Sicherheitsrisiken aufweisen, muss den Rechtsverkehr warnen und – wenn Grund zu der Annahme besteht, dass die Benutzer sich über die Warnung hinwegsetzen und Dritte gefährden – dafür Sorge tragen, dass ausgelieferte Produkte möglichst effektiv aus dem Verkehr gezogen werden. Der Hersteller schuldet deliktsrechtlich jedoch nicht die Nachrüstung oder Reparatur der Pflegebetten auf seine Kosten, da er aufgrund der Produzentenhaftung nur die vom fehlerhaften Produkt ausgehenden Gefahren für die deliktsrechtlich geschützten Rechtsgüter so effektiv wie möglich ausschalten, den Erwerbern des Produkts aber nicht mangelfreie, benutzbare Pflegebetten bereit stellen muss. Der Schutz dieses Äquivalenzinteresses ist dem Vertragsrecht vorbehalten.

III. Verteilung der Beweislast bei Fabrikations- oder Konstruktionsfehlern

Fall 28: Fehlerhafte Lacke

E, Inhaber eines Einrichtungshauses, hatte von A den Auftrag, mehrere Räume mit Möbeln auszustatten, und zwar in „Eiche gekalkt". E wandte sich an L, welcher eine Lack- und Farbenfabrik betreibt, und übermittelte die Wünsche des Kunden A. L empfahl dem E nach Untersuchung der Probe eine bestimmte Anwendungsweise im Einzelnen näher bezeichneter Lacke und Pasten aus seiner Herstellung. E bestellte bei L die in der Arbeitsanweisung des L angegebenen Erzeugnisse, fertigte unter Beachtung der Arbeitsanweisung die bestellten Möbel und lieferte diese aus.

Nach mehr als zwei Jahren zeigten sich Mängel in der Oberflächenerscheinung des Holzes; das Holz vergilbte, die Lackoberfläche versprödete, der Lack platzte ab. Ein Sachverständiger stellte fest, dass die aufgetretenen Schäden auf einen Fehler in einem der von L hergestellten Erzeugnisse zurückzuführen sind und dass andere Ursachen, insbesondere Verarbeitungsfehler, ausgeschlossen sind. E musste die Einrichtung austauschen. E verlangt von L Schadensersatz. (Fall nach BGH WM 1996, 1638)

A. Ein Schadensersatzanspruch aus Gewährleistungsansprüchen des Kaufrechts gemäß **§ 437 Nr. 3 i.V.m. §§ 280 ff.** scheitert jedenfalls an der Verjährung. Die Regelung über die Verjährung der Gewährleistungsansprüche ist in § 438 enthalten. Nach dieser Vorschrift verjähren, soweit keine Sonderregelungen eingreifen, die in § 437 genannten Ansprüche grundsätzlich in zwei Jahren, § 438 Abs. 1 Nr. 3.

420 B. E könnte gegen L ein Schadensersatzanspruch **aus § 823 Abs. 1** zustehen.

I. Dazu müssen die **Voraussetzungen** des haftungsbegründenden Tatbestands vorliegen.

1. In Betracht kommt eine **Eigentumsverletzung** aufseiten des E. Die von E gefertigten Möbel waren zunächst einwandfrei und sind durch das Aufbringen des von L hergestellten Lackes beschädigt worden. Dass sich diese Beeinträchtigung erst nach der Veräußerung der Möbel an den Kunden A gezeigt hat, ist unerheblich, da die Verletzung des Eigentums bereits in dem Moment einge-

treten ist, in dem E die Erzeugnisse des L auf seine Möbel aufgetragen hat. Folglich liegt eine Eigentumsverletzung aufseiten des E vor.

2. Die Eigentumsverletzung muss **durch ein Handeln des L** verursacht worden sein.

   L könnte die Eigentumsverletzung durch eine Verletzung der ihm nach den Grundsätzen der Produzentenhaftung obliegenden herstellerspezifischen Verkehrssicherungspflichten verursacht haben.

   a) L ist als industrieller Hersteller **„Produzent"** i.S.d. Produzentenhaftung.

   b) L muss **eine herstellerspezifische Verkehrssicherungspflicht verletzt** haben.

      Der Hersteller muss im Rahmen des objektiv Möglichen und Zumutbaren die erforderlichen Maßnahmen treffen, um die von seinen Produkten ausgehenden Gefahren möglichst gering zu halten und Schäden anderer Personen durch produktbedingte Gefahren zu vermeiden. Daher ist der Hersteller verpflichtet, bei der Konstruktion, Fabrikation, Instruktion und Produktbeobachtung alle nach dem Stand der Wissenschaft und Technik zumutbaren Maßnahmen zur Vermeidung der Beeinträchtigung der Rechtsgüter Dritter durch seine Produkte zu ergreifen.

      Aufgrund des Gutachtens steht lediglich fest, dass die von L hergestellten und an E gelieferten Lacke fehlerhaft waren und eine Eigentumsverletzung aufseiten des E verursacht haben. Möglicherweise kann wegen des feststehenden Mangels der Lacke auch auf eine objektive Verletzung der Verkehrssicherungspflicht durch L geschlossen werden.

      Nach allgemeinen Beweislastregeln muss der Geschädigte alle Voraussetzungen des § 823 Abs. 1 darlegen und beweisen.[671] Demnach muss der Geschädigte grundsätzlich auch die objektive Verletzung der Verkehrssicherungspflicht durch den Schädiger darlegen und beweisen. 421

      Bei einem fehlerhaften Produkt hat der Geschädigte i.d.R. aber keinen Einblick in den Produktionsvorgang. Er vermag den Sachverhalt nicht in solcher Weise darzulegen, dass im Streitfalle das Gericht zuverlässig beurteilen kann, ob der Betriebsleitung ein Versäumnis vorzuwerfen ist, ob es sich um einen Fabrikationsfehler handelt oder ob es sich um einen nach dem Stand der Technik nicht vorhersehbaren Entwicklungsfehler handelt.

      Es ist anerkannt, dass der Geschädigte **bei Konstruktions- und Fabrikationsfehlern nicht nur von dem Beweis des Verschuldens, sondern auch vom Beweis der objektiven Pflichtwidrigkeit des Herstellers entlastet ist, wenn er nachgewiesen hat, dass sein Schaden durch einen objektiven Mangel des Produkts ausgelöst worden ist.**[672] 422

671 Palandt/Sprau § 823 Rn. 80.

672 BGHZ 51, 91, 102; BGH NJW 1996, 2507, 2508; 1999, 1028, 1029; BeckOK/Förster § 823 Rn. 767 ff.; Fuchs/Pauker/Baumgärtner Kap. 2 A VI 2.2.; Looschelders SchuldR BT Rn. 1257; MünchKomm/Wagner § 823 Rn. 684; Wandt § 21 Rn. 64.

Es steht fest, dass der Schaden durch ein Erzeugnis des L verursacht worden ist und dass fremde Einflüsse ausscheiden. Hierdurch steht fest, dass L Lacke hergestellt und in den Verkehr gebracht hat, die Fehler aufweisen und welche die geltend gemachten Schäden verursacht haben. Es ist deshalb Sache des L zu beweisen, dass der geltend gemachte Schaden nicht auf einer ihm zuzurechnenden Pflichtwidrigkeit beruht. Solange dies nicht geschehen ist, ist von der objektiven Pflichtwidrigkeit auszugehen.[673]

Der Tatbestand des § 823 Abs. 1 ist somit erfüllt.

3. Mit der Erfüllung des Tatbestands ist die **Rechtswidrigkeit** indiziert und Rechtfertigungsgründe greifen nicht ein.

4. **Bei der Produzentenhaftung ist der Geschädigte vom Beweis des Verschuldens des Produzenten entlastet.** Solange der Produzent nicht nachgewiesen hat, dass ihn kein Verschulden trifft, ist von seinem Verschulden auszugehen.[674]

II. Als **Rechtsfolge** („haftungsausfüllender Tatbestand") ist L dem E zum Ersatz des durch die Eigentumsverletzung entstandenen Schadens gemäß §§ 249 ff. verpflichtet.

IV. Befundsicherungspflicht

423 Die Haftung des Produzenten und die Beweislastumkehr setzen grundsätzlich den vom Geschädigten zu erbringenden Nachweis voraus, dass der Produktfehler zum Verantwortungsbereich des Produzenten gehört.

Vielfach lässt sich dies nicht nachweisen, und es besteht die Möglichkeit, dass das Produkt erst auf dem Wege vom Produzenten zum Verbraucher beschädigt worden ist. Diese Situation ergab sich wiederholt in Fällen, in denen kohlensäurehaltige Erfrischungsgetränke in Einheits-Mehrwegflaschen abgefüllt und beim Verbraucher aufgrund des starken Innendrucks geborsten waren.

In Fällen dieser Art kann ausnahmsweise eine **weitere Beweislastumkehr** zugunsten des Geschädigten in Betracht kommen: Den Produzenten trifft die Pflicht, sich über das Freisein von Mängeln, die typischerweise aus dem Herstellerbereich stammen, zuverlässig zu vergewissern und in diesem Rahmen den „Status" des Produkts vor der Inverkehrgabe zu überprüfen und den Befund zu sichern (sogenannte **Befundsicherungspflicht**).[675]

Die Befundsicherungspflicht ist in der Praxis wiederholt bei einer **Verletzung durch geplatzte Mineralwasserflaschen** von Bedeutung geworden. Für solche Getränkeflaschen, bei denen nach oft mehrfachem und langjährigem Vorgebrauch eine Vorschädigung und damit verbundene Berstgefahr nicht auszuschließen ist, trifft den Hersteller eine **Prüfungs- und Befundsicherungspflicht** dahin, den Zu-

---

673 BGH NJW 1996, 2507, 2508.

674 BGHZ 51, 91 ff.; Fuchs/Pauker/Baumgärtner Kap. 2 A VI. 2.2.

675 Fuchs/Pauker/Baumgärtner Kap. 2 A VI. 2.2.; MünchKomm/Wagner § 823 Rn. 689.

stand des Glases jeder Flasche vor Inverkehrgabe auf seine Berstsicherheit hin zu ermitteln und sich darüber zu vergewissern, dass nur unbeschädigte Flaschen den Herstellungsbereich verlassen.[676]

Beweist der Geschädigte, dass der Produzent der Befundsicherungspflicht nicht nachgekommen ist, muss nach der Rspr. der Produzent nachweisen, dass der beim Verbraucher zutage getretene Mangel nicht dem Herstellerbereich zuzurechnen ist.

Nach dem Limonadenflaschen-Beschluss des BGH hat der Limonadenhersteller seine Befundsicherungspflicht dadurch verletzt, dass er nur Flaschen mit Gewindeschäden, Dichtlippenschäden, Flaschenbodenschäden und Glassprüngen ausgesondert hat, nicht aber auch solche, die äußerlich stark zerkratzt waren. Es stehe fest, dass alte, häufig benutzte Flaschen ein weit höheres Berstrisiko in sich trügen als neue Flaschen und dass äußerlich erkennbar zerkratzte Flaschen ersichtlich stärker beansprucht seien als andere Flaschen. Es fehle daher an einem Kontrollverfahren, durch das, „soweit technisch möglich und dem Hersteller zumutbar", die nicht einwandfreien Flaschen von der Wiederbefüllung ausgeschlossen wurden. Demgemäß habe der Produzent die Beweislast dafür, dass die Ursache für das Zerbersten der Flasche nicht dem Herstellerbereich zuzurechnen sei.[677]

V. Selbstständigkeit der Ansprüche gegen mehrere Verantwortliche

Neben dem industriellen Hersteller können dessen Produktionsleiter mit herausgehobener und verantwortlicher Stellung persönlich haften. Sie haften dann gemäß § 840 Abs. 1 als Gesamtschuldner; die Ansprüche gegen die verschiedenen Verantwortlichen verjähren unabhängig voneinander, vgl. § 425.[678] **424**

B. Die Haftung nach dem Produkthaftungsgesetz

Aufbauschema für die Produkthaftung nach § 1 ProdHaftG
I. Anwendbarkeit in zeitlicher Hinsicht, § 16 i.V.m. § 19 ProdHaftG
II. Voraussetzungen („haftungsbegründender Tatbestand")
1. **Rechts(gut)verletzung** i.S.d. § 1 Abs. 1 ProdHaftG
2. **Verursacht durch den Fehler eines Produkts**, §§ 2, 3 ProdHaftG
3. **Hersteller** i.S.d. § 4 ProdHaftG
4. **Kein Haftungsausschluss**, § 1 Abs. 2, 3 ProdHaftG
III. Rechtsfolgen („haftungsausfüllender Tatbestand")
Beschränkung der Ersatzpflicht nach §§ 7–11 ProdHaftG

I. Entstehungsgeschichte

Das ProdHaftG, das am 01.01.1990 in Kraft getreten ist, stellt die Umsetzung der europäischen Richtlinie 85/34 zur Angleichung der Rechts- und Verwaltungsvorschriften der Mitgliedstaaten über die Haftung fehlerhafter Produkte in deutsches Recht dar und begründet in § 1 Abs. 1 ProdHaftG eine verschuldensunabhängige Gefährdungshaftung des Herstellers. **425**

Anmerkung: *Das ProdHaftG ist infolgedessen richtlinienkonform auszulegen.*

---

676 OLG Koblenz NJW-RR 1999, 1624, 1625 m.w.N.

677 BGHZ 104, 323, 333; BGH NJW-RR 1993, 988; BGH NJW 1993, 528.

678 BGH NJW 2001, 964.

II. Anwendbarkeit in zeitlicher Hinsicht, § 16 i.V.m. § 19 ProdHaftG

426 Das ProdHaftG gilt gemäß § 16 i.V.m. § 19 ProdHaftG nur für solche Produkte, die seit dem 01.01.1990 in den Verkehr gebracht wurden.

III. Die Voraussetzungen der Haftung nach § 1 ProdHaftG

1. Die Rechts(gut)verletzung i.S.d. § 1 Abs. 1 ProdHaftG

Erforderlich ist zunächst eine Rechts(gut)verletzung i.S.d. § 1 Abs. 1 ProdHaftG, d.h. die Tötung eines Menschen, eine Körper- oder Gesundheitsverletzung oder eine Sachbeschädigung.

427 **a)** Im Fall der **Tötung, Körper- oder Gesundheitsverletzung** wird jeder unmittelbar Geschädigte geschützt.

428 **b)** Bei einer **Sachbeschädigung** ist die Haftung gemäß § 1 Abs. 1 S. 2 ProdHaftG eingeschränkt: Es muss eine „andere Sache" als das fehlerhafte Produkt beschädigt worden sein, und diese muss ihrer Art nach gewöhnlich für den **privaten** Ge- oder Verbrauch bestimmt und hierzu von dem Geschädigten auch tatsächlich verwendet worden sein.

Da § 1 Abs. 1 ProdHaftG nur private Sachschäden der Endverbraucher erfasst und nach § 11 ProdHaftG selbst diese Schäden nur insoweit zu ersetzen sind, als sie den Betrag von 500 € übersteigen, richtet sich die Haftung für Schäden an freiberuflich und gewerblich genutzten Sachen sowie für Sachschäden privater Endverbraucher bis 500 € ausschließlich nach den herkömmlichen Haftungsregeln, die insoweit auch trotz Inkrafttretens des ProdHaftG erhebliche praktische Bedeutung behalten haben.

429 Der Sachschaden muss an einer **anderen Sache** als dem fehlerhaften Produkt eingetreten sein. Problematisch wird die Beurteilung dieser Voraussetzung beim sogenannten **„weiterfressenden Mangel"** (vgl. oben 1. Abschnitt, Rn. 26 ff.), wenn also zunächst nur ein Teil der Sache schadhaft ist, sich dieser Schaden aber auf die Gesamtsache auswirkt. Fraglich ist, ob dann die von der Rspr. zu § 823 Abs. 1 entwickelten Grundsätze auf das ProdHaftG übertragen werden können, sodass bei fehlender Stoffgleichheit zwischen dem ursprünglichen Mangel und dem durch den Fehler an der Gesamtsache entstandenen Schaden eine andere Sache als das fehlerhafte Produkt beschädigt ist.

430 ■ Nach ganz h.M. sind jedenfalls beim **Endhersteller** die Grundsätze des „weiterfressenden Mangels" nicht anwendbar, sodass dieser nach dem ProdHaftG nicht für die Beschädigung des von ihm hergestellten Endprodukts haftet.[679] Dies wird zum einen mit dem Wortlaut des § 1 Abs. 1 S. 2 ProdHaftG begründet: Das fehlerhafte Produkt sei das Produkt, das der Produzent fehlerhaft hergestellt habe, und dieses Produkt sei beim Endhersteller das Endprodukt.[680] Zudem wird als Begründung auf die Entstehungsgeschichte der Regelung verwiesen: Nach der Gesetzesbegründung kommt es für die Beurteilung, was eine andere Sache als das fehlerhafte Produkt ist, auf die Verkehrsanschauung an, und nach dieser ist das komplette Endprodukt als einheitliche Sache anzusehen.[681]

679 MünchKomm/Wagner § 1 ProdHaftG Rn. 9 m.w.N.; zum Meinungsstand Staudinger/Oechsler § 1 ProdHaftG Rn. 10.
680 Tiedtke NJW 1990, 2961, 2962.
681 Vgl. BT-Drs. 11/2247.

Beispiel: (Klemmender Gaszug)

Im Gaszug-Fall (s.o. Fall 3) ist eine Eigentumsverletzung durch den Autohersteller zu bejahen; dagegen scheidet nach h.M. eine Haftung nach § 1 ProdHaftG aus.

- Sehr umstritten ist die Frage bei der **Zulieferung eines Teilprodukts.** **431**

  - Nach einem Teil der Lit. ist der Schaden am fehlerhaften zusammengesetzten Produkt weder vom Endhersteller noch vom Teilhersteller nach § 1 ProdHaftG zu ersetzen. Danach haftet auch der Teilhersteller immer nur für Schäden an anderen Sachen als dem Endprodukt.[682] Für den Endabnehmer sei der Erwerb der Gesamtsache maßgebend, und zwar unabhängig davon, ob der Hersteller alle Teile selbst angefertigt hat oder nicht.

  - Dagegen lässt ein Teil der Lit. die Sperrwirkung von § 1 Abs. 1 S. 2 ProdHaftG dann nicht eingreifen, wenn der Geschädigte einen Anspruch gegen den Teilhersteller richtet, soweit durch die zugelieferte Teilsache an der Gesamtsache ein Schaden entstanden ist.[683] Zur Begründung wird darauf abgestellt, dass das fehlerhafte Produkt, für das der Zulieferer haftet, das von ihm gelieferte fehlerhafte Teil ist und dieses mit der Gesamtsache nicht identisch ist, sodass bei Beschädigung des Endprodukts eine andere Sache als das fehlerhafte Produkt betroffen ist.

Beispiel: Nach der letzteren Ansicht haftet der Reifenhersteller dem Endverbraucher (nicht dem Endhersteller, da „gewerblicher" Sachschaden) nach § 1 Abs. 1 S. 1 ProdHaftG für Sachschäden am Wagen, die durch die fehlerhaften Reifen verursacht wurden mit Ausnahme des Schadens am Reifen selbst.

2. Produkt i.S.d. § 2 ProdHaftG

Die Haftung nach dem ProdHaftG kommt nur bei Produkten i.S.d. § 2 ProdHaftG in Betracht, d.h. bei allen **beweglichen Sachen**, unabhängig vom Aggregatzustand und von der Verarbeitung (§ 2 ProdHaftG) einschließlich Elektrizität. **432**

3. Produktfehler i.S.d. § 3 ProdHaftG

Ein **Produktfehler** i.S.d. § 3 ProdHaftG liegt vor, wenn das **Produkt im Zeitpunkt** seines **Inverkehrbringens** nicht die **Sicherheit** bietet, die die **Allgemeinheit** insbesondere unter Berücksichtigung des Verwendungszwecks, des durchschnittlichen Benutzerkreises, des Preis-Leistungs-Verhältnisses, des Zeitpunkts des Inverkehrbringens und des über die Zweckbestimmung hinausgehenden üblichen sowie nicht fernliegenden Fehlgebrauchs erwarten darf.[684] **433**

Das Merkmal der **berechtigten Sicherheitserwartung** hat der Produktfehler mit der Verkehrssicherungspflicht gemeinsam. Es lässt sich daher die herstellerspezifische Fehlertypologie in Bezug auf **Fabrikations-, Konstruktions- und Instruktionsfehler** auf die Gefährdungshaftung aus § 1 ProdHaftG übertragen. Der Fehlerbegriff in § 3 ProdHaftG ist zwar nicht mit dem der Produzentenhaftung identisch, er unterscheidet sich **434**

682 Honsell JuS 1995, 211, 215; MünchKomm/Wagner § 1 ProdHaftG Rn. 12 m.w.N.

683 Graf von Westphalen Jura 1992, 511, 513; Kullmann § 1 ProdHaftG Rn. 9 m.w.N.

684 BGH NJW 2013, 1302, 1303.

aber nur in Teilbereichen von den Voraussetzungen der herstellerspezifischen Verkehrssicherungspflicht in § 823 Abs. 1.

Nach h.M. erfasst § 3 ProdHaftG daher nicht nur dem Produkt unmittelbar anhaftende Fehler, sondern gerade im Bereich der Haftung für Konstruktions- und Instruktionsfehler auch ein Fehlverhalten des Herstellers.

435 Ein in den menschlichen Körper implantiertes Medizinprodukt (z.B. Herzschrittmacher oder Defibrillator) ist bereits dann fehlerhaft, wenn Geräte derselben Produktgruppe „ein nennenswert erhöhtes Ausfallrisiko" haben.[685] Bei derartigen medizinischen Geräten seien die Anforderungen an ihre Sicherheit, die die Patienten zu erwarten berechtigt seien, in Anbetracht ihrer Funktion und der Situation besonderer Verletzlichkeit der diese Geräte nutzenden Patienten besonders hoch.[686]

Da für die Bestimmung des Produktfehlers i.S.d. § 3 ProdHaftG ausschließlich der **Zeitpunkt des Inverkehrbringens maßgeblich** ist, scheidet die Haftung nach § 1 Abs. 1 ProdHaftG aus, wenn nach Inverkehrbringen des konkreten Produkts die Produktsicherheit aufgrund nachträglicher Erkenntnisse (vgl. § 1 Abs. 2 Nr. 5 ProdHaftG) verbessert wurde bzw. werden könnte. Die **Haftung für die Verletzung** der nachträglichen herstellerspezifischen **Produktbeobachtungs- und Reaktionspflichten** bestimmt sich daher nicht nach § 1 Abs. 1 ProdHaftG, sondern nach den allgemeinen Deliktsregeln.[687]

4. „Hersteller" i.S.d. § 4 ProdHaftG

436 Der Kreis der Haftungsadressaten des § 1 Abs. 1 ProdHaftG deckt sich **nicht** mit dem der Produzentenhaftung nach §§ 823 ff. Als **Haftungsadressaten nach § 4 ProdHaftG** kommen in Betracht:

- **Endprodukthersteller**, d.h. derjenige, der das Endprodukt tatsächlich hergestellt hat, § 4 Abs. 1 S. 1 ProdHaftG.[688]
- **Hersteller** von Einzelteilen oder Grundstoffen, § 4 Abs. 1 S. 1 ProdHaftG. Er haftet aber nur für die Schäden, die durch das von ihm gelieferte „Teilprodukt" verursacht wurden.
- **Quasi-Hersteller**, d.h. derjenige, der ein fremdes Produkt mit eigenem Namen oder Warenzeichen versieht und sich damit als Hersteller dieses Produkts ausgibt, § 4 Abs. 1 S. 2 ProdHaftG.[689]
- **Importeur**, d.h. derjenige, der im Rahmen seiner geschäftlichen Tätigkeit Waren zum Zweck wirtschaftlichen Vertriebs in ein EU-Land aus einem Land außerhalb der EU einführt oder verbringt, § 4 Abs. 2 ProdHaftG.
- **Lieferant**, wenn der Produkthersteller (auch Quasi-Hersteller) bzw. bei importierten Produkten der Importeur (auch wenn Hersteller bekannt) nicht festgestellt werden kann und er nicht innerhalb eines Monats nach entsprechender Aufforderung durch den Geschädigten seinen eigenen Vorlieferanten oder den Hersteller bei EU-Waren bzw. den Importeur bei „Drittländer-Waren" benennt, § 4 Abs. 3 ProdHaftG.

---

685 EuGH NJW 2015, 1163; BGH RÜ 2015, 563: Herzschrittmacher, BGH NJW 2015, 2507: Defibrillator.

686 BGH RÜ 2015, 563, 565.

687 H.M.: MünchKomm/Wagner § 3 ProdHaftG Rn. 38 m.w.N.; a.A.: Palandt/Sprau § 3 ProdHaftG Rn. 4.

688 Vgl. dazu OLH Hamm RÜ 2017, 419, 420.

689 Vgl. BGH NJW 2005, 2695; dazu Wagener/Wahle NJW 2005, 3179.

Die Bestimmung des Herstellers kann Schwierigkeiten bereiten, wie der **Holzbalken-Fall** zeigt:

Bei der Errichtung eines Neubaus hat der Zimmermann Z die Zimmerarbeiten, der Maler M die Malerarbeiten übernommen. In dem Wohnbereich sollten Holzbalken sichtbar werden. Der Maler war von dem Bauträger beauftragt worden, die Holzteile in dem Betrieb des Zimmermanns zu streichen, nachdem dieser sie durch Zusägen und Hobeln zugerichtet hatte. Der Maler strich die Balken mit einem nur für den Außenbereich bestimmten Holzschutzmittel. Danach baute der Zimmermann sie in der Dachgeschosswohnung der Frau F ein. Frau F hat sowohl den Zimmermann als auch den Maler verklagt.
Das OLG Stuttgart[690] hat den Zimmermann nur als Hersteller der „zugesägten und gehobelten Balken" angesehen und den Maler als Hersteller der „angestrichenen Balken". Es hat deshalb die Klage gegen den Zimmermann abgewiesen. Der Maler wurde verurteilt, die Schadstoffbelastung zu beseitigen; es wurde seine Schadensersatzpflicht im Übrigen festgestellt.

5. Kein Ausschluss gemäß § 1 Abs. 2, 3 ProdHaftG

Der Anspruch ist ausgeschlossen, wenn einer der in § 1 Abs. 2, 3 ProdHaftG aufgezählten Ausschlussgründe eingreift: 437

- Der Hersteller hat das Produkt nicht in den Verkehr gebracht, § 1 Abs. 2 Nr. 1 ProdHaftG, z.B. bei vorübergehender Überlassung an Dritte zu Testzwecken, bei Diebstahl oder Unterschlagung des Produkts.
- Fehlerfreiheit des Produkts zur Zeit des Inverkehrbringens durch den Hersteller, § 1 Abs. 2 Nr. 2 ProdHaftG.

  Von praktischer Bedeutung ist dieser Ausschlussgrund nur bei Fabrikationsfehlern, da ein Konstruktionsfehler begriffsnotwendig einem Produkt von der Entstehung an dauerhaft anhaftet und auch ein Instruktionsfehler das Produkt vom Zeitpunkt des Inverkehrbringens an begleitet.[691]
- Herstellung bzw. Vertrieb erfolgten weder zu kommerziellen Zwecken noch im Rahmen seiner beruflichen Tätigkeit, § 1 Abs. 2 Nr. 3 ProdHaftG.
- Fehler beruht auf zwingender Rechtsvorschrift, § 1 Abs. 2 Nr. 4 ProdHaftG, z.B. auf Gesetz oder einer Verordnung – private Regelwerke wie „DIN-Normen" reichen dafür jedoch nicht.[692]
- Fehler konnte zur Zeit des Inverkehrbringens durch den Hersteller nach dem Stand der Wissenschaft und Technik nicht erkannt werden, § 1 Abs. 2 Nr. 5 ProdHaftG.

  Mit dieser Regelung soll die Haftung für sogenannte Entwicklungsrisiken ausgeschlossen werden, also für Fälle, in denen bestimmte Risiken eines Produkts im Zeitpunkt des Inverkehrbringens nicht erkennbar waren.[693] Dieser Ausschlussgrund gilt auch für Instruktionsfehler.[694] Das bedeutet, dass eine Haftung wegen § 1 Abs. 2 Nr. 5 ProdHaftG ausscheidet, wenn das Produkt gefährliche Eigenschaften aufweist, die im Zeitpunkt des Inverkehrbringens nicht erkennbar waren, die aber – hätte man sie erkennen können – dem Hersteller nur Anlass zu Warnungen hätten geben müssen.[695]

690 VersR 2001, 465.
691 Palandt/Sprau § 1 ProdHaftG Rn. 17.
692 Hk-BGB/Staudinger § 823 Rn. 203.
693 Vgl. dazu BGH NJW 2009, 2952; Kullman § 1 ProdHaftG Rn. 62.
694 BGH NJW 2009, 2952.
695 MünchKomm/Wagner § 1 ProdHaftG Rn. 52.

- Keine Haftung des Teilherstellers, wenn der Fehler in der Konstruktion des Endprodukts liegt oder durch Anleitungen des Herstellers verursacht worden ist, § 1 Abs. 3 ProdHaftG.

Ein weitergehender Haftungsausschluss kann nicht wirksam vereinbart werden, § 14 ProdHaftG.

IV. Die Beweislastverteilung gemäß § 1 Abs. 4 ProdHaftG

438 Der Geschädigte muss nach § 1 Abs. 4 S. 1 ProdHaftG beweisen: den Fehler, den Schaden, den Kausalzusammenhang zwischen Fehler und Schaden und ggf. die Herstellereigenschaft des Anspruchsgegners (Beweislast aufgrund allgemeiner Grundsätze).

Der **Hersteller** i.S.d. § 4 ProdHaftG **muss** dagegen nach § 1 Abs. 4 S. 2 ProdHaftG **beweisen**, dass die **Ausschlussgründe des § 1 Abs. 2 und 3 ProdHaftG** eingreifen. Außerdem muss er nach allgemeinen Beweislastgrundsätzen beweisen, dass der Anspruch nach § 13 ProdHaftG wegen Ablaufs von zehn Jahren nach dem Inverkehrbringen des Produkts erloschen bzw. nach § 12 ProdHaftG verjährt ist.

V. Die Rechtsfolgen der Haftung nach § 1 Abs. 1 ProdHaftG

439
- § 1 Abs. 1 ProdHaftG beschränkt den ersatzfähigen Schaden auf die Nachteile, die durch den Tod oder Körperverletzung sowie die Beschädigung bzw. Zerstörung privater Sachen entstanden sind.
- Im Falle der **Tötung oder der Verletzung eines Menschen** durch ein fehlerhaftes Produkt richten sich die Schadensersatzansprüche nach **§§ 7, 9 ProdHaftG** (Tötung) bzw. **§§ 8, 9 ProdHaftG** (Körperverletzung), wobei in § 10 ProdHaftG die Haftung auf den Höchstbetrag von 85 Mio. € beschränkt ist. Nach § 8 S. 2 ProdHaftG kann auch **Schmerzensgeld** verlangt werden.
- Bei **Beschädigung oder Zerstörung von Sachen**, die gemäß § 1 Abs. 1 ProdHaftG in den Schutzbereich des ProdHaftG fallen, hat der Hersteller nach **§ 11 ProdHaftG nur den über 500 € hinausgehenden Schaden** zu ersetzen.
- **Mehrere Ersatzpflichtige** haften dem Geschädigten gemäß § 5 S. 1 ProdHaftG als **Gesamtschuldner**, wobei sich der Ausgleich im Innenverhältnis zwischen den Gesamtschuldnern nach § 5 S. 2 ProdHaftG richtet.
- Bei **Mitverursachung des Schadens** gilt bzgl. des Haftungsumfangs des Herstellers § 6 ProdHaftG.

C. Nebeneinander von Produkt- und Produzentenhaftung

440 Der Anspruch aus § 1 Abs. 1 ProdHaftG steht zum möglichen Anspruch aus § 823 Abs. 1 in einem **Verhältnis freier Anspruchskonkurrenz** (vgl. § 15 Abs. 2 ProdHaftG). Es sind daher alle vertraglichen und außervertraglichen Anspruchsgrundlagen neben dem ProdHaftG anwendbar.[696]

696 MünchKomm/Wagner § 15 ProdHaftG Rn. 4.

2. Teil: Allgemeines Schadensrecht

Das allgemeine Schadensrecht hat die Aufgabe, einen Schaden, für den eine Ersatzpflicht besteht, auszugleichen. Die §§ 249–253 regeln nicht den **Grund**, sondern nur **Art, Inhalt und Umfang** einer anderweitig angeordneten Schadensersatzpflicht. Sie stellen demzufolge keine eigenständigen Anspruchsgrundlagen dar, sondern ergänzen die Normen, die Schadensersatzansprüche vorsehen. **441**

Anwendbar sind die §§ 249 ff. grundsätzlich auf alle Schadensersatzansprüche innerhalb und außerhalb des BGB, unabhängig davon, ob sie auf Vertrag, Gesetz oder Gefährdungshaftung beruhen. Für bestimmte Schadensersatznormen werden sie durch andere Vorschriften ergänzt bzw. modifiziert (z.B. §§ 842 ff. für den deliktischen Schadensersatzanspruch; §§ 10 ff. StVG für die Halter- und Fahrerhaftung).

Der **Zweck** der §§ 249 ff. besteht in erster Linie darin, dem Geschädigten einen Ausgleich für die entstandenen Nachteile zu verschaffen **(Ausgleichsfunktion)**. Einzelne Haftungstatbestände verfolgen darüber hinaus zusätzliche Funktionen: Beim Schmerzensgeld (§ 253 Abs. 2) ist neben der Ausgleichsfunktion der *Genugtuungsgedanke* zu berücksichtigen; der Entschädigungspflicht gemäß § 15 Abs. 2 AGG wegen Verstoßes gegen das Benachteiligungsverbot des § 7 Abs. 1 i.V.m. § 1 AGG soll u.a. abschreckende Wirkung zukommen (*Präventionsgedanke*).[697] Diese zusätzlichen Funktionen haben jedoch keine allgemeine Geltung für das Schadensrecht.[698]

Für die **Bemessung des Schadensersatzes** gilt gemäß §§ 249 ff. das **Prinzip der Totalreparation:** Der Schädiger hat grundsätzlich alle Schäden zu ersetzen, ohne dass es auf den Grad des Verschuldens oder einzelne Umstände der Schadenszurechnung oder die Vermögensverhältnisse der Beteiligten ankommt.[699]

Im Rahmen des allgemeinen Schadensrechts muss erörtert werden,

- ob aufseiten des Ersatzberechtigten ein **Schaden** vorliegt (vgl. dazu 1. Abschnitt, Rn. 442 ff.),
- ob der Ersatzpflichtige diesen Schaden **zurechenbar verursacht** hat (vgl. dazu 2. Abschnitt, Rn. 468 ff.) und
- wie der **Schaden gemäß §§ 249 ff. auszugleichen** ist (vgl. dazu 3. Abschn., Rn. 485 ff.).

1. Abschnitt: Schaden und Interesse; Umfang der Schadensersatzpflicht

Da im BGB der Begriff des Schadens zwar oftmals verwendet, aber nicht definiert wird, muss zunächst geklärt werden, wie dieser Begriff zu verstehen ist.

697 Bauer/Göpfert/Krieger § 15 Rn. 36.

698 Palandt/Grüneberg Vorbem. v. § 249 Rn. 4.

699 Jauernig/Teichmann Vor §§ 249–253 Rn. 2; vgl. zu den Grundlagen des Schadensersatzrechts Mohr Jura 2010, 168.

A. Schadensbegriff

442 Nach dem sogenannten **natürlichen Schadensbegriff** versteht man, entsprechend dem allgemeinen Sprachgebrauch, unter einem Schaden jede unfreiwillige Einbuße an materiellen oder immateriellen Gütern.[700]

443 Ob ein Schaden nach dem natürlichen Schadensbegriff vorliegt und wie hoch dieser ist, bestimmt sich nach der **Differenzhypothese** (auch Differenzmethode genannt). Danach besteht der Schaden in der Differenz zweier Güterlagen: Die tatsächliche Lage, die durch das schädigende Ereignis geschaffen wurde, ist zu vergleichen mit der – hypothetischen – Lage, die bestehen würde, wenn das schädigende Ereignis hinweggedacht wird.[701]

tatsächlicher Kausalverlauf ← **Differenz = Interesse** → hypothetischer Kausalverlauf

↓

Der Umfang eines Schadens ergibt sich aus der Differenz zweier zu vergleichender Kausalverläufe.

Welches Ereignis hinwegzudenken ist, ergibt sich aus dem Schutzzweck der jeweiligen anspruchsbegründenden Norm (z.B. bei § 280 Abs. 1: Pflichtverletzung, bei § 823 Abs. 1: Rechts- bzw. Rechtsgutverletzung).[702] Dieses Ereignis stellt gewissermaßen die „Weiche" zwischen den zu vergleichenden Kausalverläufen dar. Der hypothetische Kausalverlauf kann also je nach dem im Einzelfall geschützten Interesse unterschiedlich sein.[703]

Die Differenzhypothese, die sämtliche Vor- und Nachteile, die durch das schädigende Ereignis entstanden sind, bei der Schadensermittlung berücksichtigt, führt nicht immer zu angemessenen Ergebnissen. Deshalb wird der natürliche Schadensbegriff durch den sogenannten **normativen Schadensbegriff** korrigiert, bei dem nach wertenden Gesichtspunkten beurteilt wird, welche Vor- und Nachteile im Einzelnen zu berücksichtigen sind (vgl. unten Rn. 453 ff.), sodass im Ergebnis ein **dualistischer Schadensbegriff** gilt.[704]

B. Schadensarten

I. Vermögens- und Nichtvermögensschäden

Ein Vermögensschaden ist eine negative Vermögensdifferenz, die durch einen Gesamtvermögensvergleich zu ermitteln ist. Dabei ist Vermögen im schadensrechtlichen Sinn alles, was einen in Geld messbaren Vermögenswert besitzt.[705]

700 Wandt § 22 Rn. 4.
701 Jauernig/Teichmann Vor §§ 249–253 Rn. 5.
702 Brand § § 2 Rn. 8.
703 Rüßmann JuS-Lernbogen 5/2000 L 35.
704 BGH WM 80, 250.
705 MünchKomm/Oetker § 249 Rn. 28.

Bei einem Nichtvermögensschaden handelt es sich demgegenüber um Einbußen, die sich nicht in Geld messen lassen, z.B. eine Beeinträchtigung des Ehrempfindens, des körperlichen Wohlbefindens oder der Möglichkeit der Freizeitgestaltung.[706]

Beachte: *Die Unterscheidung zwischen Vermögens- und Nichtvermögensschäden ist für die Frage der Ersatzfähigkeit des Schadens von großer Bedeutung: Während im Rahmen der Naturalrestitution gemäß § 249 jeder Schaden ersetzt wird, bestimmt § 253 Abs. 1, dass im Rahmen der Schadenskompensation gemäß §§ 251, 252 grundsätzlich nur ein Vermögensschaden ersatzfähig ist.*

II. Erfüllungs- und Vertrauensschaden (Positives und negatives Interesse)

Die Differenzierung zwischen Erfüllungs- und Vertrauensschaden ist bei vertraglichen und vertragsähnlichen Schuldverhältnissen maßgeblich.

1. Erfüllungsschaden (Positives Interesse)

Der Erfüllungsschaden wird auch positives Interesse genannt, weil er auf eine Erweiterung des bisherigen Rechtskreises um die geschuldete Leistung gerichtet ist. **444**

In bestimmten Fällen wird auch vom **Äquivalenzinteresse** gesprochen, weil es auf die Gleichwertigkeit der vom Gegner geschuldeten Rechtskreiserweiterung mit der eigenen Gegenleistung des Geschädigten gerichtet ist.

Das positive Interesse ist zu ersetzen, wenn eine **gültige Verbindlichkeit nicht ordnungsgemäß erfüllt** wird und das Gesetz anordnet, dass der Gläubiger **Schadensersatz statt der Leistung** verlangen kann (z.B. § 280 Abs. 1, 3 i.V.m. §§ 281, 282, 283). **445**

Der Schaden liegt im Ausgleich der geschuldeten Vertragserfüllung. Dieser Ausgleich geschieht durch eine Leistung, die an die Stelle der versprochenen Leistung tritt: **Der Geschädigte ist so zu stellen, wie er bei ordnungsgemäßer** (also mangelfreier, rechtzeitiger etc.) **Erfüllung stünde**, ihm ist also zu ersetzen, was ihm die ordnungsgemäße Erfüllung wert ist (subjektiver Wert).

Beispiel: Positives Interesse nach § 437 Nr. 3 i.V.m. §§ 280 Abs. 1, 3, 281 Abs. 1

Der verkaufte Pkw hat einen Mangel. Daher ist sein Wert geringer als der gezahlte Kaufpreis; der Käufer kann wegen des Mangels den Pkw nicht wie geplant mit Gewinn weiterverkaufen.
Der Käufer kann gemäß § 437 Nr. 3 i.V.m. §§ 280 Abs. 1, 3, 281 Abs. 1 **Schadensersatz statt der Leistung** verlangen; ihm sind der Minderwert des Pkw sowie der aus dem gescheiterten Weiterverkauf entgangene Gewinn zu ersetzen. Damit erhält der Käufer das, was ihm die Übereignung und Übergabe des mangelfreien Pkw wert ist.

Das positive Interesse kann auch zu ersetzen sein, wenn ein Verhalten des Ersatzpflichtigen dazu geführt hat, dass gar **keine gültige Verbindlichkeit zustande gekommen** ist. Es kommt in solchen Fällen darauf an, ob der zum Ersatz verpflichtende Umstand darin liegt, dass der Ersatzverpflichtete das **Zustandekommen der Verbindlichkeit wider Treu und Glauben verhindert** hat (dann Ersatz des positiven Interesses = Erfüllungsinteresse), **oder** ob er in der **Erweckung des unzutreffenden Anscheins liegt, es** **446**

706 Brand § 2 Rn. 14.

werde eine gültige Verbindlichkeit entstehen (dann nur Ersatz des negativen Interesses = Vertrauensinteresse).[707]

Beispiel: Schadensersatz gemäß § 280 Abs. 1 i.V.m. §§ 311 Abs. 2, 241 Abs. 2 wegen treuwidriger Verhinderung eines wirksamen Vertragsschlusses

447 Das **positive Interesse kann umfassen:** den Minderwert der nicht ordnungsgemäßen Vertragsleistung; Gutachterkosten für die Feststellung des Minderwerts; die vom geschädigten Gläubiger bereits erbrachte Leistung als Mindestschaden; aus dem mangelhaft oder nicht erfüllten Vertrag entgangener Gewinn; durch die Nichterfüllung bedingte Aufwendungen (z.B. Mehrkosten eines Deckungskaufs); infolge der Nichterfüllung frustrierte Aufwendungen (z.B. Beurkundungskosten).

2. Der Vertrauensschaden (Negatives Interesse)

448 Der Vertrauensschaden wird auch negatives Interesse genannt, weil er auf die Unterlassung der Beeinträchtigung bereits vorhandenen Vermögens und bereits vorhandener Rechte und Rechtsgüter gerichtet ist.

449 Das negative Interesse ist in vertraglichen oder sonstigen Sonderbeziehungen zu ersetzen, wenn die zum Schadensersatz verpflichtende Handlung darin besteht, dass der Schädiger in seinem Verhandlungspartner das **Vertrauen auf das Zustandekommen einer Verbindlichkeit hervorgerufen** und dann enttäuscht hat (z.B. §§ 122 Abs. 1, 179 Abs. 2). Der Schaden liegt im Abschluss eines Vertrags, in dem später enttäuschten Vertrauen auf dessen Beständigkeit. **Der Geschädigte ist so zu stellen, als hätte er sich auf den Vertrag nicht eingelassen, als wäre das später enttäuschte Vertrauen in ihm nicht erweckt worden.**

Beispiel: Vertrauensinteresse, § 179 Abs. 2

Hat jemand als Vertreter ohne Vertretungsmacht gehandelt, ohne den Mangel der Vertretungsmacht zu kennen, und genehmigt der Vertretene das Vertretergeschäft nicht, so haftet der Vertreter gemäß **§ 179 Abs. 2** auf Ersatz des Schadens, den der andere Teil dadurch erleidet, dass er auf die Vertretungsmacht vertraut. Der im Fall des § 179 Abs. 2 zu ersetzende Schaden liegt also in der Verletzung des Vertrauens auf das Bestehen der Vertretungsmacht (negatives Interesse; Vertrauensinteresse). Demnach ist im Rahmen der Differenzhypothese **das Vertrauen** des Ersatzberechtigten in das Bestehen der Vertretungsmacht das hinwegzudenkende Ereignis. Ohne dieses Vertrauen hätte er etwa keine Aufwendungen für die Durchführung des Vertrags gemacht (frustrierte Aufwendungen) und hätte stattdessen einen anderen günstigen Vertrag abgeschlossen, dessen Gewinn ihm nun entgangen ist. Die Differenz zwischen dem tatsächlichen Kausalverlauf (Vertrauen) und dem hypothetischen Kausalverlauf (kein Vertrauen) kann also in unnützen Vertragskosten und dem entgangenen Gewinn aus einem anderen, unterlassenen Geschäft bestehen.

450 Das Vertrauensinteresse ist auch dann zu ersetzen, wenn bei wirksam zustande gekommener Verbindlichkeit der Schädiger den **Anschein einer ordnungsgemäßen Leistung hervorgerufen** und enttäuscht hat. Gemeint sind Fälle der **Verletzung einer Aufklärungspflicht** als Pflichtverletzung i.S.d. § 280 Abs. 1. Der Schädiger bewirkt durch Unterlassen einer Auskunft oder durch Erteilung einer unrichtigen Auskunft, dass der Geschädigte einen Vertrag überhaupt oder mit einem bestimmten Inhalt abschließt, weil der Geschädigte darauf vertraut, der Vertragsgegenstand entspreche seinen Erwar-

707 Wandt § 22 Rn. 5.

tungen. Schädigender – und bei der Interessenermittlung im Rahmen der Differenzhypothese hinwegzudenkender – Umstand ist das Hervorrufen von später enttäuschtem Vertrauen. **Der Geschädigte ist so zu stellen, als habe er nicht vertraut.**

Beispiel: Verschwiegene Überschuldung der GmbH bei der Veräußerung von GmbH-Anteilen[708]

Das negative Interesse kann umfassen: die Rückgängigmachung des Vertrags; eine überhöhte Leistung des Geschädigten; vergebliche Aufwendungen im Vertrauen auf die Vertragswirksamkeit (z.B. Transportkosten des Käufers); den Haftungsschaden aus der Inanspruchnahme durch Dritte (z.B. Abkäufer); Nachteile aufgrund des Nichtabschlusses eines anderen Geschäfts (z.B. entgangener Gewinn aus dem unterlassenen anderweitigen Geschäft, nicht aber entgangener Gewinn aus dem angefochtenen Geschäft). **451**

Die **Höhe des zu ersetzenden negativen Interesses** ist durch das Gesetz in bestimmten Fällen auf die Höhe des positiven Interesses **beschränkt** (§§ 122 Abs. 1, 179 Abs. 2). Dahinter steht die Überlegung, dass man vernünftigerweise für einen Vertrag keine Aufwendungen (negatives Interesse) macht, die dasjenige übersteigen, was der Vertrag an Gewinn (positives Interesse) brächte. **452**

C. Normativer Schaden und Vorteilsausgleichung

I. Normativer Schaden

Die Differenzhypothese berücksichtigt ohne Weiteres sämtliche Vor- und Nachteile, die durch ein schädigendes Ereignis entstehen, und führt daher in einigen Fällen zu Ergebnissen, die dem Gerechtigkeitsgefühl widersprechen. Um dem Verletzten nicht ohne Grund einen Vorteil zu verschaffen oder ihn zu benachteiligen, ist es geboten, bei der Schadensermittlung auch auf normative Gesichtspunkte abzustellen. D.h., es muss im Einzelfall wertend beurteilt werden, welche Vor- und Nachteile zu berücksichtigen sind.[709] **453**

Beispiel:[710] K hatte über Jahre vorsätzlich Steuerhinterziehungen begangen, die im Rahmen von Erbstreitigkeiten gegen sie als Druckmittel verwendet wurden. Daraufhin beauftragte sie Rechtsanwalt B damit, für sie eine Selbstanzeige beim Finanzamt vorzubereiten. Es war vereinbart, dass die Selbstanzeige bis zu einer Freigabe durch K nicht in den Auslauf gehen sollte. Aufgrund eines Kanzleiversehens wurde die von B vorbereitete Selbstanzeige ohne Ermächtigung der K an das Finanzamt versandt. Nachdem sie Steuern i.H.v. 68.000 € nachgezahlt hat, verlangt sie von B Schadensersatz. Zu Recht? **454**

Anspruch **aus § 280 Abs. 1**?

I. B hat durch das abredewidrige Versenden der Selbstanzeige ohne vorherige Freigabe durch K eine Pflichtverletzung in Bezug auf den mit K geschlossenen Anwaltsvertrag begangen, für die er sich nicht exkulpiert hat.

II. Als Rechtsfolge muss B der K den aus der Pflichtverletzung entstandenen Schaden ersetzen. Ohne die Versendung der Selbstanzeige hätte das Finanzamt keine Kenntnis von der Steuerhinterziehung der K erlangt, sodass sie nicht mit Steuernachzahlungen belastet worden wäre. Infolge der Versendung der Selbstanzeige musste K eine Steuernachzahlung i.H.v. 68.000 € leisten. Nach der Differenzhypothese ist K somit durch die weisungswidrig erfolgte Übermittlung der Selbstanzeige ein Schaden i.H.v. 68.000 € entstanden.

---

708 BGH NJW 1980, 2408, 2410.

709 Brand § 2 Rn. 10.

710 BGH RÜ 2018, 69 ff.

Möglicherweise ist jedoch eine Korrektur dieses Ergebnisses wegen des Zwecks des Schadensersatzes oder der Haftungsnorm erforderlich (Grundsätze des normativen Schadens): Ein Geschädigter soll im Wege des Schadensersatzes nicht mehr erhalten als dasjenige, was er nach der materiellen Rechtslage hätte verlangen können. Der Verlust einer tatsächlichen oder rechtlichen Position, auf die er keinen Anspruch hat, ist daher kein erstattungsfähiger Nachteil. Demnach kann auch ein entgangener Steuervorteil grundsätzlich nur als Schaden im Rechtssinne geltend gemacht werden, wenn er rechtmäßig und nicht unter Verstoß gegen ein gesetzliches Verbot oder gegen die guten Sitten hätte erlangt werden können. Ein Steuernachteil ist folglich nur ersatzfähig, wenn er auf rechtlich zulässigem Wege vermeidbar war. Nach diesen normativen Grundsätzen ist der K aufgrund der versehentlichen Versendung der Selbstanzeige durch den B kein ersatzfähiger Schaden erwachsen, weil sie in Einklang mit dem materiellen Recht Steuernachzahlungen unterworfen wurde.[711]

Somit scheidet ein Anspruch aus § 280 Abs. 1 mangels ersatzfähigen Schadens aus.

455 Nach der **Lehre vom normativen Schaden**[712] wird der Schaden nicht wirtschaftlich als Differenz zweier Vermögenslagen verstanden, sondern er soll aus dem Normzweck entwickelt werden. Der Normzweck sei u.U. neben Ausgleich auch auf Sanktion gerichtet und könne es gebieten, dass der Schädiger auch dann Schadensersatz zu leisten hat, wenn sich rein rechnerisch aus dem Vergleich der tatsächlichen und der hypothetischen Vermögenslage kein Nachteil für den Geschädigten ergibt.[713] **Der normative Schaden ist also ein Posten, der rechtlich wie ein Schaden behandelt wird, ohne wirtschaftlich ein solcher zu sein.**[714]

Nach h.M. und Rspr. kommt dem normativen Schadensbegriff nur eine ergänzende Rolle für einzelne Sachlagen neben der generellen Methode der Schadensfeststellung nach der Differenzhypothese zu.[715] Gesetzlich vorgeschrieben ist eine solche Korrektur in § 843 Abs. 4 und in den Fällen des gesetzlichen Forderungsübergangs (z.B. § 6 EFZG, § 116 SGB X, § 86 Abs. 1 VVG).

456 **Beispiel:** S wird beim Spaziergang von Rennradfahrer R fahrlässig angefahren und verletzt. Seine private Krankenversicherung V ersetzt ihm seine Heilbehandlungskosten i.H.v. 500 €. Ansprüche S gegen R **aus § 823 Abs. 1**?

I. R hat S rechtwidrig und schuldhaft verletzt und muss ihm daher den durch die Körper- und Gesundheitsverletzung entstandenen Schaden ersetzen. Ohne die Kollision mit R wäre S nicht verletzt worden und es wären ihm keine Heilungskosten entstanden. Infolge der unfallbedingten Verletzungen sind S Heilungskosten i.H.v. 500 € entstanden. Diese sind ihm jedoch von seiner Krankenversicherung V erstattet worden, sodass nach der Differenzhypothese tatsächlich kein Schaden vorliegt.

II. Die Differenzhypothese berücksichtigt einschränkungslos alle Vor- und Nachteile und muss daher evtl. durch normative Gesichtspunkte korrigiert werden. Nach wertender Betrachtung dürfen nur solche Vorteile berücksichtigt werden, die dem jeweiligen Zweck des Anspruchs nicht entgegenstehen.

S hat seine private Krankenversicherung abgeschlossen, um sich selbst vor den Folgekosten von Krankheiten und Verletzungen zu schützen. Er wollte daher sich selbst und sein Vermögen absichern, nicht jedoch potentielle Schädiger von einer Ersatzpflicht freistellen. Infolgedessen ist es für S unzumutbar, die Leistung der privaten Krankenversicherung R zugute kommen zu lassen. Daher bleibt dieser Vorteil unberücksichtigt, sodass bzgl. der Heilbehandlungskosten nach normativen Gesichtspunkten ein Schaden besteht **(normativer Schaden)** und S ein Anspruch gegen R aus § 823 Abs. 1 zusteht.

---

711 BGH RÜ 2018, 69, 71.

712 Mertens, Der Begriff des Vermögensschadens im Bürgerlichen Recht, 1967, S. 50 ff.; Neuner AcP 133, 292.

713 Jauernig/Teichmann Vor §§ 249–253 Rn. 6; vgl. dazu BGH RÜ 2020, 629.

714 Mohr Jura 2010, 645, 646.

715 Hk-BGB/Schulze Vor §§ 249–253 Rn. 7.

II. Vorteilsausgleichung

Nach dem Sinn des Schadensersatzes soll der Geschädigte den erlittenen Schaden ersetzt erhalten, aber nicht besser gestellt werden, als er ohne das Schadensereignis stehen würde. **Vorteile, die durch das Schadensereignis entstanden sind, müssen** daher **berücksichtigt werden.** 457

Es sind aber nicht alle durch das Schadensereignis bedingten Vorteile auf den Schadensersatzanspruch anzurechnen, sondern nur solche, die dem jeweiligen Zweck des Anspruchs nicht entgegenstehen. Die Anrechnung des Vorteils muss vielmehr **dem Geschädigten zumutbar** sein und darf **den Schädiger nicht unangemessen entlasten.** Letztlich folgt der Rechtsgedanke der Vorteilsausgleichung dem in § 242 festgelegten Grundsatz von Treu und Glauben.[716] Sofern ein Vorteil nicht angerechnet werden soll, spricht man von einem „normativen" Schaden.[717]

- Ein Schaden kann grundsätzlich nicht deshalb verneint werden, weil zugleich ein anderer **Schadensersatzanspruch gegen einen Dritten** besteht, durch dessen Realisierung der vom Schädiger schuldhaft verursachte Vermögensverlust ausgeglichen werden könnte. Dem Gläubiger muss es freistehen, sich den Schuldner auszuwählen, von dem er Ersatz fordert. 458

  Wenn der Schaden insgesamt vom Schädiger ausgeglichen wird, muss der Geschädigte aber evtl. die aufgrund des Schadens bestehenden **Ansprüche gegen Dritte** an den Schädiger abtreten (z.B. § 255).

- Besteht **zwischen dem Geschädigten und einem Dritten** bereits **vor Schadenseintritt** eine **Vereinbarung**, aufgrund derer der Dritte verpflichtet ist, die Maßnahmen zu ergreifen, die ansonsten der Geschädigte für eine Schadensbeseitigung ergreifen müsste, liegt ein gemäß § 242 anzurechnender Vorteil vor, sodass der Geschädigte von vornherein keinen Schaden erleidet. 459

  Beispiel:[718] K erteilte dem Architekten A den Auftrag, den Plan zur Errichtung einer Werkshalle zu erstellen. Anschließend ließ er diese entsprechend den von A hergestellten Plänen errichten. Nach Fertigstellung verpachtete K das Gebäude an D und traf mit diesem die Abrede, dass D Schäden an der Halle auf eigene Kosten ausbessern muss. Aufgrund der fehlerhaften Planung des A war alsbald eine Sanierung des Hallenfußbodens erforderlich. Deren Kosten wurden von D getragen.

  Der BGH hat einen eigenen Schaden aufseiten des K verneint, da sich unter Berücksichtigung der bereits zum Zeitpunkt des schädigenden Ereignisses bestehenden Abrede im Pachtvertrag bei K hinsichtlich der Sanierungskosten von vornherein keine Vermögenseinbuße verwirklicht habe.[719]

  Jedoch kann K nach den Grundsätzen der Drittschadensliquidation den Schaden geltend machen, den D erlitten hat. Denn der Schaden ist nur „zufällig" aufgrund des vorher zwischen K und D abgeschlossenen Vertrags nicht bei K, sondern bei D eingetreten.[720]

  Wird die **Abrede zwischen dem Geschädigten und dem Dritten erst nach Entstehung des Schadens** vereinbart, geht es lediglich um eine nachträgliche Beseitigung eines bereits eingetretenen Schadens, die nicht zugunsten des Schädigers berücksichtigt wird.[721]

---

716 BGHZ 49, 56, 61, 62; 77, 151, 153; 81, 271, 275; 109, 380, 392; 136, 532, 53; BGH NJW 2006, 499.

717 BGH RÜ 2017, 143, 145; Mohr Jura 2010, 645, 646.

718 BGH RÜ 2016, 341 ff.

719 BGH RÜ 2016, 341, 342.

720 BGH RÜ 2016, 341, 343.

721 Vgl. dazu AS-Skript Schuldrecht AT 2 (2020), Rn. 378 f.

460 ■ **Ersparte Eigenaufwendungen** werden als Vorteil angerechnet.

- So erspart der Geschädigte bei der Anmietung eines Ersatzfahrzeugs Eigenaufwendungen, insbesondere die Abnutzung des eigenen Fahrzeugs. Diese Eigenersparnisse muss er sich anrechnen lassen.
- Werden für eine Heilbehandlung Krankenhauskosten verlangt, sind die ersparten häuslichen Verpflegungskosten anzurechnen.

461 ■ Entstehen dem Verletzten **aus eigener Tätigkeit Vorteile**, so mindern diese die Ersatzpflicht des Schädigers, soweit der Geschädigte pflichtgemäße Maßnahmen zur Schadensminderung i.S.d. § 254 Abs. 2 S. 1 ergreift. Der Geschädigte braucht sich aber nicht alle Vorteile aus eigener Tätigkeit anrechnen zu lassen; der Schädiger würde einen ungerechtfertigten Vorteil erlangen, wenn er durch überpflichtgemäße Anstrengungen des Geschädigten entlastet würde.

Ein Fahrschullehrer kann daher Ausgleich für den durch die Beschädigung des Fahrschulwagens entgangenen Gewinn verlangen, wenn er über die durch die Schadensminderungspflicht gezogene Opfergrenze hinaus den Ausfall durch Überstunden wettmacht.[722]

462 ■ Dem Schädiger ist es **grundsätzlich verwehrt, sich auf Vorteile zu berufen, die Dritte infolge der schädigenden Handlung erlangt haben.**[723]

Ausnahmen von diesem Grundsatz hat der BGH insbesondere im Zusammenhang mit der Übertragung von Vermögenswerten an Familienangehörige zugelassen. Gewerbetreibende sind oft bereit, Familienangehörige ohne gleichwertige Gegenleistung an ihrem Unternehmen zu beteiligen, insbesondere dann, wenn hiermit eine steuerliche Entlastung der Familie verbunden ist. In einer solchen Vermögensverschiebung kann jedenfalls dann kein Schaden im Rechtssinn gesehen werden, wenn sie – etwa im Interesse der Steuerersparnis – gewollt und gewünscht ist.[724]

463 ■ Wird eine beschädigte Sache im Wege der Naturalrestitution durch eine neue ersetzt, so kann die neue Sache im Verhältnis zu der beschädigten Sache (im unbeschädigten Zustand) höherwertig sein. Es ist dann nach dem Grundsatz **„neu für alt"** von den zu ersetzenden Herstellungskosten ein Abzug zu machen, der sich nach der Wertsteigerung wegen der Neuheit der Sache bemisst.[725]

Beachte: *Ausnahmsweise ist ein Vorteilsausgleich unter dem Gesichtspunkt „neu für alt" dann nicht vorzunehmen, wenn dies für den Geschädigten unzumutbar ist (§ 242), etwa weil ihm mangels eigener Mittel die Ersatzbeschaffung im Falle eines Abzugs nicht möglich wäre.*[726]

464 ■ Bei Körper- oder Gesundheitsverletzung ist als Ausgleich für dauernde Nachteile dem Geschädigten Schadensersatz durch Entrichtung einer Geldrente zu leisten, § 843 Abs. 1. **Nach § 843 Abs. 4** schließen andere **Unterhaltspflichtige** den Anspruch des Verletzten gegen den Schädiger nicht aus, und zwar auch dann nicht, wenn der Unterhaltspflichtige bereits geleistet hat.[727]

---

722 BGHZ 55, 329.

723 MünchKomm/Oetker § 249 Rn. 232.

724 BGH RÜ 2015, 282, 283 f.; vgl. dazu auch BGH RÜ 2016, 280 ff.

725 BGH NJW 1988, 1835; 1992, 2884; BGHZ 30, 29; 55, 294, 302; BGH WM 1997, 1813.

726 Brox/Walker SchuldR AT § 31 Rn. 32; Larenz I § 29 II a.

727 BGHZ 54, 269, 274.

Hierin kommt der **allgemeine Rechtsgedanke zum Ausdruck, dass auf den Schaden keine Leistungen anderer anzurechnen sind, die ihrer Natur nach dem Schädiger nicht zugute kommen sollen.**[728]

Beispiel: S hat schuldhaft das minderjährige Kind G verletzt. Die Eltern haben inzwischen die Arztkosten bezahlt. Dennoch hat G gegen S einen Anspruch auf Ersatz der Heilungskosten nach § 823 Abs. 1 i.V.m. § 249 Abs. 2 S. 1.

III. Fehlgeschlagene Aufwendungen (Frustrationsschaden)

Fraglich ist, inwieweit Aufwendungen des Geschädigten, die infolge des schädigenden **465** Ereignisses nutzlos geworden und damit fehlgeschlagen sind, überhaupt einen ersatzfähigen Schaden darstellen.

Beispiel:[729] X ist Hobbyrennfahrer und hat vor der Rennsaison 2020 in seinen Rennwagen 30.000 € investiert. Er war in der Saison 2020 für sechs Rennen gemeldet, konnte aber nur an vier Rennen teilnehmen, da er die letzten beiden Rennen verletzungsbedingt auslassen musste. Die Verletzungen hatte ihm U bei einem Unfall zugefügt, den allein U verursacht und verschuldet hatte. X verlangt von U Ersatz in Höhe eines Drittels der Investitionen, also i.H.v. 10.000 €.

Problematisch ist in diesen Fallkonstellationen, dass die Aufwendungen auch ohne das schädigende Ereignis getätigt worden wären, sodass zwischen der tatsächlichen Lage, die durch das schädigende Ereignis geschaffen wurde, und der hypothetischen Lage, die sich ohne das schädigende Ereignis ergeben würde, keine Differenz besteht und folglich nach der Differenzhypothese eigentlich kein Schaden vorliegt.

- Nach der sogenannten **Frustrationstheorie** stellen Aufwendungen des Geschädig- **466** ten unabhängig vom maßgeblichen Haftungsgrund immer einen Schaden dar, wenn sie infolge des schädigenden Ereignisses fehlschlagen.[730]

  Folglich kann X im obigen Beispiel nach der Frustrationstheorie die anteiligen Investitionen i.H.v. 10.000 € gemäß §§ 7, 18 StVG sowie § 823 Abs. 1 von U ersetzt verlangen.

- Die **h.Rspr.**[731] und **h.Lit.**[732] lehnen diese Auffassung ab: sie stehe zum einen mit der **467** Regelung des § 284 (Ersatz von Aufwendungen) nicht in Einklang, zum anderen drohe eine Aushöhlung des § 253 Abs. 1[733] und zudem würde eine generelle Ersatzfähigkeit fehlgeschlagener Aufwendungen den Haftungsumfang ausufern lassen (z.B. könnte der Geschädigte bei einem Krankenhausaufenthalt wegen Unfallverletzung nach der Frustrationstheorie die nutzlos aufgewandten Kosten für die Wohnungsmiete ersetzt verlangen).[734]

  Die h.M. beurteilt die Schadensersatzfähigkeit von fehlgeschlagenen Aufwendungen nach der jeweiligen Haftungsgrundlage. Danach sind fehlgeschlagene Aufwendungen im Deliktsrecht zu ersetzen, wenn der Deliktstatbestand gerade das Vertrauen schützt, das Grundlage für die Aufwendung gewesen ist (z.B. § 823 Abs. 2

---

728 BGH NJW 1963, 1051, 1052; OLG Frankfurt VersR 1995, 1450.

729 OLG Hamm NJW 1998, 2292.

730 Esser/Schmidt/Weyers I/2 § 31 III m.w.N.

731 BGH NJW 1971, 796; 1991, 2277; 2000, 2342.

732 Palandt/Grüneberg Vorbem. v. § 249 Rn. 19 m.w.N.

733 Wandt § 22 Rn. 20.

734 Hk-BGB/Schulze § 253 Rn. 10.

i.V.m. § 263 StGB). Entsprechendes gilt für den Vertrauensschaden bei einer vertraglichen Haftung oder bei einer Haftung aus c.i.c.[735]

Im obigen Beispiel kann X nach der Entscheidung des OLG Hamm die anteiligen Investitionen für den Rennwagen zum einen deswegen nicht ersetzt verlangen, weil ein anderer geeigneter Fahrer mit dem Rennwagen des X die Rennen hätte bestreiten können, und zum anderen, weil der objektive Gebrauchswert des Rennwagens mit der Verletzung des X nicht endgültig weggefallen ist.[736]

2. Abschnitt: Verursachung und Zurechnung des Schadens (haftungsausfüllende Kausalität)

468 Der Schädiger hat diejenigen Schäden zu ersetzen, die er zurechenbar verursacht hat. Der erforderliche Zusammenhang zwischen dem Verhalten des Schädigers und der eingetretenen Rechts(gut)verletzung **(haftungsbegründende Kausalität)** ist eine Voraussetzung der anspruchsbegründenden Norm und wurde daher im Zusammenhang mit den Anspruchsgrundlagen erörtert (vgl. oben 1. Teil, 1. Abschnitt, Rn. 156). Die für das Schadensersatzrecht maßgebliche **haftungsausfüllende Kausalität** betrifft den Zusammenhang zwischen dem Haftungsgrund (Rechts(gut)verletzung) und dem eingetretenen Schaden.[737]

A. Prüfung der haftungsausfüllenden Kausalität

469 Auch die haftungsausfüllende Kausalität ist nach h.M. aufgrund der **Äquivalenz- und Adäquanztheorie** unter ergänzender Berücksichtigung des **Schutzzwecks der jeweiligen Haftungsnorm** festzustellen.[738] Es besteht also eine Parallele zu der Zurechnung beim haftungsbegründenden Tatbestand.

Für den Begriff „Schutzzweck der Norm" werden auch hier synonym die Begriffe **„Rechtswidrigkeitszusammenhang"** oder **„Zurechnungszusammenhang"** verwendet.[739]

470 **Beispiel:**[740] Zuschauer Z wirft während eines Fußballspiels einen gezündeten Sprengkörper auf einen anderen Teil der Tribüne und der ausrichtende Fußballverein wird deswegen vom DFB zu einer Geldstrafe verurteilt. Besteht in Höhe der Geldstrafe ein Schadensersatzanspruch des Vereins gegen den Z aus § 280 Abs. 1?

Z hat mit dem Verein durch den Zuschauervertrag ein wirksames Schuldverhältnis begründet und er hat seine allgemeine Nebenpflicht aus § 241 Abs. 2 zur Rücksichtnahme auf die Interessen des Vereins durch das Zünden des Sprengkörpers verletzt.
Ohne den von Z verursachten Vorfall hätte der DFB den Verein nicht zu der Geldstrafe verurteilt und es ist auch nicht ganz unwahrscheinlich, dass einem Fußballverein vom DFB wegen eines Pyrotechnikvorfalls eine Verbandsstrafe auferlegt wird. Folglich war die Pflichtverletzung des Z äquivalent und adäquat kausal für den Schaden des Vereins.
Fraglich ist, ob die Rücksichtnahmepflicht des Z aus dem Zuschauervertrag auch den Schutzzweck hatte, den Verein vor möglichen Strafen des DFB zu bewahren. Dazu ist erforderlich, dass der geltend gemachte Schaden in einem inneren Zusammenhang mit der durch den Schädiger geschaffenen Gefahrenlage steht. Ein „äußerlicher", gleichsam „zufälliger" Zusammenhang genügt dagegen nicht.[741] Die

735 Palandt/Grüneberg Vorbem. v. § 249 Rn. 19.
736 OLG Hamm NJW 1998, 2292, 2293.
737 Brox/Walker SchuldR AT § 30 Rn. 5, 6.
738 Hk-BGB/Schulze Vor §§ 249–253 Rn. 14.
739 Vgl. MünchKomm/Oetker § 249 Rn. 120.
740 BGH RÜ 2017, 69 ff.
741 BGH RÜ 2017, 69, 70.

Verurteilung durch das Sportgericht des DFB ist auf Grundlage der Rechts- und Verfahrensordnung des DFB erfolgt. Hiernach sind Vereine u.a. für das Verhalten der Zuschauer verantwortlich; der gastgebende Verein und der Gastverein haften im Stadionbereich vor, während und nach dem Spiel für Zwischenfälle jeglicher Art. Daher beruht die ausgesprochene Strafe direkt auf der Störung durch Z. Sie ist nicht nur „zufällig" aus Anlass der Störung verhängt worden, sondern die Störung durch Z ist ihr materieller Grund.[742] Infolgedessen steht die vom DFB verhängte Verbandsstrafe im inneren Zusammenhang mit der von Z verletzten Verhaltenspflicht, sodass der erforderliche Zurechnungszusammenhang gegeben ist und daher ein Schadensersatzanspruch aus § 280 Abs. 1 besteht.

Beispiel:[743] Der 1929 geborene Vater V des K litt an fortgeschrittener Demenz. Er war bewegungs- und kommunikationsunfähig. In den letzten beiden Jahren seines Lebens kamen Lungenentzündungen und eine Gallenblasenentzündung hinzu. Im Oktober 2011 verstarb er. V, der von B hausärztlich betreut wurde, hatte weder eine Patientenverfügung errichtet noch ließ sich sein Wille hinsichtlich des Einsatzes lebenserhaltender Maßnahmen anderweitig feststellen. K behauptet, die künstliche Ernährung habe spätestens seit Anfang 2010 nur noch zu einer sinnlosen Verlängerung des krankheitsbedingten Leidens des V geführt. B sei deshalb verpflichtet gewesen, das Therapieziel dahingehend zu ändern, dass das Sterben des V durch Beendigung der lebensverlängernden Maßnahmen zugelassen werde. Er verlangt von B aus § 280 Abs. 1 i.V.m. § 1922 Ersatz der seit Anfang 2010 entstandenen Behandlungs- und Pflegeaufwendungen, die ohne die Behandlung nicht entstanden wären, da V dann nicht mehr gelebt hätte. 471

Ein etwaiger Anspruch des V gegen B auf Ersatz der Behandlungs- und Pflegeaufwendungen aus § 280 Abs. 1 ist mit dessen Tod auf K als Alleinerben gemäß § 1922 Abs. 1 übergegangen.

Ob B überhaupt seine Pflichten aus dem Behandlungsvertrag mit V verletzt hat und daher die Voraussetzungen des § 280 Abs. 1 vorliegen, hat der BGH offen gelassen, da es jedenfalls an dem erforderlichen Schutzzweckzusammenhang zwischen einer etwaigen Pflichtverletzung und dem geltend gemachten Schaden fehle. Die Verpflichtung eines Arztes, den Betreuer eines einwilligungsunfähigen Patienten darüber aufzuklären, dass ein Abbruch lebenserhaltender Maßnahmen in Betracht gezogen werden könnte, dient nach Einschätzung des BGH allein dem vom Betreuer wahrzunehmenden Selbstbestimmungsrecht des Patienten. Die Pflicht, die medizinische Indikation für lebenserhaltende Maßnahmen nicht fehlerhaft zu bejahen, habe den Zweck, zu verhindern, dass der Sterbeprozess unnötig belastet werde. Zweck der genannten Pflichten sei es hingegen bei der gebotenen wertenden Betrachtung nicht, wirtschaftliche Belastungen, die mit dem Weiterleben und den dem Leben anhaftenden krankheitsbedingten Leiden verbunden sind, zu verhindern. Insbesondere dienten die Pflichten nicht dazu, den Erben das Vermögen des Patienten möglichst ungeschmälert zu erhalten.[744]

Daher besteht kein Anspruch des K gegen B auf Ersatz der seit Anfang 2010 entstandenen Behandlungs- und Pflegeaufwendungen aus § 280 Abs. 1 i.V.m. § 1922.

B. Einzelprobleme der Schadenszurechnung

I. Zurechnung psychischer Folgeschäden

1. Begriff

Ein psychischer Folgeschaden liegt vor, wenn sich der psychische Schaden aus einer körperlichen Primärverletzung entwickelt hat. D.h., der Geschädigte hat primär eine Körper-/Gesundheitsverletzung erlitten und als Auswirkung dieser Verletzungshandlung entstehen nichtorganische psychosomatische und funktionelle Beschwerden. 472

742 BGH RÜ 2017, 69, 70.

743 BGH RÜ 2019, 409; kritisch Leitmeier NJW 2020, 2844.

744 BGH RÜ 2019, 409, 412.

Beispiel:[745] S hat G bei einem Unfall, den er schuldhaft verursacht hat, leicht verletzt. Die Verletzungen sind ausgeheilt und die dadurch entstandenen Kosten hat S bezahlt. Es hat sich jedoch bei G aufgrund psychischer Fehlverarbeitung des Unfalls eine zunehmende Schmerzreaktion im Kopf und im Bereich der Wirbelsäule entwickelt. Zu diesen psychosomatischen Beschwerden wäre es ohne den Unfall nicht gekommen. Sie beruhen aber letztlich auf einer konstitutiven Schwäche des G, die ihren Grund in dessen Persönlichkeit hat. G wurde frühzeitig dienstunfähig geschrieben und in den Ruhestand versetzt.

Voraussetzungen **Haftungsbegründender Tatbestand**	**Rechtsfolgen** **Haftungsausfüllender Tatbestand**
Rechtsgutverletzung	Zu ersetzen ist der durch die Rechtsgutverletzung verursachte Schaden.
Primäre Folge der Verletzungshandlung ist eine **Körperverletzung** →	■ Zu ersetzen ist der zur Heilung der Körperverletzung erforderliche Geldbetrag, § 249 Abs. 2 S. 1.
⇢	■ Als Folgewirkung der Körperverletzung ist beim Verletzten ein **psychischer Folgeschaden** eingetreten. Fraglich ist, ob der Schädiger auch für diese Folgewirkung des Unfalls einzustehen hat.

Hat jemand schuldhaft die Körper- oder Gesundheitsverletzung eines anderen verursacht, so erstreckt sich die Haftung **grundsätzlich auch auf** die daraus resultierenden **Folgeschäden**.[746] Das gilt gleichviel, ob es sich dabei um organisch oder psychisch bedingte Folgewirkungen handelt.[747]

2. Besonderheiten

Bei psychischen Folgeschäden sind allerdings folgende Besonderheiten zu beachten:

a) Kausalität der Verletzungshandlung für psychische Folgeschäden

473 Die Schadensersatzpflicht für psychische Auswirkungen setzt nicht voraus, dass sie eine organische Ursache hat. Entscheidend ist die **Verknüpfung mit der Verletzungshandlung**. Es wird auch keine Ursächlichkeit im naturwissenschaftlichen Sinne in der Weise gefordert, dass sie sich mit Sicherheit feststellen lassen muss. Es genügt vielmehr die **hinreichende Gewissheit**, dass die psychisch bedingten Ausfälle ohne den Unfall nicht aufgetreten wären. Nicht erforderlich ist, dass die aus der Verletzungshandlung resultierenden (haftungsausfüllenden) Folgeschäden für den Schädiger vorhersehbar waren.[748]

b) Zurechenbarkeit trotz Anlageschaden

474 Die Zurechnung psychischer Folgeschäden scheitert nicht daran, dass sie auf einer konstitutiven Schwäche des Verletzten beruhen. Der Schädiger kann sich nicht darauf berufen, dass der Schaden nur deshalb eingetreten sei oder ein besonderes Ausmaß erlangt habe, weil der Verletzte infolge körperlicher Anomalien oder Dispositionen besonders

745 Nach BGHZ 132, 341 ff.

746 BGHZ 132, 341, 343.

747 BGHZ 132, 341, 344; BGH MDR 2000, 267 m.w.N.

748 BGHZ 132, 341, 344; 137, 142, 145.

anfällig gewesen sei. Wer einen gesundheitlich geschwächten Menschen verletzt, kann nicht verlangen, so gestellt zu werden, als ob der Betroffene gesund gewesen wäre.[749]

Der Schädiger muss daher auch dann für Unfallfolgen aufkommen, wenn diese nur deshalb eingetreten sind, weil der Verletzte aufgrund seiner besonderen Konstitution und seiner Vorschädigungen für die jetzt eingetretenen Beschwerden besonders anfällig war. Daran ändert sich grundsätzlich selbst dann nichts, wenn das jetzige Beschwerdebild in einer psychischen Fehlverarbeitung der Unfallfolgen seine Ursache hat.[750]

Der Haftung für Anlageschäden sind allerdings **Grenzen** gesetzt:

- Eine Ersatzpflicht tritt nicht ein, wenn bei degenerativen Vorschädigungen ein Unfall nur **zufälliger Auslöser** der auf die Vorschäden zurückzuführenden Beschwerden ist, die ohne den Unfall alsbald durch ein beliebiges Alltagsereignis ausgelöst worden wären.[751] 475

- Abgelehnt wird eine Haftung für **Renten- und Begehrensneurosen**, in denen der Geschädigte den Unfall in dem neurotischen Streben nach Versorgung und Sicherheit lediglich zum Anlass nimmt, den Schwierigkeiten und Belastungen des Erwerbslebens auszuweichen.[752]

- Die Zurechnung psychischer Folgeschäden kann auch in denjenigen Fällen ausgeschlossen sein, in denen das schädigende Ereignis im Sinne einer **Bagatelle** ganz geringfügig ist. Abzustellen ist auf die Primärverletzung. Eine Entschädigung kann versagt werden bei geringfügigen Verletzungen des Körpers oder der Gesundheit, die üblicherweise den Verletzten nicht nachhaltig beeindrucken, weil er schon aufgrund des Zusammenlebens mit anderen Menschen daran gewöhnt ist, vergleichbaren Störungen seiner Befindlichkeit ausgesetzt zu sein.[753]

  Ausnahmsweise kann aber auch bei einem Bagatellschaden die Zurechnung eines psychischen Folgeschadens gerechtfertigt sein, wenn das schädigende Ereignis gerade eine spezielle Schadensanlage des Geschädigten getroffen hat und nicht nur dessen allgemeine Anfälligkeit für neurotische Fehlentwicklungen. Dies folgt aus der grundsätzlichen Gleichstellung der psychischen mit den physischen Schäden, bei denen der Schädiger ebenfalls eine besondere Schadensanlage des Geschädigten hinnehmen muss.[754]

Steht im obigen Beispiel G gegen S ein Anspruch auf Ersatz des Verdienstausfalls aus § 823 Abs. 1 zu? Der Verdienstausfall beruht zwar nicht unmittelbar auf der unfallbedingten Körperverletzung, sondern ist eine Folge der nach dem Unfall aufgetretenen psychischen Störungen. Der Schädiger muss jedoch für die konkreten Folgen seiner Verletzungshandlung einstehen – grundsätzlich auch für diejenigen, die nur wegen der konstitutiven Schwäche des Betroffenen entstanden sind. Der Unfall war weder zufälliger Auslöser noch liegt eine Renten- und Begehrensneurose vor noch handelt es sich bei Primärverletzung um eine ganz geringfügige Bagatelle. Folglich ist keine der Ausnahmen einschlägig, sodass S für die psychosomatischen Beschwerden des G einstehen und den Verdienstausfall ersetzen muss.[755]

---

749 BGHZ 20, 137, 139; 132, 341, 345; 137, 143, 145.

750 BGHZ 132, 341, 345 f.; BGH VersR 1999, 862 m.w.N.

751 OLG Hamm MDR 2002, 334.

752 BGHZ 20, 137; 132, 341, 346; 137, 142, 148; BGH MDR 2000, 267, 268.

753 BGH VersR 1992, 504, 505 zu § 847 a.F.; BGHZ 137, 142, 147 und BGH MDR 2000, 267, 268 zu psychischen Folgeschäden.

754 BGHZ 137, 142, 148.

755 Nach BGHZ 132, 341 ff.

II. Hypothetische oder überholende Kausalität

476 Bei der sogenannten hypothetischen oder überholenden Kausalität geht es um die Frage, ob sich der Schädiger darauf berufen kann, dass der von ihm verursachte Schaden aufgrund eines anderen Ereignisses ohnehin eingetreten wäre.

Dogmatisch handelt es sich bei der hypothetischen oder überholenden Kausalität nicht um eine Frage der Kausalität, sondern der Schadenszurechnung.[756]

477 Eine generelle gesetzliche Regelung des Problems fehlt, es existieren lediglich vereinzelte Normen, die eine Berücksichtigung hypothetischer Ursachen vorsehen – z.B. §§ 252 S. 2, 848.[757] In Rspr. und Lit. hat sich bislang keine einheitliche Lösung durchgesetzt. Es besteht jedoch zumindest bei zwei Fallgruppen Einigkeit:

478 ■ **Anlagefälle**

In den sogenannten Anlagefällen ist eine anderweitige Schädigung des angegriffenen Objekts aufgrund einer im Zeitpunkt der Verletzung bereits vorhandenen Schadensanlage mit Sicherheit zu erwarten.

Beispiel: Infolge unsachgemäßer Baggerarbeiten stürzt ein Haus ein. Dieses Haus wäre auch ohne die Baggerarbeiten infolge von bereits vorhandenen, im Kriege durch Fliegerbomben hervorgerufenen Schäden, wenn auch zeitlich später, eingestürzt.[758]

Da in diesen Fällen die tatsächlich wirksam gewordene Schadensursache auf ein bereits im Wert gemindertes Schadensobjekt trifft, kann dem Geschädigten kein voller Schadensersatzanspruch zustehen. Vielmehr muss der Schädiger nur insoweit Ersatz leisten, als dem Geschädigten durch die vorzeitige Verwirklichung der Schadensanlage ein Verlust erwachsen ist – sogenannter **Verfrühungseffekt**.[759]

479 ■ **Hypothetische Verantwortlichkeit eines Dritten**

Die Ersatzpflicht des Schädigers erlischt nicht, wenn ein Dritter eine Reserveursache gesetzt hat, durch die ein mit dem Erstschaden deckungsgleicher Zweitschaden eintritt, und der Geschädigte hypothetisch von ihm Ersatz erlangt hätte.[760]

Beispiel: Der Wagen des E wird infolge eines allein von S verschuldeten Unfalls so weitgehend zerstört, dass eine Reparatur ausscheidet. E lässt den Wagen, an dem er sehr hängt, abschleppen und stellt ihn in seine Garage. In der darauf folgenden Nacht setzt B die Garage schuldhaft in Brand. Das Auto brennt vollständig aus.

E hat einen Schadensersatzanspruch gegen S wegen der Eigentumsverletzung am Kfz. B haftet mangels kausaler Schädigung nicht. Sein Handeln kann S nicht zugute kommen, da E ansonsten ohne Schadensersatz bliebe.

Maßgeblich ist bei dieser Fallkonstellation, dass der Anspruch gegen den Schädiger bereits entstanden war und er nach der Wertung des Gesetzes für den von ihm verursachten Schaden einzustehen hat.

756 Palandt/Grüneberg Vorbem. v. § 249 Rn. 55.
757 Palandt/Grüneberg Vorbem. v. § 249 Rn. 56.
758 Nach BGH MDR 1952, 214, 215.
759 BeckOK/Flume § 249 Rn. 325.
760 BGH NJW 1958, 705; Palandt/Grüneberg Vorbem. v. § 249 Rn. 100 m.w.N.

Bei anderen Reserveursachen – Naturereignisse, Selbstschädigung des Geschädigten – besteht keine Einigkeit. **480**

Beispiel: Der Wagen des E wird infolge eines allein von S verschuldeten Unfalls beschädigt. E lässt den beschädigten Wagen abschleppen und stellt ihn in seine Garage. In der darauf folgenden Nacht setzt ein Blitz die Garage in Brand. Das Auto brennt vollständig aus.

- Nach **h.Lit.**[761] **und Rspr.**[762] muss zwischen unmittelbaren Objektschäden – also dem am verletzten Rechtsgut selbst eingetretenen Schaden – und mittelbaren Vermögensfolgeschäden differenziert werden:
  - bei unmittelbaren Objektschäden ist die Reserveursache unerheblich, da der Schadensersatzanspruch im Zeitpunkt des schädigenden Ereignisses entstehe und nicht nachträglich entfallen könne;
  - bei Vermögensfolgeschäden (z.B. entgangenen Nutzungen, Verlust laufender Einkünfte und entgangenem Gewinn) ist demgegenüber das hypothetische Ereignis zu berücksichtigen, da es nicht um einen abgeschlossenen Schaden, sondern um Nachteile gehe, die sich erst im Lauf der Zeit entwickeln. Daher brauche der Schädiger nur für den bis zum Zeitpunkt des Eintritts der Reserveursache entstehenden Schaden aufzukommen.[763]
- Nach **a.A.** sollen diese hypothetische Ursachen grundsätzlich beachtlich sein, da die von der h.M. vorgenommene Differenzierung im Gesetz keine Grundlage finde und der Geschädigte nur insoweit anspruchsberechtigt sei, als er durch die Schädigung auch wirklich eine Schlechterstellung erfahren habe.[764]

III. Rechtmäßiges Alternativverhalten

Eine besondere Fallgruppe bilden die Fälle des **rechtmäßigen Alternativverhaltens:** Der Schädiger beruft sich darauf, dass der eingetretene Schaden auch bei rechtmäßigem Verhalten entstanden wäre. **481**

Die Beachtlichkeit des rechtmäßigen Alternativverhaltens ist umstritten: **482**

- Ein Teil des Schrifttums lässt die Berufung auf das rechtmäßige Alternativverhalten generell zu,[765] andere lehnen sie allgemein ab.[766]
- BGH und h.Lit. sind der Ansicht, dass der Schutzzweck der jeweils verletzten Norm darüber entscheidet, ob und inwieweit der Einwand des rechtmäßigen Alternativverhaltens im Einzelfall erheblich ist.[767] Schäden, die auch bei rechtmäßigem Verhalten entstanden wären, werden vom Schutzzweck der Norm i.d.R. nicht erfasst.[768]

---

761 Jauernig/Teichmann Vor §§ 249-253 Rn. 43; Palandt/Grüneberg Vorbem. v. § 249 Rn. 60 ff.; Wandt § 24 Rn. 7 ff.

762 BGHZ 125, 56, 61.

763 BGH NJW 2016, 3785 ff.; Wandt § 24 Rn. 8.

764 MünchKomm/Oetker § 249 Rn. 211, 212; Musielak JA 2013, 241, 247.

765 So z.B. MünchKomm/Oetker § 249 Rn. 217; Palandt/Grüneberg Vorbem. v. § 249 Rn. 105.

766 So z.B. Niederländer JZ 1959, 621.

767 BGHZ 96, 157, 173 im Anschl. an BAG NJW 1984, 2846, 2847; Fikentscher/Heinemann Rn. 702; Staudinger/Schiemann § 249 Rn. 105.

768 BGH NJW 2000, 661.

So ist z.B. im Arztrecht der Einwand, der Patient würde bei ordnungsgemäßer Aufklärung über die Risiken des Eingriffs seine Einwilligung erteilt haben, von der Rspr. anerkannt.[769] Ferner kann der vertragsbrüchige Arbeitnehmer sich darauf berufen, dass die geltend gemachten Inseratskosten bei ordnungsgemäßer Kündigung ebenso entstanden wären.[770]

Ausnahmsweise kann sich aus dem Schutzzweck der Norm ergeben, dass die Berufung auf rechtmäßiges Alternativverhalten ausgeschlossen ist.[771]

Fall 29: Falscher Operateur

K stellte sich am 31.08.2020 wegen eines Morbus Dupuytren (gutartige Erkrankung des Bindegewebes der Handinnenfläche) an der linken Hand zur chirurgischen Handoperation im Klinikum X vor. Er wurde von dem Chefarzt des Klinikums untersucht und beraten. Am 14.09.2020 schloss er eine Wahlleistungsvereinbarung mit X ab, in der Chefarztbehandlung vereinbart ist. Am 19.09.2020 wurde K stationär aufgenommen und von B, dem – nicht liquidationsberechtigten – stellvertretenden Oberarzt des Klinikums X operiert. In die Operation durch B hatte K nicht eingewilligt. Postoperativ stellten sich bei K an der operierten Hand erhebliche gesundheitliche Beeinträchtigungen ein.

K begehrt von B die Zahlung eines angemessenen Schmerzensgeldes, da er mit einer Operation durch B nicht einverstanden gewesen sei.

B ist demgegenüber nicht bereit, Schmerzensgeld zu zahlen, da er nach den Feststellungen eines Sachverständigen fehlerfrei operiert habe, sodass der Eingriff nicht anders verlaufen wäre, wenn ihn der Chefarzt selbst vorgenommen hätte.

Steht K gegen B ein Anspruch auf Zahlung eines angemessenen Schmerzensgeldes zu? (nach BGH RÜ 2016, 765 ff.)

A. K könnte gegen B ein Anspruch **aus § 823 Abs. 1 i.V.m. § 253 Abs. 2** auf Zahlung eines angemessenen Schmerzensgeldes zustehen.

I. Dazu müssen die **Voraussetzungen** des haftungsbegründenden Tatbestands erfüllt sein.

1. K ist an der linken Hand operiert worden und es haben sich postoperativ erhebliche gesundheitliche Beeinträchtigungen eingestellt, sodass eine **Körper- und Gesundheitsverletzung** gegeben ist.

2. Ohne die von B vorgenommene Operation an der linken Hand wäre es weder zu der operationsbedingten Verletzung noch zu den postoperativen Gesundheitsbeeinträchtigungen gekommen und es liegt auch nicht außerhalb der Lebenserfahrung, dass jemand infolge einer Operation eine Verletzung und postoperative Beeinträchtigungen erleidet. Daher war das Verhalten des B **äquivalent und adäquat kausal** für die Verletzung des K.

769 BGH NJW 1992, 2342; 1980, 1333, 1334.

770 BAG NJW 1984, 2846.

771 Palandt/Grüneberg Vorbem. v. § 249 Rn. 106.

3. Grundsätzlich wird die **Rechtswidrigkeit** durch die Verwirklichung des Tatbestands indiziert. Mit der Operation als solcher war K jedoch einverstanden. Daher könnte die unmittelbar durch die Operation herbeigeführte Verletzung aufgrund einer wirksamen **Einwilligung** des K gerechtfertigt sein. **483**

   Eine wirksame Einwilligung in den ärztlichen Heileingriff setzt allerdings aufseiten des Patienten eine ordnungsgemäße Aufklärung voraus (s.o. Rn. 204).

   K ist vom Chefarzt untersucht und beraten worden. Im Anschluss an diese Untersuchung war K mit der Handoperation einverstanden. Er hat jedoch durch die vereinbarte Chefarztbehandlung verdeutlicht, dass er sich nur vom Chefarzt operieren lassen wollte. Infolgedessen durfte B den Eingriff nicht vornehmen, sodass die von B durch die Operation herbeigeführte Verletzung mangels wirksamer Einwilligung des K rechtswidrig ist.[772]

4. Die Operation wurde von B durchgeführt, ohne dass dieser sich im Vorfeld darüber vergewissert hat, ob K mit der Operation durch ihn – den B – einverstanden ist. Dadurch hat B die im Verkehr erforderliche Sorgfalt außer Acht gelassen und folglich fahrlässig i.S.v. § 276 Abs. 2, also **schuldhaft** gehandelt.

II. Als **Rechtsfolge** („haftungsausfüllender Tatbestand“) muss B dem K an sich gemäß § 253 Abs. 2 ein angemessenes Schmerzensgeld zahlen.

Aufgrund der von B fehlerfrei durchgeführten Operation wäre der Eingriff auch nicht anders verlaufen, wenn der Chefarzt ihn vorgenommen hätte. Der eingetretene Schaden wäre also auch bei rechtmäßigem Verhalten entstanden, sodass es aufgrund **rechtmäßigen Alternativverhaltens** an einem ersatzfähigen Schaden fehlen könnte. **484**

Ob der Einwand rechtmäßigen Alternativverhaltens überhaupt beachtlich ist, ist umstritten (vgl. Rn. 482). Nach Rspr. und h.Lit. entscheidet der Schutzzweck der Norm, ob und wieweit der Einwand rechtmäßigen Alternativverhaltens im Einzelfall beachtlich ist.

Nach Ansicht des BGH ist B der Einwand des rechtmäßigen Alternativverhaltens verwehrt, weil dies dem Schutzzweck des Einwilligungserfordernisses bei ärztlichen Eingriffen widerspreche. Dieses werde aus dem Recht auf körperliche Unversehrtheit (Art. 2 Abs. 2 GG) und dem Selbstbestimmungsrecht des Patienten hergeleitet. Dadurch werde die Entscheidungsfreiheit des Patienten über seine körperliche Integrität geschützt. Könnte sich ein Arzt, der ohne eine auf seine Person bezogene Einwilligung des Patienten operiert hat, darauf berufen, dass der Patient mit der Vornahme des Eingriffs durch einen anderen – zumal besser qualifizierten – Operateur einverstanden gewesen sei, mit diesem Einwand einer Haftung entziehen, bliebe der rechtswidrige Eingriff in die körperliche Integrität des Patienten sanktionslos. Zudem wäre das Vertrauen, das Patienten in die ärztliche Zuverlässigkeit und Integrität setzen müssen, wenn sie ihre absolut geschützten

772 BGH RÜ 2016, 765, 766.

Rechtsgüter im Verlaufe einer ärztlichen Behandlung zur Disposition stellen, nicht wirksam geschützt.[773]

K steht daher gegen B ein Anspruch auf Zahlung eines angemessenen Schmerzensgeldes aus § 823 Abs. 1 i.V.m. § 253 Abs. 2 zu.

B. Ferner steht K gegen B ein Schmerzensgeldanspruch **aus § 823 Abs. 2 i.V.m. § 229 StGB i.V.m. § 253 Abs. 2** zu.

---

3. Abschnitt: Schadensausgleich nach §§ 249–253

485 Im 1. und 2. Abschnitt ist die Ermittlung des zurechenbaren Schadens behandelt worden. In diesem Abschnitt geht es um die **Ersatzfähigkeit des entstandenen Schadens**.

A. Grundsätze des Schadensersatzrechts

Das Schadensersatzrecht des BGB geht von drei wesentlichen Grundsätzen aus, die in einer Wechselbeziehung zueinander stehen:[774]

I. Grundsatz der Totalreparation

486 Nach dem Grundsatz der Totalreparation ist der Schädiger verpflichtet, den gesamten ihm zurechenbaren Schaden zu ersetzen.[775]

Eine Ausnahme vom Prinzip der Totalreparation findet sich in den meisten Fällen der Gefährdungshaftung, bei denen bestimmte Haftungshöchstgrenzen normiert sind (vgl. § 10 ProdHaftG, §§ 12 ff. StVG).

II. Grundsatz der Wirtschaftlichkeit

487 Nach dem Grundsatz der Wirtschaftlichkeit (Wirtschaftlichkeitspostulat) muss der Geschädigte den wirtschaftlich vernünftigsten Weg der Schadensbeseitigung wählen.[776] Dies folgt aus dem Wortlaut „erforderlich" in § 249 Abs. 2 S. 1 sowie der Obliegenheit zur Schadensminderung aus § 254 Abs. 2 S. 1 a.E.[777]

III. Bereicherungsverbot

488 Nach dem Bereicherungsverbot darf der Geschädigte durch das schädigende Ereignis und den infolgedessen geleisteten Schadensersatz nicht besser stehen als ohne das schädigende Ereignis.[778] Danach ist eine mehrfache Schadensliquidation verboten und der zu ersetzende Schaden hat eine wirtschaftliche Deckelungsgrenze.[779]

---

773 BGH RÜ 2016, 765, 766, 767.

774 Wandt § 23 Rn. 2.

775 Fuchs/Pauker/Baumgärtner Kap. 12 C. I.

776 BGH NJW 2013, 1149; Wandt § 23 Rn. 2.

777 Spancken/Schneidenbach JuS 2012, 298, 299.

778 BGH NJW 1997, 1008, 1012.

779 Spancken/Schneidenbach JuS 2012, 298, 299.

B. Arten des Schadensausgleichs

Das Gesetz unterscheidet zwei **Arten** des Schadensausgleichs:

- **Naturalrestitution (Integritätsinteresse)**
  - § 249 Abs. 1: Schadensersatz durch Herstellung;
  - § 249 Abs. 2: Schadensersatz durch Zahlung der zur Herstellung erforderlichen Kosten;
- Ausgleich des (Gesamt-)Vermögensschadens durch Geldentschädigung (§ 251) = **Schadenskompensation (Wertinteresse)**.

Der zu ersetzende Schaden ergibt sich in beiden Fällen nach der **Differenzhypothese**. **489**
Dabei kommt es entscheidend darauf an, welche **Positionen** im Rahmen der zu vergleichenden Kausalverläufe gegenübergestellt werden. Die zu vergleichenden Positionen sind bei der Naturalrestitution (§ 249) anders als bei der Schadenskompensation (§ 251).

- Die **Naturalrestitution** (§ 249) schützt das Integritätsinteresse – also das Interesse **490**
  des Geschädigten an der konkreten Zusammensetzung seines Güterstands. Sie hat zum Ziel, **im Hinblick auf das geschädigte Rechtsgut oder Recht den tatsächlichen Zustand** herzustellen, der (wirtschaftlich gesehen) der ohne das Schadensereignis bestehenden Lage entspricht. Zu vergleichen ist im Rahmen der Differenzhypothese die konkrete Zusammensetzung des Vermögens des Geschädigten aufgrund des tatsächlichen Kausalverlaufs mit derjenigen aufgrund des hypothetischen Kausalverlaufs.
- Die **Schadenskompensation** (§ 251) schützt das Wert- oder Summeninteresse als **491**
  das Interesse des Geschädigten an der Erhaltung seines Vermögens dem Werte (nicht: der konkreten Zusammensetzung) nach. Sie hat zum Ziel, eine durch das Schadensereignis eingetretene Einbuße am Vermögen insgesamt auszugleichen. Die Schadenskompensation setzt daher – anders als die Naturalrestitution, bei der materielle und immaterielle Schäden erfasst sind – einen **Vermögensschaden** voraus. Der Vermögensschaden ergibt sich aus einem **rechnerischen Vergleich** der bestehenden mit der hypothetischen **Vermögenslage insgesamt**. Schadenskompensation für immaterielle Schäden – das sind solche Schäden, die sich nicht in einer Vermögensminderung zeigen, z.B. Schmerzen oder Ehrverletzungen – kann gemäß § 253 Abs. 1 nur in den durch das Gesetz bestimmten Fällen gefordert werden.

***Beachte**: Unter den beiden Schadensarten hat die **Naturalrestitution den Vorrang**. Die* **492**
Schadenskompensation greift nur ein, wenn die Voraussetzungen des § 251 vorliegen.[780]

---

780 Vgl. Grundfälle zum Schadensrecht Armbrüster JuS 2007, 411, 508, 605 sowie Mohr Jura 2010, 645, 808.

I. Naturalrestitution, §§ 249, 250

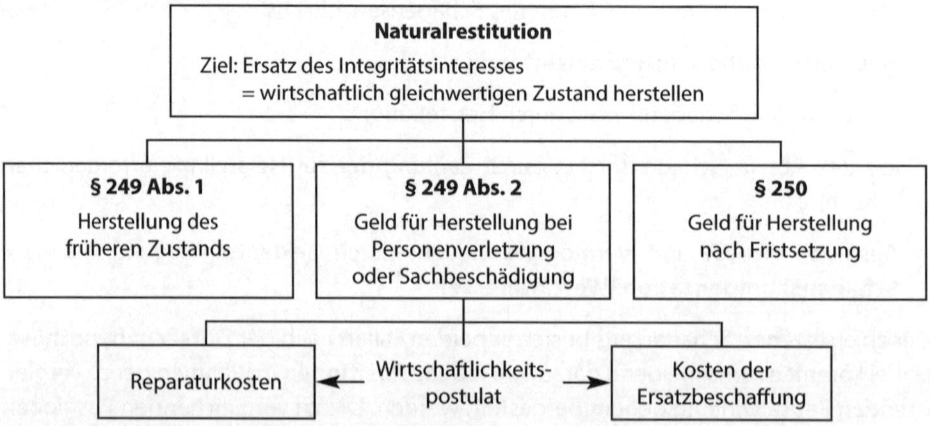

1. Herstellung des früheren Zustands, § 249 Abs. 1

493 Nach § 249 Abs. 1 muss der Schadensersatzpflichtige selbst den tatsächlichen Zustand herstellen, der bestehen würde, wenn das Schadensereignis nicht eingetreten wäre.

Beispiele:

Bei einer Sachbeschädigung kann der Geschädigte verlangen, dass der Schädiger die beschädigte Sache repariert oder reparieren lässt.

Der Eigentümer hat gegen denjenigen, der eine Sache unerlaubt an sich genommen hat, einen Herausgabeanspruch nach § 823 Abs. 1 i.V.m. § 249 Abs. 1. Daneben besteht ein Herausgabeanspruch nach § 985. Da der Anspruch aus § 823 Abs. 1 i.V.m. § 249 Abs. 1 selbstständig abgetreten werden kann, hat er damit eine eigenständige Bedeutung neben § 985; denn der Anspruch auf Herausgabe aus § 985 kann vom Eigentum nicht losgelöst werden, zulässig ist nur eine Einziehungsermächtigung nach § 185.

2. Geld für Herstellung, § 249 Abs. 2

494 Ist wegen Verletzung einer Person oder wegen Beschädigung einer Sache Schadensersatz zu leisten, so kann der Gläubiger den für die Herstellung erforderlichen Geldbetrag fordern. Es handelt sich um einen Fall der Ersetzungsbefugnis des Gläubigers.

Der Regelungszweck des § 249 Abs. 2 besteht darin, es dem Geschädigten zu ersparen, das verletzte Recht(sgut) dem Schädiger zur Wiederherstellung nach § 249 Abs. 1 anvertrauen zu müssen.[781]

a) § 249 Abs. 2 bei Sachbeschädigung

Gemäß § 249 Abs. 2 kann der Geschädigte wegen Beschädigung einer Sache statt der Herstellung (§ 249 Abs. 1) den dazu erforderlichen Geldbetrag verlangen.

aa) Reparaturaufwand oder Wiederbeschaffungsaufwand? Wirtschaftlichkeitspostulat

495 Bei dem Vorgehen nach § 249 Abs. 2 – Geld für Herstellung – stehen dem Geschädigten zwei Wege zur Verfügung: Er kann

781 Wandt § 23 Rn. 9.

- auf der Basis der Reparaturkosten abrechnen und den **Reparaturaufwand** (= Reparaturkosten zzgl. Minderwert) verlangen oder
- er kann sich eine (gleichwertige) Sache anschaffen und den **Wiederbeschaffungsaufwand** (= Wiederbeschaffungswert abzgl. Restwert der geschädigten Sache) verlangen.

Auch die letztgenannte Art der Schadensbeseitigung ist nach gefestigter Rspr. des BGH eine Form der Naturalrestitution, und zwar unabhängig davon, ob es sich um vertretbare oder unvertretbare Sachen handelt. „Denn das Ziel der Restitution beschränkt sich nicht auf eine (Wieder-)Herstellung der beschädigten Sache; es besteht in umfassender Weise gemäß § 249 Abs. 2 darin, den Zustand herzustellen, der, wirtschaftlich gesehen, der ohne das Schadensereignis bestehenden Lage entspricht."[782] 496

Nach h.Lit. ist zwischen vertretbaren und unvertretbaren Sachen zu differenzieren: Bei vertretbaren Sachen (z.B. neuwertige Serienprodukte) ist die Wiederbeschaffung eine Form der Naturalrestitution, bei unvertretbaren Sachen ist die Wiederherstellung wegen Unmöglichkeit ausgeschlossen, sodass es sich bei der Wiederbeschaffung um Schadenskompensation gemäß § 251 Abs. 1 Alt. 1 handelt.[783] 497

Beispiel: Ist ein Kfz durch einen Unfall derart beschädigt worden, dass eine Reparatur technisch nicht möglich ist, sogenannter **technischer Totalschaden**, so erhält der Geschädigte unstreitig den Betrag, den er für die Beschaffung eines vergleichbaren Fahrzeugs aufwenden muss (sogenannter Wiederbeschaffungswert). Hat der Unfallwagen noch einen Restwert, so muss der Geschädigte ihn dem Schädiger herausgeben oder sich den Wert anrechnen lassen.[784] Der Geschädigte erhält in diesem Fall den Wiederbeschaffungsaufwand ersetzt (= Differenz zwischen Wiederbeschaffungswert und Restwert). Nach h.Rspr. handelt es sich beim technischen Totalschaden um Naturalrestitution gemäß § 249 Abs. 2, während die Lit. den Fall wegen Unmöglichkeit der Wiederherstellung der unvertretbaren Sache Gebrauchtwagen als Schadenskompensation gemäß § 251 Abs. 1 Alt. 1 einordnet.[785]

Bei unterschiedlicher Höhe des Reparatur- und des Wiederbeschaffungsaufwands sind dem Geschädigten bei der Wahl der einen oder der anderen Art der Schadensbeseitigung aufgrund des Wirtschaftlichkeitspostulats Grenzen gesetzt: Unter den mehreren zum Schadensausgleich führenden Möglichkeiten der Naturalrestitution hat der Geschädigte grundsätzlich diejenige zu wählen, die den geringsten Aufwand erfordert. 498

Die Frage, ob der Geschädigte den Reparaturaufwand oder den Wiederbeschaffungsaufwand verlangen kann, ist insbesondere bei dem Massenphänomen der Kfz-Schäden als Folge von Kfz-Unfällen in der Praxis bedeutsam geworden: 499

(1) Schadensregulierung auf Neuwertbasis

Nach st.Rspr. des BGH kann bei einer erheblichen Beschädigung eines fabrikneuen Pkw Schadensersatz auf Neuwagenbasis verlangt werden (sogenannte **„Abrechnung auf Neuwagenbasis"** oder **„unechter Totalschaden"**).[786] 500

782 BGHZ 115, 364, 368 zu § 249 BGB a.F.; vgl. ferner BGHZ 115, 375, 378; BGH NJW 1992, 1618, 1619.
783 Hk-BGB/Schulze § 249 Rn. 10, 11; Staudinger/Schiemann § 251 Rn. 43; Soergel/Mertens § 249 Rn. 3 mit Fn. 4.
784 Palandt/Grüneberg § 249 Rn. 19 m.w.N.
785 Hk-BGB/Schulze § 249 Rn. 11, § 251 Rn. 2.
786 BGH MDR 1982, 433; BGH NJW 2009, 3022.

Dogmatische Einordnung der Abrechnung auf Neuwagenbasis: nach BGH Naturalrestitution gemäß § 249 Abs. 2,[787] nach h.Lit. Schadenskompensation gemäß § 251 Abs. 1 Alt. 2 („ungenügend").[788]

501 ■ **Voraussetzung** ist nach BGH, dass das beschädigte Kfz noch den sogenannten „Schmelz der Neuwertigkeit" aufweist – also die **Neuwertigkeit** des beschädigten Fahrzeugs sowie dessen **erhebliche Beschädigung.**[789]

- Die Kriterien für die Bestimmung der Neuwertigkeit eines Kfz werden nicht einheitlich bestimmt. Im Wesentlichen sind die Faktoren Laufleistung und Zulassungsdauer maßgebend.

  Allgemein wird hinsichtlich der **Laufleistung** die Grenze für die Neuwertigkeit **bei 1.000 km** gezogen. Dabei handelt es sich aber nicht um eine starre Grenze, sondern um eine „Faustregel". Eine geringfügige Überschreitung der 1.000 km-Marke steht einer Einstufung eines Fahrzeugs als neuwertig nicht entgegen. In besonderen Fällen soll eine Abrechnung auf Neuwagenbasis sogar bis zu einer Fahrleistung von 3.000 km in Betracht kommen, z.B. bei extrem kurzer Gebrauchsdauer oder verbleibendem Sicherheitsrisiko.[790] Hinsichtlich der **Zulassungsdauer** (nicht Nutzungsdauer) wird die Grenze **grundsätzlich bei einem Monat** gezogen; aber auch hier ist eine kurzfristige Überschreitung für sich genommen kein ausreichender Grund, die Neuwertigkeit zu verneinen.

- Bei dem **Ausmaß der Beschädigung** ist weniger auf den Betrag der Reparaturkosten abzustellen, als auf **Art und Umfang der Beschädigung**. Ein erheblicher Schaden ist nur dann anzunehmen, wenn am Kfz Richtarbeiten vorzunehmen oder tragende Teile betroffen sind oder wenn der Schaden auch durch eine fachgerechte Reparatur nicht vollwertig beseitigt werden kann.[791]

502 ■ Da der Ersatz auf Basis des Neuwagenpreises den besonderen Belangen des Geschädigten und damit seinem Integritätsinteresse Rechnung trägt, ist die Abrechnung auf Neuwagenbasis nur zulässig, wenn der Geschädigte sein Integritätsinteresse durch die **tatsächliche Anschaffung eines gleichwertigen Neufahrzeugs bekundet.**[792] Die Ersatzbeschaffung muss zeitnah erfolgen.[793]

■ Der Geschädigte muss bei einer Abrechnung auf Neuwagenbasis dem Schädiger analog § 255 das Kfz zur Verfügung stellen.[794]

503 ■ Bei **Nutzfahrzeugen** scheidet eine Abrechnung auf Neuwagenbasis aus.

Die Rechtsprechung zur Abrechnung auf Neuwagenbasis wurde auch auf andere Sachen übertragen, z.B. Motorräder,[795] Fahrräder[796] oder Wohnwagen.[797]

787 BGH NJW 1982, 433.
788 MünchKomm/Oetker § 251 Rn. 26; Palandt/Grüneberg § 251 Rn. 4.
789 BeckOK/Flume § 249 Rn. 239 f.
790 MünchKomm/Oetker § 251 Rn. 29.
791 Vgl. dazu BGH NJW 2009, 3022.
792 BGH RÜ 2009, 61; BGH RÜ 2020, 765; MünchKomm/Oetker § 251 Rn. 26; a.A. KG VersR 1991, 553; NJW-RR 1987, 16, 17: Kauf eines Ersatzfahrzeugs ist wegen Dispositionsfreiheit nicht erforderlich.
793 OLG Stuttgart BeckRS 2017, 139893 Rn. 36 ff.: i.d.R Frist von ca. 6 Monaten angemessen, in die jedoch der Zeitraum der Schadensregulierung nicht einzurechnen sei.
794 BGH NJW 1983, 2694; Katzenstein in Geigel §§ 249, 250 Rn. 25; MünchKomm/Oetker § 251 Rn. 27.
795 OLG Nürnberg NJW 1972, 2042; OLG Frankfurt VersR 1980, 235.
796 LG Frankenthal NJW-RR 1991, 352.
797 OLG Hamm NJW-RR 1989, 1433; OLG Köln DAR 1989, 228.

(2) Grenze für die Abrechnung auf Reparaturkostenbasis

Die Reparaturkosten für ein verunfalltes Kfz liegen in der Praxis häufig höher als die Kosten für die Ersatzbeschaffung eines vergleichbaren Fahrzeugs. 504

Es ist jedoch anerkannt, dass der Geschädigte ein besonders schutzwürdiges **Integritätsinteresse** an dem Erhalt des ihm vertrauten Fahrzeugs hat. Denn er weiß, wie dieses Kfz eingefahren, gewartet und sonst behandelt worden ist, ob und welche Mängel bei dem Fahrzeug aufgetreten und wie sie behoben worden sind; bei Anschaffung eines Ersatzfahrzeugs sind ihm diese Umstände zumeist unbekannt.[798] Daher wird dem Geschädigten bei einem Kfz-Schaden zugebilligt, dass er seinen Wagen reparieren lässt, auch wenn die Kosten höher liegen als beim Kauf eines gebrauchten Ersatzfahrzeugs (sogenannter **Integritätszuschlag**).[799] Es müssen dazu folgende Voraussetzungen – kumulativ – vorliegen:

- Der **Reparaturaufwand darf nicht höher liegen als 130% des reinen Wiederbeschaffungswerts** (= ohne Abzug des Restwerts) – Toleranzgrenze –.[800] Diese Toleranzgrenze gilt grundsätzlich auch für gewerblich genutzte Kfz[801] und nach Einschätzung des OLG München ebenfalls für Fahrräder.[802] 505

Nach Auffassung des BGH ist es vertretbar, bei dem Massenphänomen der Kfz-Unfälle im Interesse einer einfachen und praktikablen Handhabung der Schadensregulierung auf eine Einstellung des häufig nur schwer zu ermittelnden und mit vielen Unsicherheiten behafteten Restwerts in die Vergleichsrechnung als besonders ausgewiesenen Rechnungsposten zu verzichten und für den prozentualen Zuschlag zur Ermittlung der Wirtschaftlichkeitsgrenze allein auf den Wiederbeschaffungswert des Fahrzeugs abzustellen.[803] 506

Für die Berechnung der 130% ist grundsätzlich die gutachterliche Schätzung maßgebend, sodass Ersatz der Reparaturkosten ausscheidet, wenn die 130%-Grenze nach dem Sachverständigengutachten überschritten wird. Wenn es dem Geschädigten jedoch gelingt, eine fachgerechte und den Vorgaben des Sachverständigen entsprechende Reparatur durchzuführen, deren Kosten den Wiederbeschaffungswert nicht übersteigen, kann ihm eine Abrechnung der konkret angefallenen Reparaturkosten nicht verwehrt werden, da das Wirtschaftlichkeitspostulat nicht verletzt wird.[804] 507

Das Prognoserisiko liegt beim Schädiger: Verlässt sich der Geschädigte auf ein Sachverständigengutachten, welches fälschlicherweise die Einhaltung der Toleranzgrenze von 130% bejaht, übersteigen dann jedoch die konkreten Reparaturkosten 130% des Wiederbeschaffungswerts, muss der Schädiger diese Reparaturkosten zahlen.[805] 508

Lässt der Geschädigte die Reparatur in einer Werkstatt durchführen, so zählen zu den Reparaturkosten auch die Mehrkosten, die ohne eigene Schuld des Geschädigten die beauftragte Werkstatt infolge unsachgemäßer Maßnahmen verursacht hat. Der Schädiger trägt also auch das Werkstattrisiko.[806] Andererseits muss sich der Geschädigte einen Werksangehörigenrabatt anrechnen lassen, den er aufgrund einer Betriebsvereinbarung auf die Werkstattrechnung erhält, da er sich an dem Schadensereignis nicht bereichern soll.[807] 509

---

798 BGH RÜ 2005, 233.

799 Wandt § 23 Rn. 20.

800 BGHZ 115, 364, 371 ff.; BGH MDR 1999, 293 ff.

801 BGH MDR 1999, 293.

802 OLG München RÜ 2019, 559, 561.

803 BGHZ 115, 364, 371 ff.; krit. zur Nichtberücksichtigung des Restwerts Korch JuS 2017, 10 ff.

804 BGH RÜ 2011, 137.

805 OLG Frankfurt OLG Report 2001, 46.

806 BGHZ 115, 364, 370 m.w.N.

807 BGH RÜ 2012, 1.

510 ■ Der Geschädigte **muss das Kfz reparieren oder reparieren lassen, um es selbst weiter zu benutzen.**

511 Die Reparatur muss nach Auffassung des BGH **fachgerecht und vollständig** sein, d.h., sie muss in einem Umfang durchgeführt werden, wie ihn der Sachverständige zur Grundlage seiner Kostenschätzung gemacht hat.[808]

512 Stellt der Geschädigte durch eine **Teilreparatur** lediglich die Fahrbereitschaft seines Fahrzeugs wieder her, so ist der Ersatzanspruch **auf den Wiederbeschaffungsaufwand beschränkt.**[809] Der Geschädigte bekundet durch eine solche die Fahrbereitschaft wiederherstellende Teilreparatur lediglich sein Interesse an der Mobilität seines Fahrzeugs; dieses Interesse könnte jedoch auch durch eine Ersatzbeschaffung befriedigt werden. Für den Ersatz eines Reparaturaufwands, der über dem Wiederbeschaffungswert liegt, muss der Geschädigte jedoch sein besonderes Integritätsinteresse an dem Erhalt des ihm vertrauten Fahrzeugs bekunden.[810]

513 ■ Der Geschädigte muss das Kfz **nach der Reparatur für einen längeren Zeitraum weiternutzen**, um sein für den Zuschlag von bis zu 30% ausschlaggebendes Integritätsinteresse hinreichend zum Ausdruck zu bringen.[811] Nach der Rspr. reicht i.d.R. eine **Weiternutzung über einen Zeitraum von sechs Monaten**, wenn nicht besondere Umstände eine andere Beurteilung rechtfertigen. Entscheidend ist letztlich der Wille der Geschädigten im Zeitpunkt der Erteilung des Reparaturauftrags.[812]

RÜ-Video 06/20

***Beachte:** Der Anspruch auf Ersatz der Reparaturkosten wird jedoch nicht erst nach Ablauf der Sechsmonatsfrist fällig, sondern die Fälligkeit tritt i.d.R. sofort im Zeitpunkt der Rechtsverletzung ein.*[813]

(a) Reparaturaufwand zwischen Wiederbeschaffungswert und 130%

Fall 30: Reparatur oder Ersatzbeschaffung? Wirtschaftlichkeitspostulat

Bei einem Verkehrsunfall hat S als Halter und Fahrer eines Pkw schuldhaft den zum Betrieb des G gehörenden Lkw beschädigt. Für den Fahrer des G war der Unfall nicht zu vermeiden.
Laut eines von G eingeholten Sachverständigengutachtens belaufen sich die Kosten einer fachgerechten Reparatur auf 17.500 €, wobei ein Minderwert von 1.000 € verbleibt. G verlangt von S 18.500 €, da er den Lkw fachgerecht reparieren lassen möchte, um ihn weiter zu benutzen. S verweigert die Zahlung unter Hinweis darauf, dass auf dem Gebrauchtwagenmarkt ein dem verunfallten Fahrzeug gleichwertiges Fahrzeug für 14.500 € zu haben sei und dass außerdem das dann bei G verbleibende Fahrzeug einen Restwert von 1.500 € habe.

I. Die **Voraussetzungen** („haftungsbegründender Tatbestand") für eine Haftung des S aus § 823 Abs. 1 und §§ 7, 18 StVG sind gegeben.

808 BGH RÜ 2005, 233; BGH NJW 2015, 2958.
809 BGH RÜ 2005, 233.
810 BGH NJW 2007, 2917.
811 BGH RÜ 2008, 162.
812 OLG Düsseldorf RÜ 2020, 356, 359 – mit RÜ-Video 06/20 unter t1p.de/tfab.
813 BGH RÜ 2009, 69.

II. Als **Rechtsfolge** („haftungsausfüllender Tatbestand") kann der Geschädigte nach § **249 Abs. 2** als Naturalrestitution entweder den **Reparaturaufwand** oder den **Wiederbeschaffungsaufwand** ersetzt verlangen. **514**

- **Reparaturaufwand** = Summe aus Reparaturkosten und Minderwert
- **Wiederbeschaffungsaufwand** = Wiederbeschaffungswert abzüglich Restwert

Reparaturaufwand		**Wiederbeschaffungsaufwand**	
= Reparaturkosten	17.500 €	= Wiederbeschaffungswert	14.500 €
zzgl. Minderwert	1.000 €	abzgl. Restwert	1.500 €
	18.500 €		13.000 €

Der Geschädigte hat dabei grundsätzlich diejenige Ersatzmöglichkeit zu wählen, die den geringsten Aufwand erfordert – sogenanntes **Wirtschaftlichkeitspostulat**. Demnach könnte G nur 13.000 € verlangen.

Der Geschädigte hat jedoch ein besonders schutzwürdiges Interesse am Erhalt seines ihm vertrauten Fahrzeugs. Daher kann er unter bestimmten Voraussetzungen Ersatz des Reparaturaufwands auch dann verlangen, wenn dadurch höhere Kosten anfallen als beim Kauf eines gebrauchten Ersatzfahrzeugs: Der Reparaturaufwand darf nicht höher liegen als 130% des reinen Wiederbeschaffungswerts und der Geschädigte muss den Wagen vollständig und fachgerecht reparieren lassen, um ihn selbst – grundsätzlich mindestens sechs Monate – weiter zu benutzen. **515**

Nach diesen Grundsätzen kann G einen Reparaturaufwand bis zu 18.850 € (= 130% von 14.500 €) ersetzt verlangen. Der vom Sachverständigen ermittelte Reparaturaufwand von 18.500 € liegt also innerhalb der Toleranzgrenze von 130% und G möchte den Lkw auch reparieren lassen, um ihn weiter zu benutzen.

Folglich kann G von S Zahlung i.H.v. 18.500 € verlangen.

Beachte:

- *Wenn die o.g. Voraussetzungen für die Geltendmachung des Reparaturaufwands vorliegen (u.a. also die Reparatur im Standard einer Werkstattreparatur durchgeführt wird), die Reparaturrechnung aber niedriger ist als die Berechnung im Schadensgutachten, kann grundsätzlich Schadensersatz auf Gutachtenbasis verlangt werden.*[814] **516**
- *Hat der Geschädigte zunächst fiktiv nach dem im Gutachten ermittelten Wiederbeschaffungsaufwand abgerechnet, so ist er daran nicht gebunden, sondern kann, wenn die o.g. Voraussetzungen gegeben sind, die höheren Kosten für eine nunmehr tatsächlich durchgeführte Reparatur nachfordern, es sei denn, er hat darauf eindeutig verzichtet.*[815]

814 SchlH OLG OLG Report 2000, 371.
815 BGH NJW 2007, 67; RÜ 2012, 1.

(b) Reparaturaufwand über 130% des Wiederbeschaffungswerts, sogenannter wirtschaftlicher Totalschaden

517 **Fall 31: Zu hohe Reparaturkosten**

Durch einen von S verschuldeten Unfall wurde der Pkw des G schwer beschädigt. G ließ den Wagen fachgerecht reparieren, um ihn weiter zu benutzen. Die Reparaturkosten betragen 17.000 €. Ein Sachverständigengutachten beziffert den Wiederbeschaffungswert auf 10.500 € und den Restwert auf 2.000 €. G ist der Ansicht, dass ihm S 130% des Wiederbeschaffungswerts, mithin 13.650 € zahlen muss, den darüber hinausschießenden Betrag der Reparaturkosten will G aus eigener Tasche zahlen.

I. Die **Voraussetzungen** („haftungsbegründender Tatbestand") für eine Haftung des S aus § 823 Abs. 1 und §§ 7, 18 StVG sind gegeben.

II. Als **Rechtsfolge** („haftungsausfüllender Tatbestand") kann der Geschädigte nach **§ 249 Abs. 2** als Naturalrestitution entweder den **Reparaturaufwand** oder den **Wiederbeschaffungsaufwand** ersetzt verlangen.

Reparaturaufwand		**Wiederbeschaffungsaufwand**	
= Reparaturkosten	17.000 €	= Wiederbeschaffungswert	10.500 €
zzgl. Minderwert	–	abzgl. Restwert	2.000 €
	17.000 €		8.500 €

Toleranzgrenze = 130% von 10.500 € = 13.650 €

Der Reparaturkostenaufwand i.H.v. 17.000 € übersteigt die Toleranzgrenze von 130% des Wiederbeschaffungswerts um 3.350 €.

In diesem Fall war daher die Reparatur wirtschaftlich nicht sinnvoll (sogenannter **wirtschaftlicher Totalschaden**), sodass dem Geschädigten ein die Wiederbeschaffungskosten übersteigender „Integritätszuschlag" nicht zusteht. Die Reparaturkosten können nicht in einen vom Schädiger auszugleichenden wirtschaftlich vernünftigen Teil (130% des Wiederbeschaffungswerts) und einen vom Geschädigten selbst zu tragenden wirtschaftlich unvernünftigen Teil (den über 130% des Wiederbeschaffungswerts hinausgehenden Teil) aufgespalten werden. Der Geschädigte erhält **nur den Wiederbeschaffungsaufwand.**[816]

S braucht daher dem G nur 8.500 € zu zahlen.

518 Dogmatische Einordnung des wirtschaftlichen Totalschadens: nach BGH Naturalrestitution gemäß § 249 Abs. 2, nach der h.Lit. Schadenskompensation gemäß § 251 Abs. 2.[817]

---

519 **Exkurs:** „Restwertermittlung"

Der Geschädigte verletzt grundsätzlich seine aus § 254 Abs. 2 folgende Obliegenheit zur Schadensminderung bzgl. der Höhe des Restwerts des Unfallfahrzeugs nicht, wenn er es zu einem Preis verkauft, den

---

816 BGHZ 115, 375, 381.

817 Palandt/Grüneberg § 251 Rn. 7.

ein von ihm eingeschalteter Sachverständiger in einem Gutachten, das eine korrekte Wertermittlung erkennen lässt, als Wert auf dem allgemeinen regionalen Markt ermittelt hat, es sei denn, dass er mühelos einen höheren Gewinn zu erzielen vermag oder dass der Schädiger ihm eine ohne Weiteres zugängliche günstigere Verwertungsmöglichkeit nachweist.[818] Der Geschädigte ist nicht verpflichtet, einen Sondermarkt für Restwertaufkäufer im Internet in Anspruch zu nehmen und kann vom Schädiger auch nicht auf einen höheren Restwerterlös verwiesen werden, der auf einem solchen speziellen Sondermarkt erzielt werden könnte.[819]

Grund für die Annahme des BGH ist die Erwägung, dass es einem Geschädigten möglich sein müsse, das Fahrzeug in einer ihm vertrauten Vertragswerkstatt oder einem angesehenen Gebrauchtwagenhändler bei dem Erwerb eines Ersatzwagens in Zahlung zu geben.[820] Das für den Kauf eines Ersatzfahrzeugs unter Inzahlunggabe des Unfallwagens notwendige persönliche Vertrauen werde der Geschädigte aber typischerweise nur ortsansässigen Vertragswerkstätten und Gebrauchtwagenhändlern, die er kennt oder über die er ggf. unschwer Erkundigungen einholen kann, entgegenbringen, nicht aber erst über das Internet gefundenen, jedenfalls ohne weitere Nachforschungen häufig nicht ausschließbar unseriösen Händlern und Aufkäufern.[821]

Etwas anderes gilt nach dem Wirtschaftlichkeitsgebot, wenn es sich bei dem Geschädigten um ein Unternehmen handelt, welches sich jedenfalls auch mit dem An- und Verkauf von gebrauchten Kfz befasst. In diesem Fall ist dem Geschädigten bei subjektbezogener Schadensbetrachtung die Inanspruchnahme des Restwertmarktes im Internet und die Berücksichtigung dort abgegebener Kaufangebote zuzumuten.[822]

(c) Reparaturaufwand zwischen Wiederbeschaffungsaufwand und Wiederbeschaffungswert

Fall 32: Teure Reparatur

K begehrt Ersatz seines Sachschadens aus einem Verkehrsunfall vom 16.12.2020, für den die B als Kfz-Haftpflichtversicherung des Unfallverursachers U dem Grunde nach in vollem Umfang einzustehen hat. Der Sachverständige kam im Gutachten zu folgenden Einschätzungen:

– Reparaturkosten	8.879 €	– merkantiler Minderwert	500 €
– Wiederbeschaffungswert	10.650 €	– Restwert	3.000 €

K ließ den Wagen in einer Fachwerkstatt reparieren und holte das fachgerecht instand gesetzte Fahrzeug am 11.01.2021 ab. Die Rechnung der Fachwerkstatt vom 13.01.2021 belief sich auf 9.262,45 €.

Am 14.01.2021 veräußerte K das Fahrzeug an die Werkstatt und kaufte bei diesem Betrieb einen anderen Wagen. Die Entscheidung für den Erwerb eines Neufahrzeugs hatte er während der Reparatur getroffen.
K verlangt von der B Ersatz der tatsächlichen Reparaturkosten i.H.v. 9.262,45 € und den merkantilen Minderwert i.H.v. 500 €. B ist demgegenüber nur zur Zahlung von 7.650 € bereit, da der Anspruch des K auf den Wiederbeschaffungsaufwand begrenzt sei, weil er den beschädigten Wagen nach der Reparatur nicht weiter genutzt habe. (nach BGH NJW 2007, 588)

818 BGH NJW 2006, 2320; RÜ 2011, 477.
819 BGH NJW 2005, 3134; NJW 2009, 1265.
820 BGH RÜ 2017, 75, 77.
821 BGH RÜ 2017, 75, 77.
822 BGH NJW 2019, 3139.

520 I. Die B ist als Kfz-Haftpflichtversicherung des U gemäß § 115 Abs. 1 S. 1 Nr. 1 VVG verpflichtet, für dessen Haftung aus §§ 7, 18 StVG sowie § 823 Abs. 1, Abs. 2 i.V.m. §§ 1 ff. StVO aufzukommen.

II. Fraglich ist allein die **Schadensberechnung**.

Dem Geschädigten stehen nach st.Rspr. für die Berechnung seines Kfz-Schadens im Allgemeinen zwei Wege der Naturalrestitution zur Verfügung: die Reparatur des Unfallfahrzeugs oder die Anschaffung eines „gleichwertigen" Ersatzfahrzeugs.[823]

521 Möglicherweise kann K seinen Schaden nur i.H.d. Wiederbeschaffungsaufwands (= Wiederbeschaffungswert abzgl. des Restwerts), also 7.650 € und nicht i.H.d. tatsächlichen Kosten einer fachgerechten Reparatur abrechnen, weil er das Fahrzeug nach der Reparatur nicht weiter genutzt und somit sein Integritätsinteresse an dem Erhalt dieses Fahrzeugs nicht ausreichend bekundet hat.

Der Geschädigte, der sein Fahrzeug tatsächlich reparieren lässt, kann jedoch grundsätzlich Ersatz der **konkret entstandenen Reparaturkosten** verlangen, **wenn diese den Wiederbeschaffungswert nicht übersteigen**.[824] Auf die Bekundung des Integritätsinteresses durch eine Weiternutzung des Fahrzeugs kommt es nur an, wenn der Reparaturaufwand den Wiederbeschaffungswert übersteigt (vgl. oben Fall 30). Insofern ist es unerheblich, ob und wann der Geschädigte nach erfolgter Reparatur ein anderes Fahrzeug anschafft. Denn die Anschaffung eines anderen Fahrzeugs **nach** erfolgter Reparatur ist keine Ersatzbeschaffung anstelle einer Reparatur und daher für die Ersatzfähigkeit entstandener Reparaturkosten völlig unbeachtlich.[825]

Infolgedessen kann K von B Ersatz der konkreten Reparaturkosten gemäß § 249 Abs. 2 S. 1 i.H.v. 9.262,45 € sowie des merkantilen Minderwerts i.H.v. 500 € gemäß § 251 Abs. 1 Alt. 2 verlangen.

(d) Zusammenfassung der Ersatzfähigkeit des Reparaturaufwands[826]

522
- Liegt der Reparaturaufwand zwischen 100% und 130% des Wiederbeschaffungswerts, kann der Geschädigte den Reparaturaufwand ersetzt verlangen, wenn er das Fahrzeug vollständig und fachgerecht reparieren lässt, um es selber weiter zu benutzen, und es tatsächlich auch mindestens sechs Monate weiternutzt.
- Liegt der Reparaturaufwand über 130% des Wiederbeschaffungswerts (wirtschaftlicher Totalschaden), kann der Geschädigte nur den Wiederbeschaffungsaufwand ersetzt verlangen.
- Liegt der Reparaturaufwand zwischen Wiederbeschaffungsaufwand und Wiederbeschaffungswert, kann der Geschädigte den konkreten Reparaturaufwand immer er-

823 BGHZ 162, 161 ff.
824 BGH NJW 2007, 588, 589.
825 BGH NJW 2007, 588, 589.
826 Vgl. dazu Wellner NJW 2012, 7; Hirsch JuS 2009, 299 ff. sowie Lemcke/Buller/Figgener NJW-Spezial 2019, 457.

setzt verlangen, ohne dass es auf die Weiterbenutzung des Fahrzeugs durch den Geschädigten oder den Restwert ankommt.

- Liegt der Reparaturaufwand unterhalb des Wiederbeschaffungsaufwands, so kann der Geschädigte den konkreten Reparaturaufwand vom Schädiger ersetzt verlangen.

bb) Dispositionsfreiheit des Geschädigten – fiktive Reparaturkosten

(1) Grundsatz

Die Rspr.[827] und h.M.[828] gesteht dem Geschädigten bei der Abrechnung reiner Sachschäden im Rahmen des § 249 Abs. 2 S. 1 aufgrund seiner Dispositionsfreiheit grundsätzlich eine **fiktive Schadensabrechnung** zu. Ob und in welchem Umfang eine Reparatur erfolge, sei allein Sache des Geschädigten. Daher stehe es dem Geschädigten frei, die beschädigte Sache reparieren zu lassen, oder die Beschädigung hinzunehmen und den für die Reparatur erforderlichen Geldbetrag anderweitig zu verwenden. 523

***Beachte:** Dass der VII. Senat des BGH seine Rechtsprechung geändert hat und nunmehr die fiktive Abrechnung der Mängelbeseitigungskosten auf dem Gebiet des Werkvertragsrechts u.a. wegen der Gefahr der Überkompensation und daraus resultierend der Gefahr einer unzulässigen Bereicherung des Geschädigten abgelehnt hat,[829] hat keine Auswirkungen auf die Zulässigkeit der fiktiven Schadensabrechnung im Deliktsrecht.[830] Mangels Austauschbeziehung kann es nicht zu einer Überkompensation kommen.[831]*

Nach a.A.[832] würde der Geschädigte, der die Reparatur selbst vornimmt, über Gebühr bereichert, wenn er seine Arbeit wie eine Fachwerkstatt abrechnen könne, also auch den Gewinnanteil der Fachwerkstatt für sich beanspruchen könne. Der Schadensersatzanspruch sei daher um den fiktiven Unternehmergewinn zu kürzen. Dies entspräche auch der Wertung des § 249 Abs. 2 S. 2. Ferner sei die Rspr. auch aus systematischen Gründen abzulehnen, da es Geldersatz zur freien Verfügung nur nach § 251 gebe.

Daher kann der Geschädigte bei einem Kfz-Unfall, bei dem der Reparaturaufwand geringer ist als der Wiederbeschaffungsaufwand, die **fiktiven Reparaturkosten** ersetzt verlangen, allerdings ohne Umsatzsteuer, vgl. § 249 Abs. 2 S. 2. 524

Dabei darf der Geschädigte seiner fiktiven Schadensberechnung grundsätzlich die üblichen Stundensätze einer markengebundenen Fachwerkstatt zugrundelegen, die ein von ihm eingeschalteter Sachverständiger auf dem allgemeinen regionalen Markt ermittelt hat. Will der Schädiger den Geschädigten unter dem Gesichtspunkt der Obliegenheit zur Schadensminderung i.S.v. § 254 Abs. 2 auf eine günstigere Reparaturmöglichkeit in einer mühelos und ohne Weiteres zugänglichen „freien Fachwerkstatt" verweisen, muss der Schädiger darlegen und ggf. beweisen, dass eine Reparatur in dieser Werkstatt vom Qualitätsstandard her der Reparatur in einer markengebundenen Werkstatt entspricht.[833] Auch wenn dieser Nachweis dem Schädiger gelungen ist, kann es dem Betroffenen gleichwohl unzumutbar sein, eine Reparaturmöglichkeit in dieser Werkstatt in Anspruch zu nehmen. Dies gilt nach der Rspr. des BGH insbesondere bei Kfz bis zum Alter von drei Jahren, aber auch bei älteren Kfz kann die Reparatur in einer freien Fachwerkstatt für den Geschädigten unzumutbar sein – z.B., wenn er darlegen kann, dass er sein Fahrzeug bislang immer in der markengebundenen Fachwerkstatt hat warten und reparieren 525

827 BGH NJW 1989, 3009; 1997, 520.

828 Hk-BGB/Schulz, § 249 Rn. 3; MünchKomm/Oetker § 249 Rn. 367 ff.; Palandt/ Grüneberg § 249 Rn. 14.

829 BGH RÜ 2018, 688.

830 Mäsch JuS 2018, 907, 909.

831 OLG Frankfurt RÜ 2020, 291; OLG München NJW 2020, 1683.

832 Jauernig/Teichmann § 249 Rn. 10; Staudinger/Schiemann § 249 Rn. 227 m.w.N.; Schiemann/Herzig VersR 2006, 160.

833 BGH RÜ 2015, 549, 550; RÜ 2017, 292; RÜ 2019, 89 ff.

lassen.[834] Der Verweis auf eine günstigere Reparaturmöglichkeit kann nach Auffassung des BGH auch noch Im Rechtsstreit erfolgen, soweit dem nicht prozessuale Gründe wie die Verspätungsvorschriften entgegenstehen.[835]

Fall 33: Maßgeblicher Zeitpunkt?

K nimmt die B als Haftpflichtversicherer ihres Unfallgegners U auf Ersatz restlichen Sachschadens aus einem Verkehrsunfall vom 09.12.2016 in Anspruch, für den die volle Haftung der B dem Grunde nach außer Streit steht.

Auf der Grundlage eines im Dezember 2016 eingeholten Privatgutachtens verlangte K fiktive Reparaturkosten i.H.v. 5.100 €, auf die B am 20.01.2017 lediglich 3.900 € zahlte. Kosten für die Lackierung des Dachraums, die Beilackierung der Tür sowie die UPE-Aufschläge (UPE = Unverbindliche Preisempfehlung; unter UPE-Aufschlägen versteht man Ersatzteilpreisaufschläge) ersetzte sie nicht. Außerdem verwies sie K auf die niedrigeren Stundenverrechnungssätze der nicht markengebundenen Fachwerkstatt F. Diese freie Werkstatt sei der K mühelos und ohne Weiteres frei zugänglich und eine Reparatur in dieser Fachwerkstatt entspreche dem Qualitätsstandard einer Reparatur in einer markengebunden Werkstatt.

Im Juli 2017 zahlte B die zusätzlichen (Bei-)Lackierungskosten i.H.v. 210 € und im März 2019 leistete sie ferner Ersatz der UPE-Aufschläge i.H.v. 90 €. K lehnt die Verweisung auf die niedrigeren Stundenverrechnungssätze der Referenzwerkstatt F weiterhin ab und begehrt den Differenzbetrag i.H.v. 900 €.

Steht K gegen B ein Anspruch auf Zahlung weiterer 900 € zu? Dabei ist davon auszugehen, dass die Stundenverrechnungssätze der freien Werkstatt F im Dezember 2016 tatsächlich zu einer Ersparnis von 900 € geführt hätten, dass sich aber aufgrund zwischenzeitlicher Preiserhöhung nach Maßgabe der jetzt gültigen Stundenverrechnungssätze der Fachwerkstatt F lediglich eine Ersparnis von 400 € gegenüber der von K zugrundegelegten Berechnung ergibt (nach BGH RÜ 2020, 421).

K könnte gegen B ein Schadensersatzanspruch i.H.v. weiteren 900 € **aus § 115 Abs. 1 S. 1 Nr. 1 VVG i.V.m. §§ 7 Abs. 1, 18 Abs. 1 StVG** sowie **§ 823 Abs. 1, Abs. 2 i.V.m. §§ 1 ff. StVO** zustehen.

I. B muss als Haftpflichtversicherer des U gemäß § 115 Abs. 1 S. 1 Nr. 1 VVG für dessen Haftung aus §§ 7 Abs. 1, 18 Abs. 1 StVG sowie aus §§ 823 Abs. 1, Abs. 2 i.V.m. §§ 1 ff. StVO aufkommen.

II. Als **Rechtsfolge** muss B der K den aus der Kfz-Beschädigung entstandenen Schaden gemäß §§ 10 ff. StVG i.V.m. §§ 249 ff. ersetzen.

1. Aufgrund der unfallbedingten Beschädigung muss K ihr Kfz reparieren lassen, sodass der durch die Eigentumsverletzung äquivalent und adäquat verursachte **Schaden** nach der Differenzhypothese in den Reparaturkosten besteht.

834 BGH RÜ 2010, 78: VW-Urteil; BGH NJW 2010, 2118: BMW-Urteil.
835 BGH NJW 2013, 2817, 2818; NJW 2014, 3236, 3237.

2. Der **Schadensausgleich** erfolgt gemäß §§ 10 ff. StVG i.V.m. §§ 249 ff.

   Durch die Reparatur wird das Kfz in einen Zustand versetzt, der dem ursprünglichen zumindest vergleichbar ist, sodass die **Reparaturkosten** grundsätzlich einen ersatzfähigen Schaden i.S.v. § 249 Abs. 2 S. 1 darstellen. Aufgrund ihrer Dispositionsfreiheit darf K bei einer Kfz-Reparatur eine fiktive Schadensabrechnung vornehmen. Die Umsatzsteuer wird dem Geschädigten bei einer fiktiven Abrechnung gemäß § 249 Abs. 2 S. 2 jedoch nicht ersetzt.

3. K hat ihrer fiktiven Schadensabrechnung jedoch die Stundenverrechnungssätze einer markengebundenen Fachwerkstatt zugrundegelegt. Fraglich ist, ob es sich dabei um die gemäß § 249 Abs. 2 S. 1 **„erforderlichen" Kosten** der Wiederherstellung handelt.

   Der Geschädigte darf der fiktiven Schadensberechnung grundsätzlich die üblichen Stundenverrechnungssätze einer markengebundenen Fachwerkstatt zugrunde legen, die ein von ihm eingeschalteter Sachverständiger auf dem allgemeinen regionalen Markt ermittelt hat,[836] sodass es sich bei den von K zugrunde gelegten Reparaturkosten um die erforderlichen Kosten i.S.v. § 249 Abs. 2 S. 1 handelt.

4. B hat der K allerdings die freie Fachwerkstatt F benannt, bei der sich aufgrund niedrigerer Stundenverrechnungssätze die Reparaturkosten um 900 € reduziert hätten. Daher könnte K durch das Zugrundelegen der Stundenverrechnungssätze einer markengebundenen Fachwerkstatt ihre **Schadensminderungspflicht gemäß § 254 Abs. 2 S. 1 verletzt** haben.

   Die freie Fachwerkstatt F ist K mühelos und ohne Weiteres zugänglich, eine Reparatur in dieser Werkstatt entspricht dem Qualitätsstandard einer markengebundenen Werkstatt und K hat keine Umstände aufgezeigt, die ihr die Reparatur außerhalb der markengebundenen Werkstatt unzumutbar machen, sodass für die Bemessung ihres Ersatzanspruchs die günstigeren Stundenverrechnungssätze der freien Fachwerkstatt F zugrundezulegen sind.

   Allerdings haben sich die Stundenverrechnungssätze, die im Dezember 2016 galten und zu einer Ersparnis von 900 € führten, aufgrund einer Preiserhöhung verändert, sodass sich jetzt lediglich eine Ersparnis von 400 € gegenüber der von K zugrundegelegten Berechnung ergibt. Problematisch ist daher, **auf welchen Zeitpunkt** für die Bemessung des Ersatzanspruchs der K abzustellen ist.

   Der **materiell-rechtlich maßgebliche Zeitpunkt** für die Bemessung des Scha- 526
   densersatzanspruchs in Geld ist nach Ansicht des BGH – im Rahmen der Grenzen des Verjährungsrechts – der Zeitpunkt, in dem dem Geschädigten das volle wirtschaftliche Äquivalent für das beschädigte Recht zufließt, also **der Zeitpunkt der vollständigen Erfüllung**. **Verfahrensrechtlich** sei, wenn noch nicht vollständig erfüllt sei, der prozessual letztmögliche Beurteilungszeitpunkt, regelmäßig also der **Zeitpunkt der letzten mündlichen Tatsachenverhandlung**, maßgeblich.

836 BGH RÜ 2015, 549, 550; RÜ 2017, 292, 293; RÜ 2019, 89, 90.

Diese Grundsätze dienten in erster Linie dem Schutz des Gläubigers gegen eine verzögerte Ersatzleistung des Schuldners. Zusätzliche Schäden und eine Verteuerung der Wiederherstellungskosten vor vollständiger Erfüllung, etwa durch Preissteigerungen, gingen deshalb in der Regel zu dessen Lasten.[837] Es entspreche insbesondere nicht dem Schutzzweck des § 254 Abs. 2 S. 1, den Schädiger vor Preissteigerungen in der von ihm vorgeschlagenen Werkstatt zu schützen, die in der Zeit eintreten, in der er seiner Ersatzpflicht nicht (vollständig) nachkommt.[838]

B hat den Ersatzanspruch der K nicht vollständig erfüllt, weil sie unberechtigte Abzüge bei den (Bei-)Lackierungskosten und den UPE-Aufschlägen vorgenommen hat. Zwischenzeitliche Preiserhöhungen in der Verweisungswerkstatt gehen daher zu Lasten der B.

Folglich ist der Anspruch der K wegen Verstoßes gegen ihre Schadensminderungspflicht gemäß § 254 Abs. 2 S. 1 lediglich um 400 € zu kürzen, sodass K gegen B ein Anspruch i.H.v. weiteren 500 € aus § 115 Abs. 1 S. 1 Nr. 1 VVG i.V.m. §§ 7, 18 StVG, 823 Abs. 1, Abs. 2 i.V.m. §§ 1 ff. StVO zusteht.

---

(2) Ausnahmen

Von dem Grundsatz der Dispositionsfreiheit werden Ausnahmen gemacht:

527 ■ Zum einen können **Personenschäden** nur konkret abgerechnet werden. Der Ersatz fiktiver Heilbehandlungskosten wäre in Wahrheit eine Entschädigung für eine fortdauernde Beeinträchtigung der Gesundheit und unterliefe daher die Regelung des § 253 Abs. 1.[839]

528 ■ Zum anderen ist auch bei der Abrechnung von **Sachfolgeschäden** – z.B. Sachverständigenkosten oder den Kosten für die Miete einer Ersatzsache – nach der Rspr. auf den Betrag einer tatsächlich durchgeführten Wiederherstellung abzustellen.

529 ■ Ferner kann nach § 249 Abs. 2 S. 2 **fiktive Umsatzsteuer** nicht verlangt werden. Dies gilt sowohl für die Abrechnung fiktiver Reparaturkosten als auch für die Abrechnung fiktiver Wiederbeschaffungskosten.[840] Mit dieser Regelung will der Gesetzgeber eine „Überkompensation" verhindern.[841]

530 Wählt der Geschädigte den Weg der abstrakten Schadensabrechnung, ist die im Rahmen einer Ersatzbeschaffung angefallene Umsatzsteuer nicht ersatzfähig, auch nicht in Höhe des im Schadensgutachten zugrunde gelegten Umsatzsteueranteils. Eine Kombination von fiktiver und konkreter Schadensabrechnung ist auch insoweit unzulässig.[842]

531 Umstritten und bislang nicht höchstrichterlich entschieden ist, ob die bei tatsächlich durchgeführter Teil- oder Billigreparatur konkret angefallene Mehrwertsteuer kumulativ mit den fiktiven Netto-

---

837 BGH RÜ 2020, 421, 422, 423.

838 BGH RÜ 2020, 421, 423.

839 BGHZ 97, 14, 19; Wandt § 23 Rn. 13.

840 BGH NJW 2017, 1310.

841 BT-Drs. 14/7752, S. 13.

842 BGH RÜ 2019, 86 ff.; BGH RÜ 2017, 415 ff.

Reparaturkosten des Gutachtens erstattungsfähig ist. Dies könnte eine unzulässige Vermischung fiktiver und konkreter Abrechnung darstellen. Der Geschädigte darf zwar den zur Wiederherstellung erforderlichen Geldbetrag auf Grundlage der tatsächlichen oder der fiktiven Kosten abrechnen. Er darf aber nicht beide Abrechnungsmodi mischen, sondern muss sich zwischen der Abrechnung der tatsächlichen oder fiktiven Kosten entscheiden.[843]

- In der Instanzrechtsprechung[844] und der h.Lit.[845] wird die Erstattungsfähigkeit der Umsatzsteuer neben den fiktiv abgerechneten Netto-Reparaturkosten befürwortet. Dies ergebe sich aus dem Sinn und Zweck des § 249 Abs. 2 S. 2.
- Demgegenüber wird in der Lit. auch die Auffassung vertreten, dass auch mit Blick auf die Umsatzsteuer, die bei Teilreparaturen anfällt, das Verbot der Kombination von fiktiver und konkreter Abrechnung gelte.[846]

Umstritten ist, ob § 249 Abs. 2 S. 2 auch beim wirtschaftlichen Totalschaden Anwendung findet. 532

Beispiel: Bei einem von B verursachten Unfall entstand am Kfz des K ein wirtschaftlicher Totalschaden. K, der sich bislang noch kein Ersatzfahrzeug angeschafft hat, verlangt von B den Bruttowiederbeschaffungswert.

Der Geschädigte erhält im Falle eines wirtschaftlichen Totalschadens den Wiederbeschaffungsaufwand ersetzt (s.o. Fall 32). Fraglich ist, ob dabei der Brutto- oder der Nettowiederbeschaffungsaufwand zugrunde zu legen ist.

Gemäß § 249 Abs. 2 S. 2 schließt bei Beschädigung einer Sache der nach § 249 Abs. 2 S. 1 zur Wiederherstellung erforderliche Geldbetrag die Umsatzsteuer nur mit ein, wenn und soweit sie angefallen ist. Diese Regelung gilt jedoch nur bei der Naturalrestitution und nicht bei der Schadenskompensation. Ob der § 249 Abs. 2 S. 2 im Fall des wirtschaftlichen Totalschadens anwendbar ist, hängt daher von dessen dogmatischer Einordnung ab.

- Nach h.Lit. handelt es sich beim wirtschaftlichen Totalschaden um Schadenskompensation nach § 251 Abs. 2, da die Naturalrestitution in diesem Fall wegen der hohen Wiederherstellungskosten unverhältnismäßig sei.[847] Demnach findet § 249 Abs. 2 S. 2 keine Anwendung und es ist nach dieser Ansicht der Bruttowiederbeschaffungsaufwand zugrunde zu legen.[848]
- Nach st.Rspr. des BGH[849] handelt es sich bei der Schadensregulierung eines wirtschaftlichen Totalschadens um Naturalrestitution gemäß § 249 Abs. 2 S. 1, da auch die Beschaffung eines gleichwertigen Ersatzfahrzeugs der Wiederherstellung eines wirtschaftlich gleichwertigen Zustands diene und dies das Ziel der Naturalrestitution sei. Folglich findet § 249 Abs. 2 S. 2 Anwendung und es ist lediglich der Nettowiederbeschaffungsaufwand zu ersetzen.

- Schließlich können nach der Rspr. des BGH bei Kfz-Schäden **fiktive Reparaturkosten, die über dem Wiederbeschaffungsaufwand liegen**, nur dann **bis zur Höhe des Wiederbeschaffungswerts** – also ohne Abzug des Restwerts – ersetzt verlangt werden, wenn der Geschädigte sein Fahrzeug **mindestens sechs Monate tatsächlich weiter nutzt**, sei es auch in beschädigtem (unrepariertem), aber noch verkehrstauglichem Zustand.[850]

---

843 BeckOK/Flume § 249 Rn. 201.

844 LG Hagen, Urt. v. 02.07.2009 – 10 O 24/09 – Juris [Tz. 6 ff.]; LG Bückeburg, Urt. v. 29.09.2011 – 1 O 86/11 – Juris [Tz. 33]; LG Bremen, Urt. v. 24.05.2012 – 7 S 277/11 – Juris [Tz. 29]; LG Düsseldorf, Urt. v. 13.12.2012 – 21 S 349/11 – juris [Tz. 26].

845 BeckOK/Flume § 249 Rn. 201; Palandt-Grüneberg § 249 Rn. 27.

846 Burmann/Jahnke § 249 Rn. 311.

847 Medicus/Petersen BR Rn. 819; MünchKomm/Oetker § 251 Rn. 41 ff.; Palandt/Grüneberg § 249 Rn. 27, § 251 Rn. 7.

848 Heß/Burmann NJW-Spezial 2004, 111.

849 BGHZ 115, 364, 368 m.w.N.

850 BGH NJW 2011, 667 m.w.N.

Bei der Weiternutzung des Kfz durch den Geschädigten stelle der Restwert des Fahrzeugs nur einen hypothetischen Rechnungsposten dar, der sich nicht in der Schadensbilanz niederschlagen dürfe, und durch eine mindestens sechsmonatige Weiternutzung bekunde der Geschädigte sein ernsthaftes Interesse an der Weiternutzung, das einem Abzug des Restwerts entgegenstehe.[851]
Veräußert der Geschädigte das Kfz innerhalb von sechs Monaten nach dem Unfall, gibt er sein Integritätsinteresse auf und realisiert durch den Verkauf den Restwert des Kfz, den er sich grundsätzlich anrechnen lassen muss, da er an dem Schadensfall nicht verdienen darf (vgl. dazu unten Fall 34).[852]

533 ■ Zudem kann der Geschädigte keine fiktive Abrechnung bei Kfz-Schäden verlangen, wenn er die **Reparatur sach- und fachgerecht zu niedrigeren Bruttokosten hat durchführen lassen.**[853]

Selbstverständlich sei auf der Grundlage einer preiswerteren Reparaturmöglichkeit abzurechnen, wenn ein Verweis der Schädigerseite darauf nicht einmal erforderlich sei, weil der Geschädigte die Möglichkeit einer vollständigen und fachgerechten, aber preiswerteren Reparatur selbst dargelegt und sogar wahrgenommen habe. Eine abweichende Betrachtung würde dazu führen, dass der Geschädigte an dem Schadensfall verdiene, was dem Bereicherungsverbot widerspräche.[854]

cc) Voraussetzung des § 249 Abs. 2: Möglichkeit der Herstellung

534 Voraussetzung für einen Anspruch auf Naturalrestitution ist, dass eine **Wiederherstellung grundsätzlich möglich** ist (Umkehrschluss aus § 251 Abs. 1 Alt. 1). Die Möglichkeit der Wiederherstellung und damit auch einen Ersatzanspruch nach § 249 Abs. 2 verneint der BGH in den Fällen, in denen der Geschädigte die beschädigte Sache veräußert, ohne gleichzeitig den Ersatzanspruch an den Erwerber abzutreten. Eine Ausnahme besteht bei Kraftfahrzeugen.

Fall 34: Fiktive Reparaturkosten bei Inzahlunggabe

S muss dem G den durch einen Verkehrsunfall entstandenen Schaden ersetzen. Laut Sachverständigengutachten betragen die Reparaturkosten (ohne Umsatzsteuer) 8.500 €, der verbleibende Minderwert 1.000 €, der Wiederbeschaffungswert 12.900 € und der Restwert 4.275 €. Die Gutachterkosten belaufen sich auf 673 €. G will den Wagen unrepariert in Zahlung geben. Beim Kauf eines Neuwagens gelingt es dem G durch geschickte Verhandlungsführung, dass er von dem Verkäufer für den Unfallwagen eine Gutschrift i.H.v. 5.000 € erhält. (Fall nach OLG Köln NJW-RR 1993, 1437)

535 I. Bei einem **Sachschaden** kann der Geschädigte aufgrund seiner Dispositionsfreiheit die durch einen Sachverständigen zu ermittelnden Kosten der Wiederherstellung gemäß § 249 Abs. 2 als sogenannte **fiktive Reparaturkosten** ersetzt verlangen, auch wenn er auf die Schadensbeseitigung verzichtet. Bei **Kfz-Schäden** verliert der Geschädigte den Anspruch auf Ersatz **fiktiver Reparaturkosten nicht dadurch, dass er das Fahrzeug unrepariert in Zahlung gibt.**[855]

851 BGH RÜ 2006, 401; NJW 2008, 1941.
852 BGH RÜ 2006, 401; NJW 2008, 1941.
853 BGH RÜ 2014, 137, 139.
854 BGH RÜ 2014, 137, 139.
855 BGHZ 66, 239, 241 ff.; NJW 1992, 903; MünchKomm/Oetker § 249 Rn. 367 m.w.N.; a.A. LG Hannover NJW-RR 1999, 251.

II. Will der Geschädigte das verunfallte Kfz nicht selber weiter nutzen, so ist die Ersatzfähigkeit fiktiver Reparaturkosten der Höhe nach durch die Kosten der Ersatzbeschaffung begrenzt; d.h., die obere Grenze wird durch den **Wiederbeschaffungsaufwand** (Wiederbeschaffungswert abzgl. Restwert) gezogen, um zu verhindern, dass sich der Geschädigte an dem Schadensfall bereichert (s.o. Rn. 520 f.). **536**

12.900 €	Wiederbeschaffungswert
– 4.275 €	Restwert
8.625 €	Wiederbeschaffungsaufwand

III. Erzielt der Geschädigte für das Unfallfahrzeug ohne besondere Anstrengungen einen Erlös, der den vom Sachverständigen geschätzten Betrag übersteigt, muss er sich diesen anrechnen lassen, da er an dem Schadensfall nicht verdienen soll.[856]

Erzielt der Geschädigte demgegenüber für seinen Unfallwagen aus Gründen, die mit dem Zustand des Fahrzeugs nichts zu tun haben, einen überdurchschnittlichen Erlös, wie hier durch eine besonders geschickte Verhandlungsführung bei Inzahlunggabe beim Erwerb eines Neuwagens, so steht dieser „verdeckte Rabatt" nicht dem Schädiger, sondern dem Geschädigten zu. Eine über den tatsächlichen Restwert des Fahrzeugs hinausgehende Gutschrift bleibt daher bei der Bestimmung des Restwerts außer Betracht.[857]

G kann somit von S Zahlung i.H.v. 8.625 € verlangen.

Schadensersatz bei Kfz-Schäden
§ 249 Abs. 2: erforderlicher Geldbetrag

Reparaturaufwand = Reparaturkosten zzgl. Minderwert	Wiederbeschaffungsaufwand = Wiederbeschaffungswert abzgl. Restwert
↑	↑
Bei Reparatur, wenn ■ Rep.-Aufwand nicht höher als 130% des reinen Wiederbeschaffungswerts (ohne Abzug des Restwerts) ■ und wenn im Standard einer Werkstattreparatur ■ und wenn alsbald repariert, um es selbst mindestens sechs Monate zu benutzen.	1. Bei Wiederbeschaffung 2. Ohne Wiederbeschaffung und ohne Reparatur als obere Grenze der Rep.-Kosten (fiktive Rep.-Kosten) 3. Bei Reparatur Obergrenze, wenn ■ Rep.-Aufwand höher als 130 % des reinen Wiederbeschaffungswerts (ohne Abzug des Restwerts) ■ oder wenn nicht im Standard einer Werkstattreparatur ■ oder repariert, um nicht selbst zu benutzen.

856 BGH NJW 2010, 2724, 2725.
857 BGH NJW 1992, 903; OLG Köln NJW-RR 1993, 1437; Vuia NJW 2013, 1197 ff.

dd) Ersatzfähigkeit von Sachverständigenkosten

537 Das Sachverständigengutachten dient der Schadensermittlung, sodass die Sachverständigenkosten grundsätzlich gemäß § 249 Abs. 2 S. 1 ersatzfähig sind.[858]

Dies gilt gemäß § 249 Abs. 2 S. 1 jedoch nur, wenn eine vorherige Begutachtung zur Geltendmachung des Ersatzanspruchs und zur tatsächlichen Wiederherstellung erforderlich und zweckmäßig ist.[859] Dabei kommt es darauf an, ob ein verständig und wirtschaftlich denkender Geschädigter nach seinen Erkenntnissen und Möglichkeiten die Einschaltung eines Sachverständigen für geboten erachten durfte. Nach der Rspr. darf der Geschädigte bei Kfz-Unfällen einen Sachverständigen heranziehen, solange es sich nicht um einen Bagatellschaden handelt. Die Bagatellschwelle wird durch die Höhe der Reparaturkosten bestimmt. Nach BGH verläuft die Grenze bei 700 €.[860]

Ein Gutachter, der dem Geschädigten eines Verkehrsunfalls die Erstellung eines Gutachtens zu den Schäden am Unfallfahrzeug zu einem Honorar anbietet, das deutlich über dem ortsüblichen Honorar liegt, muss diesen über das Risiko aufklären, dass der gegnerische Kfz-Haftpflichtversicherer das Honorar nicht in vollem Umfang erstattet.[861]

b) § 249 Abs. 2 bei Personenschäden

538 ■ Grundsätzlich ist der deliktische Ersatzanspruch – von Ausnahmen abgesehen (vgl. §§ 844, 845) – auf einen Ausgleich der dem Verletzten selbst entstandenen Schäden beschränkt.

Die **Kosten der Krankenhausbesuche** „nächster" – nicht lediglich naher – Angehöriger des Verletzten sind allerdings nach der Rspr. des BGH ausnahmsweise als eigener Schaden des Verletzten erstattungsfähig, wenn und soweit die Besuche **für die Gesundung des Verletzten nach seiner Befindlichkeit notwendig** sind.[862]

Die Einstandspflicht des Schädigers erstreckt sich grundsätzlich auch auf die Kosten einer verletzungsbedingt erforderlichen Begleitung des Geschädigten durch eine Betreuungsperson, z.B. bei Behördengängen, Spaziergängen, kulturellen Veranstaltungen, etc. Dabei bestimmt sich der Mehrbedarf nach den Dispositionen, die ein verständiger Geschädigter in seiner besonderen Situation treffen würde. Danach können auch die Kosten einer behinderungsbedingt erforderlichen Begleitung des Geschädigten bei einer Urlaubsreise ersatzfähig sein.[863]

539 ■ Anders als bei der Sachbeschädigung wird ein Ersatz **fiktiver Heilungskosten** – etwa wenn ein Verletzter die Verletzung ohne Inanspruchnahme einer an sich notwendigen Arzt- oder Krankenhausbehandlung auskuriert – allgemein abgelehnt, da bei Personenschäden dem Verletzten wegen der Wertung des § 253 Abs. 1 die Dispositionsfreiheit fehlt (s.o. Rn. 527).[864]

---

858 BGH NJW 2007, 1450; NJW 2016, 3363.

859 BGH NJW 2014, 3151.

860 BGH NJW 2005, 356.

861 BGH RÜ 2018, 480 ff.

862 Vgl. dazu Heß/Burmann NJW-Spezial 2006, 207.

863 BGH RÜ 2020, 417, 418.

864 BGHZ 97, 14; Staudinger/Schiemann § 249 Rn. 237; MünchKomm/Oetker § 249 Rn. 357 f.

3. Geld für Herstellung nach Fristsetzung, § 250

In anderen Fällen als der Körperverletzung oder Sachbeschädigung kann der Geschädigte den für die Herstellung erforderlichen Geldbetrag erst dann verlangen, wenn die Herstellung „in Natur" trotz Fristsetzung nicht erfolgt ist. 540

Beispiel: G hat von S wegen dessen fortwirkenden ehrverletzenden Äußerungen Widerruf verlangt (§ 249 Abs. 1) und hierzu eine Frist gesetzt mit der Bestimmung, dass er nach Ablauf der Frist die Herstellung ablehne. Nach Fristablauf gibt G selbst ein Zeitungsinserat zur Richtigstellung auf. Die hierzu erforderlichen Inseratskosten kann G von S nach § 250 S. 2 ersetzt verlangen.

II. Die Abgrenzung der Naturalrestitution von der Schadenskompensation

Bei der Schadenskompensation (§ 251) geht der Ersatzanspruch des Geschädigten nicht mehr auf Herstellung (§ 249), sondern allein auf Wertausgleich des Verlustes in der Vermögensbilanz (Kompensation, § 251). 541

Die **Naturalrestitution hat** in beiden Formen – Herstellung in Natur, § 249 Abs. 1, und Geld für Herstellung, § 249 Abs. 2 – **Vorrang vor der Schadenskompensation**. Der Schädiger kann dem Geschädigten die Herstellung (Naturalrestitution) nur dann verweigern und ihn auf Entschädigung in Geld für den erlittenen Wertverlust (= Wertausgleich des Verlustes in der Vermögensbilanz) verweisen, wenn und soweit die Herstellung nicht möglich oder zur Entschädigung nicht genügend ist (§ 251 Abs. 1) oder unverhältnismäßige Aufwendungen erfordert (§ 251 Abs. 2 S. 1).[865]

Dabei trägt der Schädiger nach allgemeinen Grundsätzen die Darlegungs- und Beweislast für das Vorliegen der Unmöglichkeit bzw. der Unverhältnismäßigkeit der Naturalrestitution.[866]

1. Unmöglichkeit der Herstellung, § 251 Abs. 1 Alt. 1

Der Anspruch auf Zahlung des zur Herstellung der beschädigten Sache erforderlichen Geldbetrags (§ 249 Abs. 2) stellt nur eine besondere Form des Naturalersatzanspruchs nach § 249 Abs. 1 dar. Er setzt daher wie dieser voraus, dass die Naturalrestitution noch möglich ist.[867] 542

Der maßgebliche Zeitpunkt ist die letzte Tatsachenverhandlung über den Anspruch.[868]

Beispiel: Wegen der Beschädigung einer Dunstabzugshaube in der Küche eines Lokals wird der Schadensersatzanspruch auf Ersatz der – fiktiven – Reparaturkosten eingeklagt. Vor der letzten Tatsachenverhandlung wird die Dunstabzugshaube ausgebaut und verschrottet, weil das Lokal inzwischen anderweitig genutzt wird. Da hierdurch die Herstellung unmöglich geworden ist, ist der zunächst entstandene Anspruch auf Herstellung (§ 249) erloschen. Es kann jetzt nur noch ein Anspruch auf Schadenskompensation gemäß § 251 Abs. 1 in Betracht kommen, wenn dem Kläger ein Vermögensschaden entstanden ist.[869]

865 BGHZ 115, 364, 367.

866 BGH NJW 2009, 1066, 1067 m.w.N.

867 BGHZ 81, 385, 388; 102, 322, 325; 147, 320, 322; vgl. dazu Staudinger/Schiemann § 249 Rn. 219 m.w.N.; einschränkend MünchKomm/Oetker § 249 Rn. 375 wonach der Geldersatzanspruch ausnahmsweise bestehen bleibt, wenn die Naturalrestitution nur innerhalb einer bestimmten Zeit möglich war, der Schädiger innerhalb dieser Zeit den Geldersatz aber nicht geleistet hat, obwohl er sich in Verzug befand.

868 BGHZ 81, 385, 389.

869 Nach BGH NJW 1985, 2413.

543 Nach der Rspr. des BGH führt auch die **Veräußerung der beschädigten Sache vor der Reparatur** grundsätzlich zum Untergang des Anspruchs auf Ersatz der Reparaturkosten.

Dies beruht auf der Überlegung, dass der durch § 249 bezweckte Rechtsgüterstand nach Veräußerung der Sache nicht mehr erreicht werden kann, weil die Integrität der Rechtsgüter des Geschädigten nicht mehr wiederhergestellt werden kann, wenn der Geschädigte den beschädigten Gegenstand veräußert, weiterhin aber Schadensersatz begehrt. Die Ersatzleistung kann dann nicht mehr dem Herstellungsinteresse dienen, sondern nur noch den rechnerischen Schaden im Vermögen ausgleichen.[870]

Dem Geschädigten verbleibt dann nur der Anspruch auf einen Ausgleich der Minderung seines Vermögens („Kompensation") nach § 251.

544 Eine Ausnahme von dem oben dargestellten Grundsatz macht der BGH für den Fall, in dem mit der Veräußerung der Sache der **Schadensersatzanspruch abgetreten** wird. Es kann dann allerdings nicht mehr der ursprünglich Geschädigte, wohl aber sein Rechtsnachfolger die Verfolgung des Herstellungsinteresses betreiben.

545 ***Beachte:*** *Bei einem Schadensersatzanspruch statt der Leistung ist der Anspruch auf Erfüllung ausgeschlossen, vgl. § 281 Abs. 4. Infolgedessen ist die Naturalrestitution wegen Unmöglichkeit ausgeschlossen und der Schadensausgleich erfolgt gemäß § 251 Abs. 1 Alt. 1 nach der Schadenskompensation.*[871]

2. Herstellung zur Entschädigung nicht genügend, § 251 Abs. 1 Alt. 2

546 § 251 Abs. 1 Alt. 2 ist anwendbar, wenn eine Reparatur dem Geschädigten wegen des Schadensumfangs **nicht zugemutet** werden kann oder „soweit" trotz der Reparatur ein **technischer oder merkantiler Minderwert**[872] verbleibt. Je nach Lage des Falls kann die Schadenskompensation gemäß § 251 Abs. 1 Alt. 2 neben den Anspruch auf Naturalrestitution gemäß § 249 Abs. 2 S. 1 treten („soweit") oder ihn ganz ersetzen.[873]

3. Unverhältnismäßige Aufwendungen, § 251 Abs. 2

547 Nach **§ 251 Abs. 2 S. 1** ist der Schadensersatz nicht in der Art der Naturalrestitution, sondern durch Schadenskompensation zu leisten, wenn die **Herstellung nur mit unverhältnismäßigen Aufwendungen möglich** ist.

548 Der von der Rspr. bei Kfz-Schäden entwickelte 30%-ige Integritätszuschlag darf bei anderen Schäden nicht schematisch angewandt werden. Erforderlich ist vielmehr eine sorgfältige Abwägung der beiderseitigen Interessen, bei der auch der Grad des Verschuldens und immaterielle Interessen zu berücksichtigen sind.[874]

549 Auch die Grenze der **Ersatzfähigkeit von Mietwagenkosten** bestimmt sich nach § 251 Abs. 2. Mietwagenkosten gehören regelmäßig zu dem Herstellungsaufwand, den der

870 BGHZ 147, 320, 323.

871 BGH WM 2016, 1748, Rn. 21; Hk-BGB/Schulze § 251 Rn. 2; Palandt/Grüneberg § 251 Rn. 3.

872 Vgl. zum merkantilen Minderwert Vuia NJW 2012, 3057 ff.

873 BGH NJW 2005, 277 zum merkantilen Minderwert bei älterem Fahrzeug.

874 Hk-BGB/Schulze § 251 Rn. 4; Palandt/Grüneberg § 251 Rn. 7.

Schädiger nach **§ 249 Abs. 2 S. 1** zu ersetzen hat, unabhängig davon, ob das geschädigte Kfz privat oder gewerblich genutzt wird.[875] Eine die Naturalrestitution ausschließende Unverhältnismäßigkeit der Herstellungskosten liegt nicht schon dann vor, wenn diese Kosten den bei einer Schadenskompensation zu ersetzenden Geldbetrag – wenn auch erheblich – übersteigen. Die Grenze des § 251 Abs. 2 S. 1 wird erst dann überschritten, wenn die **Herstellung für einen wirtschaftlich denkenden Geschädigten unternehmerisch unvertretbar** ist.

Beispiel:[876] Der Geschädigte macht nach einem unfallbedingten Ausfall seines Pkw bei dem allein verantwortlichen S Kosten für die Anmietung eines Ersatzwagens für 16 Tage geltend, insgesamt 1.250 €. Die Gesamtfahrleistung betrug 178 km. Wäre dieser geringe Fahrbedarf durch Taxifahrten abgedeckt worden, so hätten jedenfalls weniger als 250 € aufgewendet werden müssen.
Um 1.000 € höhere Mietwagenkosten sind im Vergleich zu Taxikosten unverhältnismäßig. G kann daher entweder nur fiktive Taxikosten i.H.v. 250 € geltend machen oder Nutzungsentschädigung nach dem entsprechenden Tagessatz (unabhängig von dem Umfang der sonst erfolgten Nutzung) verlangen (vgl. dazu noch unten Rn. 557 ff.)

Trotz geringer Fahrleistung kann sich die Erforderlichkeit der Anmietung eines Ersatzfahrzeugs im Einzelfall daraus ergeben, dass der Geschädigte auf die ständige Verfügbarkeit eines Kfz angewiesen ist.[877]

Dem Geschädigten, der einen Mietwagen in Anspruch nimmt, werden die ersparten **550**
Kosten des eigenen Fahrzeugs im Wege des **Vorteilsausgleichs** von den Mietwagenkosten abgezogen (ca. 10% der Mietwagenkosten).

Einen derartigen Abzug kann der Geschädigte nach einer im Vordringen befindlichen Auffassung, der sich nunmehr auch der BGH angeschlossen hat, dadurch vermeiden, dass er ein klassenniedrigeres Fahrzeug anmietet.[878] Da der Betroffene grundsätzlich dazu berechtigt sei, ein gleichwertiges Fahrzeug anzumieten, widerspräche ein Ersparnisabzug der Billigkeit, wenn der Geschädigte gleichwohl ein einfacheres Fahrzeug anmiete, weil dann der Schädiger in doppelter Weise entlastet würde.[879]

Fall 35: Ersatztaxi

Der Taxiunternehmer G mietet während der Reparaturzeit seines unfallgeschädigten Taxifahrzeugs ein Ersatztaxi an und verlangt von dem für den Unfall allein verantwortlichen S Ersatz der Mietwagenkosten. S weist nach, dass die angefallenen Mietkosten doppelt so hoch sind wie der Gewinnausfall, der bei G entstanden wäre, wenn G kein Ersatztaxi angemietet hätte. S will daher nur die Hälfte der Mietwagenkosten zahlen. (Fall nach BGH VersR 1994, 64)

I. Die Haftung des S ergibt sich dem Grunde nach aus §§ 7, 18 StVG sowie § 823 Abs. 1, Abs. 2 i.V.m. §§ 1 ff. StVO.

II. Fraglich ist allein, ob G die kompletten Mietwagenkosten von S ersetzt verlangen kann.

---

875 BGH VersR 1994, 64; BGHZ 132, 373, 375 f.
876 Nach OLG Hamm OLG Report 2002, 5.
877 BGH NJW 2013, 1149.
878 BGH NJW 2013, 1870, 1872 m.w.N.
879 OLG Stuttgart NJW-RR 2009, 1450; Palandt/Grüneberg § 249 Rn. 36.

1. Grundsätzlich sind die Mietwagenkosten gemäß § 249 Abs. 2 S. 1 im Wege der Naturalrestitution ersatzfähig.

551 2. Der Ersatz der kompletten Mietwagenkosten könnte jedoch wegen unverhältnismäßiger Höhe gemäß § 251 Abs. 2 ausgeschlossen sein.

Eine Unverhältnismäßigkeit liegt nicht schon dann vor, wenn die Herstellungskosten den bei einer Schadenskompensation zu ersetzenden Geldbetrag – wenn auch erheblich – übersteigen, hier also, wenn die Kosten für einen Mietwagen erheblich höher sind als der ansonsten drohende Gewinnausfall. Unverhältnismäßigkeit i.S.v. § 251 Abs. 2 ist vielmehr erst dann gegeben, wenn die Herstellung (hier: Anmietung des Ersatztaxis) für einen wirtschaftlich denkenden Menschen unternehmerisch unvertretbar ist.

Es erscheint aus dem Blickwinkel eines verständigen Kaufmanns nicht unvertretbar, „einige Wochen lang Mietkosten hinzunehmen, die den mit der Mietsache zu erwirtschaftenden Ertrag voraussichtlich erheblich übersteigen werden, wenn er dadurch seinen Betrieb ungestört aufrechterhalten, den Goodwill sichern, sich seine Stammkundschaft erhalten, am Markt und in der Organisation der Funkzentrale präsent bleiben kann etc."[880]

Daher ist die Grenze i.S.v. § 251 Abs. 2 S. 1 noch nicht überschritten und G kann von S Ersatz der kompletten Mietwagenkosten verlangen. Er muss sich jedoch im Wege der Vorteilsausgleichung anrechnen lassen, dass er während dieser Zeit sein eigenes Kfz nicht abnutzt.

---

552 **Exkurs:** „Unfallersatztarif"

Mietwagenunternehmer bieten dem Geschädigten, der nach einem Unfall ein Ersatzfahrzeug benötigt, oftmals einen sogenannten „Unfallersatztarif" an, der den „Normaltarif", den Selbstzahler zu entrichten haben, erheblich übersteigt (durchschnittlich liegt der Unfallersatztarif um mindestens 100% über dem örtlichen Normaltarif).[881]

Der BGH hat 1996 entschieden, dass der Geschädigte nicht allein deshalb gegen seine Schadensgeringhaltungspflicht verstoße, weil er ein Kfz zu einem Unfallersatztarif anmiete, der gegenüber einem Normaltarif teurer ist, solange ihm dies nicht ohne Weiteres erkennbar sei.[882]

Seit Ende 2004 hat der BGH in einer Vielzahl von Entscheidungen[883] klargestellt, dass dieser Grundsatz keine uneingeschränkte Geltung beanspruchen kann:

- Ein „Unfallersatztarif" sei nur insoweit ein „erforderlicher" Aufwand zur Schadensbeseitigung gemäß § 249 Abs. 2, als die Besonderheiten dieses Tarifs mit Rücksicht auf die Unfallsituation (etwa die Vorfinanzierung, das Risiko eines Ausfalls mit der Ersatzforderung wegen falscher Bewertung der Anteile am Unfallgeschehen durch den Kunden oder den Kfz-Vermieter) einen gegenüber dem „Normaltarif" höheren Preis aus betriebswirtschaftlicher Sicht rechtfertigen, weil sie auf Leistungen des Vermieters beruhen, die durch die besondere Unfallsituation veranlasst und infolgedessen zur Schadensbehebung erforderlich seien (*objektive Erforderlichkeit*).

---

880 BGH VersR 1994, 64, 66; LG Saarbrücken NJW 2012, 2978 ff.

881 BGH NJW 2006, 2618.

882 BGHZ 132, 373.

883 BGH NJW 2005, 51; NJW 2005, 135; NJW 2007, 1449 m.w.N.; NJW 2008, 2910; NJW 2009, 58; dazu RÜ 2009, 1 ff.; vgl. dazu auch Herrler JuS 2007, 103 ff.; Wagner NJW 2007, 2149 ff. sowie Vuia NJW 2008, 2369 ff.

- Ist der Unfallersatztarif nach diesen Grundsätzen objektiv nicht erforderlich, kann der Geschädigte den übersteigenden Betrag nur ersetzt verlangen, wenn ihm ein günstigerer Normaltarif nicht ohne Weiteres zugänglich war (*subjektive Erforderlichkeit*). Hierfür muss der Geschädigte darlegen und ggf. beweisen, dass ihm unter Berücksichtigung seiner individuellen Erkenntnis- und Einflussmöglichkeiten sowie der gerade für ihn bestehenden Schwierigkeiten unter zumutbaren Anstrengungen auf dem in seiner Lage zeitlich und örtlich relevanten Markt kein wesentlich günstigerer Tarif zugänglich war. Dabei können sich insbesondere wegen der Höhe des Tarifs Nachfrage- und Erkundigungspflichten seitens des Geschädigten ergeben.

Wegen dieser Abwicklungsprobleme bzgl. der Unfallersatztarife besteht nach neuerer Rspr. des BGH[884] eine Aufklärungspflicht des Vermieters: Er muss den Mieter deutlich und unmissverständlich darauf hinweisen, dass die (gegnerische) Haftpflichtversicherung den angebotenen Tarif möglicherweise nicht in vollem Umfang erstattet. Bei Verletzung dieser Aufklärungspflicht haftet der Vermieter auf Schadensersatz aus c.i.c. gemäß §§ 280 Abs. 1, 311 Abs. 2, 241 Abs. 2.

Nach **§ 251 Abs. 2 S. 2** sind die aus der **Heilbehandlung eines Tieres** entstandenen Aufwendungen nicht bereits dann unverhältnismäßig, wenn sie dessen Wert erheblich übersteigen. Zu berücksichtigen ist auch der besondere immaterielle Wert, den ein Tier für den Geschädigten haben kann. In die Verhältnismäßigkeitsprüfung müssen daher auch immaterielle Interessen des Geschädigten eingehen.[885] 553

Nach Ansicht des BGH können bei Tieren mit einem geringen materiellen Wert Behandlungskosten auch dann ersatzfähig sein, wenn sie ein Vielfaches dieses Wertes ausmachen. § 251 Abs. 2 S. 2 verlange, dass dem Interesse des Schädigers, nicht mit den Behandlungskosten belastet zu werden, bei der Verhältnismäßigkeitsprüfung nicht nur der Wert des Tieres gegenüber gestellt werde, sondern auch das aus der Verantwortung für das Tier folgende immaterielle Interesse an der Wiederherstellung seiner Gesundheit und seiner körperlichen Integrität. Der BGH hat die Verhältnismäßigkeitsgrenze bei dem dreifachen Betrag der jährlichen Kosten der Tierhaltung gezogen. Die Kosten für die Haltung stünden zwar in keinem direkten Bezug zu der Frage, ob die Anforderungen für die Heilbehandlung des Tieres angemessen seien. Aber dadurch, dass der Tierhalter die nicht nur geringfügigen „Unterhaltungskosten" freiwillig aufbringe, zeige er, was ihm die Haltung des Tieres mindestens wert sei.[886]

III. Schadenskompensation, § 251

Bei der Schadenskompensation geht der Ersatzanspruch des Geschädigten nicht auf Herstellung (Naturalrestitution), sondern auf **Wertausgleich** des Verlustes in der Vermögensbilanz (Kompensation). 554

Der Schaden besteht in der Verminderung von Aktiv- oder der Vermehrung von Passivposten in einem **rechnerischen Vergleich**, der durch das schädigende Ereignis eingetretenen Vermögenslage mit derjenigen, die sich ohne das Ereignis ergeben hätte.[887] Die hypothetische Vermögenslage ist mit der tatsächlichen Vermögenslage zu vergleichen. Die Differenz der Vermögenslagen ist der Schaden.

Die Schadenskompensation nach § 251 setzt – mit Ausnahme des § 253 Abs. 2 (s. dazu unten Rn. 593 ff.) – einen **ersatzfähigen Vermögensschaden** voraus. 555

---

884 BGH NJW 2007, 1447; NJW 2007, 2181; NJW 2007, 2759; vgl. dazu Herrler VersR 2007, 582 ff.

885 Soergel/Mertens § 251 Rn. 11.

886 BGH RÜ 2016, 75, 77.

887 BGH GSZ BGHZ 98, 212, 217; BGH NJW 1994, 788, 792.

- Wegen eines Schadens, der nicht **Vermögensschaden** ist, kann nach § 253 Abs. 1 Entschädigung in Geld (als Schadenskompensation!) nur in den im Gesetz bestimmten Fällen gefordert werden.

- Für die Frage, ob ein **ersatzfähiger Vermögensschaden** vorliegt, ist der **Schutzzweck der Norm** zu beachten: Der Grundsatz, dass derjenige, der pflichtwidrig ein schädigendes Ereignis verursacht, dem Geschädigten für alle dadurch ausgelösten Schadensfolgen haftet, gilt nicht ohne Einschränkung. Es ist anerkannt, dass der Verstoß gegen eine Rechtspflicht nur zum Ersatz des Schadens verpflichtet, dessen Eintritt die Pflicht verhindern sollte. Dies gilt nicht nur für den Bereich des Deliktsrechts, sondern auch im Vertragsrecht und für vorvertragliche Schuldverhältnisse. Der Schaden muss nach Art und Entstehungsweise aus dem Bereich der Gefahren stammen, zu deren Abwendung die verletzte Pflicht bestimmt war.[888]

556 Die Frage, ob ein ersatzfähiger Vermögensschaden angenommen werden kann, stellt sich insbesondere bei folgenden Fallgruppen:

1. Entgangene Nutzungen einer Sache

Stellt es einen ersatzfähigen Vermögensschaden dar, wenn der Eigentümer einer von ihm selbst genutzten Sache diese vorübergehend nicht nutzen kann, ohne dass ihm hierdurch zusätzliche Kosten entstehen oder Einnahmen entgehen?[889]

a) Nutzungsausfall als ersatzfähiger Vermögensschaden

557 Nach der Rspr. und h.M. kann der Verlust von Gebrauchsvorteilen einer Sache als ersatzfähiger Vermögensschaden in Betracht kommen. Zunächst wurde dies beim Nutzungsausfall eines Kfz anerkannt,[890] dann aber auch auf andere Gebrauchsgegenstände ausgedehnt. Nach einem Beschluss des Großen Zivilsenats des BGH ist ein **Nutzungsausfall dann als zu ersetzender Vermögensschaden anzusehen, wenn es sich um einen Gegenstand handelt, auf dessen ständige Verfügbarkeit der Berechtigte für die eigenwirtschaftliche Lebenshaltung typischerweise angewiesen ist.**[891]

Das Schrifttum lehnt überwiegend einen Vermögensschaden ab und bewertet den Ausfall als bloße Schadensquelle, aus der bei eigenwirtschaftlicher Verwendungsplanung nur eine nicht zu ersetzende immaterielle Einbuße erwachsen könnte.[892]

aa) Die Rspr. bejaht einen ersatzfähigen Vermögensschaden bei

558 - **Kraftfahrzeugen,**
  da der Gebrauch eines **privat genutzten Kfz** innerhalb und außerhalb eines Erwerbslebens geeignet ist, Zeit und Kraft zu sparen, sodass die durch die Verfügbarkeit gewonnenen Vorteile Geldwert besitzen.[893] Der Schädiger hat folglich Nut-

888 BGHZ 116, 209, 212 m.w.N.
889 S. dazu Medicus NJW 2000, 2921, 2923 f.; Benecke/Pils JA 2007, 241.
890 BGH NJW 1964, 542.
891 BGH GSZ BGHZ 98, 212, 215; BGH NJW 1994, 442 m.w.N.
892 Vgl. die Übersicht zum Schrifttum bei BGH GSZ BGHZ 98, 212, 215.
893 BGHZ 66, 239, 249; 98, 212, 216; Palandt/Grüneberg Vorbem. v. § 249 Rn. 20.

zungsersatz für den Zeitraum zu leisten, der zur Wiederherstellung des vor dem Unfall bestehenden Zustands erforderlich ist – also i.d.R. für die Dauer der Reparatur bzw. bis zur Beschaffung eines Ersatzfahrzeugs.[894] Auch der vorübergehende Entzug der Gebrauchsmöglichkeit eines Motorrads, das dem Geschädigten als einziges Kraftfahrzeug zur Verfügung steht und nicht reinen Freizeitzwecken dient, stellt einen Vermögensschaden dar und kann einen Anspruch auf Nutzungsausfallentschädigung begründen.[895]

Die Nutzungsentschädigung für **privat genutzte** Fahrzeuge wird i.d.R. abstrakt anhand von Tabellen ermittelt.[896] Eine abstrakte Nutzungsausfallentschädigung ist jedoch mangels einer fühlbaren vermögenserheblichen Entbehrung zu versagen, wenn dem Geschädigten ein zweites Fahrzeug zur Verfügung steht, das er in zumutbarer Weise nutzen kann.[897]

Bei dem Ausfall eines **gewerblich genutzten** Kfz kann der Schaden grundsätzlich nicht abstrakt berechnet werden; er bemisst sich i.d.R. nach dem entgangenen Gewinn (§ 252), den Vorhaltekosten eines Reservefahrzeugs oder der Miete eines Ersatzfahrzeugs.[898] Wenn aber kein konkret bezifferbarer Verdienstentgang vorliegt, kann der Geschädigte eine Nutzungsentschädigung verlangen, wenn ein fühlbarer wirtschaftlicher Nachteil für ihn eingetreten ist.[899] Auch beim Ausfall eines **Behördenfahrzeugs** scheidet nach h.M. eine abstrakte Nutzungsentschädigung aus.[900]

- **Vereitelung eines vertraglich eingeräumten Nutzungsrechts** 559
  Bei Vorenthaltung einer vertraglich eingeräumten, zeitlich begrenzten Gebrauchsmöglichkeit durch den Vertragspartner hat das Gebrauchsrecht einen selbstständigen Vermögenswert. Die Beeinträchtigung führt zu einem ersatzfähigen Vermögensschaden, der aufgrund einer abstrakten Schadensberechnung auszugleichen ist.

  Z.B. wenn die geschiedene Ehefrau ihrem ehemaligen Mann vertraglich eine zeitlich begrenzte Nutzung eines Ferienhauses einräumt und ihm dann die Nutzung vorenthält.[901]

- **Wohnraum:** Kann der Eigentümer ein von ihm selbst benutztes Haus vorübergehend nicht mehr nutzen, steht ihm ein Anspruch auf Schadensersatz zu, da der Wohnraum ein Wirtschaftsgut von allgemeiner, zentraler Bedeutung für die Lebensführung ist, sodass der diesbzgl. Nutzungsausfall einen Vermögensschaden darstellt.[902] 560

- **Fahrrad:** Im Falle des Verlustes oder der Beschädigung eines Fahrrads gibt die Rspr. dem Geschädigten für die Zeit bis zur Wiederbeschaffung bzw. Reparatur einen Nutzungsentschädigungsanspruch. Die Höhe richtet sich nach dem Betrag, den die Anmietung eines Fahrrads gekostet hätte.[903] 561

- **Ausfall eines Internetzugangs:** Nach Auffassung der Rspr. ist auch die Nutzbarkeit des Internets ein Wirtschaftsgut, dessen ständige Verfügbarkeit seit längerer Zeit 562

894 Vgl. aber BGH NJW 2009, 1663 zur Nutzungsausfallentschädigung für über den vom Sachverständigen veranschlagten Zeitraum hinaus.

895 BGH RÜ 2018, 285 ff.

896 Tabellen von Sanden/Danner/Küppersbusch kostenpflichtig abrufbar u.a bei beck-online.

897 BGH VersR 1976, 170; vgl. dazu Meyer-Näser NJW-Spezial 2020, 649.

898 BGHZ 70, 199, 203; BGH RÜ 2019, 153 ff.

899 BGHZ 66, 239, 249; OLG Stuttgart NJW 2007, 1696: abstrakte Nutzungsentschädigung, wenn Geschädigter sich nach dem Unfall überobligatorisch behilft; OLG Naumburg NJW 2008, 2511: abstrakte Nutzungsentschädigung, wenn Geschädigter auf wesentlich kostenintensivere Anmietung eines Ersatzfahrzeugs verzichtet.

900 OLG Hamm RÜ 2004, 532; Palandt/Grüneberg Vorbem. v. § 249 Rn. 24 m.w.N.

901 BGHZ 101, 325.

902 BGH GSZ BGHZ 98, 212 = NJW 1987, 50; BGH NJW 1987, 771, 772; BGHZ 117, 260, 262; Mohr Jura 2010, 808, 810.

903 KG NJW-RR 1993, 1438; AG Frankfurt NJW-RR 1990, 1308; AG Paderborn zfs 1999, 195.

auch im privaten Bereich für die eigenwirtschaftliche Lebenshaltung typischerweise von zentraler Bedeutung ist und bei dem sich eine Funktionsstörung als solche auf die materiale Grundlage der Lebenshaltung signifikant auswirkt.[904]

bb) Nach der Rspr. kein Schadensersatz wegen Nutzungsausfalls bei

563 ■ **Privatflugzeug**, wenn der Geschädigte nicht substantiiert darlegt, dass er in seiner Lebensführung in besonderem Maße auf die Nutzbarkeit des Flugzeugs angewiesen ist und sie ein zentraler Posten seiner Wirtschaftsführung ist.[905]

564 ■ **Privat genutztes Motorsportboot:** Der zeitweilige Verlust der Nutzungsmöglichkeit stellt nur eine individuelle Genussschmälerung dar und keinen vermögensrechtlichen Schaden.[906]

565 ■ **Privat genutztes Wohnmobil:** Zumindest wenn dem Geschädigten ein Pkw zur Verfügung steht, ist die Benutzbarkeit eines Wohnmobils zwar ein die Lebensqualität erhöhender Vorteil, stellt jedoch keinen ersatzfähigen materiellen Wert dar.[907]

b) Einschränkung der Ersatzfähigkeit des Nutzungsausfalls

566 Für die Fälle, in denen nach der Rspr. grundsätzlich der Nutzungsausfall als Vermögensschaden angesehen wird, ist weiter anerkannt, dass für den vorübergehenden Verlust der Gebrauchsfähigkeit der Ersatzpflichtige keine Entschädigung zu leisten braucht, wenn der Geschädigte die Sache in der Reparaturzeit nicht hätte nutzen können. Voraussetzung ist eine **fühlbare Nutzungsbeeinträchtigung**. Diese erfordert einen **hypothetische Nutzungsmöglichkeit** und einen **Nutzungswillen.**[908] Die hypothetische Nutzungsmöglichkeit fehlt z.B., wenn der Geschädigte aus unfallbedingten Gründen an der Nutzung gehindert war.[909]

2. Verlust der Arbeitskraft

Fall 36: Schriftsteller im Krankenhaus

Der selbstständige Schriftsteller G wurde durch Fahrlässigkeit des S verletzt. Während der Heilungsdauer von vier Wochen konnte G nicht seinem Beruf nachgehen. S hat die durch die Behandlung entstandenen Kosten erstattet. G verlangt darüber hinaus Ersatz für den Ausfall seiner Arbeitskraft.

567 I. Die Haftung des S ergibt sich aus § 823 Abs. 1, Abs. 2 i.V.m. § 229 StGB.

II. Fraglich ist allein, ob G von S Ersatz für den Ausfall seiner Arbeitskraft verlangen kann.

---

904 BGH RÜ 2013, 209, 211.

905 OLG Oldenburg NJW-RR 1993, 1437, 1438; AG Rendsburg VersR 2000, 67; a.A. OLG Karlsruhe MDR 1983, 575.

906 BGHZ 89, 60, 64; a.A. Jahr JZ 1984, 573.

907 BGH RÜ 2008, 562; a.A. OLG Düsseldorf JP 2001, 191, da die Abgrenzung zwischen Wohnmobil und Kfz fließend sei.

908 Wandt § 24 Rn. 22 m.w.N.

909 BGH NJW 1968, 1778; 1985, 2471; KG NJW-RR 1993, 1438.

Nach st.Rspr. stellt nicht bereits der Wegfall der Arbeitskraft als solcher, sondern **erst die negative Auswirkung des Ausfalls der Arbeitsleistung im Vermögen des Verletzten einen Schaden** dar. Der Unternehmer kann einen Schaden nicht abstrakt i.H.d. Gehalts einer gleichwertigen Ersatzkraft geltend machen. Es kommt vielmehr darauf an, ob sich die Beeinträchtigung der Erwerbsfähigkeit als konkreter Verlust in der Vermögensbilanz ausgewirkt hat.[910]

Nach a.A. ist die Arbeitskraft als solche ein vermögenswertes Gut, unabhängig davon, ob der Geschädigte sie zum Gelderwerb nutzen wollte.[911]

Bei einem **Selbstständigen** kann sich ein konkreter Vermögensschaden im Verlust bisheriger Einnahmen oder zu erwartender Gewinne zeigen. Dabei kann sich der Geschädigte der Beweiserleichterung des § 252 oder des § 287 ZPO bedienen. Der Schaden muss aber konkret dargetan werden. Eine abstrakte Berechnung ohne Berücksichtigung der tatsächlichen Entwicklung des Betriebs ist nicht zulässig.[912]

Erst dann, wenn der konkrete Nachweis eines Schadens geführt ist, kann der Geschädigte seinen Schaden gemäß § 252 nach dem gewöhnlichen Lauf der Dinge, also „abstrakt" berechnen, indem er darlegt, was er ohne den Unfall wahrscheinlich verdient haben würde.[913]

G hat keinen konkreten Gewinnausfall dargetan, sodass er keinen Ersatz für den Ausfall seiner Arbeitskraft verlangen kann.

Ein **Privatmann**, der ohnehin nicht gearbeitet hätte, kann keinen Erwerbsschaden geltend machen (zu den Besonderheiten des Ausfalls einer haushaltsführenden Ehefrau s. unten zu § 842). **568**

Ein Arbeitnehmer, der unverschuldet arbeitsunfähig wird, erhält das Entgelt eine gewisse Zeit weiter: Für eine vorübergehende Dienstverhinderung, die **nicht auf Krankheit** beruht (z.B. notwendige Pflege eines erkrankten Kindes), ergibt sich dies aus **§ 616 S. 1**. Die Fortzahlung des Arbeitsentgelts **im Krankheitsfall** ist in § 3 Abs. 1 EFZG geregelt.[914] **569**

3. Vertaner Urlaub

Nach der Rspr. des BGH kommt ein ersatzfähiger Vermögensschaden wegen vertanen Urlaubs nur dann in Betracht, wenn der Urlaubsgenuss unmittelbar oder mittelbar Gegenstand einer **vertraglichen** Leistung ist und der Zweck des Vertrags gerade auch darauf gerichtet ist, dem Reisenden durch die versprochene Gestaltung der Urlaubszeit Urlaubsfreude zu ermöglichen.[915] **570**

910 BGHZ 54, 45, 53; BGH NJW-RR 1992, 852; BGHZ 106, 28, 31 f.; BGH NJW 2001, 1640, 1641.

911 So Staudinger/Schiemann § 251 Rn. 105 f. m.w.N.

912 BGHZ 54, 45, 53; 86, 212, 214; BGH NJW 2005, 3348.

913 BGHZ 54, 45, 54; zur Ersatzfähigkeit des Erwerbsschadens ausführlich Stürner JZ 1984, 412 ff. u. 461 ff.

914 Einzelheiten AS-Skript Arbeitsrecht (2019), Rn. 354 ff.

915 BGHZ 63, 98 ff.; 86, 212, 215; BGH NJW 1985, 906, 907; für den Reisevertrag (§ 651 a) besteht eine Ersatzpflicht nach § 651 f Abs. 2; dazu BGH RÜ 2005, 237.

Dagegen steht dem Ersatzanspruch im Fall der **deliktischen** Haftung § 253 Abs. 1 entgegen.[916] Bei Körperverletzungen kann „vertane Urlaubszeit" allerdings bei der Bemessung des Schmerzensgeldes nach § 253 Abs. 2 Berücksichtigung finden.[917]

4. Unterhaltsaufwand für ein Kind

Fall 37: Fehlerhafte Sterilisation

Auf Wunsch des M und seiner Ehefrau F behandelte Dr. D den M mit dem Ziel, eine Sterilisation des M herbeizuführen. Die Eheleute M und F hatten sich hierzu aufgrund ihrer schlechten wirtschaftlichen Lage entschlossen und auch gegenüber Dr. D den Wunsch zur Sterilisation des M damit begründet, dass sie neben ihren bereits vorhandenen drei Kindern aus finanziellen Gründen keine gemeinsamen Kinder mehr bekommen wollten. Infolge einer fehlerhaften Durchführung des Eingriffs blieb M weiterhin zeugungsfähig, was M nicht wusste. Es kam zu der Geburt eines vierten Kindes. M verlangt von Dr. D Zahlung eines Geldbetrags für die Unterhaltskosten des Kindes sowie den Verdienstausfall, der ihm durch die Betreuung des Kindes entsteht.

F fordert von Dr. D wegen der mit der Schwangerschaft und der Geburt verbundenen körperlichen Beschwerden ein Schmerzensgeld.

A. **Unterhaltsaufwand für das Kind**

571 I. M könnte gegen Dr. D ein Schadensersatzanspruch aus **§ 280 Abs. 1** zustehen.

1. Zwischen M und Dr. D liegt ein **wirksamer Behandlungsvertrag**, § 630 a, vor.

2. Dr. D hat den Eingriff, der auf die Beendigung der Fortpflanzungsfähigkeit des M gerichtet war, fehlerhaft durchgeführt, sodass M weiterhin zeugungsfähig geblieben ist. Folglich liegt die erforderliche **Pflichtverletzung** in Bezug auf den Behandlungsvertrag vor.

3. Das **Verschulden** des Dr. D wird gemäß § 280 Abs. 1 S. 2 vermutet und eine Exkulpation ist nicht erfolgt.

4. Als **Rechtsfolge** kann M daher von Dr. D **Ersatz des durch die schuldhafte Pflichtverletzung entstandenen Schadens** verlangen.

572 a) Dazu muss aufseiten des M ein **Schaden** entstanden sein.

Geburt und Existenz des Kindes stellen keinen Schaden dar. Das folgt zwingend aus Art. 1 GG, wonach die Würde des Menschen unantastbar ist.[918] Infolge der Geburt des Kindes ist jedoch eine **Unterhaltsverpflichtung** des M aus § 1601 entstanden. Bei ordnungsgemäßer Vertragserfüllung wäre das vierte Kind der F und des M jedoch nicht gezeugt worden und der Unterhaltsanspruch des Kindes aus § 1601 wäre nicht entstanden.

916 BGHZ 86, 212, 214.

917 Brand § 6 Rn. 38.

918 BVerfGE 88, 203, Leitsatz Nr. 14; BGHZ 76, 249, 253; BGH NJW 1994, 788, 791 m.w.N.

Folglich liegt nach der für die Schadensermittlung maßgeblichen Differenzhypothese mit der Unterhaltsverpflichtung des M ein Schaden vor.

b) Umstritten ist, ob wertende Gesichtspunkte es verbieten, die Unterhaltskosten für ein Kind als Schaden anzusehen.[919] **573**

aa) Im **Schrifttum** wird die Frage **unterschiedlich** beantwortet. **574**

Ein Teil lehnt einen Anspruch auf Zahlung von Unterhalt ab. Man könne nicht zwischen dem Kind als Wert und seinen Kosten als Schaden differenzieren. Zudem könne es nachteilige seelische Folgen für das Kind mit sich bringen, wenn es später erfahre, dass seine Existenz unerwünscht sei und als Schadensereignis gewertet werde.[920] Andere trennen streng zwischen der Unterhaltsverpflichtung und der Existenz des Kindes und sehen die Unterhaltspflicht als Schaden an.[921]

bb) **Nach st.Rspr. der Zivilgerichte umfasst der vertragliche Schadensersatzanspruch gegen den Arzt**, der für eine fehlgeschlagene Sterilisation (oder für eine fehlerhafte genetische Beratung vor Zeugung eines genetisch behinderten Kindes) verantwortlich ist, **im Grundsatz auch den Unterhaltsaufwand für ein Kind**, welches infolge dieses Fehlers gezeugt und geboren wird.[922] **575**

cc) Die beiden Senate des **BVerfG** sind **unterschiedlicher Auffassung**. **576**

(1) Nach Ansicht des Zweiten Senats verbiete es der Schutz der Menschenwürde nach Art. 1 GG, die Unterhaltspflicht für ein Kind als Schaden zu begreifen.[923]

(2) Nach Ansicht des Ersten Senats verstößt die Rspr. der Zivilgerichte nicht gegen Art. 1 GG, sondern beruht auf dem herkömmlichen Verständnis des Vermögensschadens, wonach auch Unterhaltsverpflichtungen als Schaden i.S.d. § 249 angesehen werden können, sowie auf der Schadensermittlung nach der Differenzhypothese.[924]

dd) Der BGH hat auch nach den Entscheidungen des BVerfG daran festgehalten, dass die Belastungen der Eltern mit dem Unterhaltsaufwand für ein Kind einen Vermögensschaden darstellen können.[925]

b) Der Schaden muss durch die Pflichtverletzung **verursacht** worden sein.

Die fehlgeschlagene Sterilisation war äquivalent und adäquat kausal für die Entstehung der Unterhaltspflicht des M. Der entstandene Schaden muss jedoch auch vom **Schutzzweck der Norm** erfasst sein. D.h., der **577**

---

919 Vgl. Deutsch NJW 1993, 2361 ff.; Giesen JZ 1994, 286 ff.; Weber VersR 1999, 389 ff.; Looschelders Jura 2000, 169 ff.; Spickhoff/Petershagen JuS 2001, 670 ff.; Eckebrecht JA Übungsblätter 2000, 937 ff.

920 Vgl. die Nachweise bei BGHZ 76, 249, 251 f.; ferner Stürner VersR 1984, 297, 307 f. u. 1985, 753 ff.; Picker AcP 195, 483 ff.

921 Grunsky JZ 1983, 873; 1986, 170, 171; 1987, 82, 83; Staudinger/Schiemann § 249 Rn. 208 m.w.N.

922 BGHZ 76, 249; BGHZ 124, 128; BGH NJW 1997, 1638; OLG Zweibrücken NJW-RR 1997, 666 m.w.N.

923 BVerfGE 88, 203, 296.

924 BVerfG NJW 1998, 519; vgl. zu dem Konflikt der beiden Senate des BVerfG: Benda NJW 1998, 3330.

925 BGHZ 124, 128, 136 ff.; BGH NJW 1995, 2407; BGH NJW 1997, 1638, 1640.

rechtswirksame **Vertrag muss zumindest auch darauf gerichtet sein, die wirtschaftliche Belastung durch ein Kind zu vermeiden.**[926]

578 aa) Verträge über Empfängnisverhütung[927] oder über genetische Beratung vor Zeugung eines Kindes[928] sind rechtswirksam und auf ein von der Rechtsordnung gebilligtes ärztliches Verhalten gerichtet.

579 bb) Zudem muss der Behandlungsvertrag zumindest auch darauf gerichtet sein, die wirtschaftliche Belastung durch ein Kind zu vermeiden.

Die Eheleute M und F hatten sich zu der Sterilisation des M aufgrund ihrer schlechten wirtschaftlichen Lage entschlossen und hatten dies auch Dr. D zur Begründung des Sterilisationswunsches mitgeteilt. Folglich ist der Vertrag zwischen M und Dr. D auch darauf gerichtet, die wirtschaftliche Belastung durch ein Kind zu verhindern, sodass der entstandene Unterhaltsschaden vom Schutzzweck der Norm erfasst wird.

c) Dr. D muss dem M den entstandenen Schaden gemäß §§ 249 ff. ersetzen. Da Naturalrestitution gemäß § 249 unmöglich ist (die Unterhaltspflicht des M ist bereits entstanden), muss Dr. D gemäß § 251 Abs. 1 Alt. 1 die Unterhaltskosten für das Kind ersetzen.

II. Ein **Anspruch** des M gegen Dr. D auf Ersatz des Unterhaltsaufwands aus **§ 823 Abs. 1** scheidet aus, da M in keinem der durch § 823 Abs. 1 geschützten Rechtsgüter betroffen ist.

580 B. M könnte gegen Dr. D ein Anspruch auf **Verdienstausfall** aus § 280 Abs. 1 zustehen.

Der fehlerhaft behandelnde Arzt hat von den wirtschaftlichen Belastungen, die aus der von ihm zu verantwortenden Geburt eines Kindes hergeleitet werden, nur den Teil zu übernehmen, der für die Existenzsicherung des Kindes erforderlich ist,[929] sodass ein Anspruch auf Ersatz des Verdienstausfalls aus § 280 Abs. 1 ausscheidet.

581 C. F könnte gegen Dr. D ein Anspruch auf **Schmerzensgeld aus § 823 Abs. 1 i.V.m. § 253 Abs. 2** zustehen.

Die Herbeiführung einer Schwangerschaft gegen den Willen der Frau stellt eine Körperverletzung der Frau dar, und zwar selbst dann, wenn der fehlgeschlagene Sterilisationseingriff beim Mann vorgenommen wurde.[930] Insbesondere wird der Zurechnungszusammenhang zwischen Verhalten des Arztes und Eintritt der Körperverletzung nicht deshalb unterbrochen, weil der Verletzungserfolg bei der Verletzten erst durch den Geschlechtsverkehr mit dem fehlerhaft behandelten Patienten eintritt.[931]

F kann somit von Dr. D Schmerzensgeld verlangen.

926 BGH NJW 1984, 658; NJW 1995, 1609.
927 BGH NJW 1997, 2320.
928 BGHZ 124, 128.
929 BGHZ 124, 128, 145 f.; BGH NJW 1997, 1638, 1640 m.w.N.
930 BGH NJW 1995, 2407, 2408 m.w.N.
931 BGH NJW 1995, 2407, 2408 m.w.N.

Anmerkung: *Frau F könnte nicht aus § 823 Abs. 1 Ersatz für den Unterhaltsaufwand verlangen. Zwar ist bei ihr eine Körperverletzung gegeben, jedoch beruht darauf nicht die Unterhaltspflicht für das Kind.*[932]

„Die Beeinträchtigung des körperlichen Wohlbefindens liegt ausschließlich in den Beschwernissen, die die Schwangerschaft normalerweise mit sich bringt. Hierauf beruht die Existenz des Kindes, die die Unterhaltspflicht auslöst, nicht. Insoweit fehlt es jedenfalls am erforderlichen Zurechnungszusammenhang." In Betracht kommen könnte allenfalls das allgemeine Persönlichkeitsrecht in der besonderen Ausprägung eines Rechts auf selbstbestimmte Familienplanung. „Ein solch weites Verständnis des allgemeinen Persönlichkeitsrechts ist aber abzulehnen, da es zu uferlosen, vom Gesetzgeber nicht gewollten Ausweitungen des deliktischen Schutzes führen würde."[933]

Fall 38: Unterbliebener Schwangerschaftsabbruch

Frau F ist die Mutter des mit schweren körperlichen Fehlbildungen geborenen Kindes K. Sie nimmt ihre Frauenärztin B auf Ersatz des Unterhaltsaufwands für das Kind in Anspruch, weil diese während der von ihr durchgeführten Schwangerschaftsbetreuung die erkennbaren Missbildungen des Kindes bei den pränatalen Ultraschalluntersuchungen pflichtwidrig nicht erkannt hat.

Frau F hatte bei den Untersuchungen mehrfach nachgefragt, ob mit dem Kind alles in Ordnung sei. Bei rechtzeitiger Aufklärung hätte F einen Schwangerschaftsabbruch vornehmen lassen. Die Geburt des schwerbehinderten Kindes hat bei F zu erheblichen gesundheitlichen Beeinträchtigungen geführt (depressive Störungen, latente Suizidgefahr). Ist B zum Ersatz des Unterhaltsaufwands für das Kind verpflichtet? (nach BGH RÜ 2002, 438 – Sachverhalt vereinfacht)

A. F könnte gegen B ein Schadensersatzanspruch aus **§ 280 Abs. 1** zustehen. **582**

I. Zwischen F und B liegt ein wirksamer **Behandlungsvertrag** gemäß § 630 a vor, der auf die Betreuung der F während der Schwangerschaft gerichtet ist.

II. Der Vertrag beinhaltet u.a. die Pflicht der B zur Beratung der F über die erkennbare Gefahr einer Schädigung der Leibesfrucht. Diese **Pflicht** hat B **verletzt**, indem sie die erkennbaren Fehlbildungen des Kindes nicht diagnostiziert hat.

III. Das **Verschulden** der B wird gemäß § 280 Abs. 1 S. 2 vermutet und eine Exkulpation ist nicht erfolgt.

IV. F hat daher gegen B aus § 280 Abs. 1 einen **Anspruch auf Ersatz des durch die schuldhafte Pflichtverletzung entstandenen Schadens**.

1. Bei ordnungsgemäßer Vertragserfüllung hätte B die Missbildungen des Kindes diagnostiziert und Frau F hätte einen Schwangerschaftsabbruch vornehmen lassen. Es wäre also nicht zur Geburt des K gekommen und es wäre für F keine Unterhaltspflicht entstanden. Fraglich ist, ob in der Unterhaltspflicht der F gegenüber ihrem Kind ein **ersatzfähiger Vermögensschaden** zu sehen ist.

---

932 OLG Köln MDR 1997, 940, 941 m.w.N.

933 OLG Köln a.a.O.

Nach st.Rspr. kann die Belastung der Eltern mit dem Unterhaltsaufwand für ein Kind einen ersatzfähigen Vermögensschaden darstellen (s.o. Fall 37).

2. **Voraussetzung** für die Anerkennung eines Ersatzanspruchs der Eltern ist allerdings nach dem **Schutzzweck der Norm**, dass der **rechtswirksame Vertrag** des Arztes mit den Eltern jedenfalls auch **darauf gerichtet** ist, die **wirtschaftliche Belastung durch ein Kind zu vermeiden**.

583 a) Nach der Rspr.[934] kann eine auf der Verletzung des Behandlungsvertrags beruhende Vereitelung eines möglichen Schwangerschaftsabbruchs nur dann Ansatz dafür sein, die Eltern im Rahmen eines vertraglichen Schadensersatzanspruchs gegen den Arzt auf der vermögensmäßigen Ebene von der Unterhaltsbelastung durch das Kind freizustellen, wenn der **Abbruch rechtmäßig** gewesen wäre, also der Rechtsordnung entsprochen hätte und von ihr nicht missbilligt worden wäre.

Im vorliegenden Fall geht der BGH[935] davon aus, dass der Schwangerschaftsabbruch aufgrund **medizinischer Indikation gemäß § 218 a Abs. 2 StGB** rechtmäßig gewesen wäre.

584 b) Der entstandene Unterhaltsschaden ist nur dann ersatzfähig, wenn er **vom Schutzzweck des Behandlungsvertrags erfasst** ist.

Bei Schwangerschaftsabbrüchen aus medizinischer Indikation zur Abwehr schwerer Gesundheitsgefahren für die Schwangere erstreckt sich nach st.Rspr. der Schutzzweck des Vertrags im Allgemeinen nicht auf die Bewahrung vor belastenden Unterhaltspflichten gegenüber dem Kind.[936] Dies wird damit begründet, dass im Regelfall der medizinischen Indikation Gefahren abgewendet werden sollen, die der Schwangeren durch das Fortbestehen der Schwangerschaft oder die bevorstehende Geburt drohen; die Abwehr solcher **Gefahren, die durch die Lebensumstände nach der Geburt des Kindes drohen, stünden dabei nicht im Mittelpunkt**.

Nach Ansicht des BGH ist der Unterhaltsbedarf des Kindes vom Schutzzweck dieses Behandlungsvertrags erfasst, da die schwerwiegenden Gesundheitsgefahren für die Mutter, die zur Erfüllung der Voraussetzungen der Indikation nach § 218 a Abs. 2 StGB führen, hier **gerade auch für die Zeit nach der Geburt drohen**. War demgemäß der vertragliche Schutzzweck auch auf die Vermeidung dieser Gefahren durch das „Haben" des Kindes gerichtet, so erstreckt sich die aus der Vertragsverletzung resultierende Ersatzpflicht auch auf den Ausgleich der durch die Unterhaltsbelastung verursachten vermögensrechtlichen Schadenspositionen.[937]

F kann daher von B gemäß § 280 Abs. 1 Ersatz des Unterhaltsaufwands für das Kind verlangen.

---

934 Vgl. BGH NJW 2002, 886 m.w.N.; BGH NJW 2003, 3411; OLG Nürnberg NJW 2009, 1757.

935 BGH NJW 2002, 2636, 2637.

936 BGH NJW 1985, 2749; NJW 2002, 1489.

937 BGH NJW 2002, 2636, 2639.

B. Ein **Anspruch aus § 823 Abs. 1** auf Ersatz des Unterhalts besteht nicht, da die Unterhaltspflicht für das Kind nicht auf einer Körperverletzung der F beruht.[938]

---

5. Pflegeleistungen von Eltern

Der Betreuungsaufwand naher Angehöriger eines durch eine unerlaubte Handlung Verletzten kann im Rahmen des § 843 Abs. 1 grundsätzlich ersatzpflichtig sein. **585**

So sind bei verletzungsbedingter Pflegebedürftigkeit als Teil des Anspruchs des Verletzten auf Ersatz eines Mehrbedarfs vom Schädiger die Pflegedienste auch dann angemessen abzugelten, wenn sie statt von fremden Pflegekräften von Angehörigen (dem Verletzten gegenüber unentgeltlich) erbracht werden, wobei nicht entscheidend ist, ob der Angehörige, der die Pflegeleistungen erbringt, seinerseits einen Verdienstausfall erleidet. Denn eine solche Hilfeleistung naher Angehöriger darf dem Schädiger entsprechend dem Rechtsgedanken des § 843 Abs. 4 nicht zugute kommen.

Eine derartige Ersatzpflicht hat jedoch zur Voraussetzung, dass sich der geltend gemachte Aufwand in der Vermögenssphäre als geldwerter Verlustposten konkret niedergeschlagen hat.

Dies ist einerseits bei einem Verdienstausfall der unentgeltlich einspringenden Angehörigen gegeben, andererseits aber auch dort, wo der Vermögenswert der geleisteten Dienste im Sinne eines „Marktwerts" objektivierbar ist, da sie ihrer Art nach in vergleichbarer Weise ohne Weiteres auch von einer fremden Hilfskraft übernommen werden könnten. Hingegen sind Aufwendungen an Zeit, die sich nicht in diesem Sinne konkret in der Vermögenssphäre niederschlagen, im Rahmen deliktischer Haftungsbeziehungen nicht ersatzfähig.

Auf der Grundlage dieser Überlegungen kann eine zusätzliche Betreuung, die Eltern – z.B. in ihrer Freizeit – ihrem gesundheitlich geschädigten Kind zuteil werden lassen, nur dann als vermögenswerte Leistung im Rahmen der vermehrten Bedürfnisse des Kindes schadensersatzrechtlich ersatzpflichtig sein, wenn sie den Bereich der allein den Eltern als engsten Bezugspersonen zugänglichen „unvertretbaren" Zuwendung verlässt und sich so weit aus dem selbstverständlichen, originären Aufgabengebiet der Eltern heraushebt, dass nicht nur theoretisch, sondern als praktische Alternative ein vergleichbarer Einsatz fremder Hilfskräfte in Betracht kommt.

Diese Voraussetzungen sind z.B. erfüllt, wenn Eltern die Pflege eines schadensbedingt in seinen täglichen Verrichtungen erheblich eingeschränkten, pflegebedürftig gewordenen Kindes übernehmen.[939]

6. Warenhausdiebstahl

Fall 39: Vorbeugekosten; allgemeine Verwaltungskosten; Fangprämie

Die 16-jährige S wurde ertappt, nachdem sie in einem Geschäft einen Pulli im Wert von 20 € heimlich in die Tasche gesteckt hatte. S gab die Diebstahlsabsicht zu und den Pulli zurück. Der Inhaber K erstattet Strafanzeige und verklagt S, vertreten durch ihre Eltern, auf Zahlung von 70 €. Dieser Betrag setzt sich wie folgt zusammen:

---

938 Vgl. zu der Problematik – Unterhalt für ein Kind als Schaden – Müller NJW 2003, 697.

939 BGH MDR 1999, 1137.

1. Einmal seien dem Kaufhaus sogenannte „Vorbeugekosten" zur Verhinderung von Kaufhausdiebstählen entstanden, die anteilig von den ermittelten Kaufhausdieben zu tragen seien. Die S müsse daher 20 € als anteilige Kosten des Gehalts für den Kaufhausdetektiv und 20 € als anteilige Kosten für die Installation von Fernsehkameras zur Beobachtung von Kaufhausdieben, insgesamt also 40 € zahlen.

2. An Bearbeitungskosten seien für Porto, Telefon und Papier insgesamt 5 € angefallen. Diese müsse die S ebenfalls ersetzen.

3. Schließlich müsse die S eine „Fangprämie" i.H.v. 25 € erstatten, die das Kaufhaus seinen Angestellten vor der Tat für jeden von ihnen ertappten Ladendieb versprochen und die es im Falle der S auch an die Verkäuferin gezahlt habe, die den Diebstahl der S bemerkt und dem Kaufhausdetektiv den Hinweis gegeben habe.

586 A. Ein **Anspruch aus § 280 Abs. 1 i.V.m. §§ 311 Abs. 2, 241 Abs. 2** scheidet wegen der Minderjährigkeit der S aus; der Minderjährige haftet aus einem rechtsgeschäftlichen und rechtsgeschäftsähnlichen Schuldverhältnis (§ 311) nur, wenn er nach den §§ 827, 828 schuldfähig ist und die Zustimmung des gesetzlichen Vertreters zur Aufnahme der Vertragsverhandlungen oder des geschäftlichen Kontakts besaß.

587 B. In Betracht kommt ein Schadensersatzanspruch aus **§ 823 Abs. 1**.

I. S hat durch den Sachentzug (heimliches Einstecken in ihre Tasche) Eigentum und Besitz des K verletzt. Sie handelte rechtswidrig und auch schuldhaft, da sie die zur Erkenntnis der Verantwortlichkeit erforderliche Einsicht (§ 828 Abs. 3) besaß.

II. Art und Umfang der Ersatzpflicht richten sich nach §§ 249 ff.

Da hinsichtlich der geltend gemachten Schadensposten Naturalherstellung unmöglich ist, kommt Schadenskompensation nach § 251 Abs. 1 Alt. 1 in Betracht.

Fraglich ist jedoch, ob der **Schutzzweck des § 823 Abs. 1** die entstandenen Schadenspositionen erfasst.

588 1. Die anteiligen Kosten für Detektiv und Überwachungskamera sind sogenannte Vorbeugekosten. **Vorbeugekosten**, die nicht die Verhinderung oder Abwehr eines bevorstehenden **konkreten** Eingriffs im Auge haben, sondern das Eigentum **allgemein** gegen Diebe sicher machen sollen, werden von dem Schutzzweck des § 823 Abs. 1 nicht erfasst.[940]

589 2. Bei **allgemeinen Verwaltungskosten** (Porto, Telefon, Papier etc.) gilt:

Die Auslagen für die Einleitung eines Strafverfahrens sind nicht erstattungsfähig, denn Eigentums- u. Besitzschutz erstrecken sich nicht auf die Verwirklichung des Strafanspruchs. Auslagen zur Verfolgung zivilrechtlicher Ansprüche sind nicht selbstständig einklagbar, sondern es muss bei der Klage (z.B. wegen der Fangprämie) im Kostenfestsetzungsverfahren Erstattung verlangt werden.[941]

940 BGHZ 59, 286, 288; 75, 230, 237; zust. z.B. MünchKomm/Oetker § 249 Rn. 200.

941 BGHZ 75, 232, 235.

3. Die **Fangprämie** weist – im Gegensatz zu den allgemeinen Vorbeugungsmaßnahmen – trotz ihres Präventivcharakters insoweit einen konkreten Bezug zum einzelnen Diebstahl auf, als sie erst durch diesen und nur deshalb erwächst, weil die konkrete Bedrohung des Eigentums durch den Ladendieb Anlass zu dem Eingreifen gegeben hat, das durch die Prämie honoriert werden soll. Die Prämie dient zumindest **auch der Verhütung eines ganz konkreten Schadensfalles**. Sie ist daher nach h.M. grundsätzlich erstattungsfähig.[942] 590

Allerdings hält der BGH (im Jahre 1979!) grundsätzlich nur eine Pauschale bis 50 DM oder bei höherwertigen Waren einen darüber hinausgehenden Betrag für vertretbar,[943] wenn dieser für solche Fälle, etwa nach einem Prozentsatz zur konkreten Diebesbeute, zugesagt wurde.

Ein Teil der Rspr. und des Schrifttums lehnt die Erstattungsfähigkeit der Fangprämie ab, da sie nicht allein der Wiederbeschaffung der gestohlenen Sache diene, sondern auch präventive Zwecke verfolge: Wer sie verspreche, erhoffe sich von ihr erhöhte Wachsamkeit und Einsatzbereitschaft seines Personals. Das Versprechen einer Fangprämie diene also auch der Diebstahlssicherung und ergänze daher lediglich die Vorbeugemaßnahmen, wie die Einstellung eines Kaufhausdetektivs oder den Einbau von Überwachungskameras.[944]

K kann daher (h.M.) von S Zahlung i.H.v. 25 € verlangen.

IV. Ersatz immaterieller Schäden[945]

Bei einem immateriellen Schaden (= Nichtvermögensschaden) handelt es sich um eine Einbuße, die sich nicht in Geld messen lässt, z.B. Beeinträchtigung der Ehre.[946] 591

1. Grundsatz des § 253 Abs. 1

Gemäß § 253 Abs. 1 kann eine Entschädigung in Geld für einen immateriellen Schaden nur in den durch das Gesetz bestimmten Fällen geltend gemacht werden. Derartige gesetzliche Anordnungen finden sich z.B. in § 253 Abs. 2, § 651 n Abs. 2 und § 15 Abs. 2 AGG. 592

2. Schmerzensgeld

a) Voraussetzungen (nach § 253 Abs. 2)

Voraussetzung für § 253 Abs. 2 ist eine Schadensersatzpflicht wegen einer Verletzung des Körpers, der Gesundheit, der Freiheit oder der sexuellen Selbstbestimmung. 593

Die Ersatzpflicht kann sich aus Vertrag, Delikt oder Gefährdungshaftung ergeben. Auch Schadensersatzansprüche aus öffentlich-rechtlichen Sonderverbindungen oder GoA umfassen bei Eingriffen in die in § 253 Abs. 2 genannten Rechtsgüter ein Schmerzensgeld.[947]

---

942 BGHZ 75, 232, 238; Palandt/Grüneberg Vorbem. v. § 249 Rn. 44; Deutsch JZ 1980, 102; Mertins JR 1980, 357.

943 So BGHZ 75, 232, 240; a.A. insoweit Mertins JR 1980, 357 ff.; Zimmermann JZ 1981, 86 ff.

944 Esser/Schmidt SchuldR I/2 § 32 III 2 b, S. 220.

945 Neuner JuS 2013, 577.

946 Brand § 2 Rn. 14.

947 Palandt/Grüneberg § 253 Rn. 10; Jaeger/Luckey MDR 2002, 1168, 1169.

Beachte: *§ 253 Abs. 2 ist keine eigene Anspruchsgrundlage. D.h., wenn man den Anspruch auf Schmerzensgeld eigenständig prüft, muss § 253 Abs. 2 immer i.V.m. mit der Schadensersatznorm zitiert werden, aus der sich die Schadensersatzpflicht ergibt.*

b) Die Bemessungsfaktoren

594 Maßgebend für die Höhe des Schmerzensgeldanspruchs sind

- **auf der Seite des Verletzten** im Wesentlichen die Schwere der Verletzungen, das durch diese bedingte Leiden, dessen Dauer, das Ausmaß der Wahrnehmung der Beeinträchtigung durch den Verletzten, sein Mitverschulden;
- **aufseiten des Schädigers** sind insbesondere der Grad seines Verschuldens und seine wirtschaftliche Leistungsfähigkeit zu berücksichtigen.[948]

Der Anspruch auf Schmerzensgeld ist kein gewöhnlicher Schadensersatzanspruch, sondern ein Anspruch eigener Art mit einer **doppelten Funktion.**[949]

595 ■ § 253 Abs. 2 hat – wie jeder Schadensersatzanspruch – eine **Ausgleichsfunktion:** Das Schmerzensgeld soll dem Geschädigten einen angemessenen Ausgleich bieten für diejenigen Schäden nichtvermögensrechtlicher Art, die die Verletzung zur Folge hat. Derartige Schäden sind vor allem die erlittenen und noch zu erleidenden Schmerzen, ausgestandene Ängste und Sorgen und die Beeinträchtigungen der Lebensfreude. Art und Maß derartiger Beeinträchtigungen bestimmen in erster Linie die Höhe des Schmerzensgeldes.

596 ■ Ein wirklicher Ausgleich immaterieller Schäden ist schwierig, vielfach unmöglich. Man denke nur an schwere Verletzungen, wie Querschnittslähmung oder Erblindung. Es gibt keinen Geldbetrag, der derartige Nachteile ausgleichen könnte. Das Schmerzensgeld hat daher nach gefestigter Rspr. neben der Ausgleichs- auch eine **Genugtuungsfunktion**, d.h., das Schmerzensgeld soll dem Geschädigten eine Genugtuung für das verschaffen, was ihm der Schädiger angetan hat. Unter dem Gesichtspunkt der Genugtuungsfunktion sind insbesondere Art und Maß des Verschuldens beim Schädiger zu berücksichtigen.[950]

Das Genugtuungsbedürfnis des Geschädigten gerät nicht in Wegfall, wenn der Schädiger wegen der von ihm begangenen Tat zu einer Freiheitsstrafe verurteilt wird.[951]

597 Bei der Bemessung des Schmerzensgeldes müssen alle Umstände berücksichtigt werden, die dem einzelnen Schadensfall sein besonderes **Gepräge** geben.

- Für den Schadensfall bedeutsam sind auch die **wirtschaftlichen Verhältnisse des Schädigers.** Eine Haftpflichtversicherung des Schädigers kann daher bei der Bemessung berücksichtigt werden.[952]

Das Schmerzensgeld kann bei ungebührlicher Verzögerung der Schmerzensgeldzahlung durch die Haftpflichtversicherung des Schädigers angemessen erhöht werden.[953]

---

948 BGHZ 138, 388, 391; BGH NJW 1997, 455.

949 BGH GSZ BGHZ 18, 149; OLG Düsseldorf VersR 1996, 1508.

950 BGH GSZ BGHZ 18, 149, 156 f.; OLG Köln OLG Report 2000, 192.

951 BGHZ 128, 117, 121 ff.; BGH NJW 1996, 1591.

952 BGH GSZ BGHZ 18, 149, 165 f.

953 OLG Saarbrücken NJW 2011, 933.

- Ob auch die **wirtschaftlichen Verhältnisse des Geschädigten** eine Rolle spielen dürfen, ist umstritten. **598**

  - Nach einer Ansicht sind besonders (un)günstige Vermögensverhältnisse kein Grund, das Schmerzensgeld zu erhöhen oder herabzusetzen, da die Persönlichkeitseinbuße des Betroffenen ohne Ansehung seiner Habe zu würdigen sei.[954]

  - Die Gegenauffassung berücksichtigt die wirtschaftlichen Verhältnisse des Geschädigten bei der Bemessung des Schmerzensgeldes unter dem Gesichtspunkt der Billigkeit, da einerseits die Bedeutung der Ausgleichsfunktion bei besonders günstigen Vermögensverhältnissen zurücktreten kann und andererseits im Einzelfall der gewohnte höhere Lebensstandard des Verletzten zu einer Erhöhung des Schmerzensgeldes führen kann.[955]

- Mittlerweile ist höchstrichterlich entschieden, dass bei der Bemessung des Schmerzensgeldes alle Umstände des Einzelfalls berücksichtigt werden können. Dabei **599**
  könnten auch die wirtschaftlichen Verhältnisse des Schädigers und des Geschädigten nicht von vornherein ausgeschlossen werden.[956] Eine „billige" Entschädigung in Geld zu gewähren, gebiete bereits vom Wortlaut her die Herstellung von Einzelfallgerechtigkeit und verbiete daher jede Generalisierung. Bestimmte Umstände des Einzelfalls von vornherein nicht zu berücksichtigen, stehe folglich in einem unauflösbaren Widerspruch zur Funktion des Billigkeitsgedankens.[957] Bei der Bemessung des Schmerzensgeldes stünden die Höhe und das Maß der Lebensbeeinträchtigung im Vordergrund. Daher habe bei den unter dem Aspekt der Billigkeit zu berücksichtigenden Umständen die Rücksicht auf Größe, Heftigkeit und Dauer der Schmerzen, Leiden und Entstellungen stets den ausschlaggebenden Moment zu bilden. Daneben könnten aber auch alle anderen Umstände berücksichtigt werden, die dem Einzelfall das Gepräge geben.[958]

- Die Praxis arbeitet bei der Bemessung des Schmerzensgelds i.d.R. mit Tabellen, die **600**
  entsprechende Fälle abbilden.[959]

  Seit kurzem wird das Schmerzensgeld von einigen erst- und zweitinstanzlichen Gerichten taggenau berechnet, um mehr Transparenz und bessere Prognostizierbarkeit von Gerichtsentscheidungen herbeizuführen.[960] Diese Vorgehensweise wird jedoch von der Rspr. überwiegend abgelehnt, da die Richtwerte für die taggenaue Bemessung willkürlich seien und daher lediglich zu einer „Scheingenauigkeit" führten.[961]

954 OLG Schleswig NJW-RR 2000, 470; Palandt/Grüneberg § 253 Rn. 19.

955 BGHZ 18, 149, 159; Brox/Walker SchuldR BT § 52 Rn. 11, Hk-BGB/Schulze § 253 Rn. 20; Fuchs/Pauker/Baumgärtner Kap. 7 B. II.

956 BGH RÜ 2017, 151 ff.

957 BGH RÜ 2017, 151, 153.

958 BGH RÜ 2017, 151 ff.

959 Tabellen zu Einzelfällen und zur Berechnung bei Hacks/Wellner/Häcker/Offenloch, Schmerzensgeldbeträge [ADAC-Tabelle], 39. Aufl. 2020; Slizyk, Beck'sche Schmerzensgeldtabelle, 17. Aufl. 2021; Jaeger/Luckey, Schmerzensgeld, 10. Aufl. 2020.

960 OLG Frankfurt NJW 2019, 442; NJW 2020, 3325; LG Aurich BeckRS 2018, 40197.

961 OLG Düsseldorf NJW 2019, 2700, OLG Brandenburg DAR 2020, 25; OLG Oldenburg BeckRS 2020, 5200.

c) Schmerzensgeld bei Schwerstschädigungen

601 Führen schwerste Verletzungen, insbesondere erhebliche Hirnschäden, zum weitgehenden Verlust der Wahrnehmungs- und Empfindungsfähigkeit des überlebenden Opfers, so hat die Rspr. dem Verletzten in diesen Fällen früher nur eine symbolische Entschädigung gewährt oder das Schmerzensgeld komplett ausgeschlossen.[962] Begründet wurde dies mit dem weitgehenden Wegfall der Funktionen des Schmerzensgeldes in derartigen Fällen: Das Opfer könne wegen seiner schweren Verletzungen weder Ausgleich noch Genugtuung als Folge der Zahlung einer Geldentschädigung empfinden.

602 Diese Rspr. hat der BGH aufgegeben und klargestellt, dass das Schmerzensgeld nicht nur eine Sühne- und Genugtuungsfunktion habe, sondern **auch die Funktion, die Würde und das Persönlichkeitsrecht des Verletzten zu schützen, Art. 1, 2 GG** („Würdefunktion"). Die Einbuße der Persönlichkeit, der Verlust an personaler Qualität infolge schwerer Hirnschädigungen stelle daher schon für sich einen auszugleichenden immateriellen Schaden dar, unabhängig davon, ob der Betroffene die Beeinträchtigung empfinde. Es handele sich bei Fällen dieser Art um eine **eigenständige Fallgruppe**, bei der die Zerstörung der Persönlichkeit durch den Fortfall oder das Vorenthalten der Empfindungsfähigkeit geradezu im Mittelpunkt stehe und deshalb bei der Bemessung der Entschädigung einer eigenständigen Bewertung zugeführt werden muss, die der zentralen Bedeutung dieser Einbuße für die Person gerecht werde.[963]

d) Schmerzensgeldanspruch nach dem Tod des Verletzten

603 Entgegen der früheren Rechtslage (Vererblichkeit des Schmerzensgeldanspruchs erst ab Rechtshängigkeit) ist der Anspruch auf Schmerzensgeld seit dem 01.07.1990 **übertragbar und vererblich**. Trotz der „höchstpersönlichen" Natur des Schmerzensgeldes ist folglich nach der Gesetzesänderung keine Willensbekundung des Verletzten selbst, Schmerzensgeld zu fordern, mehr notwendig.

Problematisch ist die **Schmerzensgeldbemessung bei alsbaldigem Tod**.[964]

604
- Ein Schmerzensgeldanspruch **entsteht nicht**, wenn die schädigende Handlung **unmittelbar den Tod** herbeigeführt hat.[965]

605
- **Verstirbt der Verletzte alsbald an den Folgen seiner Verletzung** muss nach der Rspr. eine **umfassende Gesamtbetrachtung** der immateriellen Nachteile unter besonderer Berücksichtigung von Art und Schwere der Verletzung, des dadurch verursachten Leidens sowie dessen Wahrnehmung durch den Verletzten und des Zeitraums zwischen Verletzung und Tod vorgenommen werden.[966] **Bedeutung hat demnach vor allem, wie lange der Geschädigte das Schadensereignis überlebt und ob er in dieser Zeit Schmerzen empfindet.**[967] Selbst wenn der Verletzte vor

962 BGH NJW 1982, 2123 m.w.N.
963 BGH NJW 1993, 781.
964 Vgl. dazu Jaeger MDR 1998, 450 ff.; ders. auch schon VersR 1996, 1177 ff.
965 BGH NJW 1976, 1147, 1148.
966 BGHZ 120, 1, 8; BGH NJW 1993, 1531, 1532; BeckOK/Spindler § 253 Rn. 35 m.w.N.
967 OLG München VersR 1998, 645; OLG Schleswig NJW-RR 1998, 404; OLG Köln NJW-RR 1992, 221.

seinem Tod nicht mehr das Bewusstsein wiedererlangt, kann demnach ein Anspruch bei einem immateriellen Schaden in Betracht kommen. Insofern kann nach der eigenständigen Bewertung aller schadensprägenden Umstände auch hier ein Schmerzensgeld billig erscheinen.[968] Es wirkt sich jedoch schmerzensgeldmindernd aus, wenn sich der Verletzte bis zu seinem Tod durchgehend oder überwiegend in einem Zustand der Empfindungsunfähigkeit oder Bewusstlosigkeit befunden hat.[969] Tritt der Tod indes in unmittelbar zeitlichem Zusammenhang mit dem Verletzungsereignis ein, z.B. innerhalb einer Stunde, ohne dass der Verletzte wieder zu sich kommt, fehlt es nach Ansicht der Rspr. an einem abgrenzbaren immateriellen Schaden.[970]

e) Prozessuale Fragen

- **Unbezifferter Klageantrag:** Bei Zahlungsklagen ist der verlangte Geldbetrag grundsätzlich zu beziffern, vgl. § 253 Abs. 2 Nr. 2 ZPO. Eine Ausnahme gilt u.a. beim Schmerzensgeldanspruch, da die Höhe des geschuldeten Betrags vom Gericht nach billigem Ermessen festzusetzen ist. Der Klageantrag kann daher lauten: „... den Beklagten zu verurteilen, an den Kläger ein angemessenes, der Höhe nach in das Ermessen des Gerichts gestelltes Schmerzensgeld zu zahlen."[971] 606

  Allerdings muss der Kläger auch bei unbezifferten Leistungsanträgen die Größenordnung des geltend gemachten Betrags so genau wie möglich in seiner Klageschrift angeben, damit das Gericht die sachliche Zuständigkeit ermitteln und die Prozesskosten später gerecht verteilen kann.[972]Bei der Festsetzung des für angemessen gehaltenen Schmerzensgeldes sind dem Richter jedoch nach oben keine Grenzen gesetzt. Das Gericht kann auch über eine vom Kläger angegebene Mindestgröße des Schmerzensgeldbetrags erheblich hinausgehen, ohne gegen § 308 ZPO zu verstoßen, da die Größenordnungsangabe lediglich Teil der Klageschrift, aber nicht Bestandteil des Antrags ist.[973]

- **Umfang der Rechtskraft eines Schmerzensgeldurteils:** Wird für eine Körperverletzung uneingeschränkt ein Schmerzensgeld verlangt, so werden durch den zuerkannten Betrag alle diejenigen Schadensfolgen abgegolten, die entweder bereits eingetreten oder objektiv erkennbar waren oder deren Eintritt jedenfalls vorhergesehen und bei der Entscheidung berücksichtigt werden konnte (Grundsatz der Einheitlichkeit des Schmerzensgeldes).[974] War eine später aufgetretene Verletzungsfolge nicht derart naheliegend, so steht die Rechtskraft der früheren Entscheidung der Zubilligung eines weiteren Schmerzensgeldes nicht entgegen.[975] 607

968 OLG Schleswig NJW-RR 1998, 1404: 10.000 DM bei Tod nach acht Tagen ununterbrochenem Koma; OLG Köln VersR 2000, 974, 975 f.: 10.000 DM bei Tod nach fünftägigem Koma; OLG München NJW 2020, 1685 f.: 75.000 € bei Tod nach 22 Monaten ununterbrochenem Koma und einem Drittel Mitverschulden; BeckOK/Spindler § 253 Rn. 35 m.w.N.

969 OLG München NJW 2020, 1685, 1686.

970 BGH NJW 1998, 2741, 2743.

971 St.Rspr. seit RGZ 21, 386; vgl. auch BGHZ 45, 91; 132, 341, 350.

972 BGHZ 132, 341, 350 m.w.N.

973 BGHZ 132, 341, 350; OLG Brandenburg VersR 2000, 489.

974 BGH RÜ 2019, 13.

975 BGH MDR 1995, 357; OLG Schleswig MDR 2001, 1116.

4. Abschnitt: Sondervorschriften für den deliktischen Ersatzanspruch

A. § 842 Umfang der Ersatzpflicht bei Verletzung einer Person

608 Nach § 842 gehören zu dem zu ersetzenden Schaden die Nachteile, welche die unerlaubte Handlung für den Erwerb oder das Fortkommen des Verletzten herbeigeführt haben. Die Vorschrift dient lediglich der Klarstellung, dass die genannten Nachteile Vermögensschäden i.S.v. §§ 249 ff. sind.[976]

B. § 843 Geldrente oder Kapitalabfindung

609 Wird infolge einer Verletzung des Körpers oder der Gesundheit die Erwerbsfähigkeit des Verletzten aufgehoben oder gemindert oder tritt eine Vermehrung seiner Bedürfnisse ein, regelt § 843 gewisse Besonderheiten:

610 ■ Grundsätzlich ist in diesen Fällen Schadensersatz durch Entrichtung einer Geldrente zu leisten (§ 843 Abs. 1).

Unter Vermehrung der Bedürfnisse sind alle unfallbedingten Mehraufwendungen für die persönliche Lebensführung zu verstehen, soweit sie dauernd und regelmäßig erforderlich sind (z.B. Medikamente, Kuren, Erneuerung künstlicher Gliedmaßen).[977] Die Ersatzpflicht erstreckt sich auch auf verletzungsbedingt erforderliche Mehraufwendungen für Kraftfahrzeuge, z.B. die Kosten für den Einbau von Sonderausrüstungen oder die Ausstattung mit einem automatischen Getriebe.

Derjenige Ehepartner, der den Haushalt führt und der durch eine unerlaubte Handlung verletzt und dadurch in der Haushaltsführung beeinträchtigt wird, hat einen eigenen Ersatzanspruch gegen den Schädiger.[978] Die Höhe bestimmt sich auf der Grundlage der Kosten, die für eine den Ausfall ausgleichende Hilfskraft aufzuwenden sind.[979]

611 ■ Bei Vorliegen eines wichtigen Grundes erfolgt ausnahmsweise statt der Rente Abfindung in Kapital (§ 843 Abs. 3).

Der wichtige Grund kann sowohl in der Person des Geschädigten (z.B. Finanzierung des Erwerbs eines Geschäfts oder einer Ausbildung) als auch beim Schädiger liegen (z.B. Erschwerung der Durchsetzung des Anspruchs durch häufigen Wohnungswechsel).[980]

612 ■ Der Ersatzanspruch wird nicht dadurch ausgeschlossen, dass ein anderer dem Verletzten Unterhalt zu gewähren hat, § 843 Abs. 4. Die Vorschrift ist Ausdruck eines allgemeinen Rechtsgedankens im Rahmen der Vorteilsausgleichung: Auf den Schaden sind keine Leistungen anderer anzurechnen, die nach ihrer Natur dem Schädiger nicht zugute kommen sollen.[981] Daher gilt die Regelung auch dann, wenn der Unterhaltspflichtige bereits geleistet hat.[982]

---

976 BeckOK/Spindler § 842 Rn. 1.

977 Hk-BGB/Staudinger § 843 Rn. 5; Zoll NJW 2014, 967 ff.

978 BGHZ 54, 45, 52; vgl. dazu Heß/Burmann NJW-Spezial 2006, 159.

979 Soergel/Beater § 843 Rn. 23; nach BGH NJW 2009, 2060 darf sich der Tatrichter zur Schätzung des Haushaltsführungsschadens in Ermangelung abweichender konkreter Gesichtspunkte am Tabellenwerk von Schulz-Borck/Hofmann (Schadensersatz bei Ausfall von Hausfrauen und Müttern im Haushalt) orientieren; a.A. OLG Frankfurt NJW 2019, 442: Geschädigter muss im Einzelnen vortragen, in welchem Umfang er durch die Verletzung in der Erbringung der dafür erforderlichen Leistungen eingeschränkt war.

980 Jauernig/Teichmann § 843 Rn. 4; Palandt/Sprau § 843 Rn. 19.

981 Hk-BGB/Staudinger § 843 Rn. 10.

982 BGHZ 54, 269, 274; vgl. dazu Heß/Burmann NJW-Spezial 2006, 447.

C. § 844 Ersatzansprüche Dritter bei Tötung

§ 844 (und auch § 845) regelt eine Ausnahme von dem Prinzip des BGB, dass nur der in seinen eigenen Rechten bzw. Rechtsgütern Verletzte Ansprüche geltend machen kann. Wegen des Ausnahmecharakters kann die Norm nicht auf andere Personen oder Schadensfälle analog angewandt werden.[983] **613**

- Im Falle der Tötung hat derjenige, der die Kosten der Beerdigung zu tragen hat (i.d.R. der Erbe, § 1968), einen Anspruch auf **Ersatz der Beerdigungskosten** gegen den Täter, **§ 844 Abs. 1**.[984] **614**

  Ausreichend für eine Ersatzberechtigung ist aber auch die nur vertraglich begründete Pflicht zur Kostentragung oder die ohne gesetzliche Verpflichtung bzw. Auftrag übernommene Kostentragung nach §§ 677, 683.[985]

- Stand der Getötete zur Zeit der Verletzung zu einem Dritten in einem Verhältnis, aufgrund dessen er dem Dritten gegenüber **kraft Gesetzes** unterhaltspflichtig war, und ist dem Dritten infolge der Tötung das Recht auf den Unterhalt entzogen, so hat der Ersatzpflichtige dem Dritten durch Entrichtung einer Geldrente insoweit Schadensersatz zu leisten, als der Getötete während der mutmaßlichen Dauer seines Lebens zur Gewährung des Unterhalts verpflichtet gewesen sein würde, **§ 844 Abs. 2**.[986] **615**

  Ein Verlust vertraglich vereinbarter Unterhaltsleistungen reicht für § 844 Abs. 2 nicht aus.

- Ferner muss der Ersatzpflichtige nach **§ 844 Abs. 3** ein **Hinterbliebenengeld** – d.h. eine angemessene Entschädigung in Geld wegen des zugefügten seelischen Leids – zahlen.[987] **616**

  Gemäß Art. 229 § 43 EGBGB gilt diese Regelung für alle zum Tode führenden Verletzungen, die nach ihrem Inkrafttreten am 22.07.2017 eingetreten sind.

  Anspruchsberechtigt ist der Hinterbliebene, der zur Zeit der Verletzung zu dem Getöteten in einem **besonderen persönlichen Näheverhältnis** stand. Ein besonderes persönliches Näheverhältnis wird gemäß § 844 Abs. 3 S. 2 vermutet, wenn der Hinterbliebene der Ehegatte, der Lebenspartner, ein Elternteil oder ein Kind des Getöteten war. Es kommen jedoch auch andere Personen (bspw. Geschwister, ehe- oder lebenspartnerschaftsähnliche Partner, Verlobte, Stief- oder Pflegekinder) in Betracht.[988] **617**

  Maßgeblich ist ein **tatsächlich gelebtes** persönliches **Näheverhältnis**,[989] sodass die Vermutung des § 844 Abs. 3 S. 2 widerlegt werden kann – z.B. bei Ehegatten, wenn ein Scheidungsverfahren anhängig ist, oder bei erwachsenen Kindern bei mangelndem persönlichen Kontakt.[990]

---

983 Palandt/Sprau § 844 Rn. 1.

984 Dazu im Einzelnen Freyberger MDR 2000, 117 ff.

985 BeckOK/Spindler § 844 Rn. 7.

986 Vgl. zur Berechnung der Geldrente BGH NJW 2006, 2327.

987 Vgl. dazu Bredemeyer ZEV 2017, 690 ff.; Huber JuS 2018, 744 ff.; Röthel Jura 2018, 235 ff.; Steenbruck r+s 2017, 449 ff.; Wagner NJW 2017, 2641 ff.

988 Wagner NJW 2017, 2641, 2644.

989 BT-Drs. 18/11397, 11.

990 MünchKomm/Wagner § 844 Rn. 7.

618 Im Gegensatz zu dem Anspruch auf Ersatz von Schockschäden aus § 823 Abs. 1 ist bei dem Hinterbliebenengeld keine eigene gesundheitliche Beeinträchtigung des Anspruchstellers notwendig. Stehen einer Person Ansprüche auf Hinterbliebenengeld und Ersatz eines Schockschadens zu, so soll nach dem Willen des Gesetzgebers der Schockschaden vorgehen bzw. das Hinterbliebenengeld in dem Schockschaden aufgehen. Dadurch soll die Gefahr, dass ein weitergehender Schockschaden ausgeschlossen wird, beseitigt werden. Beide Ansprüche haben aber auch einen exklusiven Anwendungsbereich: So bleibt ausschließlich der Anspruch aus § 823 Abs. 1 auf Ersatz des Schockschadens einschlägig, wenn der primär Verletzte überlebt hat, während lediglich das Hinterbliebenengeld eingreift, wenn sich die Trauer nicht als medizinisch erfassbare Gesundheitsbeeinträchtigung niedergeschlagen hat.[991]

Anmerkung: *In einer Klausur sollte sowohl der Anspruch auf Hinterbliebenengeld als auch der Anspruch auf Schockschadensersatz geprüft werden. Sollten beide Ansprüche bestehen, ist anschließend die Vorrangigkeit des Schockschadensersatzanspruchs festzustellen.*[992]

Bei der **Bemessung** des Hinterbliebenengeldes – angemessene Entschädigung für das zugefügte seelische Leid – geht es um den Ausgleich seelischer Nachteile, die durch den Verlust einer geliebten Person eintreten.[993] Nach der Gesetzesbegründung soll die Höhe der Entschädigung im Durchschnitt 10.000 € pro Geschädigten betragen und sich an den Schmerzensgeldbeträgen orientieren, die für Schockschäden gewährt werden.[994]

Bei einem Motorradunfall, bei dem das 60-jährige Opfer seine Ehefrau und vier volljährige Kinder hinterließ, hat das LG Tübingen der Witwe 12.000 € und den vier Kindern jeweils 5.000 € zuerkannt.[995]

Beachte: *Ein mitwirkendes Mitverschulden des Getöteten muss sich der mittelbar Geschädigte gemäß § 846 i.V.m. § 254 anrechnen lassen.*

D. § 845 Ersatzansprüche wegen entgangener Dienste

619 Im Falle der Tötung, der Verletzung des Körpers oder der Gesundheit sowie im Falle der Freiheitsentziehung hat der Ersatzpflichtige, wenn der Verletzte **kraft Gesetzes** einem Dritten zur Leistung von Diensten in dessen Hauswesen oder Gewerbe verpflichtet war, dem Dritten für die entgehenden Dienste durch Entrichtung einer Geldrente Ersatz zu leisten.

§ 845 kommt **nicht** zur Anwendung bei der Tötung eines Ehepartners, denn die Haushaltsführung entspringt der Unterhaltspflicht (vgl. § 1360 S. 2), und wird daher bereits von § 844 Abs. 2 erfasst. Die Vorschrift bezieht sich daher heute auf die evtl. bestehende Dienstleistungspflicht der Kinder nach § 1619 und hat somit wenig praktische Bedeutung.[996]

Beachte: *Die einzelnen Absätze des § 844 sowie der § 845 sind* ***eigene Anspruchsgrundlagen****, sie* ***enthalten jedoch nicht alle Tatbestandsvoraussetzungen*** *für die Haftung des Schädigers gegenüber den Hinterbliebenen.*[997] *Diese* ***ergeben sich erst aus einem Zusammenspiel der §§ 844, 845 mit einer Haf-***

---

991 Begr. RegE zum HinterbliebenengeldG, BR-Drs. 127/17, 11; BeckOK/Spindler § 844 Rn. 44.

992 Becker/Bührle Jura 2020, 457, 463.

993 MünchKomm/Wagner § 844 Rn. 105.

994 BT-Drs. 18/11397, 10.

995 LG Tübingen BeckRS 2019, 10953.

996 Vgl. z.B. OLG Saarbrücken FamRZ 1989, 180.

997 Palandt/Sprau § 844 Rn. 1 m.w.N.

tungsnorm aus den §§ 823 ff. *Die Voraussetzungen der §§ 823 ff. müssen nicht im Verhältnis zum Anspruchsteller, sondern im Verhältnis zum Getöteten vorliegen.*[998]

E. § 848 Zufallshaftung des Deliktsschuldners

§ 848 erweitert die Haftung desjenigen, der durch unerlaubte Handlung eine Sache entzogen hat und zur Rückgabe verpflichtet ist. **620**

Die erweiterte Haftung besteht darin, dass der Deliktsschuldner „auch für den zufälligen Untergang, eine aus einem anderen Grunde eintretende zufällige Unmöglichkeit der Herausgabe oder eine zufällige Verschlechterung der Sache verantwortlich" ist. Dabei braucht zwischen der unerlaubten Handlung und dem eingetretenen Schaden kein adäquater Kausalzusammenhang zu bestehen. Ausreichend ist, dass der Schaden nach dem Sachentzug eingetreten ist. Es gilt dasselbe wie bei der Parallelvorschrift des § 287 S. 2 (der im Verzug befindliche Schuldner haftet für Zufall).

Fall 40: Der bestohlene Dieb

D stiehlt dem Eigentümer E ein Motorrad und stellt es in seine verschlossene Scheune. Landstreicher L, der sich unbemerkt gewaltsam Zutritt zu der Scheune verschafft hat, um dort zu übernachten, hat die noch neuwertigen Reifen abmontiert und mitgenommen. E verlangt von D Herausgabe des Motorrads und Ersatz für die Reifen.

A. E hat gegen D einen Anspruch auf **Herausgabe des Motorrads** aus § 985 sowie aus §§ 823 Abs. 1, 249 Abs. 1.

B. **Anspruch auf Ersatz der Reifen**

I. E könnte gegen D ein Schadensersatzanspruch aus **§§ 990, 989** zustehen. **621**

Zwischen Eigentümer E und Dieb D bestand ein Eigentümer-Besitzer-Verhältnis und D war bei dem Besitzerwerb nicht in gutem Glauben. Somit haftet D nach §§ 990, 989 dafür, dass infolge seines Verschuldens die Sache verschlechtert worden ist. Das Abmontieren der Reifen ist von D jedoch nicht verschuldet worden. Allein der Diebstahl reicht zur Annahme eines Verschuldens nicht aus, was sich daraus ergibt, dass in §§ 990, 989 zwischen dem bösen Glauben beim Besitzerwerb und dem Verschulden im Hinblick auf die Unmöglichkeit unversehrter Rückgabe unterschieden wird. Daher besteht kein Anspruch aus §§ 990, 989.

II. E könnte gegen D ein Ersatzanspruch aus **§§ 992, 823 Abs. 1, 848** zustehen. **622**

1. D hat sich den Besitz durch eine strafbare Handlung verschafft, sodass er dem E gemäß § 992 aus unerlaubter Handlung gemäß §§ 823 ff. haftet.

2. Die **Voraussetzungen** des § 823 Abs. 1 sind gegeben: Durch den Diebstahl des Motorrads hat D rechtswidrig und schuldhaft das Eigentum des E verletzt.

998 Becker/Bührle Jura 2020, 457, 458; Becker JA 2020, 96.

3. Als **Rechtsfolge** haftet der Schädiger für jeden Schaden, der sich adäquat kausal aus der unerlaubten Handlung ergibt. Ob das Wegnehmen der Reifen durch L ein durch den Diebstahl adäquat kausal verursachter Schaden ist, ist zweifelhaft. Diese Frage braucht aber nicht entschieden zu werden, wenn § 848 eingreift:

   a) D hat E das Motorrad durch unerlaubte Handlung entzogen und ist E zur Rückgabe verpflichtet. Folglich liegen die Voraussetzungen des § 848 vor und D ist demnach „auch für den zufälligen Untergang, eine aus einem anderen Grunde eintretende zufällige Unmöglichkeit der Herausgabe oder eine zufällige Verschlechterung der Sache verantwortlich".

   b) D kann dem E die Reifen nicht herausgeben, weil L sie dem D nach dessen Diebstahl entwendet hat und ohne den Diebstahl des D hätte E die Reifen nicht verloren, sodass eine Schadensersatzpflicht des D aus §§ 992, 823 Abs. 1, 848 begründet ist.

F. § 851 Schadensersatzleistung an den Sachbesitzer

623 § 851 schützt denjenigen, der ohne Bösgläubigkeit (§ 932) an den Besitzer einer beweglichen Sache Ersatz leistet. Mit der Leistung an den Besitzer erlischt der Schadensersatzanspruch des Eigentümers; dieser kann sich gemäß § 816 Abs. 2 an den Besitzer halten.[999]

Aus dem Wortlaut des § 851 ist nicht zu entnehmen, ob der an den Besitzer zahlende Schädiger auch dann frei wird, wenn die bewegliche Sache dem Eigentümer abhanden gekommen ist. Hier greift der Rechtsgedanke des § 935 ein. § 851 schützt somit den an den Besitzer zahlenden Schädiger nicht bei abhanden gekommenen Sachen.[1000]

G. Verjährung deliktischer Ansprüche

624 Die Verjährung deliktischer Ansprüche richtet sich nach den allgemeinen Verjährungsvorschriften der §§ 195 ff.:

625 ■ **Verjährungsfrist**

- Grundsätzlich gilt die regelmäßige Verjährungsfrist von drei Jahren, § 195.
- Gemäß § 197 Abs. 1 Nr. 1 verjähren Schadensersatzansprüche, die auf einer vorsätzlichen Verletzung des Lebens, des Körpers, der Gesundheit, der Freiheit oder der sexuellen Selbstbestimmung beruhen, in 30 Jahren.

  Dadurch sollen die Opfer insbesondere den Abschluss eines Strafverfahrens abwarten können, bevor sie ihre zivilrechtlichen Schadensersatzansprüche geltend machen müssen.[1001]

---

999 Einzelheiten bei Berger VersR 2001, 419.

1000 Berger VersR 2001, 419, 420; MünchKomm/Wagner § 851 Rn. 7.

1001 MünchKomm/Grothe § 197 Rn. 6.

Fristbeginn 626

- Grundsätzlich gemäß **§ 199 Abs. 1** mit dem Schluss des Jahres, in dem der Anspruch entstanden ist und der Gläubiger von den den Anspruch begründenden Umständen und der Person des Schuldners Kenntnis erlangt oder ohne grobe Fahrlässigkeit erlangen müsste.

  Die Kenntnis bzw. grob fahrlässige Unkenntnis muss alle haftungsbegründenden Merkmale einschließlich der eigenen Anspruchsberechtigung, der Person des Schuldners und bei der Verschuldenshaftung dessen Vertretenmüssen umfassen. Folglich ist der Schadensersatzanspruch eines Verbrauchers, der 2015 Kenntnis davon erhalten hat, dass sein Kfz vom Dieselskandal betroffen ist, aber der erst 2019 Klage gegen den Hersteller erhoben hat, verjährt.[1002]
  Grobe Fahrlässigkeit ist gegeben, wenn Name und Anschrift ohne besondere Mühe und Nachforschungen ermittelt werden können. Im Fall der Gesamtschuldnerschaft ist die Kenntniserlangung bezogen auf jeden der Gesamtschuldner zu ermitteln, § 425.

- Gemäß § 200 beginnt die Verjährung von Schadensersatzansprüchen i.S.v. § 197 Abs.1 Nr. 1 mit der Entstehung des Anspruchs.

Höchstfristen 627

Da die Abhängigkeit des Verjährungsbeginns von der subjektiven Kenntnis des Gläubigers im Extremfall dazu führen könnte, dass eine Verjährung niemals eintritt, hat der Gesetzgeber zum Schutz der Rechtssicherheit Höchstfristen eingeführt:

- **Nach § 199 Abs. 2** verjähren Schadensersatzansprüche wegen Verletzung der besonders wertvollen Rechtsgüter Leben, Körper, Gesundheit oder Freiheit unabhängig von Anspruchsentstehung und Kenntnis bzw. grob fahrlässiger Unkenntnis des Gläubigers **30 Jahre** nach Eintritt des schadensauslösenden Ereignisses.

- Bei Schadensersatzansprüchen wegen Verletzung anderer als der in § 199 Abs. 2 genannten Rechtsgüter – z.B. bei Verletzung des Eigentums – beträgt die Verjährungshöchstfrist entweder ohne Rücksicht auf Kenntnis oder grob fahrlässige Unkenntnis **10 Jahre** ab Entstehung des Anspruchs **(§ 199 Abs. 3 S. 1 Nr. 1)** oder ohne Rücksicht auf Entstehung und Kenntnis oder grob fahrlässige Unkenntnis **30 Jahre** ab Begehung der unerlaubten Handlung **(§ 199 Abs. 3 S. 1 Nr. 2)**. Maßgeblich ist die früher endende Frist, § 199 Abs. 3 S. 2.

Hemmung der Verjährung bei Verhandlungen, § 203 628

Das für den Beginn der Verjährungshemmung maßgebliche „Verhandeln" ist weit zu verstehen. Es genügt dafür jeder Meinungsaustausch über den Schadensfall zwischen dem Berechtigten und dem Verpflichteten, sofern nicht sofort und eindeutig jeder Ersatz abgelehnt wird.[1003]

Verhandlungen über einen streitigen oder zweifelhaften Anspruch schlechthin dienen dem rechtspolitisch wünschenswerten Zweck, Rechtsstreitigkeiten zu vermeiden. Daher sollen diese Verhandlungen von dem zeitlichen Druck einer ablaufenden Verjährung befreit sein.[1004]

1002 BGH RÜ 2021, 157 ff.

1003 BGH MDR 2001, 936 m.w.N.

1004 MünchKomm/Grothe § 199 Rn. 3.

H. § 852 Deliktischer Bereicherungsanspruch

629 Hat der Schädiger durch eine unerlaubte Handlung etwas auf Kosten des Geschädigten erlangt, so ist er auch nach Eintritt der Verjährung des Schadensersatzanspruchs zur Herausgabe des Erlangten nach den Vorschriften über die ungerechtfertigte Bereicherung verpflichtet, § 852 S. 1.[1005]

Durch diese Regelung soll verhindert werden, dass der Schädiger Vorteile, die er aus einer unerlaubten Handlung gezogen hat, nach Eintritt der Verjährung behalten kann.[1006]

Bei dem Verweis auf das Bereicherungsrecht handelt es sich um einen **Rechtsfolgenverweis**,[1007] systematisch handelt es sich daher bei § 852 S. 1 weiterhin um einen deliktischen Schadensersatzanspruch.[1008] Er verjährt innerhalb von 10 Jahren ab Entstehung, ohne Rücksicht auf die Entstehung innerhalb von 30 Jahren ab der Begehung der Verletzungshandlung oder dem sonstigen, den Schaden auslösenden Ereignis, § 852 S. 2.

5. Abschnitt: Haftungsbeschränkungen; Mitverursachung und Mitverschulden

A. Gesetzliche Haftungsbeschränkungen

I. Modifizierung des Verschuldensmaßstabs

630 Während im Allgemeinen für eine Verschuldenshaftung jede Fahrlässigkeit ausreicht, sieht das Gesetz für bestimmte Fälle eine Haftungsminderung vor, indem es den **Verschuldensmaßstab** verändert.

- Nach §§ 104, 105 SGB VII (abgedruckt im Schönfelder bei § 618 BGB) ist die Haftung des Unternehmers gegenüber dem in seinem Unternehmen tätigen Versicherten, dessen Angehörigen und Hinterbliebenen für bestimmte Fälle auf **Vorsatz** beschränkt.
- Nur für **Vorsatz und grobe Fahrlässigkeit** haften der Schenker (§ 521), der Verleiher (§ 599), der Finder (§ 968), der Schuldner im Annahmeverzug (§ 300) und der Geschäftsführer ohne Auftrag bei Gefahrenabwehr (§ 680).
- Nur für **Vorsatz, grobe Fahrlässigkeit und für eigenübliche Sorgfalt** (diligentia quam in suis) haften der unentgeltliche Verwahrer (§ 690), die Gesellschafter einer Personengesellschaft (§ 708); der Ehegatte (§ 1359); die Eltern gegenüber dem Kind (§ 1664) und der Vorerbe (§ 2131).
  Anmerkung: *§§ 708, 1359, 1664 gelten nach der Rspr. nicht bei Teilnahme am Straßenverkehr.*[1009]

Soweit eine gesetzliche Begrenzung der Vertragshaftung auf bestimmte Schuldformen vorliegt, kann wegen derselben Handlung nach Deliktsrecht keine strengere Haftung eingreifen.[1010]

1005 Vgl. zur Bedeutung des § 852 Ebert NJW 2003, 3035.

1006 BeckOK/Spindler § 852 Rn. 3; Brox/Walker SchuldR BT § 52 Rn. 37.

1007 Palandt/Sprau § 852 Rn. 2.

1008 Jauernig/Teichmann § 852 Rn. 1.

1009 BGHZ 46, 313; 53, 352; 61, 101; 63, 51, 57; OLG Karlsruhe Justiz 1976, 511.

1010 BGHZ 46, 313, 316 f.; 93, 23, 29; OLG Köln JuS 1988, 487.

II. Höchstsummen

In einigen Fällen der Gefährdungshaftung ist die Ersatzpflicht auf eine **bestimmte Höchstsumme** begrenzt; vgl. z.B. §§ 12, 12 a StVG für die Haftung des Halters und Führers eines Kfz; § 9 HaftPflG; § 10 ProdHaftG. 631

Die Begrenzung gilt aber nur für die bestimmte Gefährdungshaftung, nicht zugleich für andere Anspruchsgrundlagen (z.B. §§ 823 ff. oder Vertrag).

B. Rechtsgeschäftliche Haftungsbeschränkungen

Aufgrund der im Schuldrecht herrschenden Vertragsfreiheit kann die Haftung grundsätzlich durch Vertrag im Voraus ausgeschlossen oder eingeschränkt werden. Der vertragliche Haftungsausschluss ist aber nicht unbegrenzt möglich. 632

- Nicht möglich ist ein Ausschluss der Haftung für Vorsatz (§ 276 Abs. 3), wohl aber für Vorsatz des Erfüllungsgehilfen (§ 278 S. 2 i.V.m. § 276 Abs. 3).
- Nach § 309 Nr. 7b) ist in Allgemeinen Geschäftsbedingungen ein Ausschluss oder eine Begrenzung der Haftung für einen Schaden unwirksam, der auf einer grob fahrlässigen Vertragsverletzung des Verwenders oder eines gesetzlichen Vertreters oder Erfüllungsgehilfen des Verwenders beruht.[1011]
- Bestimmte Gefährdungshaftungen können überhaupt nicht oder nur beschränkt abbedungen werden, vgl. z.B. für die Gastwirthaftung § 702 a; für die Haftung des Kfz-Halters § 8 a S. 1 StVG; ferner § 14 ProdHaftG.

Die rechtsgeschäftliche Haftungsbeschränkung kann grundsätzlich **formfrei** und auch **konkludent** erfolgen. An die Annahme einer stillschweigenden Haftungsbeschränkung sind aber strenge Anforderungen zu stellen. Allein der Umstand, dass jemand aus Gefälligkeit handelt, reicht hierzu nach h.M. nicht aus. 633

Die Rspr. bejaht jedoch einen Haftungsausschluss des Gefälligen für leichte Fahrlässigkeit, wenn für den Schädiger, der keinen Versicherungsschutz besitzt, ein nicht hinzunehmendes Haftungsrisiko gegeben wäre und darüber hinaus besondere Umstände vorliegen, die einen Haftungsverzicht als besonders nahe liegend erscheinen lassen.[1012] 634

Auch bei **Gefälligkeitsfahrten** wird nach der Rspr. ein konkludenter (oder durch ergänzende Vertragsauslegung zu konstruierender) **Haftungsausschluss** nur ausnahmsweise **unter folgenden Voraussetzungen** angenommen: 635

- Es muss sich um eine **Gefälligkeitsfahrt** handeln.
- Der **Fahrer** ist für die geltend gemachten Schäden **nicht versichert.**[1013]
- Es müssen **„besondere Umstände"** hinzutreten, die die Annahme eines konkludenten Haftungsausschlusses rechtfertigen. Dies wird von der Rspr. insbesondere angenommen, wenn die Fahrt im überwiegenden Interesse des Geschädigten durchgeführt wurde (z.B. angetrunkener Halter bittet andere Person, ihn nach Hause zu fahren) oder wenn bei stark erhöhter Unfallgefahr (z.B. wegen ungewohnten Linksfahrgebots im Ausland) Fahrer und Geschädigter eine Gefahrengemeinschaft bilden, bei

---

1011 BGH NJW 2011, 139.

1012 OLG Stuttgart RÜ 2008, 426.

1013 Vgl. Armbrüster NJW 2009, 187 ff. zu den Auswirkungen von Versicherungsschutz auf die Haftung.

der jeder Beteiligte in austauschbarer Weise Schädiger oder Geschädigter hätte sein können (z.B. bei gemeinsamer Anmietung eines Kfz im Urlaub und abwechselndem Fahrer).[1014]

Rechtsfolge ist der Haftungsausschluss für Sachschäden und für leichte Fahrlässigkeit.[1015]

636 Ob eine vertraglich vereinbarte Haftungsmilderung sich auch auf konkurrierende Deliktsansprüche erstreckt, ist durch **Auslegung** zu ermitteln. Regelmäßig wird eine solche Erstreckung zu bejahen sein.[1016]

637 Eine **Einwilligung des Verletzten** kann in Ausnahmefällen die Rechtswidrigkeit entfallen lassen (z.B. Einwilligung des Patienten in ärztlichen Eingriff). Allein der Umstand, dass sich jemand bewusst und freiwillig in eine Gefahrenlage begibt, ist nach heute h.M. aber noch keine rechtfertigende Einwilligung. Eine solche Annahme wäre im Regelfall eine Fiktion.[1017] Die Fälle bewusster Selbstgefährdung, insbesondere die Mitfahrt im Kfz, löst die h.M. über § 254.[1018]

Fall 41: Teures Blumengießen

Während eines Kuraufenthalts seines Nachbarn N übernahm es B, dessen Haus zu versorgen und den Garten zu bewässern. Am 29.06.2020 bewässerte der B den Nachbargarten mit einem an eine Außenzapfstelle des Hauses montierten Wasserschlauch. Anschließend drehte er die am Schlauch befindliche Spritze zu, stellte aber nicht die Wasserzufuhr zum Schlauch ab. In der Nacht löste sich der weiter unter Wasserdruck stehende Schlauch aus der Spritze. In der Folge trat aus dem Schlauch eine erhebliche Menge Leitungswasser aus, lief in das Gebäude des N und führte zu Beschädigungen im Untergeschoss.

K, der Gebäudeversicherer des N, leistete an diesen Entschädigungszahlungen i.H.v. 10.000 € und verlangt von B Regress aus § 823 Abs. 1 i.V.m. § 86 Abs. 1 VVG. Zu Recht? (nach BGH RÜ 2016, 545 ff.)

K könnte gegen B ein Erstattungsanspruch **aus § 823 Abs. 1 i.V.m. § 86 Abs. 1 S. 1 VVG** zustehen.

I. K hat N den entstandenen Wasserschaden ersetzt.

II. Darüber hinaus muss N gegen B ein Ersatzanspruch aus § 823 Abs. 1 zustehen.

1. Dazu müssen die **Voraussetzungen** des haftungsbegründenden Tatbestands vorliegen.

   Das Eigentum des N am Haus ist durch das ins Haus eingetretene Wasser beschädigt worden. Der Wassereinbruch und demzufolge auch die Eigentumsverlet-

1014 BGH RÜ 2009, 273.

1015 OLG Saarbrücken OLG Report 1998, 114; OLG Frankfurt NJW 1998, 1232; Hirte JuS 2002, 241, 243.

1016 BGHZ 9, 301, 306; Medicus/Petersen BR Rn. 640.

1017 BGHZ 34, 355, 360.

1018 BGHZ 34, 355, 364.

zung ist rechtswidrig und schuldhaft durch B verursacht worden, indem er es unterlassen hat, den Außenwasseranschluss zu schließen.

2. Als **Rechtsfolge** muss B dem N den aus der Eigentumsverletzung verursachten Schaden i.H.v. 10.000 € gemäß § 249 Abs. 2 S. 1 ersetzen.

Fraglich ist, ob **im Wege ergänzender Vertragsauslegung ein Haftungsverzicht gemäß § 242** angenommen werden kann. **638**

Nach st.Rspr. kann eine solche Beschränkung nur ausnahmsweise bei Vorliegen besonderer Umstände angenommen werden; denn sie stelle eine künstliche Rechtskonstruktion aufgrund einer Willensfiktion dar, da sie von einem Haftungsverzicht ausgehe, an den beim Abschluss der Abrede niemand gedacht habe. **Voraussetzung sei grundsätzlich, dass der Schädiger, wäre die Rechtslage vorher zur Sprache gekommen, einen Haftungsverzicht gefordert und sich der Geschädigte dem ausdrücklichen Ansinnen einer solchen Abmachung billigerweise nicht hätte versagen dürfen.** An diesen Voraussetzungen **fehle es regelmäßig, wenn der Schädiger gegen Haftpflicht versichert ist**, da eine Haftungsbeschränkung, die nicht den Schädiger, sondern den Haftpflichtversicherer entlastet, i.d.R. nicht dem Willen der Beteiligten entspricht.[1019]

Nach diesen Grundsätzen ist nach Ansicht des BGH nicht von einem Haftungsverzicht im Wege ergänzender Vertragsauslegung gemäß § 242 auszugehen: Zum einen sei B haftpflichtversichert, sodass die Haftungsbeschränkung nicht dem B, sondern seiner Haftpflichtversicherung zugute käme. Zum anderen fehle es darüber hinaus an einem nicht hinzunehmenden Haftungsrisiko, da das Bewässern eines Gartens durch den Nachbarn wie jedes Tätigwerden für einen anderen Gefahrenmomente berge, ohne vordergründig gefahrgeneigt zu sein. Auch der Umstand, dass der Schaden durch die Gebäudeversicherung abgedeckt sei, rechtfertige nicht den Schluss auf eine Haftungsbeschränkung, da der deliktische Ersatzanspruch des N gegen B als Schadensverursacher durch die Gebäudeversicherung nicht berührt werde und soweit eine Schadensregulierung erfolgt sei, gemäß § 86 Abs. 1 S. 1 VVG auf diese übergehe. Die Willensfiktion einer Haftungsbeschränkung ginge demgegenüber im Ergebnis zu Lasten des K und würde das Haftungsrisiko von dem Verursacher des Schadens und dessen Haftpflichtversicherung ungerechtfertigt auf die Versicherung des Geschädigten verschieben.[1020]

Demnach ergibt sich kein Haftungsverzicht gemäß § 242 aufgrund ergänzender Vertragauslegung, sodass B gegenüber N auf Ersatz des entstandenen Wasserschadens i.H.v. 10.000 € aus § 823 Abs. 1 haftet.

Dieser Anspruch geht gemäß § 86 Abs. 1 S. 1 VVG auf K über, sodass K den B aus § 823 Abs. 1 i.V.m. § 86 Abs. 1 S. 1 VVG i.H.v. 10.000 € in Regress nehmen kann.

1019 BGH RÜ 2016, 545, 547.

1020 BGH RÜ 2016, 545, 548.

C. Mitwirkendes Verschulden gemäß § 254

I. Voraussetzungen und Rechtsfolgen des § 254 Abs. 1

639 ■ Voraussetzung des § 254 Abs. 1 ist zunächst, dass der Geschädigte die **Entstehung des Schadens mitverursacht** hat.

Erforderlich ist ein Verhalten des Geschädigten, das innerhalb seines Risiko- und Verantwortungsbereichs liegt und zurechenbar zum Entstehen oder zur Vergrößerung des Schadens beigetragen hat.[1021]

■ Ferner muss der Geschädigte in vorwerfbarer Weise gegen seine eigenen Interessen verstoßen haben – **„Verschulden gegen sich selbst"**.[1022]

640 ▪ Ein derartiges mitwirkendes Verschulden kommt nur bei **Zurechnungsfähigkeit** des Geschädigten in Betracht; als Maßstab sind die **§§ 827, 828 analog** heranzuziehen.[1023]

▪ Ein „Verschulden gegen sich selbst" ist anzunehmen, wenn der Geschädigte diejenige Sorgfalt außer Acht lässt, die ein ordentlicher und verständiger Mensch zur Vermeidung eigenen Schadens anzuwenden pflegt.[1024] Das Maß der zu beachtenden Verhaltensregeln kann durch gesetzliche Anordnungen mitbestimmt werden.

So fällt nach st.Rspr. einem Kfz-Insassen, der den Sicherheitsgurt nicht anlegt, grundsätzlich ein Mitverschulden an seinen infolge des Nichtanlegens des Gurts erlittenen Unfallverletzungen zur Last.[1025] Andererseits kann der Schädiger dem Unfallopfer ein Nichtanschnallen nicht als Mitverschulden vorhalten, wenn im konkreten Fall eine Gurtanlegepflicht nach § 21 a Abs. 1 S. 1 StVO nicht bestand oder eine Ausnahme i.S.d. § 21 a Abs. 1 S. 2 StVO vorlag.[1026]

641 ■ Letztlich ist eine Abwägung der beiderseitigen Verursachungsbeiträge vorzunehmen. Dabei dürfen nur Umstände berücksichtigt werden, von denen feststeht, dass sie eingetreten und für die Schadensentstehung ursächlich geworden sind.[1027] Ein Verschulden, das nur gesetzlich vermutet wird, darf daher grundsätzlich nicht berücksichtigt werden.[1028]

Ausnahmsweise ist das vermutete (Mit-)Verschulden des Geschädigten anspruchsmindernd zu berücksichtigen: Wird der Tierhüter selber durch das Tier verletzt, so greift zwar grundsätzlich die Haftung des Tierhalters nach § 833 ein, allerdings muss der Tierhüter wegen der Übernahme der Aufsichtspflichten beweisen, dass er selber die erforderliche Aufsichtspflicht eingehalten hat; ansonsten wird die Haftung nach § 254 (analog) verteilt.[1029]

■ Die Mitverantwortlichkeit des Geschädigten führt zu einer Kürzung oder einem Wegfall des Schadensersatzanspruchs gegen den Schädiger.

1021 BGHZ 52, 168.
1022 Deutsch/Ahrens Rn. 205.
1023 BGHZ 24, 327; Hk-BGB/Schulze § 254 Rn. 4.
1024 BGHZ 74, 25, 28; BGH NJW 1998, 1137, 1138; OLG Hamm RÜ 2007, 241.
1025 BGH MDR 2001, 386, 387 m.w.N.
1026 BGH MDR 2001, 386, 387.
1027 BGH RÜ 2013, 623, 626.
1028 BGH RÜ 2012, 493, 495.
1029 BGH RÜ 2017, 768, 772; BeckOK/Spindler § 834 Rn. 5.

Fall 42: Helmpflicht?

Die K befuhr gegen 15.45 Uhr mit ihrem Fahrrad die C.-Straße in G. in Richtung Zentrum. Sie trug keinen Fahrradhelm. Am rechten Fahrbahnrand parkte die U mit ihrem Pkw BMW, der bei der B haftpflichtversichert ist. U öffnete unmittelbar vor der sich nähernden K die Fahrertür ihres Pkw, sodass K nicht mehr ausweichen konnte und gegen die Fahrertür fuhr. Sie stürzte zu Boden, fiel auf den Hinterkopf und zog sich schwere Schädel-Hirnverletzungen zu. Nach dem Ergebnis eines Sachverständigengutachtens steht fest, dass das Tragen eines Fahrradhelms die Kopfverletzungen zwar nicht verhindert, aber zumindest in gewissem Umfang verringert hätte. K begehrt von B Ersatz sämtlicher materieller und immaterieller Schäden, die ihr aus dem Verkehrsunfall in G entstanden sind und noch entstehen werden.

Die B ist der Auffassung, dass K an der Entstehung der Kopfverletzung ein Mitverschulden treffe, weil sie keinen Schutzhelm getragen habe. Es entspreche dem Alltagswissen, dass das Risiko von Kopfverletzungen beim Fahrradfahren durch das Tragen eines Helms vermindert werden könne. Ein Mitverschulden setze nicht voraus, dass eine gesetzliche Helmpflicht bestehe.

Besteht ein Anspruch der K gegen die B auf Ersatz sämtlicher materieller und immaterieller Schäden, die ihr aus dem Verkehrsunfall entstanden sind und noch entstehen werden? Dabei ist davon auszugehen, dass zum Unfallzeitpunkt nach allgemeinem Verkehrsbewusstsein für Radfahrer das Tragen von Schutzhelmen zum eigenen Schutz für nicht erforderlich gehalten wurde. (frei nach BGH RÜ 2014, 563)

K könnte ein Ersatzanspruch gegen die B aus **§ 115 Abs. 1 S. 1 Nr. 1 VVG i.V.m. §§ 7 Abs. 1, 18 Abs. 1 StVG sowie § 823 Abs. 1, Abs. 2 i.V.m. § 14 Abs. 1 StVO** zustehen. 642

I. B muss als Haftpflichtversicherer der U gemäß § 115 Abs. 1 S. 1 Nr. 1 VVG für deren Haftung aus §§ 7 Abs. 1, 18 Abs. 1 StVG sowie aus § 823 Abs. 1, Abs. 2 i.V.m. § 14 Abs. 1 StVO aufkommen.

II. Als **Rechtsfolge** muss B der K gemäß §§ 10 ff. StVG i.V.m. §§ 249 ff. Ersatz leisten.

1. Folglich muss B der K sämtliche durch die Körper- und Gesundheitsverletzung entstandenen Schadenspositionen gemäß §§ 10 ff. StVG i.V.m. §§ 249 ff. ersetzen. Gemäß § 11 S. 2 StVG umfasst diese Schadensersatzpflicht auch die Zahlung eines angemessenen Schmerzensgelds.

2. Der Anspruch könnte jedoch **wegen Mitverschuldens der K gemäß § 9 StVG i.V.m. § 254 zu kürzen** sein, da sie keinen Schutzhelm getragen hat.

   a) Das Tragen eines Fahrradhelms hätte nach den Feststellungen des Sachverständigengutachtens die Kopfverletzungen zwar nicht verhindert, aber zumindest in gewissem Umfang verringert. Infolgedessen war das **Nichttragen des Helms kausal für das Ausmaß der Kopfverletzungen**, sodass die K ihre Verletzungen auf jeden Fall mitverursacht hat.

b) Fraglich ist, ob der K das Nichttragen eines Fahrradhelms **zum Vorwurf gemacht werden kann**, sodass ihrerseits auch ein Mitverschulden gegeben ist, **obwohl es keine gesetzliche Helmpflicht für Fahrradfahrer gibt**.

aa) Das **Berufungsgericht**[1030] hat angenommen, das Nichttragen eines Fahrradhelms begründe bei einer Kopfverletzung durch einen Fahrradsturz einen Mitverschuldensvorwurf, wenn der Radfahrer am öffentlichen Verkehr teilnehme. Dass es keine gesetzliche Helmpflicht für Radfahrer gebe, sei nicht maßgeblich; entscheidend sei vielmehr das besondere Verletzungsrisiko, dem Radfahrer heutzutage im Straßenverkehr ausgesetzt seien. Die Anschaffung eines Helms sei ferner wirtschaftlich zumutbar und zudem habe sich das allgemeine Verkehrsbewusstsein in Bezug auf das Tragen von Fahrradhelmen in den letzten Jahren stark gewandelt, sodass man heutzutage davon ausgehen könne, dass ein ordentlicher und verständiger Mensch zur Vermeidung eigenen Schadens beim Radfahren einen Helm tragen werde, soweit er sich in den öffentlichen Straßenverkehr mit dem dargestellten besonderen Verletzungsrisiko begebe.

bb) Nach **h.Rspr.**[1031] und **h.Lit.**[1032] begründet das Nichttragen eines Fahrradhelms bei einer Kopfverletzung durch einen Fahrradsturz keinen Vorwurf eines Mitverschuldens, wenn der Radfahrer am öffentlichen Verkehr teilnimmt.

Da die Rechtsordnung eine Selbstgefährdung und Selbstbeschädigung nicht verbiete, gehe es im Rahmen von § 254 nicht um eine rechtswidrige Verletzung einer gegenüber einem anderen oder gegenüber der Allgemeinheit bestehenden Rechtspflicht, sondern nur um einen Verstoß gegen Gebote der eigenen Interessenwahrnehmung, also **um die Verletzung einer sich selbst gegenüber bestehenden Obliegenheit**. Ein Mitverschulden des Verletzten sei bereits dann anzunehmen, wenn dieser diejenige Sorgfalt außer Acht lasse, die ein ordentlicher und verständiger Mensch zur Vermeidung eigenen Schadens anzuwenden pflege. **Er müsse sich „verkehrsrichtig" verhalten**, was sich nicht nur durch die geschriebenen Regeln der StVO bestimme, sondern durch die konkreten Umstände und Gefahren im Verkehr sowie nach dem, was den Verkehrsteilnehmern zumutbar sei, um diese Gefahr möglichst gering zu halten. Danach würde es für eine Mithaftung der K ausreichen, wenn für Radfahrer das Tragen von Schutzhelmen zur Unfallzeit nach allgemeinem Verkehrsbewusstsein zum eigenen Schutz erforderlich war.

Da ein solches Verkehrsbewusstsein zum Unfallzeitpunkt nicht vorhanden war, scheidet nach h.M. eine Kürzung des Anspruchs wegen Mitverschuldens der K aus.

1030 OLG Schleswig RÜ 2013, 486, 487 f.

1031 BGH RÜ 2014, 563 ff.; OLG Hamm VersR 2001, 1257, 1259; OLG Düsseldorf NJW-RR 2006, 1616; OLG Saarbrücken NJW-RR 2008, 266; OLG Nürnberg NJW 2020, 3603.

1032 Greger/Zwickel § 22 Rn. 62; Hufnagel DAR 2007, 289, 292; Kettler NZV 2007, 603; Türpe VRR 2013, 404, 405 f.

cc) **Stellungnahme:** Einerseits muss jedem Radfahrer heutzutage bewusst sein, dass er sich bei der Teilnahme am Straßenverkehr einem erheblichen Verletzungsrisiko aussetzt und dass das Tragen eines Schutzhelms, dessen Erwerb auch wirtschaftlich zumutbar ist, die Gefahr von schwerwiegenden Kopfverletzungen zumindest reduziert. Andererseits kommt es im Rahmen des § 254 darauf an, welche Maßnahmen ein verständiger Mensch zur Vermeidung eines eigenen Schadens getroffen hätte und es gab zum Unfallzeitpunkt kein allgemeines Verkehrsbewusstsein hinsichtlich der Erforderlichkeit des Tragens von Fahrradhelmen. Legt man diesen Ansatz zugrunde, hat sich K verkehrsrichtig verhalten, sodass ihr kein Mitverschuldensvorwurf gemacht werden kann.

Somit steht K gegen B ein ungekürzter Anspruch aus § 115 Abs. 1 S. 1 Nr. 1 VVG i.V.m. §§ 7 Abs. 1, 18 Abs. 1 StVG sowie § 823 Abs. 1, Abs. 2 i.V.m. § 14 Abs. 1 StVO auf Ersatz der materiellen und immateriellen Schäden, die ihr aus dem Verkehrsunfall entstanden sind und noch entstehen werden, zu.

II. § 254 Abs. 2 S. 1

§ 254 Abs. 2 S. 1 erwähnt zwei Fälle **des Mitverschuldens** besonders, bei denen das mitwirkende Verschulden des Geschädigten in einer **Unterlassung** besteht: 643

- Der Geschädigte hat es unterlassen, den Ersatzpflichtigen **vor der Gefahr eines ungewöhnlich hohen Schadens zu warnen.**[1033]

  Beispiel: Dem Gläubiger droht als Folge eines Zahlungsverzugs des Schuldners der wirtschaftliche Zusammenbruch. Der Gläubiger muss dies nach § 254 Abs. 2 S. 1 dem Schuldner anzeigen. Das schuldhafte Unterlassen begründet ein Mitverschulden.

- Der Geschädigte hat es unterlassen, den **Schaden abzuwenden oder zu mindern.**

  - Wer von Schaden bedroht ist, muss jede ihm mögliche und zumutbare Maßregel ergreifen, die den **drohenden Schaden verhüten oder abschwächen** kann.

    Beispiel: Das Haus des B ist baufällig. Sein Nachbar A weiß das, unternimmt aber nichts. Das Haus des B stürzt ein und beschädigt das Haus des A. Hier hat A schuldhaft gegen seine Abwendungspflicht verstoßen. A hätte sich nachdrücklich um die Beseitigung der Gefahr bemühen müssen, notfalls bei der Baubehörde.[1034]

  - Der Geschädigte muss alles Zumutbare tun, was den **Schaden mindern** kann.[1035]

    Beispiele: Ein Verletzter muss sich einer ärztlichen Behandlung, notfalls auch einer Operation unterziehen, falls sie „einfach und gefahrlos, nicht mit besonderen Schmerzen verbunden ist und sich weiter die sichere Aussicht auf Heilung oder wesentliche Besserung bietet".[1036]

1033 Vgl. dazu BGH NJW 2006, 1426.

1034 BGH VersR 1958, 131.

1035 Vgl. dazu BGH NJW 2007, 1676.

1036 BGHZ 12, 18, 19; BGH MDR 1994, 667.

Der Geschädigte ist aufgrund seiner Schadensminderungspflicht gehalten, sich ein Fahrzeug anzuschaffen, wenn er einen ihm angebotenen Arbeitsplatz unter zumutbaren Bedingungen wohl mit dem Fahrzeug, nicht aber mit öffentlichen Verkehrsmitteln erreichen kann.[1037]

III. Bedeutung des § 254 Abs. 2 S. 2 mit seiner Verweisung auf § 278

Fall 43: Mitverschulden des Angestellten

An einer Kreuzung übersieht der Autofahrer B schuldhaft, dass er wartepflichtig ist. Auf der vorfahrtsberechtigten Straße fährt der Angestellte A des Unternehmers U auf einem Geschäftsfahrrad. A hätte die Vorfahrtsverletzung des B bemerken und noch ausweichen können. A passt aber nicht auf und prallt daher mit dem Fahrrad gegen das Auto des B. Das Fahrrad wird beschädigt. Wie ist der Schadensersatzanspruch des U gegen B wegen des beschädigten Fahrrads zu beurteilen?

A. U könnte gegen B ein Anspruch auf Schadensersatz **aus § 7 Abs. 1 StVG** zustehen.

I. Das Fahrrad, das im Eigentum des U steht, wurde bei Betrieb des Kfz des B beschädigt und der Unfall wurde nicht durch höhere Gewalt i.S.d. § 7 Abs. 2 StVG verursacht, sodass die **Voraussetzungen des § 7 Abs. 1 StVG** gegeben sind.

II. Als **Rechtsfolge** ist B gemäß §§ 10 ff. StVG, 249 ff. grundsätzlich verpflichtet, U den durch die Beschädigung des Fahrrads entstandenen Schaden zu ersetzen.

644 Der Anspruch könnte jedoch wegen Mitverschuldens des A **gemäß § 9 StVG i.V.m. § 254** zu kürzen sein. Nach § 9 StVG ist § 254 mit der Besonderheit anwendbar, dass bei einer Sachbeschädigung das Verschulden desjenigen, der die tatsächliche Gewalt über die Sache ausübt (hier A), dem Verschulden des Verletzten (hier U) gleichsteht.

A hätte bei gehöriger Aufmerksamkeit den Unfall verhindern können, sodass er die Beschädigung des Fahrrads schuldhaft mitverursacht hat. Somit muss sich Unternehmer U das Mitverschulden des A gemäß § 9 StVG i.V.m. § 254 anspruchsmindernd entgegenhalten lassen.

Aus § 7 Abs. 1 StVG kann U also nur einen Teil des am Fahrrad entstandenen Schadens von B ersetzt verlangen.

645 B. U könnte gegen B ein Anspruch auf Schadensersatz **aus § 823 Abs. 1** zustehen.

I. B hat durch seine Vorfahrtsverletzung das Eigentum des U rechtswidrig und schuldhaft beschädigt, sodass die Voraussetzungen des § 823 Abs. 1 vorliegen.

II. Als **Rechtsfolge** ist B gemäß §§ 249 ff. grundsätzlich verpflichtet, U den durch die Beschädigung des Fahrrads entstandenen Schaden zu ersetzen.

Der Anspruch könnte jedoch wegen Mitverschuldens **gemäß § 254** zu kürzen sein.

1. Ein **eigenes Mitverschulden** des U ist nicht gegeben.

2. Fraglich ist, ob U sich das **Mitverschulden des A** entgegenhalten lassen muss.

1037 BGH JP 1999, 24; dazu Kurzkommentar Reinking EWiR § 254 BGB 1/99, 5.

a) **Gemäß § 254 Abs. 2 S. 2 findet die Vorschrift des § 278 entsprechende Anwendung.** Nach ihrer systematischen Stellung bezieht sich diese Regelung nur auf die in § 254 Abs. 2 S. 1 genannten Fälle der Schadensabwendungs- und Minderungspflicht. Es entspricht jedoch allgemeiner Ansicht, dass es sich hierbei um ein Redaktionsversehen des Gesetzgebers handelt und dass der Verweis auf § 278 für § 254 Abs. 1 und 2 gilt. Die Vorschrift des § 254 Abs. 2 S. 2 ist daher so zu lesen, als wäre sie ein **selbstständiger Abs. 3**, der sich sowohl auf Abs. 1 als auch auf Abs. 2 bezieht.[1038] 646

b) **Umstritten** ist allerdings, ob es sich bei dieser Vorschrift um einen **Rechtsgrund- oder einen Rechtsfolgenverweis** handelt. 647

aa) Nach der Rspr. und heute h.M. handelt es sich um eine **Rechtsgrundverweisung.**[1039] Voraussetzung für eine Zurechnung fremden Mitverschuldens gemäß § 254 Abs. 2 S. 2 i.V.m. § 278 ist daher, dass im Zeitpunkt der Entstehung des Schadens zwischen den Parteien eine **vertragliche Beziehung oder sonstige rechtliche Sonderverbindung besteht**. Begründet wird dies mit dem sogenannten *Gleichbehandlungsargument*[1040] (andere sprechen vom *Spiegelbildgedanken*[1041]): Der Geschädigte soll nicht strenger für Hilfspersonen haften als der Schädiger. Da der Schädiger sich das Verhalten und Verschulden seiner Hilfspersonen gemäß § 278 nur zurechnen lassen muss, wenn eine vertragliche Beziehung oder sonstige rechtliche Sonderverbindung bestand, müsse das auch für den Geschädigten gelten. 648

Dieses Gleichbehandlungsargument zwingt die h.M. jedoch dazu, § 254 Abs. 2 S. 2 **auch als Rechtsgrundverweis auf § 831 und § 31 (analog)** zu verstehen. Denn wenn der Schädiger sich nach diesen Vorschriften fremdes Verhalten und Verschulden zurechnen lassen muss, muss das nach der Argumentation der h.M. auch für den Geschädigten gelten.[1042]

Da zwischen Unternehmer U und B im Zeitpunkt des Unfalls kein Schuldverhältnis bestand, scheidet eine Kürzung des Anspruchs gemäß § 254 Abs. 2 S. 2 i.V.m. § 278 nach h.M. daher aus.

Der Anspruch könnte gemäß § 254 Abs. 2 S. 2 i.V.m. § 831 zu kürzen sein. A ist Verrichtungsgehilfe des U, und er hat den Unfall durch sein Verhalten mitverursacht. U hat auch nicht vorgetragen, dass er A ordnungsgemäß ausgewählt und überwacht hat, sodass keine Exkulpation gemäß § 831 Abs. 1 S. 2 erfolgt ist. Demnach ist der Anspruch nach h.M. wegen Mitverschuldens des A gemäß § 254 Abs. 2 S. 2 i.V.m. § 831 zu kürzen.

1038 St.Rspr. seit RGZ 62, 107; BGHZ 1, 248, 249; 103, 338, 342; Palandt/Grüneberg § 254 Rn. 49 m.w.N.

1039 St.Rspr. BGHZ 103, 338, 343; BGH RÜ 2007, 508; zust. z.B. Erman/Ebert § 254 Rn. 72 ff.; Fikentscher/Heinemann Rn. 713; MünchKomm/Oetker § 254 Rn. 128; Palandt/Grüneberg § 254 Rn. 49.

1040 Erman/Ebert § 254 Rn. 72.

1041 Klement § 15 Rn. 11.

1042 RGZ 142, 359; 164, 269; Medicus/Petersen BR Rn. 867; Hk-BGB/Schulze § 254 Rn. 9; Palandt/Grüneberg § 254 Rn. 49.

649 bb) Nach **a.A.** handelt es sich bei § 254 Abs. 2 S. 2 um einen **Rechtsfolgenverweis:** Danach führt die Vorschrift zu einem unbedingten Einstehen des Verletzten für Vertreter- und Gehilfenverschulden, unabhängig vom Vorliegen einer Sonderverbindung.[1043] Zur Begründung wird angeführt, dass der Schädiger auch außerhalb von Sonderverbindungen nicht das Risiko schuldhafter Obliegenheitsverletzungen in der Sphäre des Geschädigten tragen solle. Das Fehlen einer Sonderverbindung könne daher keine schärfere Haftung des Schädigers begründen.[1044]

Nach dieser Ansicht muss sich U das Mitverschulden seines Gehilfen A anspruchsmindernd gemäß § 254 Abs. 2 S. 2 i.V.m. § 278 anrechnen lassen.

cc) U muss sich demzufolge nach beiden Ansichten das Mitverschulden des A anrechnen lassen, sodass eine Streitentscheidung entbehrlich ist.

U kann daher auch aus § 823 Abs. 1 nur einen Teil des am Fahrrad entstandenen Schadens von B ersetzt verlangen.

Fall 44: Mitverschulden der Eltern

Die Mutter M fuhr mit ihrem 4 1/2 Jahre alten Kind K mit der Eisenbahn. Während die Mutter nicht aufpasste, hängte K sich an den Türgriff. Die Tür öffnete sich, K fiel aus dem Zug und verletzte sich. K verlangt von der Deutschen Bahn AG Schadensersatz.

650 K könnte gegen die Deutsche Bahn AG ein Anspruch aus **§ 1 Abs. 1 HaftPflG** zustehen.

I. Dazu müssen die **Voraussetzungen** des haftungsbegründenden Tatbestands vorliegen.

1. K hat sich bei dem Sturz eine **Körper- und Gesundheitsverletzung** zugezogen.

651 2. Diese muss **bei dem Betrieb einer Schienen- oder Schwebebahn** eingetreten sein. Dazu ist Kausalität i.S.d. Äquivalenztheorie sowie Realisierung der spezifischen Betriebsgefahr der Schienen- oder Schwebebahn erforderlich.

a) Wäre die Bahn nicht gefahren, wäre K nicht aus dem fahrenden Zug gestürzt und hätte sich nicht verletzt. Daher ist der Betrieb der Bahn **äquivalent kausal** für die Verletzung des K.

b) Die **Realisierung der Betriebsgefahr** erfordert einen unmittelbaren, zeitlichen und örtlichen Zusammenhang mit den Betriebsvorgängen oder Einrichtungen der Bahn.[1045]

1043 Gernhuber AcP 152, 68, 82 f.

1044 Mohr Jura 2010, 808, 818.

1045 BGH VersR 1982, 781, 782; OLG Köln DAR 2003, 174.

K hat sich an den Türgriff gehängt und stürzte, nachdem sich die Tür geöffnet hatte, aus dem fahrenden Zug. Folglich besteht zwischen seiner Verletzung und dem Bahnbetrieb ein unmittelbarer, zeitlicher und örtlicher Zusammenhang, sodass sich die Betriebsgefahr realisiert hat.

3. Die Deutsche Bahn AG betreibt die Bahn für eigene Rechnung und ihr steht die Verfügung über den Bahnbetrieb zu, sodass sie als **Anspruchsgegner Betriebsunternehmer i.S.d. § 1 Abs. 1 HaftPflG**[1046] ist. 652

4. Der **Ausschlussgrund der höheren Gewalt** nach § 1 Abs. 2 HaftPflG ist nicht einschlägig, sodass die Voraussetzungen des § 1 Abs. 1 HaftPflG erfüllt sind.

II. Als **Rechtsfolge** muss die Deutsche Bahn AG dem K **gemäß §§ 5 ff. HaftPflG, 249 ff.** den Schaden ersetzen, der ihm durch den Unfall entstanden ist.

1. Gemäß § 6 HaftPflG umfasst der Schadensersatz bei einer Körperverletzung insbesondere die Heilbehandlungskosten des Geschädigten. Der Anspruch ist jedoch gemäß § 9 HaftPflG der Höhe nach begrenzt.

2. Der Anspruch könnte aber **wegen Mitverschuldens zu kürzen** sein. **Nach § 4 Hs. 1 HaftPflG** gilt **§ 254 entsprechend**, wenn bei der Entstehung des Schadens ein Verschulden des Geschädigten mitgewirkt hat. 653

a) Der Anspruch könnte wegen **eigenen Mitverschuldens des K** zu kürzen sein. 654

Auch beim Mitverschulden ist jedoch Verschuldensfähigkeit erforderlich und analog § 828 Abs. 1 ist der erst 4 1/2 Jahre alte K nicht deliktsfähig, sodass eine Kürzung des Anspruchs wegen eigenen Mitverschuldens des K ausscheidet.

b) K könnte ein **Mitverschulden der M** gemäß § 254 Abs. 2 S. 2 zuzurechnen sein.

aa) **Nach h.M.** ist § 254 Abs. 2 S. 2 ein **Rechtsgrundverweis auf §§ 278, 831 und § 31 (analog)**. In Betracht kommt nur eine Zurechnung über § 254 Abs. 2 S. 2 i.V.m. § 278, da nur § 278 den gesetzlichen Vertreter erwähnt und dieser weder Verrichtungsgehilfe i.S.d. § 831 noch Organ i.S.d. § 31 ist. 655

Nach h.M. kommt eine Kürzung nach §§ 254, 278 nur in Betracht, wenn die Voraussetzungen des § 278 vorliegen – also ein Schuldverhältnis besteht.[1047]

(1) Wenn M die Fahrkarte im Namen des Kindes gekauft hat, besteht ein Vertrag unmittelbar zwischen K und der Bahn; sollte M die Fahrkarte im eigenen Namen gekauft haben, so ergibt sich das Schuldverhältnis zwischen der Bahn und K aus § 328,[1048] sodass das erforderliche Schuldverhältnis zwischen K und der Deutschen Bahn AG in jedem Fall besteht. Gemäß §§ 1626, 1629 ist M gesetzliche Vertreterin des K.

(2) Im Falle des § 278 muss die Hilfsperson in Erfüllung der Verbindlichkeit handeln. Im Rahmen des § 254 ist es ausreichend, dass die Hilfsperson

1046 RGZ 75, 7.

1047 BGHZ 9, 316; 24, 325, 327; BGH NJW 1964, 1670; NJW-RR 1993, 480; MünchKomm/Oetker § 254 Rn. 130 m.w.N.

1048 Vgl. BGHZ 9, 318.

zur Wahrung der Belange des Geschädigten tätig geworden ist.[1049] Nach § 1631 Abs. 1 hat die Mutter die Pflicht, das Kind zu beaufsichtigen, und diese Pflicht hat die M schuldhaft verletzt.

Nach h.M. muss sich K daher das Mitverschulden der M anspruchsmindernd entgegenhalten lassen.[1050]

656 bb) Zu dem gleichen Ergebnis kommen diejenigen, die § 254 Abs. 2 S. 2 uneingeschränkt als Rechtsfolgenverweis auf § 278 verstehen.

Daher ist der Anspruch des K um das Mitverschulden der M gemäß § 254 Abs. 2 S. 2 i.V.m. § 278 zu kürzen.

D. Besondere Vorschriften des StVG, §§ 9, 17 StVG

I. Sonderregel des § 9 StVG

657 § 9 StVG enthält eine Verweisung auf § 254 und ist nicht anwendbar in den Spezialfällen des § 17 Abs. 2 StVG. Daher ist die Norm nur einschlägig, **wenn der Anspruchsteller nicht Kfz-Halter oder Fahrer ist**, also z.B. Fußgänger, Radfahrer oder Beifahrer.[1051]

§ 9 StVG enthält zwei Aussagen:

658 ■ Zum einen ordnet § 9 StVG an, dass auch bei Ansprüchen aus §§ 7, 18 StVG ein Mitverschulden des Verletzten nach § 254 zu berücksichtigen ist.[1052] Da beim Mitverschulden Verschuldensfähigkeit erforderlich ist und die §§ 827, 828 analog anzuwenden sind, ist bei Kindern insbesondere der § 828 Abs. 2 analog zu beachten.[1053]

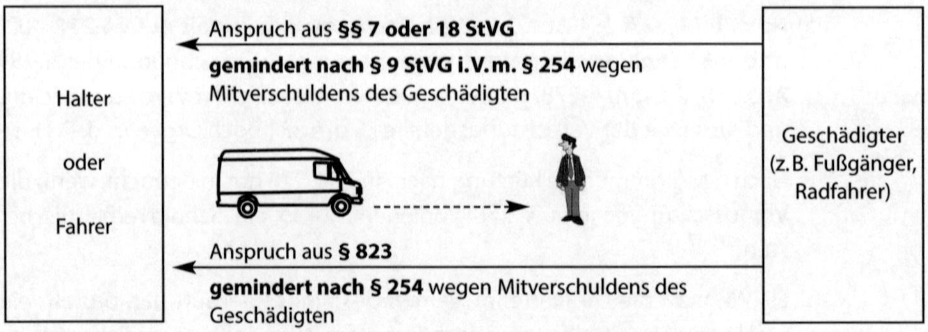

659 ■ Zum anderen erweitert § 9 StVG die Möglichkeit des Mitverschuldens des Geschädigten, der selbst nicht als Halter oder Fahrer beteiligt war, für den Fall, dass der Schädiger aus § 7 StVG (als Halter) oder § 18 StVG (als Fahrer) in Anspruch genommen wird. Gemäß § 9 StVG findet § 254 mit der Maßgabe Anwendung, dass im Falle der

---

1049 BGHZ 3, 50; 36, 339.

1050 BGHZ 9, 319, 320.

1051 Garbe/Hagedorn JuS 2004, 287, 290; Wandt § 21 Rn. 30.

1052 Vgl. dazu BGH NJW 2007, 506.

1053 Wandt § 21 Rn. 30.

Beschädigung einer Sache das Verschulden desjenigen, welcher die tatsächliche Gewalt über die Sache ausübt, dem Verschulden des Verletzten gleichsteht.

Beispiel: Fußgänger F wird beim Überqueren der Fahrbahn von dem vom Fahrzeughalter H gefahrenen Pkw erfasst. Der Unfall beruht auf Verschulden des H, jedoch trifft den F 1/3 Mitverschulden. Durch den Unfall wird ein wertvolles Bild, das F sich bei dem Eigentümer E geliehen hatte und diesem zurückbringen wollte, erheblich beschädigt. E verlangt von H Schadensersatz.

1. E hat gegen H einen Schadensersatzanspruch nach § 7 Abs. 1 StVG, da bei dem Betrieb des Kfz des H eine Sache des E beschädigt wurde und der Unfall nicht durch höhere Gewalt verursacht wurde. Da F die tatsächliche Gewalt über das Bild ausübte, ist sein Mitverschulden (1/3) dem E anzulasten, § 9 StVG i.V.m. § 254. Der Anspruch des E gegen H aus § 7 StVG ist somit um ein Drittel zu kürzen.

2. Wegen der rechtswidrigen und schuldhaften Eigentumsverletzung haftet H dem E auch nach § 823 Abs. 1. Für eine Berücksichtigung des Mitverschuldens des F kommt hier nur § 254 Abs. 2 S. 2 in Betracht. Mangels Bestehens eines Schuldverhältnisses greift § 278 nicht ein. F ist auch kein Verrichtungsgehilfe des E, sodass auch die entsprechende Anwendung des § 831 ausscheidet. Der Anspruch des E gegen H aus § 823 Abs. 1 unterliegt somit keiner Kürzung.

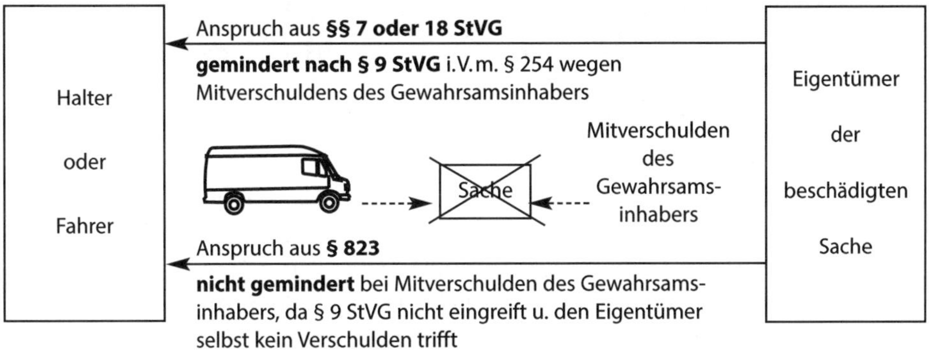

II. § 17 StVG regelt die Ausgleichspflicht mehrerer Haftpflichtiger

§ 17 Abs. 1 StVG regelt den Umfang des **Innenausgleichs** zwischen mehreren beteiligten Kfz-Haltern (oder Fahrern, vgl. § 18 Abs. 3 StVG) bei Verursachung eines Drittschadens. § 17 Abs. 1 StVG modifiziert daher § 426 Abs. 1 S. 1.[1054] **660**

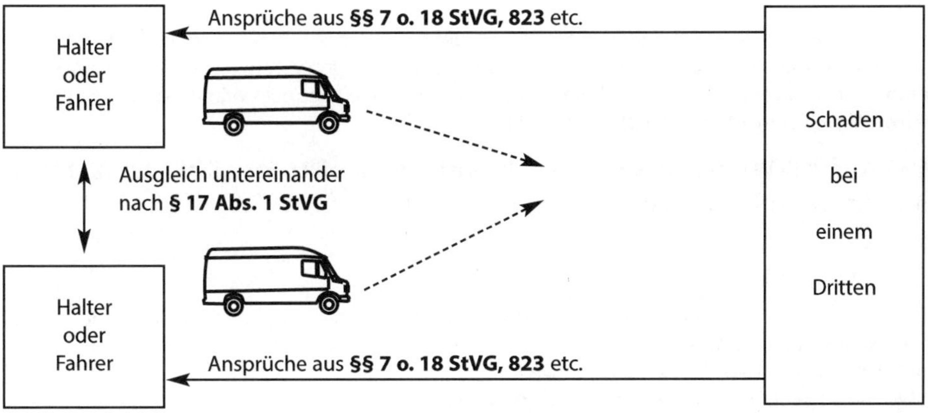

1054 Ady VersR 2003, 1101; Röthel Jura 2012, 444, 449; Wandt § 21 Rn. 6.

661 Die dogmatische Bedeutung der Regelung des § 17 Abs. 1 StVG wird nicht einheitlich beurteilt:

- Nach überwiegender Auffassung handelt es sich um eine Sondervorschrift (lex specialis) zu § 426 Abs. 1 S. 1.[1055]
- Nach a.A. ist § 17 Abs. 1 S. 1 StVG eine „andere Bestimmung" i.S.v. § 426 Abs. 1 S. 1.[1056]

§ 17 Abs. 2 StVG enthält die Ausgleichspflicht zwischen mehreren unfallbeteiligten Kraftfahrzeughaltern (oder Fahrern, vgl. § 18 Abs. 3 StVG) für selbst erlittene Schäden.

§ 17 Abs. 2 StVG ist eine Spezialvorschrift sowohl gegenüber § 9 StVG als auch gegenüber § 254. Soweit § 17 Abs. 2 StVG anwendbar ist, gilt die Vorschrift abschließend für alle Anspruchsgrundlagen, um unterschiedliche Kürzungsquoten zu vermeiden (h.M.).[1057]

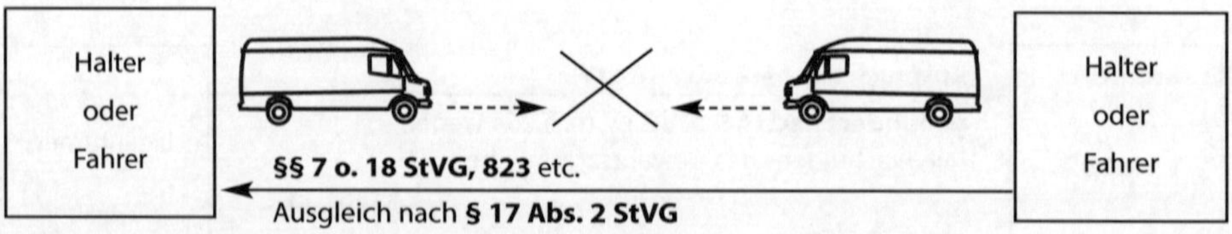

662 **§ 17 Abs. 3 StVG** regelt, dass Ausgleichspflichten nach den Absätzen 1 und 2 ausgeschlossen sind, wenn der Unfall durch ein „unabwendbares Ereignis" verursacht wurde. Der Haftungsausschlussgrund des „unabwendbaren Ereignisses", der in § 7 StVG entfallen ist, wird hier beibehalten, um zu vermeiden, dass auch dem „Idealfahrer" bei Unfällen zwischen Kraftfahrzeugen eine Betriebsgefahr zugerechnet wird und es deswegen vermehrt zu „Quotenfällen" kommt.[1058]

Unabwendbar ist ein Ereignis, das durch **äußerst mögliche Sorgfalt** nicht abgewendet werden kann.[1059] Dazu gehört sachgemäßes, geistesgegenwärtiges Handeln über den gewöhnlichen und persönlichen Maßstab hinaus. Die Rspr. stellt dabei auf das Verhalten eines sogenannten **„Idealfahrers"** ab.[1060] Die Beweislast für die Unabwendbarkeit trägt derjenige, der sich nach § 17 Abs. 3 StVG entlasten will.

Nach überwiegender Ansicht ist dem Kfz-Führer, der die Autobahnrichtgeschwindigkeit (130 km/h) überschritten hat, die Berufung auf ein unabwendbares Ereignis von vornherein versagt, wenn er nicht nachweist, dass vergleichbare Unfallfolgen auch bei 130 km/h eingetreten wären; nur wer die Richtgeschwindigkeit einhalte, verhalte sich wie ein Idealfahrer.[1061]

663 **§ 17 Abs. 4 StVG** enthält den Ausgleich zwischen haftpflichtigen Kraftfahrzeughaltern bzw. Anhängerhaltern und anderen Haftpflichtigen.[1062]

1055 Burmann/Heß § 17 StVG Rn. 2; Meier/Schulz-Merkel JuS 2015, 201, 205; Neumann JA 2016, 167, 170; Wandt § 22 Rn. 21.
1056 Wille JA 2008, 210, 217.
1057 Vgl. hierzu Kirchhoff MDR 1998, 12 ff.; Martis JA 1997, S. 141 ff.
1058 S. dazu Bericht des Rechtsausschusses, Drucks. 14/8780 zu Art. 4 Nr. 8, S. 22.
1059 Vgl. dazu OLG Celle RÜ 2005, 364.
1060 BGHZ 113, 164; Hentschel/König § 17 StVG Rn. 22 m.w.N.
1061 BGHZ 117, 337; Hentschel/König § 3 StVO Rn. 55c m.w.N.
1062 Vgl. dazu Heß/Burmann NJW-Spezial 2005, 543.

Stichwortverzeichnis

Die Zahlen verweisen auf die Randnummern.

Abgestuftes Schutzkonzept ... 125
Abgrenzung Naturalrestitution von Schadenskompensation ... 541 ff.
Abrechnung auf Neuwagenbasis ... 500
bei Nutzfahrzeugen ... 503
Abrechnung auf Reparaturkostenbasis ... 81 ff.
Abschleppkosten ... 63
Abträgliche wahre Tatsachen ... 133
Abtrennung von Körperteilen ... 5
Abwägung der beiderseitigen Verursachungsbeiträge ... 641
Abwehrfunktion des Eigentums ... 16, 47
Aggressiver Notstand ... 197
AIDS ... 4
Allgemeine Verjährungsregeln ... 624
Allgemeine Verkehrssicherungspflicht ... 145
Allgemeine Verwaltungskosten ... 589
Allgemeines Lebensrisiko ... 177
Allgemeines Persönlichkeitsrecht ... 68
als Rahmenrecht ... 69, 82
Allgemeines Schadensrecht ... 441 ff.
Anerkannte Rechtfertigungsgründe ... 196 ff.
Anlageschaden ... 474
Anschein einer ordnungsgemäßen Leistung ... 450
Anspruchskonkurrenz von Produkt- und Produzentenhaftung ... 440
Anspruchskonkurrenz zu Ansprüchen aus Vertragsrecht ... 26
Anstifter ... 382 ff.
Anwartschaftsrechte, dingliche ... 49
Äquivalenzinteresse ... 28, 444
Äquivalenztheorie ... 157
Arbeitskraft, Verlust ... 567
Arglistige Täuschung ... 268
Arzthaftungsprozess ... 8
Ärztlicher Heileingriff
Einwilligung ... 204
Unterlassen ... 7
Aufklärungspflicht, Verletzung ... 450
Aufsichtsbefohlener ... 313 f.
Aufsichtsperson ... 304
Aufsichtspflichtiger, Haftung ... 313
Aufwendungen, unverhältnismäßige ... 547 ff.
Ausgleich mehrerer Kraftfahrzeughalter ... 660
Ausgleichsfunktion des Schmerzensgeldes ... 595
Ausreißer ... 412
Ausübung von Rechten, missbräuchliche ... 277 ff.
Äußerung von Werturteilen ... 257

Bagatellschaden ... 475
Bedingungstheorie ... 170
Beeinträchtigung wirtschaftlicher Interessen ... 255
Beerdigungskosten ... 614
Befunderhebungspflicht ... 8
Befundsicherungspflicht ... 8, 423
Behandlungsfehler ... 8
Behandlungsvertrag ... 571, 582
Behandlungsvertrag, Schutzzweck ... 584
Behaupten oder Verbreiten unwahrer Tatsachen ... 257 f.
Behinderung, physische ... 135
Bereicherungsanspruch, deliktischer ... 629
Beschränkt dingliche Rechte ... 48
Beschränkt verschuldensfähige Personen ... 215 ff.
Beschützergarant ... 143
Besitz als sonstiges Recht ... 56 ff.
berechtigter ... 57
Mitbesitz ... 60
mittelbarer ... 59
Bestimmung zu sexuellen Handlungen ... 261
Bestimmungsgemäßer Gebrauch (Beeinträchtigung) ... 24
Beteiligter ... 382 ff.
Betriebsbezogenheit ... 131
Bewegungsfreiheit, körperliche ... 15
Beweisführung ... 8
Beweislast bei Produzentenhaftung ... 420
Beweislast im Arzthaftungsprozess ... 8
Billigkeitshaftung ... 212, 234
Blockade ... 135
Blockade von Baumaschinen ... 24
Blutmäßige Abstammung ... 80
Bodenschlacke-Fall ... 43
Boykottaufrufe ... 134

conditio sine qua non ... 157

Deliktische Ansprüche, Verjährung ... 624
Deliktischer Bereicherungsanspruch ... 629
Deliktsfähigkeit ... 213

Dezentralisierter Entlastungsbeweis ... 304 ff.
Differenzmethode ... 443, 489
Dingliche Anwartschaftsrechte ... 49
Drohung, rechtswidrige ... 268

Ehrenschutz ... 77
Eigentümer-Besitzer-Verhältnis ... 19
Eigentumsverletzung ... 16
  Sachentziehung ... 19
  Substanzverletzung ... 20
Eingerichteter und ausgeübter Gewerbebetrieb ... 126 ff.
  Eingriff ... 131
  Fallgruppen ... 132 ff.
  Rechtswidrigkeit ... 136 ff.
  Schutzbereich ... 130
Eingriff in die Forderungszuständigkeit ... 67
Eingriffsermächtigungen
  gesetzliche ... 201
  gewohnheitsrechtliche ... 201
Einsichtsfähigkeit ... 204
Einstehenmüssen für Hilfspersonen ... 655
Einteilung der Haftungsgründe, Übersicht ... 2
Einwilligung bei ärztlichen Heileingriffen ... 204
Einwilligung des Verletzten ... 637
Endhersteller ... 430
Endprodukthersteller ... 436
Entgangene Nutzungen einer Sache ... 557 ff.
Entlastungsbeweis ... 299
  des Gebäudebesitzers ... 343
  des Tierhalters ... 316
  dezentralisierter ... 304 ff.
Entzug der Sachherrschaft ... 19
Erfüllungsgehilfe
  Abgrenzung zum Verrichtungsgehilfen ... 302
  Erfüllungsinteresse ... 444 ff.
Erfüllungsschaden ... 61
Ersatz immaterieller Schäden ... 99 ff., 591 ff.
Ersatzansprüche Dritter bei Tötung ... 613 ff.
Ersatzansprüche wegen entgangener Dienste ... 619
Ersatzbeschaffung ... 513
Ersatzfähiger Vermögensschaden ... 555
  Fahrrad ... 561
  Kraftfahrzeug ... 558
  Motorsportboot ... 564
  nach Schutzzweck der Norm ... 555
  Privatflugzeug ... 563
  Unterhaltsaufwand ... 582
  Vereitelung eines Nutzungsrechts ... 559
  Wohnraum ... 560
Ersparte Eigenaufwendungen ... 460
Erstattung von Sachverständigenkosten ... 537

Fabrikationsfehler ... 411
Fabrikationsphase ... 411
Fahrlässigkeit ... 229 ff.
  Begriff ... 230 ff.
  grobe ... 232
Falschparker ... 63
Familienbetriebe im Rahmen der Produzentenhaftung ... 406
Fangprämie ... 590
Fehlerhafte Produkte ... 400 ff.
Fiktive Heilungskosten ... 539
Fiktive Reparaturkosten ... 527 ff.
Fleet-Fall ... 25
Folgeschäden, psychische ... 472 ff.
Forderungsrechte ... 65 ff.
Forderungsrechte als sonstige Rechte ... 66
Forderungszuständigkeit (Eingriff) ... 67
Formale Rechtsstellung, Missbrauch ... 277 ff.
Freie Berufe ... 130
Freiheit ... 15
Führerscheinentzugs-Fall ... 25

Garantenstellung ... 143
Gebäudehaftung ... 337
Gebrauchsausfallschäden ... 21
Gebrauchsbeeinträchtigung ... 24
Gefahrbergende Anlagen ... 151
Gefährdungshaftung ... 1, 316
Gefälligkeitsfahrt ... 635
Gehilfe ... 382 ff.
Geld für Herstellung nach Fristsetzung ... 540
Geldrente ... 609 ff.
Genugtuungsfunktion des Schmerzensgeldes ... 596
Genugtuungsgedanke ... 441
Gerichtlicher Sachverständiger ... 344 ff.
Gesamtschuldner ... 397
  Haftung im Außenverhältnis ... 398
  Verhältnis untereinander ... 398
Geschäftsherr, Begriff ... 295
Geschützte Interessen ... 444 ff.
Gesetzliche Haftungsbeschränkungen ... 630 ff.
Gesundheitsverletzung ... 4
Gewerbebetrieb, eingerichteter und ausgeübter ... 126 ff.
Gewerbliche Schutzrechte ... 50
Gleichbehandlungsargument ... 648
Grad des Verschuldens ... 229 ff.
Grobe Fahrlässigkeit ... 232
Grundrechtlich geschützte Positionen ... 202
Grundsatz neu für alt ... 462

Grundtatbestand Aufbauschema ... 3
Güterabwägung ... 69

Haftung
des Aufsichtspflichtigen ... 312
des gerichtlichen Sachverständigen ... 344 ff.
des Tieraufsehers ... 336
des Tierhalters ... 316 ff.
für fehlerhafte Produkte ... 400 ff.
für Verrichtungsgehilfen ... 283 ff.
mehrerer Personen ... 382 ff.
mehrerer Personen nach dem Produkthaftungsgesetz ... 439
nach dem Produkthaftungsgesetz ... 425 ff.
von Vereinen ... 309ff.
Haftungsadressaten im Produkthaftungsgesetz ... 436
Haftungsausfüllende Kausalität ... 156, 468 f.
Haftungsbegründende Kausalität ... 156 ff.
Haftungsbeschränkungen ... 630 ff.
Auslegung ... 636
formfreie ... 633
gesetzliche ... 630 f.
konkludente ... 633
rechtsgeschäftliche ... 632 ff.
Haftungsnorm
echte ... 383
Haftungsschaden ... 61
Handeln auf eigene Gefahr ... 205 f.
Handlung ... 140
Heilbehandlung eines Tieres ... 553
Hemmung der Verjährung ... 628
Herausfordern ... 171 ff.
Herausforderungsformel ... 171,
Herrschaftsrechte ... 53
Hersteller ... 436
Herstellung des früheren Zustands ... 493 f.
HIV ... 4
Höhere Gewalt ... 371 f., 375
Holzbalken-Fall ... 436
Hypothetische Kausalität ... 476 ff.
Hypothetische Vermögenslage ... 554

Idealfahrer ... 662
Immaterialgüterrechte
absolute ... 50
Immaterieller Schaden
Ersatz ... 591 ff.
Immissionen ... 45 f.
ideelle ... 46
Importeur ... 436
Individualschutz ... 247, 254
Individualsphäre ... 76
Informationelle Selbstbestimmung ... 79
Informationstechnische Systeme ... 80
Innenausgleich mehrerer Kraftfahrzeughalter ... 660 ff.
Instruktionsfehler ... 413
Integritätsinteresse ... 28, 485
Interesse
negatives ... 448 ff.
Interessenabwägung ... 69
Interessenlehre ... 443
Intimsphäre ... 74
Inzahlunggabe ... 535 ff.

Kanallagerhaus-Fall ... 25
Kapitalabfindung ... 609 ff.
Kausalität
alternative ... 159
bei Handlung mehrerer Tatbeteiligter ... 385 ff.
haftungsausfüllende ... 156
haftungsbegründende ... 156 ff.
i.S.d. Äquivalenztheorie ... 157 ff.
kumulative ... 158
Unterlassen ... 160
Kausalitätsvermutung ... 293
Kind
krank geboren ... 9
Unterhaltsaufwand ... 571 ff.
Klageantrag
unbezifferter ... 606
Kleinbetriebe im Rahmen der Produzentenhaftung ... 406
Kondensator-Fall ... 41
Konstruktionsfehler ... 410
Körperliche Bewegungsfreiheit ... 15
Körperverletzung ... 4
durch fehlerhaftes Produkt ... 427
Kosten der Krankenhausbesuche ... 538
Kraftfahrzeughalter
Ausgleichspflicht ... 660 ff.
Krankenhausbesuche
Kosten ... 538
Kreditgefährdung ... 255
durch Systemvergleich ... 255

Lehre
vom Erfolgsunrecht ... 191
vom Handlungsunrecht ... 192 ff.
vom normativen Schaden ... 453
vom Schutzzweck der Norm ... 166
Lehrerbewertung ... 79
Leibesfrucht ... 10
Leiharbeitsverhältnis ... 300

Lieferant ... 436
Luxustiere ... 316

Mehrere Ersatzpflichtige nach dem ProdHaftG ... 439
Mehrere Geschäftsherrn ... 300
Meinungsäußerungen ... 257
Merkantiler Minderwert ... 546
Mietwagenkosten ... 549 ff.
Minderjährige ... 204
  Einsichtsfähigkeit ... 204
  Urteilsfähigkeit ... 204
Missbrauch formaler Rechtsstellung ... 277 ff.
Mitbesitz als sonstiges Recht ... 60
Mitgliedschaftsrechte ... 51
Mittäter ... 382 ff.
Mittelbar schädigende Handlungen ... 167 ff.
Mittelbare Verletzungshandlung ... 194
Mittelbarer Besitz als sonstiges Recht ... 59
Mitverschulden ... 630 ff.
  des Angestellten ... 643
  Mitverursachung ... 630 ff.
Mitwirkendes Verschulden
  Unterlassen ... 643

Naturalrestitution ... 485 ff.
  Geld für Herstellung ... 494 ff.
  Vorrang ... 492
Natürlicher Schadensbegriff ... 442
Nebeneinander von Produkt- und Produzentenhaftung ... 440
Negatives Interesse ... 448 ff.
Neufahrzeug ... 502
Neuwertbasis ... 500 ff.
Normativer Schaden ... 453
Nothilfe durch Organspende ... 175
Nothilfe im Straßenverkehr ... 175
Nothilfefälle ... 171 ff.
Notstand
  agressiver ... 197
Notwehr ... 196
Nutzfahrzeug ... 503
Nutztiere ... 334 f.
Nutzungsfunktion des Eigentums ... 16, 47
Nutzungsinteresse ... 28
Nutzungsschaden ... 61 f.

Offener Tatbestand ... 69
Organhaftung des Vereins ... 309 ff.
Organisationshaftung ... 311 ff.
Organisationsverschulden ... 303, 306
Organspende ... 175

Personen- und Kapitalgesellschaften als Träger des allgemeinen Persönlichkeitsrechts ... 81
Personenschäden ... 527, 538 f.
Persönliche Sonderbeziehung ... 177
Persönlichkeitsrecht
  allgemeines ... 68 ff.
  postmortaler Schutz ... 116 ff.
Pflegeleistungen von Eltern ... 585
Pflichtwidriges Unterlassen bei Körperverletzung ... 7
Physische Behinderung ... 135
Positionen
  grundrechtlich geschützte ... 202
Positives Interesse ... 444 ff.
  Umfang ... 447
Postmortaler Persönlichkeitsschutz ... 116 ff.
Präventionsgedanke ... 441
Präventionsgesichtspunkte ... 101
Pressegemäße Sorgfalt ... 84
Prinzip der Totalreparation ... 441
Privatsphäre ... 75
Produkt
  Begriff ... 432
Produktbeobachtungsfehler ... 416 f.
  Beispiele ... 419
Produktbeobachtungspflicht des Herstellers ... 435
Produktfehler
  Begriff ... 433
Produkthaftungsgesetz
  Anwendbarkeit in zeitlicher Hinsicht ... 426
  Beweislastverteilung ... 438
  Entstehungsgeschichte ... 425
  Haftungsausschluss ... 437
  Rechtsfolgen der Haftung ... 439
  Schmerzensgeld ... 439
  Voraussetzungen der Haftung ... 424 ff.
Produzentenhaftung ... 154, 401 ff.
  Ansprüche gegen mehrere Verantwortliche ... 424
  Anwendungsbereich ... 401 ff.
  Beweislast ... 420 ff.
  Fehler im Herstellerbereich ... 409
  Voraussetzungen ... 403
Psychische Beeinträchtigungen aufgrund Schockerlebnisses ... 176 ff.
Psychische Schäden ... 14

Quasi-Hersteller ... 436
Quasinegatorischer Unterlassungsanspruch ... 107 ff.

Rahmenrechte ... 189
Räumlich gegenständlicher
Bereich der Ehe ... 54
Reaktionspflicht des Herstellers ... 435
Realisierung der Betriebsgefahr ... 375
Recht
am Arbeitsplatz ... 55
am eigenen Bild ... 123 ff.
am eingerichteten und ausgeübten
Gewerbebetrieb ... 126 ff.
auf Irrtum ... 194
Rechtfertigungsgründe ... 196 ff.
Rechtliche Beeinträchtigung des
Eigentumsrechts ... 17 f.
Rechtmäßiges Alternativverhalten ... 481 f.
Rechtsgeschäftliche Haftungs-
beschränkungen ... 632 ff.
Rechtsgutverletzung ... 3 ff.
durch fehlerhaftes Produkt ... 427 ff.
durch mehrere Beteiligte ... 391, 396
Rechtskraft eines Schmerzensgeldurteils ... 607
Rechtspflicht zum Handeln ... 143 ff.
Rechtsverletzung ... 3 ff.
mittelbare ... 194
Rechtswidrige Drohung ... 268
Rechtswidrigkeit ... 186 ff.
Rechtswidrigkeitszusammenhang ... 469
Renten- und Begehrensneurose ... 475
Reparaturaufwand ... 495
Reparaturkosten ... 495
Repräsentantenhaftung ... 311 ff.
Reserveursache ... 477

Sachbeschädigung durch fehlerhaftes
Produkt ... 427 ff.
Sachentziehung ... 19
Sachfolgeschäden ... 527
Sachverständigenkosten
Erstattung ... 537
Schadensausgleich ... 485 ff.
bei der Billigkeitshaftung ... 238
Schadensbegriff ... 442 f.
Schadensersatz
durch Herstellung ... 485
durch Zahlung ... 485
statt der Leistung ... 445
Schadensersatzleistung an
Sachbesitzer ... 623
Schadensersatzpflicht
Umfang ... 442 ff.
Schadenskompensation ... 491, 554 ff.
Schadensregulierung auf Neuwertbasis ... 500 ff.
Schadenszurechnung ... 472 ff.
Schädigende Werturteile ... 133
Schädigung
im Mutterleib ... 9 ff.
vorsätzliche sittenwidrige ... 262 ff.
Schmerzensgeld ... 593 ff.
Ausgleichsfunktion ... 595
bei Schwerstschädigungen ... 601 f.
doppelte Funktion ... 594 ff.
Genugtuungsfunktion ... 596
Übertragbarkeit ... 603
Umfang der Rechtskraft ... 607
unbezifferter Klageantrag ... 606
Vererblichkeit ... 603
Würdefunktion ... 602
Schmerzensgeldanspruch nach Tod des
Verletzten ... 603 f.
Schmerzensgeldbemessung ... 603
Schockerlebnis ... 176 ff.
Schuldformen ... 212 ff.
Schutz
der Ehre ... 77
des Firmenzeichens ... 78
schriftlicher Äußerungen ... 79
Schutzgesetz
Befehlsqualität ... 245, 254
geschützter Personenkreis ... 254
geschütztes Interesse ... 249, 254 ff.
Gesetzesqualität ... 244, 254
persönlicher und sachlicher
Schutzbereich ... 246, 254
Verletzung ... 250, 255
Verschulden ... 252, 255
Schutzrechtsverwarnung
ungerechtfertigte ... 132
Schutzzweck der Norm ... 166 ff., 469
Schutzzweck des Behandlungs-
vertrags ... 584
Schwangerschaftsabbruch ... 582 ff.
Schwerpunkt der Vorwerfbarkeit ... 140
Schwerstschädigungen
Schmerzensgeld ... 601 f.
Selbsthilfe ... 199
Sexuelle Handlungen
Bestimmung zu ... 261
Sittenwidrige Verleitung zum Vertrags-
bruch ... 281
Sondervorschriften für deliktischen
Ersatzanspruch ... 608 ff.
Sonstiges Recht ... 48 ff.
absolute Immaterialgüter ... 50
allgemeines Persönlichkeitsrecht ... 68 ff.
beschränkt dingliche Rechte ... 48

Besitz ... 56
dingliche Anwartschaftsrechte ... 49
Familienrechte ... 53
gewerbliche Schutzrechte ... 50
Recht am Arbeitsplatz ... 55
Sorgfalt, äußerst mögliche ... 662
Sorgfaltspflichten
bei Leistungen ... 153
bei Veranstaltungen ... 152
Spiegelbildgedanke ... 648
Sportverletzung ... 207 ff.
Staubemissionen ... 209 f.
Sterilisation
fehlerhafte ... 571 ff.
Stoffgleichheit ... 28
Straßenverkehr ... 175
Streupflicht ... 151
Stromkabelfälle ... 20 ff.
Substanzschaden ... 61
Substanzverletzung ... 20 ff.

Tatsachen
abträgliche wahre ... 133
Tatsachenbehauptungen ... 96
Tatsächliche Vermögenslage ... 554
Täuschung
arglistige ... 268
im Prozess ... 277
Technischer Minderwert ... 546
Tieraufseher
Haftung ... 336
Tierhalter
Begriff ... 320
Tierhalterhaftung ... 316 ff.
für Luxustier ... 316 ff.
für Nutztier ... 334 f.
Tod des Verletzten
Schmerzensgeldanspruch ... 603 f.
Toleranzgrenze ... 505
Totenfürsorgerecht ... 52
Tötung
Ersatzansprüche Dritter ... 613 ff.
Tötung eines Menschen durch fehlerhaftes Produkt ... 439
Transistor-Fall ... 42

Überholende Kausalität ... 476 ff.
Überwachungsgarant ... 144
Umfang der Schadensersatzpflicht ... 441 ff.
Umkehr der Beweislast im Arzthaftungsprozess ... 8
Unabwendbares Ereignis ... 662
Unbezifferter Klageantrag ... 606
Unechter Totalschaden ... 500
Ungerechtfertigte Schutzrechtsverwarnung ... 132
Unmittelbarer Besitz als sonstiges Recht ... 57
Unmöglichkeit der Herstellung ... 542 ff.
Unterhaltsaufwand für Kind ... 571 ff.
Unterlassen ... 142 ff.
Kausalität ... 160
Unterlassungsanspruch
quasinegatorischer ... 107 ff.
Erstbegehungsgefahr ... 108
Wiederholungsgefahr ... 108
Unternehmensschutz
deliktischer ... 126 ff.
Unverhältnismäßige Aufwendungen ... 547 ff.
Unwägbare Stoffe ... 46
Urlaub
vertaner ... 570
Urteilsfähigkeit von Minderjährigen ... 204

Verbindlichkeit
gültige ... 446
Verbindung fehlerfreier mit fehlerhaften Bestandteilen ... 41
Verdachtsberichterstattung ... 84 ff.
Verderbsschäden ... 21
Verdienstausfall ... 580
Verfolgerfälle ... 171 ff.
Verfrühungseffekt ... 478
Verjährung
Hemmung ... 628
Verjährung deliktischer Ansprüche ... 624 ff.
Verjährungsregeln
allgemeine ... 625 ff.
Verkehrseröffnung ... 151
Verkehrsrichtiges Verhalten ... 203
des Gehilfen ... 301
Verkehrssicherungspflicht
als Organisationspflicht ... 307
Fallgruppen ... 151 ff.
Verleitung zum Vertragsbruch
sittenwidrige ... 281
Verletzung
des Eigentums ... 16 ff.
einer Aufklärungspflicht ... 450
eines Schutzgesetzes ... 243 ff.
eines sonstigen Rechts ... 47 ff.
Verletzung der Rechtspflicht
zum Handeln ... 151
Verletzung des allg. Persönlichkeitsrechts
Rechtsfolgen ... 93 ff.

Verlust der Arbeitskraft 567
Vermögen als sonstiges Recht 65
Vermögensschaden
ersatzfähiger 555
Verrichtungsgehilfe
Abgrenzung zum Erfüllungsgehilfen 302
Begriff 283, 295
Haftung für .... 283 ff.
Handeln bei Gelegenheit .... 290 f.
verkehrsrichtiges Verhalten 301
Verschulden .... 212 ff.
bei Verstoß gegen das Schutzgesetz .... 252 f.
Grad .... 229 ff.
Verschuldensfähigkeit .... 213 ff.
beschränkte .... 215 ff.
Verschuldensmaßstab 630
Verschuldensprinzip 1
Verschuldensunfähige Personen 214
Verschuldensvermutung 293
Vertaner Urlaub 570
Verteidigungsnotstand 197
Vertrauensinteresse .... 448 ff.
Verursachung des Schadens .... 468 ff.
Verursachungsbeiträge
Abwägung 641
Verwaltungskosten
allgemeine .... 586 ff.
Verwirklichung der spezifischen
Tiergefahr .... 317 ff.
Vorbeugekosten .... 586 ff.
Vorgeburtliche Schäden .... 9 ff.
Vorrang der Naturalrestitution 541
Vorsatz
Begriff 229
Vorsätzliche sittenwidrige Schädigung .... 262 ff.
Fallgruppen .... 268 ff.
Vorsatztheorie 229
Vorteilsausgleich .... 453 ff., 549

Wahrnehmung berechtigter
Interessen 200
Warenhausdiebstahl .... 586 ff.
Warnpflicht 413
Weisungszuständigkeit 300
Weiterfressender Mangel .... 26 ff., 429
Wertinteresse 485, 543
Widerlegung
der Kausalitätsvermutung 315, 334
der Verschuldensvermutung 315, 334
Widerruf
nachweislich unwahrer Tatsachen-
behauptungen 96
von Äußerungen .... 96 ff.
Wiederbeschaffungsaufwand .... 495 ff., 517
Willen zur Teilnahme 384
Wirtschaftliche Interessen
Beeinträchtigung 255
Wirtschaftlicher Totalschaden .... 517 ff.
Wirtschaftlichkeitspostulat 498, 514

Zeitpunkt des Inverkehrbringens eines
Produkts 433
Zerstörung von Sachen 20
Zufallshaftung des Delikts-
schuldners .... 620 ff.
Zulieferer im Rahmen der Produzenten-
haftung 407
Zulieferung eines Teilprodukts 431
Zurechenbares Handeln .... 139 ff.
beim positiven Tun 141
Zurechnung
des Schadens .... 468 ff.
psychischer Folgeschäden 482
Zurechnung psychischer Folgeschäden
bei Bagatellschäden 475
Zurechnungszusammenhang 469